U0360560

国家出版基金项目
NATIONAL PUBLICATION FOUNDATION

新时代外国语言文学
新发展研究丛书

总主编 罗选民 庄智象

神经语言学新发展研究

Neurolinguistics: New Perspectives and Development

崔刚 王海燕 钟晓云 / 著

清华大学出版社
北 京

内 容 简 介

本书围绕神经语言学的研究方法、语言使用的神经基础、语言学习与双语的神经机制、失语症以及其他类型的语言障碍、语言进化与基因研究、神经语言学理论的应用等主题对21世纪以来的临床神经语言学、实验神经语言学和应用神经语言学的研究进行了全面的梳理，总结了主要的研究方法和发现，并对其中存在的问题以及今后的发展方向进行了讨论。其目的在于帮助读者了解神经语言学的最新发展状况并把握研究的方向，进而促进我国相关领域的研究进展。

本书的读者对象为从事神经语言学、心理语言学以及相关领域的研究者、语言学与应用语言学专业的研究生、语言康复治疗师，以及其他对语言和脑之间关系感兴趣的人士。

版权所有，侵权必究。 举报：010-62782989，beiqinquan@tup.tsinghua.edu.cn。

图书在版编目（CIP）数据

神经语言学新发展研究 / 崔刚，王海燕，钟晓云著.
北京：清华大学出版社，2024.8. --（新时代外国语
言文学新发展研究丛书）. --ISBN 978-7-302-66651-6
Ⅰ. H0-05
中国国家版本馆 CIP 数据核字第 20242MK710 号

策划编辑：郝建华
责任编辑：郝建华　曹诗悦
封面设计：黄华斌
责任校对：王荣静
责任印制：刘海龙

出版发行：清华大学出版社
　　　　网　　　址：https://www.tup.com.cn，https://www.wqxuetang.com
　　　　地　　　址：北京清华大学学研大厦 A 座　　邮　编：100084
　　　　社 总 机：010-83470000　　　　　　邮　购：010-62786544
　　　　投稿与读者服务：010-62776969，c-service@tup.tsinghua.edu.cn
　　　　质量反馈：010-62772015，zhiliang@tup.tsinghua.edu.cn
印 刷 者：大厂回族自治县彩虹印刷有限公司
装 订 者：三河市启晨纸制品加工有限公司
经　　销：全国新华书店
开　　本：155mm×230mm　　印　张：28.5　　字　数：432 千字
版　　次：2024 年 8 月第 1 版　　　　　印　次：2024 年 8 月第 1 次印刷
定　　价：148.00 元

产品编号：088107-01

中国英汉语比较研究会
"新时代外国语言文学新发展研究丛书"
编委会名单

总主编

罗选民　　庄智象

编　委

（按姓氏拼音排序）

蔡基刚	陈　桦	陈　琳	邓联健	董洪川
董燕萍	顾曰国	韩子满	何　伟	胡开宝
黄国文	黄忠廉	李清平	李正栓	梁茂成
林克难	刘建达	刘正光	卢卫中	穆　雷
牛保义	彭宣维	冉永平	尚　新	沈　园
束定芳	司显柱	孙有中	屠国元	王东风
王俊菊	王克非	王　蔷	王文斌	王　寅
文秋芳	文卫平	文　旭	辛　斌	严辰松
杨连瑞	杨文地	杨晓荣	俞理明	袁传有
查明建	张春柏	张　旭	张跃军	周领顺

总　序

　　外国语言文学是我国人文社会科学的一个重要组成部分。自 1862 年同文馆始建，我国的外国语言文学学科已历经一百五十余年。一百多年来，外国语言文学学科一直伴随着国家的发展、社会的变迁而发展壮大，推动了社会的进步，促进了政治、经济、文化、教育、科技、外交等各项事业的发展，增强了与国际社会的交流、沟通与合作，每个发展阶段无不体现出时代的要求和特征。

　　20 世纪之前，中国语言研究的关注点主要在语文学和训诂学层面，由于"字"研究是核心，缺乏区分词类的语法标准，语法分析经常是拿孤立词的意义作为基本标准。1898 年诞生了中国第一部语法著作《马氏文通》，尽管"字"研究仍然占据主导地位，但该书宣告了语法作为独立学科的存在，预示着语言学这块待开垦的土地即将迎来生机盎然的新纪元。1919 年，反帝反封建的"五四运动"掀起了中国新文化运动的浪潮，语言文学研究（包括外国语言文学研究）得到蓬勃发展。中华人民共和国成立后，尤其是改革开放以来，外国语言文学学科的发展势头持续迅猛。至 20 世纪末，学术体系日臻完善，研究理念、方法、手段等日趋科学、先进，几乎达到与国际研究领先水平同频共振的程度，取得了令人瞩目的成绩，有力地推动和促进了人文社会科学的建设，并支持和服务于改革开放和各项事业的发展。

　　无独有偶，在处于转型时期的"五四运动"前后，翻译成为显学，成为了解外国文化、思想、教育、科技、政治和社会的重要途径和窗口，成为改造旧中国的利器。在那个时期，翻译家由边缘走向中国的学术中心，一批著名思想家、翻译家，通过对外国语言文学的文献和作品的译介塑造了中国现代性，其学术贡献彪炳史册，为中国学术培育做出了重大贡献。许多西方学术理论、学科都是经过翻译才得以为中国高校所熟悉和接受，如王国维翻译教育学和农学的基础读本、吴宓翻译哈佛大学白璧德的新人文主义美学作品等。这些翻译文本从一个侧面促成了中国高等教育学科体系的发展和完善，社会学、人类学、民俗学、美学、教育学等，几乎都是在这一时期得以创建和发展的。翻译服务对于文化交流交融和促进文明互鉴，功不可没，而翻译学也在经历了语文学、语言学、文化学等转向之后，日趋成熟，如今在让中国了解世界、让世界了解中国，尤其是"一带一路"建设、人类命运共同体构建，讲好中国故事、传递好中国声音等方面承担着重要使命与责任，任重而道远。

20 世纪初，外国文学深刻地影响了中国现代文学的形成，犹如鲁迅所言，要学普罗米修斯，为中国的旧文学窃来"天国之火"，发出中国文学革命的呐喊，在直面人生、救治心灵、改造社会方面起到不可替代的作用。大量的外国先进文化也因此传入中国，为塑造中国现代性发挥了重大作用。从清末开始特别是"五四运动"以来，外国文学的引进和译介蔚然成风。经过几代翻译家和学者的持续努力，在翻译、评论、研究、教学等诸多方面成果累累。改革开放之后，外国文学研究更是进入繁荣时代，对外国作家及其作品的研究逐渐深化，在外国文学史的研究和著述方面越来越成熟，在文学理论与文学批评的译介和研究方面、在不断创新国外文学思想潮流中，基本上与欧美学术界同步进展。

外国文学翻译与研究的重大意义，在于展示了世界各国文学的优秀传统，在文学主题深化、表现形式多样化、题材类型丰富化、批评方法论的借鉴等方面显示出生机与活力，显著地启发了中国文学界不断形成新的文学观，使中国现当代文学创作获得了丰富的艺术资源，同时也有力地推动了高校相关领域学术研究的开展。

进入 21 世纪，中国的外国语言学研究得到了空前的发展，不仅及时引进了西方语言学研究的最新成果，还将这些理论运用到汉语研究的实践；不仅有介绍、评价，也有批评，更有审辨性的借鉴和吸收。英语、汉语比较研究得到空前重视，成绩卓著，"两张皮"现象得到很大改善。此外，在心理语言学、神经语言学和认知语言学等与当代科学技术联系紧密的学科领域，外国语言学学者充当了排头兵，与世界分享语言学研究的新成果和新发现。一些外语教学的先进理念和语言政策的研究成果为国家制定外语教育政策和发展战略也做出了积极的贡献。

习近平总书记指出："要着力推进国际传播能力建设，创新对外宣传方式，加强话语体系建设，着力打造融通中外的新概念新范畴新表述，讲好中国故事，传播好中国声音，增强在国际上的话语权。"为贯彻这一要求，教育部近期提出要全面推进新工科、新医科、新农科、新文科等建设。新文科概念正式得到国家教育部门的认可，并被赋予新的内涵和定位，即以全球新技术革命、新经济发展、中国特色社会主义新时代为背景，突破传统的文科思维模式与文科建构体系，创建与新时代、新思想、新科技、新文化相呼应的新文科理论框架和研究范式。新文科具备传统文科和跨学科的特点，注重科学技术、战略创新和融合发展，立足中国，面向世界。

新文科建设理念对外国语言文学学科建设提出了新目标、新任务、新要求、新格局。具体而言，新文科旗帜下的外国语言文学学科的发展目标是：服务国家教育发展战略的知识体系框架，兼备迎接新科技革命的挑战能力，彰显人文学科与交叉学科的深度交融特点，夯实中外政治、文化、社会、历史等通识课程的建设，打通跨专业、跨领域的学习机制，确立多维立体互动教学模式。这些新文科要素将助推新文科精神、内涵、理念得以彻底贯彻落实到教育实践中，为国家培养出更多具有融合创新的专业能力，具有国际化视野，理解和通晓对象国人文、历史、地理、语言的人文社科领域外语人才。

进入新时代，我国外国语言文学的教育、教学和研究发生了巨大变化，无论是理论的探索和创新，方法的探讨和应用，还是具体的实验和实践，都成绩斐然。回顾、总结、梳理和提炼一个年代的学术发展，尤其是从理论、方法和实践等几个层面展开研究，更有其学科和学术价值及现实和深远意义。

鉴于上述理念和思考，我们策划、组织、编写了这套"新时代外国语言文学新发展研究丛书"，旨在分析和归纳近十年来我国外国语言文学学科重大理论的构建、研究领域的探索、核心议题的研讨、研究方法的探讨，以及各领域成果在我国的应用与实践，发现目前研究中存在的主要不足，为外国语言文学学科发展提出可资借鉴的建议。我们希望本丛书的出版，能够帮助该领域的研究者、学习者和爱好者了解和掌握学科前沿的最新发展成果，熟悉并了解现状，知晓存在的问题，探索发展趋势和路径，从而助力中国学者构建融通中外的话语体系，用学术成果来阐述中国故事，最终产生能屹立于世界学术之林的中国学派！

本丛书由中国英汉语比较研究会联合上海时代教育出版研究中心组织研发，由研究会下属29个二级分支机构协同创新、共同打造而成。罗选民和庄智象审阅了全部书稿提纲；研究会秘书处聘请了二十余位专家对书稿提纲逐一复审和批改；黄国文终审并批改了大部分书稿提纲。

本丛书的作者大都是知名学者或中青年骨干，接受过严格的学术训练，有很好的学术造诣，并在各自的研究领域有丰硕的科研成果，他们所承担的著作也分别都是迄今该领域动员资源最多的科研项目之一。本丛书主要包括"外国语言学""外国文学""翻译学""比较文学与跨文化研究"和"国别和区域研究"五个领域，集中反映和展示各自领域的最新理论、方法和实践的研究成果，每部著作内容涵盖理论界定、研究范畴、研究视角、研究方法、研究范式，同时也提出存在的问题，指明发展的前景。总之，本丛书基于外国语言文学学科的五个主要方向，借助基础研究与应用研究的有机契合、共时研究与历时研究的相辅相成、定量研究与定性研究的有效融合，科学系统地概括、总结、梳理、提炼近十年外国语言文学学科的发展历程、研究现状以及未来的发展趋势，为我国外国语言文学学科高质量建设与发展呈现可视性极强的研究成果，以期在提升国家软实力、构建人类命运共同体过程中承担起更重要的使命和责任。

感谢清华大学出版社和上海时代教育出版研究中心的大力支持。我们希望在研究会与出版社及研究中心的共同努力下，打造一套外国语言文学研究学术精品，向伟大的中国共产党建党一百周年献上一份诚挚的厚礼！

罗选民 庄智象

2021 年 6 月

前　言

　　承蒙中国英汉语比较研究会、上海时代教育出版研究中心和清华大学出版社的信任，由我们承担了《神经语言学新发展研究》一书的写作任务。在写作者的共同努力和多方的共同支持之下，本书的写作已初步完成，在此有必要把我们的一些基本想法和全书的安排做一个整体的交代，以帮助读者阅读全书的内容。

　　写作本书所面临的一个核心问题就是如何定义"新发展"。神经语言学研究语言和人脑之间的关系，这是一门古老而又年轻的科学。由于语言本身和人脑结构与功能的复杂性，又加之研究方法与手段的局限性，学界对于其中的许多问题尚未达成定论。在由 Stemmer 和 Whitaker 主编的 Handbook of Neurolinguistics 一书中，由 Gainotti 所撰写的关于失语症患者名词和动词的范畴特异类损伤的一章使用了 "A very old and very new problem" 这一副标题，其实这一描述基本适合于神经语言学研究的各个问题，许多在历史上提出的经典问题在今天仍然是研究的热点问题。因此，要想完全把神经语言学的新发展与原来的研究完全区分开来几乎是不可能的。针对这一问题，我们在本书中所采用的做法基本上以时间作为主要的衡量标准，按照临床神经语言学、实验神经语言学和应用神经语言学的学科框架，把观察的起始点放在 21 世纪初，并把关注的重点放在近十年左右相关的研究上。我们力图按照神经语言学研究的核心问题，全面梳理 21 世纪以来，尤其是近十年来相关领域研究的成果。当然，为了帮助读者理解这些新的发展，同时也为了体现相关领域研究的延续性，我们也会在必要的场合介绍一些在此之前的相关研究。

　　本书共包括八章。第 1 章是全书的引言部分，介绍与讨论了神经语言学的主要分支和核心研究问题，并以语言与大脑之间关系研究历史上的三个转折点为线索梳理了神经语言学的发展历史。另外，本章也对我国神经语言学研究的基本状况做了简要的介绍。第 2 章讨论神经语言学的研究方法。本章在回顾传统研究方法的基础上，围绕脑电图、功能性磁共振成像、经颅磁刺激和经颅直流电刺激等全面讨论了神经语言学研究方法的发展动态，在讨论这些研究方法应用的同时也介绍了许多相关的研究成果。第 3 章和第 4 章属于实验神经语言学的范畴。第 3 章介绍与讨论了关于语言使用的神经基础的研究成果。本章首先梳理了目前关于大脑中语言网络的几种主要的观点，从而使得读者对语言使用的神经基础具有一个整体性、全局性的把握，然后按照由下而上的层级顺序依次讨论了新时期神经语言学关于言语感知、大脑词库、句法加工、语篇加工和语用加工的研究成果。第 4 章围绕语言学习和双语的神经机制展开。本章首先从神经可塑性入手，从整体上讨论了人类学习的神经机制，并以此为基础讨论了母语习得和二语学习的根本性差异。母语习得的神经基础是经验期待型的神经可塑性，一个儿童只要在正常的语言环境中就可以在 6 岁左右具备很好的使用母语进行交流的能力。就如同一株树在阳光、空气、水分等条件之下就可以自然地生长一样，因此，母语习得可以被视为一个语言神经网络的生长过程。在本章中，我们按照从初始状态、沉默阶段和产出语言三个方面对于这一生长过程进行全面的分析与讨论。二语学习的神经基础是经验依赖型的神经可塑性，它主要依靠人的整体认知机制，因此，我们以人的认知机制为基础，从注意、工作记忆和长期记忆三个方面讨论了二语学习的认知与神经机制。另外，本章还介绍与讨论了双语的神经机制的相关研究成果，内容包括双语的神经基础、双语的控制机制以及双语对脑结构和功能的影响。第 5 章和第 6 章属于临床神经语言学的范畴。第 5 章以失语症患者的语言障碍为核心展开。本章首先从流利型和非流利型两个大类型出发介绍与讨论了失语症的分类，然后依次讨论了失语症患者在语音、词汇语义、语法和手势等多模态方面的语言障碍。另外，本章还专门针对近年来学界比较关注的原发性进行性失语症的研究状况进行了介绍与讨论。第 6 章的内容涉及失语症之外的其他类型的语言障碍，其中包括儿童发展性语言障碍、阿尔茨海默病、路易体痴呆、帕金森痴呆和老年语言退化。第 7 章涉及临床神经语言学和实验神经语言学两个分支，主要介绍与讨论语言进化与语言的基因研究的发展状况。在语言进化方面，本章首先讨论了有关语言进化的各种主要观点以及人类大脑的进化特点，并在此基础上进一步从人类和动物的比较研究、镜像神经元和语言障碍三个方面更加全面、深入地讨论了人类语言的进化。关于语言的基因研究，主要包括与语言障碍相关的基因、其他语言相关基因以及基因与语言进化三个方面的内容。第 8 章属于应用神经语言学的范畴，从语言教学与学习、语言障碍康复、老龄化与语言以及口译四个方面全面介绍并讨论了神经语言学应用研究的发展与趋势。

本书是在参考大量文献的基础上写作完成的，其中有三本在 2022 年出版的新书对我们的帮助最大，它们分别是由 Brennan 撰写、牛津大学出版社出版的 *Language and the Brain: A Slim Guide to Neurolinguistics*，由 Blumstein 撰写、斯普林格出版社出版的 *When Words Betray Us: Language, the Brain, and Aphasia*，以及由 Baggio 撰写、麻省理工大学出版社出版的 *Neurolinguistics*。这三本书对于本书写作内容框架和写作思路的确定以及文献的梳理方面都起到了重要的引导作用。在此我们谨向三位作者以及本书所引用参考的所有文献的作者同行们致以衷心的感谢与敬意。

本书是三位作者通力合作的成果，具体分工是：崔刚负责第 1 章、第 3 章和第 4 章，王海燕负责第 2 章、第 5 章和第 6 章，钟晓云负责第 7 章和第 8 章，最后由崔刚统稿完成。王海燕和钟晓云两位作者都是我的学生，她们从清华大学获得博士学位之后，分别在上海交通大学和青岛理工大学工作，在完成繁重教学任务的同时一直坚持进行相关领域的研究工作，并且取得了很好的成果。作为一名长期从事神经语言学教学与研究工作的"老兵"，看到自己学生的成长，尤其是在阅读到她们发表、出版的作品时，我感到无比的幸福与欣慰。在此我要感谢她们为本书写作所付出的努力。当然，由于写作时间紧迫，尤其是我本人的能力所限，本书还存在诸多不足之处，对于这些问题是需要我本人来承担责任的。我要感谢清华大学外文系的周骁然、任雨菲、马廷辉和马盛楠四位在读的博士生，他们在本书定稿完成之后作为第一批读者对全书进行了认真的校对。另外，我还要感谢历年来选修神经语言学这门课程的同学。我从 2006 年开始为清华大学的研究生开设神经语言学课程，每次上课都得到了同学们的热情支持，是他们的好学与求知精神激励着我不断地追踪神经语言学研究的最新发展，并促使我坚持进行相关领域的学习与研究工作。另外，他们在课堂上的讨论也给我提供了诸多思想的火花和灵感。

作为一门新兴的研究领域，每年都有大量的神经语言学研究成果发表，要想涵盖所有的文献几乎是不可能的，因此，本书的内容只能按照该学科的基本框架和主要研究问题，基于作者对有关领域的认识来介绍与讨论相关的研究成果，挂一漏万在所难免。另外，由于我们水平的局限，书中也还存在着许多其他不尽如人意之处，恳请专家读者不吝指正。

崔刚

2024 年 5 月于清华园

目　　录

图 目 录

第 1 章
引　言

　　神经语言学是一门年轻的学科，正式提出于 20 世纪 60—70 年代，距今只有几十年的时间。然而，人们对于语言与人脑之间关系的探索却具有悠久的历史。要认识和理解这一学科研究的新发展，需要对该学科的研究内容以及发展过程具有一定的了解。因此，本书第 1 章首先围绕神经语言学的分支、主要研究领域以及发展历程进行简要的讨论，并在此基础上简要介绍我国在相关领域的研究发展概况。

1.1　神经语言学的分支

　　神经语言学是语言学与神经科学之间的交叉学科，主要研究语言和大脑功能之间的关系，目的在于理解人类语言的理解、产生、习得以及学习的神经和心理机制，探究大脑对于语言信息的接受、存储、加工和提取的方式与过程（崔刚，2015）。从目前的发展状况来看，它主要包括临床神经语言学、实验神经语言学和应用神经语言学三个分支学科。

　　临床神经语言学以脑损伤的患者为研究对象。早期的研究主要以失语症为主，后来又逐渐扩展到儿童发育性语言障碍、阿尔茨海默病、帕金森症、老年人语言退化等。脑损伤产生的原因是多方面的，可能是由于脑出血、脑血栓、脑肿瘤、脑外伤等导致的物理性损伤，也可能是由于诸如有害性物质所导致的生物化学性损伤。研究者通过各种方法检测患者在语言方面的障碍，然后把这些障碍与脑损伤的部位联系起来，并以此来研究语言与人脑之间的关系。这种方法被称为解剖关联法（anatomical association），也被称为损伤－症状匹配法（Lesion-Symptom Mapping Approach）。人们对于语言与脑之间关系的研究起源于对语言障碍的关注和研究，因此，临床神经语言学具有悠久的历史，在 20 世纪 60 年代之前的相关研究基本上都属于此类。不过，在早期的研究中，大脑损伤部位的确定比较困难，一般要通过外科手术的观察或者患者去世后的解剖才能进行。而在 20 世纪 70 年代出现的电子计算机断层扫描（computed tomography，CT）、80 年代出现的磁共振成像（magnetic resonance imaging，MRI）以及此后出现的扩散张量成像（diffusion tensor imaging，DTI）和扩散谱成像（diffusion spectrum imaging，DSI）技术，使得研究者能够即时而且更加精确地确定大脑皮层以及皮层之下神经纤维损伤的部位。另外，20 世纪末出现的经颅磁刺激（transcranial magnetic stimulation，TMS）技术可以通过改变磁脉冲的刺激来达到兴奋或者抑制局部大脑皮层功能的目的，尤其是由经颅磁刺激对特定的大脑皮层的功能进行抑制，从而产生"虚拟损伤"（virtual lesion），进而对大脑的语言功能进行研究。

实验神经语言学以没有受到脑损伤的正常人为研究对象，通过各种实验来研究语言使用与学习过程和脑之间的关系。这些实验与普通的认知心理学所采用的实验方法具有很强的相似性，研究者一般都要记录受试完成各种语言加工任务的准确度、反应时间等参数，只不过在实验神经语言学的实验中，研究者一般要在受试进行各种任务的同时运用脑成像技术记录他们的脑活动。现代脑成像技术主要包括血液动力学技术和电磁技术。血液动力学成像技术的基本原理在于，要进行某一项认知任务，就要相应地增强大脑的神经活动，也就随之增加被激活的大脑区域的糖分和氧的供应，这一变化可以通过局部脑血流量（regional cerebral blood flow，rCBF）的变化反映出来。正电子释放成像（positron emission tomography，PET）、功能性磁共振成像（functional magnetic resonance imaging，fMRI）和功能性近红外光谱成像（functional near-infrared spectroscopy，fNIRS）都属于此类。血液动力学成像技术的最大优势在于其空间定位的准确性，它可以精确地反映语言活动所涉及的脑组织，但是它们都存在着一个严重的血液动力学滞后的问题，也就是说，从受试开始执行某一认知任务，血液要到达相应的区域需要数秒甚至一分钟的时间，而包括语言加工在内的认知活动的进行都是以毫秒计算的（Poeppel，1996）。电磁成像技术主要依靠人脑在参与一项认知活动时所发生的电化学反应。人脑中的神经细胞具有很强的电化学性质，当人们进行某一项语言任务时，如识别某个语音、辨认一个单词等，都会引起大脑中电化学的变化。这些变化可以通过安放在头皮的电磁成像技术记录下来。目前这些设备主要包括脑电图（electroencephalography，EEG）和脑磁图（magnetoencephalography，MEG）两种。在采用电磁成像技术进行神经心理学研究时，事件相关电位（event-related potentials，ERPs）具有重要的意义。与血液动力学成像技术相比，电磁技术最大的优势在于它的直接性和时间上的准确性，它可以直接测量人在从事某一心理活动时大脑的电磁变化，不存在时间滞后的问题，但是它在空间的准确性上不如血液动力学技术。

应用神经语言学的目标在于把上述两个研究领域关于语言和人脑之间关系的研究成果应用于解决现实的问题之中，主要包括语言障碍，尤其是失语症患者语言能力的康复以及语言学习两个方面。语言是人类基本的交际方式，脑损伤所带来的各种语言障碍会严重影响患者的生活质量，因此，语言能力的康复一直是相关领域关注的重要问题。临床神经语言学关于语言障碍的研究有助于我们认识患者语言障碍产生的内在原因，从而提出针对性的康复方案。例如，Linebarger et al.（1983）对于语法缺失患者句子理解障碍的研究发现，患者的句法结构并没有受到损伤，只是表层结构的句法表征层面与深层结构中的语义层面的映射出了问题，导致患者不能顺利地进行题元角色的分配。基于这一认识，研究者们提出了映射疗法（Mapping Therapy），其目标在于训练患者理解句子的逻辑主语与逻辑宾语。神经语言学研究的成果在语言教学领域也具有非常广阔的应用前景。神经语言学是认知神经科学的重要组成部分，从 20 世纪 80 年代开始，研究者们就开始思考如何把包括神经语言学在内的认知神经科学的研究成果运用于教育理论的研究与实践之中。Hart（1983）提出了"适于脑的学习"（brain-compatible learning）这一概念，认为教育可以分为"适于脑"和"不适于脑"（brain-antagonistic）两类，而有效的教育必须按照大脑的工作原理来组织教学。语言教学作为教育体系的重要组成部分，一直是相关领域研究所关注的一个重点问题（崔刚，2021）。

1.2　神经语言学的主要研究问题

　　神经语言学的研究涉及语言学、神经科学、心理学等多种学科领域，需要综合采用这些领域的方法，并以语言学理论、人脑的结构与功能理论以及认知心理学关于语言使用和学习的理论为基础，全面地研究语言和大脑之间的关系，其主要内容包括语言损伤、语言使用和语言习得与学习的神经和心理机制，要研究的核心问题包括以下几个方面。

　　第一，脑损伤所导致的各种语言障碍以及由此所反映出的大脑的语言功能，其中最受关注的是失语症，后来的研究又进一步扩展至诸如阿尔茨海默病等其他类型患者的语言障碍。从历史的角度来看，神经语言学起源于人们对于失语症的关注和研究，可追溯至公元前 400 年希波克拉底（Hippocrates）关于语言障碍的描述。通过对失语症等语言障碍的研究，我们可以全面地了解语言障碍的表现以及它们所产生的心理机制和神经基础，从而为患者语言功能的恢复奠定理论基础。更为重要的是，语言障碍的研究可以很好地帮助我们揭示正常人语言使用的神经基础（Blumstein，2022）。语言的理解与产生包含着极其复杂的心理和生理过程，而正常人的话语是在极短的时间内组织起来而且以流利的语流表达出来的，从而掩盖了语言产生和理解的复杂过程。而对于有语言障碍的人来说，由于语言处理机制的某些环节出现异常，他们对语言处理的速度明显减慢，并呈现许多典型的症状，从而为研究语言处理的过程以及语言与大脑之间的关系提供了机会。Aitchison（1989：17–18）指出，"轻微的系统故障要比完善的工作系统更能够解释内在的机制。如果我们打开水龙头，里面流出的是纯净的水，我们就无从知晓在此之前水储存在什么地方。但是，如果有鸽子的羽毛随着水一起流了出来，我们就可以推测，水来自于鸽子可以进入其顶部的水箱。"失语症的科学研究从 Broca（1861）开始，其后又经过 Wernicke、Head、Goldstein、Jackson、Luria 等众多学者对失语症的深入研究，历经一个多世纪的时间，失语症患者表现出的各种语言障碍为研究大脑和语言之间的关系提供了丰富的材料。研究者力图通过研究语言障碍与大脑损伤部位之间的对应关系，探究大脑的语言功能，并以此为基础提出了各种关于语言和人脑之间关系的理论，这些理论已经成为当今神经语言学研究的基本立足点。即使在今天，分析大脑损伤所导致的语言障碍仍然是研究语言和人脑之间关系的最为常用、最为重要的方法，而且得到了更好的发展。一方面，研究者充分借鉴语言学和认知心理学的理论，设计了更为系统、更为科学的检测方案，用来测定患者的综合语言能力以及诸如语音识辨、词汇加工、句子理解等具体的语言能力；另一方面，包括计算机断层扫描（CT）、磁共振成像（MRI）等在内的各种结构性脑成像技术使我们能够精确、迅速地确定脑损伤的部位。

第二，儿童大脑的发展过程以及与此相伴的语言习得过程。主要包括两个方面：正常儿童的语言习得过程与大脑发育之间的关系以及儿童母语习得过程出现的各种语言障碍。从个体的发展来看，个人习得语言的过程受遗传、环境等诸多因素的影响，各有不同的特点，但是又存在着共同的规律，这一规律与人的大脑发育过程具有密切的关系。儿童语言习得主要发生在婴儿期（0–2 岁）和童年期早期（3–6 岁），这一阶段是儿童脑发育最为迅速的时期。婴儿刚出生时，大脑重量仅有 350–400 克，相当于成人大脑重量的四分之一；1 岁左右，幼儿大脑的重量就会达到出生时的两倍，相当于成人大脑重量的二分之一；而在两岁左右就可以达到成人大脑重量的四分之三左右。与此同时，大脑的内部也在发生着急剧的变化。婴儿期和童年早期最为突出的是突触形成和分化。幼儿出生之后，脑中突触的数量会迅速增加，并且开始承担特定的功能，通过分化的过程，不同的神经元以及由此而形成的神经回路开始负责某些特定的职责（McCall & Plemons，2001）。另外，从两岁左右开始，大脑左右半球的功能开始侧化（Lenneberg，1967）。0–2 岁是大脑正在发育、功能不够完善的阶段。在婴儿早期，与记忆密切相关的海马体尚未发育完成，因此，这一时期的幼儿还没有长期记忆（Seress，2001）。与认知功能密切相关的前额叶皮层的发育也很缓慢，婴儿出生后第一年的下半年中，前额叶皮层以及相关的神经回路才逐渐发展出工作记忆，幼儿才可以对正在处理的信息进行短期的储存（Johnson，1998）。在童年早期，儿童的大脑继续发育、功能不断得到完善。大脑左右半球的功能侧化进一步发展，一个直接的结果就是儿童在 3 岁时开始出现偏好左手或者右手的现象。伴随着大脑的发育过程，儿童语言习得会依次经历单调声音（vegetative sounds，0–6 周）、咕咕声（cooing，6 周左右）、笑声（laughter，16 周）、发音游戏（vocal play，16 周–6 个月）、咿呀语（babbling，6–10 个月）、独词话语（single word utterance，10–18 个月）、双词话语（two word utterance，18 个月）、电报式语言（telegraphic speech，2 岁）和完全句（full sentence，2.5 岁）等阶段。进入后期阶段，儿童的母语词汇量会不断增加，句子的结构也就变得越来越复杂。大约在 5–6 岁，儿童就可以比较熟练地使用母语进行口头交流（Harley，2014）。儿童语言习得与脑发育的过程是密切相关的。一方面，脑的发育为儿童的语言习得提供基本的神经基础；另一方面，语言的习得也在一定程度上促进脑的发育，尤其是认知能力的发展过程。神经语言学研究的一个重要目标就是要揭示儿童从出生到成人整个语言发展过程和大脑之间的关系。

除了正常的语言习得过程外，儿童语言习得过程中出现的各种语言障碍也是神经语言学研究的重要问题。与成年人的失语症一样，儿童语言障碍对于神经语言学来说也具有特殊的意义。儿童语言障碍产生的原因在于先天或后天因素对大脑造成的损伤或发育不良，主要包括失语症、专门性语言障碍（Specific Language Impairment，SLI）和兰达 – 克莱夫综合征（Landau-Kleffner Syndrome）三种类型。儿童的大脑还处在生长发育阶段，语言习得也处于发展过程之中，其语言障碍具有很强的可变性与可恢复性。因此，与成人语言障碍的研究相比，儿童语言障碍的研究对于我们了解儿童语言习得的过程以及大脑和语言之间的关系具有更为重要的意义（崔刚、张岳，2002）。

第三，在人类进化过程中，大脑的进化与发展过程以及由此带来的语言能力发展。人类的发展经历了从猿人、原始人、智人到现代人的漫长进化过程。在 200 万到 30 万年前，智人（Homo sapiens）就已经具备了语言和符号的处理能力（Harley，2014），从而使得语言成为人类区别于其他动物的关键特征之一。然而，人类语言与其他动物交际方式的差异性并不能掩盖自然世界中进化的连续性。Darwin 应该是第一位从物种之间进化连续性的角度来思考人类语言的思想家，他指出，人类与低等动物的唯一差别在于人类使用语言的能力，这种能力可以把各种语音和近乎无穷的思想关联起来（Darwin，1871）。然而，这种差异并不是本质性的，而是一个程度的问题，因为许多低等动物也能借助各种肢体动作和面部表情并通过声音的运用来表达意义。"人类把形式和意义关联起来的能力位于各种动物的感知与认知功能连续体的顶端"（Baggio，2022：65）。因此，我们可以通过对动物的感知、运动或者认知功能中与构成人类语言使用的能力要素中相对应的部分进行比较，借以研究语言进化与人类进化，尤其是与人脑进化之间的关系。Baggio（2022）指出，这种对应关系有两种：一种是同源性的（homology），即人类和其他动物具有某些共同的特质，而且这些特质都来自共同的祖先；另一种是类比性的（analogy），人类和其他动物都具有相似的特质或功能，尽管这些特质在不同的物种之中都是独立进化而来的。

大约在 2300 万年前，类人猿与其他灵长类动物分离，而人类和黑猩猩大约在 500 万年前产生差异（Pika，2008）。在不到 300 万年的时间内，人类大脑的重量从 300 克增加到目前的 1200–1400 克，而且体积和复杂性在进化的过程中也不断增加，一些旧有的功能得以改进，一些新的功能（如语言、工具制造、创造）也得以出现。在语言学研究和现代科技高度发达的今天，人们对于语言的起源和进化过程仍然知之甚少，其中的一个重要原因在于，与人类器官进化的研究不同，我们无法得到关于语言进化的化石类证据。但是，目前科学界所普遍赞成的一个观点是，大脑的体积在 300 万年内增长了三倍以上，100 万年之内就增长了一倍，这相对于人类的漫长进化过程而言是相当迅速的。关于大脑体积迅速增长的原因，研究者的意见尚未统一。其中一种观点认为，它与语言能力的产生和由此给人类带来的便利具有很大的关系，人类进化后期大脑体积增加最大的部位，包括大脑的额叶以及颞叶、顶叶和枕叶的连结区，似乎都与语言功能有关。Deacon（1997a）认为，语言与大脑的进化是按照一种相互促进的方式，都是为了解决认知和感觉运动问题而共同进行的。随着大脑额叶皮层的增加，符号处理的功能变得更加重要，语言能力的要求也就随之提高。这就促进了言语器官的发展，而言语器官的发展又反过来提高了人类的符号处理能力以及大脑的进化。

大约在 50 万年前，口语的出现使得人类大脑皮层的面积开始增加，人脑中负责口语的机制和语义机制经过几十万年的进化，神经系统自然而然地连接为一个整体。在对这一问题的研究过程中，目前的研究者一般以灵长类动物为实验对象，通过教授它们学习人类的语言来看大脑的进化与语言功能之间的关系。

第四，双语与多语的神经与心理机制。随着经济全球化和文化交流的日益深入，全球范围内的人口流动愈加频繁，为了满足生活、工作、教育等多方面的需要，越来越多的人会在母语之外再学习另外一种甚至多种语言，从而成为一名双语者或多语者。目前世界上双语者或者多语者的人数要超过单语者（Baggio，2022）。如果一个人懂得两种或者两种以上的语言，这会不会影响到大脑对于语言的处理方式？不同的语言在大脑中是如何分而不混的？它们是否会相互干扰？这些问题都使得双语或多语的神经与心理机制成为神经语言学研究的一个重要而有趣的课题。目前，对于这一问题的研究主要采用两种方式。一种是对双语失语症患者的研究，它描述不同的语言组成成分之间的分离和双重分离的现象，还发现了一些双语失语症所特有的症状（例如，病理上的语码混合和转换以及翻译障碍等），这使得研究者能够把某些双语的特有能力与专门的神经功能系统联系起来。另一种是对双语者或者多语者大脑的实验研究，如电生理研究（在大脑外科手术过程中进行电刺激和事件相关电位）和神经解剖功能研究（正电子发射断层显像和功能性磁共振成像）等。例如，研究者通过在接受开颅手术的双语或多语失语症病人的大脑中插电极的方法，发现这些患者大脑中的每一个语言区域都进一步分成三个或者若干个小区，其中较大的一个负责两种或者两种以上的语言，其他较小的区域则各自负责某一种特定的语言。在这些较小的区域中，负责外语的区域要比负责本族语的区域大。由此人们推论，这大概是由于学习外语的初期所需要的神经细胞较多所致，而随着外语水平的提高，相应的语言区域也会逐渐收缩（毛子欣，1996）。

与单语相比，双语的神经语言学研究要复杂得多，正如 Grosjean（1989：3）所指出的，"双语并不是两个单语者合并于一个人之中"，也就是说，双语系统并不是两个独立单语系统的简单叠加。对于双语者来说，两种语言总是处于不停地互动之中，一种语言的使用或学习会对另一种语言甚至是认知能力产生影响。因此，探究双语对人的认知能力所产生的影响及其背后的神经机制一直是心理语言学和神经语言学所关注的一个重要问题。人们目前对这一问题尚未形成一致的意见，一些学者（如 Bialystok，2009）认为，长期的双语使用会使人的认知系统得到强化，进而使双语者的认知能力要强于单语者，产生双语优势（bilingual advantage）效应。还有一些学者（Paap et al.，2015）则认为这种优势效应并不存在，或者认为双语的竞争会占用更多的认知资源，给认知系统带来干扰，使得双语者的认知能力要低于单语者，从而产生双语劣势（bilingual disadvantage）效应。另外，二语和外语也会带来大脑结构组织的变化。人类具有学习多种语言的特殊能力，这被认为是大脑功能可塑性变化所调节的技能。Newman et al.（2002）的研究表明，在精通双语的使用者中，主要由左脑负责调节第一和第二语言的处理过程。他们还发现，双语者大脑左半球下部大脑皮层的灰质密度要比单语者高，这一区域的灰质密度会随着第二语言熟练程度的提高而增加，但是会随着年龄的增长而减少。这些现象可能是由遗传因素造成，也可能是由于语言学习经历所导致的结构重组。人脑的结构会因为学习第二语言的经历而有所改变，同时人脑也会根据环境的需要而在结构上发生变化。Karl et al.（1997）的研究表明，在大脑额叶的布洛卡区，对于在成年后学习外语的双语者来说，不同的区域负责处理不同的语言，但是，如果人们在早期就学习外语，那么母语区和外语区则趋于被标记在额叶的同一区域。

　　第五，人类语言的基因研究。基因是生物遗传的结构单位和功能单位，是将遗传信息从上一代传递给下一代的载体。语言是人类所特有的交际能力，在历史上曾经有多位科学家试图训练动物讲话的能力，但是无论如何训练，动物所能使用的语言都极其有限（Steinberg & Sciarini，2006）。这些研究都表明，人与动物在语言能力方面的差异是先天性的。Chomsky（1957）认为人生来就在大脑中具有一个和语言相关的装置，即语言装置（language faculty），以配合后天的学习，这种装置能衍生出无数的句子，具有很强的创造性。Pinker & Bloom（1990）也认为语言是生物进化和自然选择的结果。这也就意味着语言能力应该在人类的基因中有所体现，自然研究者在寻找人类的语言基因。从 20 世纪 60 年代开始，科学家们进行了不懈的努力，并取得了一些突破性的进展，其中最为著名的是 FOXP2。FOXP2 属于一组基因中的一个，为胚胎发育中的调控基因。该组基因通过制造一种可以粘贴到 DNA 区域的蛋白质来控制其他基因的活动。而 FOXP2 的基因突变破坏了 DNA 的蛋白质粘合区，使它无法形成早期大脑发育所需的正常基因顺序，从而导致发展性言语失用症（developmental verbal apraxia）（Lai et al., 2001）。这一发现曾经引起新闻界的轰动，有的报道甚至使用了"科学界解开言语的奥秘""第一个语言基因被发现"等标题。然而，对于 FOXP2 是否为真正的语言基因目前尚无定论，就连参与这一发现的科学家 Fisher 也怀疑这一结论，认为它只是影响人们清晰讲话的能力，该基因的突变并不会导致语言能力的丧失（Fisher，2019）。许多关于人类和动物的相关研究表明，FOXP2 决定着与运动技能和言语行为相关的神经回路的发育与功能，同时它也与心脏、肺部以及骨骼组织的发育密切相关。另一个与语言相关的基因是 CNTNAP2，它与前额叶皮层和颞叶上部皮层的早期发育相关，它的变异会导致儿童的语言能力低下或者特定语言障碍（specific language impairment，SLI）的产生（Deriziotis & Fisher，2017）。

除了从整体上研究人类语言的基因之外，神经语言学研究也关注有可能导致某种类型语言障碍的基因风险因素，其中最受关注的是发展性失读症（developmental dyslexia）。失读症是对各种书面语言理解缺陷的总称。当一个儿童的阅读困难无法通过智力缺陷、教育不当或视觉障碍等原因解释的时候，通常就会被诊断为发展性失读症。发展性失读症是儿童常见的一种语言障碍，其发病率占到所有儿童的百分之五到百分之十。科学家已经发现一些与该疾病相关的基因变异，其中包括 DYX1C1、KIAA0319、DCDC2、ROBO1 等（Galaburda et al.，2006；Williams & O'Donovan，2006），具有这些基因变异的人群在儿童时期患上失读症的风险会大大提高。有证据表明，相关的基因变异有可能会影响到幼儿脑区发育过程中神经元的迁移与联结，最终导致大脑颞叶结构与功能的异常（Giraud & Ramus，2013）。关于语言障碍的神经基因学（neurogenetics）研究对于我们解释语言障碍的本质以及语言与脑之间的关系具有重要的意义。

　　第六，大脑中语言处理过程的观察与测量。尽管现代科技的发展为我们提供了许多研究大脑的手段，但是，大脑仍然被视为神秘的"黑箱"装置，其复杂程度远远超出人们的想象。人脑是世界上最为复杂的物质，它的重量只有 1.5 千克左右，约占人类体重的 2%，却消耗了我们 20% 左右的能量。人脑无时无刻不在工作，即使人在熟睡的时候，它也不会停止工作。不包括人脑的其他部位，仅大脑中就包含有 300 亿的神经元，这些神经元又相互结合构成了 1 000 万亿个突触联结，如果从现在开始数这些联结的数量，按照每秒一次的速度，需要 3200 万年的时间才能完成计算（Edelman，2004）。这些数量众多的神经元以及由它们所构成的高度复杂的神经网络是人类包括语言学习在内的各种认知活动的基础，人类一切高级智能活动都是由它们所决定的。面对如此复杂的系统，我们还不能完全直接地研究大脑在语言处理过程中的工作情况。正如王德春（1988：11）所指出的，神经语言学"这门学科刚刚起步，研究相当困难，这是因为语言是个复杂的现象，而人脑也许更为复杂。人类分裂原子，进入微观世界；探索宇宙进入宏观领域，但对自身由 1.5 公斤细胞组成的大脑迄今所知不多。探脑比登月困难"。对于语言和大脑之间关系的研究只能通过对大脑工作外部表现的观察与测量来进行。因此，如何进行观察与测量也是神经语言学研究的重要问题，换言之，研究方法本身也是神经语言学研究的一个关键问题。

1.3　神经语言学研究的历史综述

　　神经语言学是一门古老而又年轻的科学，直到 20 世纪 60 年代学者们才开始正式使用"神经语言学"这一名称。但是，对于语言和大脑之间关系的关注与研究却具有非常悠久的历史，可以追溯到古埃及时期。《史密斯纸草书》（*Edwin Smith Papyrus*）是古埃及最重要的医学文献。它是大约公元前 1600 年的抄本，然而其内容却基于大约公元前 3500 年的材料，它在人类历史上第一次提到大脑是语言的控制中心，头部的损伤可能会导致身体其他部位的症状。在此后几千年的历史之中，人们一直都没有停止探索语言和大脑之间的关系，期间经历了三个关键的转折点，它们分别带来了神经语言学研究的实证、理论和技术的突破（Baggio，2022）。

第一个转折点发生在 19 世纪 60 年代，以 Broca 的失语症研究及其大脑左半球额下回部区域的损伤会导致语言产出障碍的发现为标志，它带来了神经语言学研究史上的实证性研究的突破。在神经语言学的发展史上，19 世纪中期是一个具有特殊意义的时期。Gall 在当时以其颅相学理论而风靡欧洲，他是把人类的心智功能定位于大脑皮层的第一人。在此之前，大脑皮层一直被认为是脑膜的延伸，其主要作用在于向大脑提供营养。Gall 指出，大脑皮层是人类大脑组织的最高层次，它和大脑灰质的其他区域通过大脑白质的神经纤维相联结。大脑由具有不同功能和特点的区域组合而成，每个部分都负责一个特定的行为、个性和潜能。然而，这种观点并未得到多少实证研究的证实。Broca 是法国著名的外科医生、神经学家和人类学家，他在 1861 年注意到了一位住院的失语症患者，该患者语言理解能力正常，但是几乎丧失了全部的语言表达能力。在患者去世后，他通过解剖发现，该患者大脑损伤的部位位于大脑左前部额叶的第三前回（该部位后来被命名为布洛卡区），基于这一发现，Broca 认为该部位控制着人们的口语表达能力。后来，Broca（1863，1865）又通过更多的病例研究进一步证实了这一观点。Broca 的失语症研究在神经语言学的发展史上具有里程碑式的意义（Goodglass，1993），它们都是建立在详细的个案病例和解剖分析的基础之上。在这些研究的基础之上，经过 Wernicke、Lichtheim 以及 Geschwind 的发展，逐渐形成一套相对完整的关于大脑语言功能的理论体系，成为当今神经语言学研究的基本理论基础。

继 Broca 之后，Wernicke 又进一步发展了大脑功能定位的思想，提出了语言处理的反射弧模式，进而形成了大脑功能的联系学说。Wernicke（1874）认为，语言可以被分为感知和运动两个部分，词汇也被相应地储存为运动意象和感知声音意象（又称记忆意象）两种形式。他指出右利手者的大脑左半球的两个区域与语言行为具有特殊的关系：一个区在第一颞回（即沃尼克区），构成言语感觉中枢，负责处理词汇的记忆意象；另一个区在第三额回的后部（即布洛卡区），构成言语运动中枢，负责处理词汇的运动意象。这两个区的损伤会相应地造成两种类型的失语症：运动性失语和感觉性失语（即布洛卡失语症和沃尼克失语症）。另外，Wernicke 还认为两个区之间通过位于岛叶皮质下的神经纤维相互联接，他从理论上推测，连接纤维的损伤会导致第三种失语症，即传导性失语症。后来，Lichtheim（1885）又提出了第三个语言中枢，即"概念中枢"，这个中枢没有具体的大脑定位。Wernicke 很快就接受了 Lichtheim 的观点，形成了 Wernicke-Lichtheim 语言处理及其大脑定位理论以及由此而确定的失语症类型（如图 1-1 所示）。

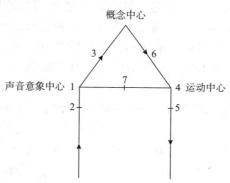

图 1-1　Wernicke-Lichtheim 语言处理模型（Tesak & Code，2008：89）

　　根据 Wernicke 的分类系统，大脑皮层中声音意象中心（位于沃尼克区）的损伤会导致皮质性感觉失语症（图 1-1 中 1 所示），其主要症状是语言理解和重复障碍，自动言语能力相对正常，但是经常有言语错乱的现象发生。听觉通道的损伤会导致皮质下感觉性失语症（图 1-1 中 2 所示），其主要症状也同样包括语言理解和重复的障碍，但是自动言语能力则完全正常。图 1-1 中 3 所示为经皮质感觉失语症，由声音意象中心到概念中心的通道损伤所致，主要语言障碍表现为语言理解困难和自动言语中的言语错乱现象，而重复能力比较正常。运动中枢的损伤会导致皮质性运动失语症（图 1-1 中 4 所示），此类患者的语言理解能力相对正常，而自动言语和语言重复能力较差。与此类似，由运动神经通道损伤所导致的皮质下运动失语症（图 1-1 中 5 所示）患者仍然能够提供词汇的语音信息（如音节的数量等），因为他们的运动中心没有受损。对于由概念中心到运动中心通道损伤所造成的经皮质运动性失语症（图

1–1 中 6 所示）患者来说，他们理解和复述能力相对较好，而自动言语中经常有言语错乱的现象发生。第七种失语症类型是由听觉中心和运动中心之间的神经通道损伤所导致的传导性失语症，其症状在于自动言语和复述的障碍，而理解能力比较正常。

Wernicke-Lichtheim 语言处理模型的核心要点包括三个方面：（1）大脑皮层的初级感觉和运动区；（2）次级关联区；（3）两种区域与大脑的其他高级区域和亚皮质结构的结构与功能的联系。由于 Broca、Wernicke 和 Lichtheim 研究的连续性，上述语言处理的模式又被称为 BWL（三个人名字首字母的缩写）模式，尽管它形成于一百多年前，对于语言及其结构的认识也没有语言学理论的基础，但是在今天仍然颇具影响，已经成为从事相关领域研究的必备基础知识。

第二个转折点发生在 20 世纪 60 年代前后，以 Chomsky 的生成语法理论的提出以及由此所带来的认知革命为标志，它带来了神经语言学理论的突破。尽管 Broca 和 Wernicke 等对于失语症的研究发现语言理解和产出具有各自的大脑定位，但是对于语言能力作为一个整体与脑的关系这一问题并未给出很好的回答。许多学者意识到，单靠失语症的医学研究本身并不能够做到这一点。例如，Jackson（1866）指出，发现症状的解剖学原因并不能等同于功能的定位，他还把心理学和生物进化理论引入到失语症的研究之中，这就为后来把心理学以及心理语言学的研究方法运用于失语症的研究之中奠定了基础，从而使得后来的相关研究能够在更加受控的实验条件之下进行。Jakobson（1941/1968）把语言学理论运用于失语症的研究之中，以音位学的普遍原理与失语症患者的语音障碍相结合，提出了"退化假说"（Regression Hypothesis），认为儿童最后习得的音素在大脑损伤后也最容易丧失，然而早期习得的却最容易保留下来。他还把这一原理运用到语法和句法之中，认为除了音位系统之外，这一规则也同样适用于语法的各个成分。对于 Jakobson 来说，语言学理论和失语症研究完全可以相互融合，相互促进。一方面，语言学理论可以用来进行失语症的描述，也可以使研究者更好地理解失语症患者的语言障碍。另一方面，失语症研究为验证语言学理论提供了一个有效的途径。这为语言学与失语症研究的结合，尤其是真正意义上的神经语言学的诞生奠定了基础。

　　在上述背景之下，Chomsky（1957，1965）适时地提出了生成语法理论。生成原本是数学上的概念，指找出集合中各成分之间有限的规律来说明无限的集合。按照 Chomsky 的观点，语言即是句子的无限集合，而人的语言能力（competence）就是一套有限的规则系统，通过有限的规则来生成无限的符合句法的句子。生成语法理论主要研究人的语言能力。该理论认为，语言具有创造性，有限数量的词汇和语法规则可以使人们创造出并听懂无限数量的句子。语言能力是一个人先于经验的固有能力，只不过在后天经验的条件下得到创造性的运用而已。Chomsky认为，语言是由语法生成的，而语法知识可以被视为人的心理状态，它强调人的心理以大脑物质为基础，语言学是心理学的一个分支，而心理学属于生物学。生成语法理论结合形式主义（formalism）和心智主义（mentalism），把语言学置身于更为广阔的学科背景之下，形成了心智的计算理论，最终促成了融哲学、心理学、语言学和神经科学于一体的认知科学的诞生，从而引发了学术界的认知革命（Miller，2003）。

　　生成语法理论被视为神经语言学发展史上的一大突破，其核心意义在于它引起了语言学、心理学和神经科学等学科的融合，使得以往关于语言与大脑之间关系的研究具备了语言学的特征，从而带来了真正意义上的神经语言学的诞生。一方面，它使得神经学科领域的研究者更好地意识到语言学理论对于失语症研究的价值。在 Chomsky 的影响下，许多研究者开始意识到，语言学与失语症研究是互补的。例如，Grodzinsky（1984：101）就认为："大多数的语言障碍都是有选择性的，而且这种选择性与一些语法理论的思路是一致的，因此，形式语法必须要成为（失语症患者）功能障碍的描述框架。"另外，以 Chomsky 的同事 Miller 为代表的心理语言学家也以生成语法理论为基础提出了一些创新性的研究方法，这些方法也逐渐为失语症研究者所采纳。另一方面，语言学研究者也开始关注语言的神经生理基础，从而产生对失语症研究的兴趣，因为失语症患者的语言障碍为语言学（包括心理语言学）所提出的假说与语言处理模式提供了外部的验证数据。此外，研究语言使用和语言学习的心理与神经基础也成为语言学研究的应有之义，从 20 世纪 60 年代开始，越来越多的学者开始探究语言学理论的"心理语言神经现实性"（例如，Grodzinsky，2000；Miller & McKean，1964）。

第三个转折点发生在 20 世纪 80 年代，以人类神经测量技术和对于实验数据进行分析与模拟的计算机技术的应用与推广为标志，它带来了神经语言学研究的技术突破。在 20 世纪 70 年代，研究者们开始采用记录正常人在线脑电活动（EEG，脑电图）的方法和测量大脑应对外部事件（如语音刺激）和内部事件（如决策）时所产生的电流变化（ERP，事件相关电位）的方法从事神经语言学的研究。在此后的 20 世纪 80-90 年代，研究者们陆续发现了一些与语言加工相关的事件相关电位成分，例如，N400（语义加工）（Kutas & Hillyard，1980a，1980b）、P600（句法加工）（Osterhout & Holcomb，1992）等。随着脑电图和事件相关电位研究方法的广泛采用及日趋完善，其他一些类似的研究技术也陆续被引入到神经语言学的研究之中，其中包括脑磁图（MEG）、皮层电描记术（electrocorticography, ECoG）和颅内脑电图（intracranial EEG, iEEG）。这些技术可以为语言加工的时间进程以及内在的心理过程提供详细的信息。在 20 世纪 80 年代，正电子释放成像（PET）和功能性磁共振成像（fMRI）技术的出现使得神经语言学研究者可以检测脑组织中葡萄糖、血氧以及血红蛋白浓度的变化，进而可以推测出参与某一语言加工任务的脑组织。到了 20 世纪 90 年代，这些技术在神经语言学研究中的应用更为广泛，研究者们可以在无创的条件之下，在时间和空间两个方面都能精准地观测到人脑对语言的反应，并且取得了许多重要的发现。除了正电子释放成像和功能性磁共振成像之外，其他一些类似的技术还包括功能性近红外光谱成像（fNIRS）。

上述技术的应用极大地促进了神经语言学研究的发展进程，它改变了以往临床神经语言学一枝独秀的局面，使得实验神经语言学诞生并发展到今天日趋繁荣的局面。与此同时，现代技术也使得临床神经语言学得到了更大的发展。20 世纪 70 年代之后陆续出现的计算机断层扫描（CT）、磁共振成像（MRI）、扩散张量成像（DTI）和扩散谱成像（DSI）技术使得研究者可以及时而且更为精确地确定脑损伤的部位或组织，基于体素的损伤–症状匹配（voxel-based lesion-symptom mapping, VLSM）研究方法的出现正是这些技术的应用所产生的结果。该方法可以计算每一个体素的测试数据，把损伤的存在与否与认知功能的测量结果关联起来，从而对参与某个认知过程的脑区做出推论（Baldo et al., 2012）。

1.4 中国的神经语言学研究 [1]

神经语言学研究在中国起步较晚，然而我国学者对于相关领域的关注并不算晚。早在 1962 年，在中国社科院主办的《语言学资料》[2] 就刊登了一篇由君方基于国外资料翻译整理的介绍神经语言学的短文。然而，令人遗憾的是，由于诸多现实的原因，在此后近 20 年的时间内，我国没有保持对相关领域研究的关注，更没有开展具体的研究。直至 20 世纪 80 年代和 90 年代，我国学者逐渐开始对神经语言学相关领域的研究。最早的研究来自神经学界对于语言障碍的关注。王新德等（王新德，1985；王新德、蔡晓杰，1986；王新德、李金，1981）先后报道了单纯失读症、单纯失写症和汉字镜像书写的研究结果，对由这几种失语引发的语言障碍进行了描述。李鸿智等（1988）也对由基底神经节病变所引起的失写症进行了研究。到了 20 世纪 90 年代，神经学界对于语言障碍的研究进一步深化，其中比较突出的是高素荣（1992，1993）对汉语失语检查法的标准化研究，她以美国波士顿失语症检查法为基础，充分考虑汉语的特点，提出了"汉语失语症检查法"。另外，研究者还对导致失读症和失写症的发病机制进行了研究，例如，陈海波等（1994）的研究发现，左颞下回后部病变会导致阅读障碍的发生，他们还认为这可能是因为左颞下回后部及其周围区域有视词记忆功能，对表意的汉字更加特异。高素荣（1996）从汉字形、音、义的角度对失写症的发病机理进行分析，认为患者的字词错写主要是由于患者回忆字形时在形、音、义上发生了偏离所致（转引自杨亦鸣、刘涛，2010）。

心理学界的学者也从 20 世纪 80 年代开始围绕着汉字的认知加工机制进行了相关的研究。例如，胡超群（1989）的研究结果发现，在阅读过程中，大脑中对汉字形、音、义的脑加工以字形的视觉感知为起点，然后再分别与字音和字义建立联系。汉语中字形和字义之间的联系要强

---

1 此处的中国主要指我国内地（大陆）地区。本书在概述相关情况时没有包括我国香港、澳门与台湾地区的研究。

2 为《当代语言学》的前身。《语言学资料》创刊于 1961 年，1966 年因"文革"停刊，前后共出版 32 期，属于内部刊物；1978 年更名为《语言学动态》，仍为内部刊物；1980 年更名为《国外语言学》；1997 年更名为《当代语言学》，为双月刊。

于字形和字音间的联系，汉语字词的认读可通过书写形式直达意义而获得理解，而不必按照字形→字音→字义的路径来进行。魏景汉等（1995）采用 ERP 技术进行的实验研究则表明，大脑在汉字的加工过程中，字形、字音和字义之间存在着错综复杂的关系，不能简单地归结为是否通过字音或者字形通达意义的问题。在这一时期，心理学界的研究者还关注汉字认知和大脑左右半球的关系，并出现了两种观点：一种观点（例如，张武田、彭瑞祥，1984）认为左半球在汉字认读中具有优势地位；另一种观点（例如，郭可教、杨奇志，1995；尹文刚，1984）则认为大脑左右半球对汉字的认读具有均势的地位。

我国语言学界对于神经语言学的研究始于学者们对国外神经语言学这一学科以及相关理论的译介。从 20 世纪 80 年代开始，一些学者（例如，李家荣、李运兴，1980；沈家煊，1992a，1992b；赵吉生，1984）开始翻译国外相关论文，也有一些学者（例如，沈家煊，1989；王德春，1988；卫志强，1987，1994）撰文介绍神经语言学这一学科。引人注意的是，赵吉生和卫志强（1987）还把 Luria 的 *Basic Problems in Neurolinguistics* 一书翻译成中文，并以《神经语言学》为书名在北京大学出版社出版，这是我国引进的第一部神经语言学专著。上述译介工作对于我国学者，尤其是语言学领域的研究者了解神经语言学学科的研究方法、研究内容以及基本理论起到了良好的作用，从而为他们开展相关领域的研究进行了很好的准备。从 20 世纪 90 年代开始，语言学界的学者开始开展神经语言学领域的相关研究工作。崔刚（1994）最早开始了失语症的研究工作，他从语言学的角度分析了 8 位汉语布洛卡失语症患者的词汇障碍，并以此为基础探讨了词汇在大脑词库中的贮存方式等问题，得到了中文大脑词库的一些基本特性。后来，崔刚（1999a，1999b，2000）又对布洛卡和传导性失语症患者的语音、词汇和语用障碍进行了系统的描述与分析；另外，崔刚（1998）还对语言学和失语症研究之间的关系进行了全面与深入的探讨，并以上述研究为基础，出版了《失语症的语言学研究》（崔刚，2002）一书，全面分析与总结了汉语布洛卡和传导性失语症患者在语言各个层级的障碍。这些研究都以扎实的语料分析为基础，开创了我国语言学界从事临床神经语言学研究的先河，引起了相关学者对于有关问题的兴趣，为后续的相关研究奠定了基础。杨亦鸣和曹明（1997）以生成语法的早期理论为基础，通过对汉语皮质下失语患者的主动句式和被动句式理解、生成状况的调查分析，探讨了汉语句法加工的神经机制。后来，他们又通过对失语症患者的临床观察和测评研究，探讨了汉语大脑词库的内在机制（杨亦鸣、曹明，1997）。另外，王德春等（1997）编著的《神经语言学》是我国第一本系统介绍神经语言学的著作，它比较全面地描述了该学科的理论框架，兼顾正常言语的生理机制和言语障碍的病理机制，讨论了语言使用的神经机制。

　　进入 21 世纪，我国的神经语言学研究得以迅速发展。这首先得益于研究队伍的不断扩大。一方面，神经语言学学科知识的传播引起了相关研究人员的兴趣，吸引他们开展有关的研究工作；另一方面，那些早期的研究者开始培养神经语言学领域的研究生。例如，江苏师范大学语言研究所以及清华大学外文系分别从 1996 年和 1999 年率先开始招收相关领域的研究生，后上海交通大学、山东大学、四川外国语大学、浙江大学等许多高校也陆续开展了相关的课程教学和研究生的培养工作，许多毕业生已经成为我国神经语言学领域研究的中坚力量。其次是研究技术的不断提高，尤其是现代化神经电生理技术和大脑成像技术的使用为我国神经语言学的发展带来了极大的助力。在我国，早期采用这些技术开展相关领域研究的人员都来自心理学界，而在 2000 年之后，许多高校的语言学相关院系也开始购进 EEG、fMRI 等设备，逐渐掌握这些技术并将其应用于神经语言学的研究之中。研究队伍的扩大和研究技术的提高带来了研究领域的不断拓展。研究的对象从以失语症患者为主逐步扩展到正常的语言使用者，研究的领域从一开始的汉字识别和大脑词库而逐渐拓展到包括语音、词汇、句法、篇章和语用等语言使用的各个层级以及二语习得等领域[1]。在过去 20 多年的时间内，我国学者在神经语言学研究领域取得了丰硕的研究成果，完成了众多包括国家社科基金项目在内的各个级别的科研项目，在国内外学术期刊发表了数量众多的研究论文，并出版了一系列专著。本书的后面几章将会结合具体的研究内容介绍这些研究成果。

---

[1]　杨亦鸣和刘涛（2010）曾经对我国在神经语言学相关领域的研究进行了综述，感兴趣的读者可以参阅相关的内容。

　　为了促进神经语言学的研究工作，搭建学术交流的平台，我国学界也成立了一些相关的学术组织，其中与此直接相关的是中国语文现代化学会下设的神经语言学研究分会和语言认知与智能发展专业委员会。中国语文现代化学会是在民政部注册、隶属于教育部（国家语言文字工作委员会）的国家一级学术团体，现任会长是姚喜双教授。神经语言学研究分会成立于 2018 年，首任理事长是江苏师范大学的杨亦鸣教授，候任理事长是中科院心理所的杨玉芳研究员，副理事长为北京师范大学的周晓林教授、中国人民大学的张积家教授、中科院心理所翁旭初研究员、南京师范大学张辉教授和华南师范大学的王穗苹教授。语言认知与智能发展专业委员会成立于 2022 年，首任理事长是清华大学崔刚教授，副理事长是北京科技大学任虎林教授、中国人民大学王建华教授、上海交通大学常辉教授和山东大学马文教授。神经语言学研究分会主要以实验神经语言学为主，语言认知与智能发展专业委员会则主要以临床神经语言学和应用神经语言学为主。

第 2 章
神经语言学研究方法

　　神经语言学是一个多学科领域，结合了语言学、神经科学、心理学和认知科学的方法和原理，研究语言加工和产生的神经基础。临床神经语言学的传统研究方法是解剖关联法，以失语症研究为典型代表，通过对脑损伤和脑功能异常的患者大脑进行死后的尸体解剖，来确定大脑功能的定位。现代的实验神经语言学借助于大脑成像等较为先进的实验技术手段，观察健康的活体大脑在加工语言和认知任务中的激活状态，从而更精确地捕捉到语言加工的大脑神经网络结构。本章将从临床神经语言学和实验神经语言学两个分支介绍与讨论神经语言学的研究方法。

2.1　传统研究方法的回顾

　　临床神经语言学以脑损伤的患者为研究对象，如中风、脑瘤或脑外伤患者的某些脑区受损后，往往会出现语言障碍，成为失语症患者，研究者则通过各种方法检测失语症患者的语言问题，依此推断出与特定大脑区域相关的特定语言障碍。临床神经语言学具有悠久的历史，在 20 世纪 60 年代之前的相关研究基本都属于此类。不过，在早期的研究中，对大脑损伤部位的确定比较困难，一般要通过外科手术的观察或者患者去世后的解剖才能进行。

　　19 世纪中后期是神经语言学研究中一段具有特殊意义的时期，主要代表为欧洲的神经病学医生。其基本观点认为，大脑左侧部位直接与语言功能关联，左脑特定部位损伤就会引起语言障碍。法国医生 Paul

Broca 和德国神经学家 Carl Wernicke 等的突出贡献使之成为关于语言和大脑之间关系科学研究的开端。Broca 于 1861 年发现了一位被称为"Tan"先生的病人，因为他除了发出"tan"音节外无法发出任何声音，但是他的语言理解能力正常。患者去世后，Broca 通过解剖其尸体观察到 Tan 先生的左额叶有病变，特别是大脑左前部额叶的第三前回（现在称为布洛卡区）。基于这一发现，Broca 认为该部位控制着人们的口语表达能力。Broca（1863，1865）又通过更多的病例研究进一步证实了这一观点。

Wernicke 则进一步发展了语言功能的大脑定位学说，继 Broca 之后，于 1865 年描述了另一种失语症患者，其特点是难以理解语言，言语流利但无意义，现称其为沃尼克失语症。Wernike 通过解剖观察到患者的大脑左半球颞上回后部有病变，现在称为沃尼克区，并确定了该区为语言理解的重要区域。Wernicke（1874）还认为，语言可以被分为感知和运动两个部分，词汇也被相应地储存为运动意象和感知声音意象（即记忆意象）两种形式。他指出，大脑左半球的沃尼克区是言语感觉中枢，负责加工词汇的记忆意象，布洛卡区是运动中枢，负责加工词汇的运动意象。这两个区域受损则会相应地造成运动性失语和感觉性失语（即布洛卡失语症和沃尼克失语症）。另外，Wernicke 还假想两区之间通过位于岛叶皮层下的神经纤维相互联接，联接纤维的损伤会导致传导性失语症。

后来，Lichtheim（1885）又提出了"概念中枢"，这个中枢没有具体的大脑定位。这就形成了 Wernicke-Lichtheim 语言加工模型，该模型指出言语产出中枢与言语理解中枢之间相互联结，这些部位受损就会导致不同类型的失语症，包括运动性失语症、感觉性失语症、传导性失语症等。Wernicke 首次把失语症分为流利型和非流利型，认为失语症分类具有现实复杂性。

这些早期代表人物的连续研究，逐渐形成了大脑功能定位和联结主义学说，在 19 世纪一直占据着主导地位。大脑功能的定位依据主要来自于解剖关联理论（Goodglass，1993），即通过对失语症患者的神经解剖来确定大脑损伤的部位，然后将外在语言障碍的具体类型与大脑内在的相应损伤部位联系起来，从而确定语言功能在大脑中的定位。因此，后来的研究者将这段时期称为古典的联结主义模型，这一模型至今仍然颇具影响，已经成为从事神经语言学研究的必备基础知识。

但是，大脑功能定位说也遭到了异议。许多反对者（例如，Freud，1891；Jackson，1866）认为，语言作为复杂的高级神经活动，需要全脑的参与。这些研究被称为大脑功能整体学说。例如，Jackson（1866）认为，神经系统的功能是按照从简单到复杂、从低等功能中心到高等功能中心、从自动化无意识行为到有意识行为的方式进化的。这些功能并不定位于大脑的任何中心，而是按照从低层次（脊柱和脑干）到中等层次（运动与感知中心）最后到高等层次（大脑前部）来组织的。后来者（如 Head，1926）也坚持称人类大脑的功能是一种层级组织结构，是长期进化的结果。

而在 20 世纪 60 年代末 70 年代初出现的电子计算机断层扫描（CT）、磁共振成像（MRI）以及 80 年代末出现的扩散张量成像（DTI）和扩散谱成像（DSI）技术，使得研究者能够及时而且更加精确地确定大脑皮层以及皮层之下神经纤维损伤的部位，这在很大程度上促进了实验神经语言学的发展。

借助大脑成像技术的应用，尤其是功能磁共振成像（fMRI）和正电子发射断层扫描（PET）的广泛应用，研究者得以观察无脑神经损伤的健康人在语言加工任务中的大脑激活状态。相关研究发现不仅验证了早期解剖关联法对于脑损伤定位的经典假设，也揭示出传统研究的局限性。欧洲、美国和苏联的心理学家对经典联结主义进行了批判和重新审视，其中，苏联心理学家 Luria（1976）和美国心理学家 Geschwind（1965，1979）的研究非常关键。

Luria（1976：15）认为，"复杂心理过程是由许多因素制约的机能系统来实现的，因此心理过程不可能只局限在大脑皮层的有限部位，而是分布于整个大脑皮层及皮层下结构。但是，皮层和皮层下结构的各个部位在组成各个复杂的机能系统中，各有特殊的作用。"他主张大脑功能的动态定位学说，既反对狭隘的解剖关联理论，把复杂的心理活动解释为有限的细胞的机能，也不接受极端的大脑功能整体学说，把大脑视为无法区分的整体。他的理论较合理地解释了大脑的各个部位在语言等信息加工过程中既有分工又有合作的特点，使人们重新审视大脑功能定位学说的合理因素。

　　Geschwind（1965，1979）重又倡导经典的 Wernicke-Lichtheim 联结主义模型，将其发展成 Wernicke-Lichtheim-Geschwind 模型。他提出左脑的布洛卡区和沃尼克区两个语言中枢区之间通过弓状纤维（arcuate fasciculous）相互联接，大脑皮层的角回负责视觉和听觉信息的协调，这对书面语及命名很重要。Geschwind（1981）还认为，右脑通过胼胝体白质纤维联结左脑，也具有语言处理功能。

　　20 世纪 60 年代起，受 Chomsky 生成语法的影响，欧美失语症研究开始融合语言学理论和心理学实验研究范式，把解剖关联法和现代的大脑成像技术结合起来，从语言学各个层面研究脑损伤患者和健康人的活体大脑在特定语言和认知加工任务中的动态激活模式，取得了大量的重要研究成果。例如，发现失语症患者的大脑病灶部位远超出经典语言中枢区（Damasio，1989）；感觉型失语症的听力理解障碍是由音系感知受损造成，而非前人所说的词义通达问题（Robson et al.，2012）。再有，传统研究认为失语症患者的词汇语义网络完好无损，但是大脑成像研究却揭示在患者大脑中，语义结构赖以支撑的颞叶前部实已退化（Jefferies & Ralph，2006；Walker et al.，2011）。

　　通过观察脑损伤患者的尸检大脑，传统的解剖关联法发现了大脑左半球具有语言加工的重要功能，但是，这一研究方法的局限性也不可忽视。大脑特定区域的对应功能是十分复杂的问题。现实中，罕有大脑某一单独部位受损，也罕有患者仅有一种语言障碍。相反，通常是受损的部位叠加累及，语言障碍问题也是多种多样，因此，很难将受损部位和语言功能一一对应起来。再者，失语症等脑损伤患者的康复也情况各异，这说明大脑皮层的神经可塑性不容小觑。显然，"一个部位有一项作用"的大脑语言功能观是站不住脚的。于是，研究大脑和语言关系的新方法就应运而生了。下文将继续沿着临床神经语言学和实验神经语言学两个分支，梳理总结这些研究技术和手段的变革所带来的新发现，主要包括神经影像技术，如应用较为广泛的脑电图（EEG）和功能性磁共振成像（fMRI），以及经颅磁刺激（TMS）和经颅直流电刺激（transcranial direct current stimulation，tDCS）。

2.2　脑电图

脑电图的英文全称是 Electroencephalogram（EEG）。EEG 是一种非侵入性技术，不需要手术或穿透颅骨，而依靠放置在头皮上的外部电极，通过接收大脑发出的电信号而不直接干扰其结构或功能。

2.2.1　基础知识

EEG 的理论基础在于，假设大脑的电信号是其底层神经活动的直接反映。神经元通过电脉冲传递信息，大量神经元的同步活动产生的电场就可以在头皮上检测到。因为 EEG 对源自大脑皮层的电活动非常敏感，具有极高的时间分辨率，可以以毫秒级精度捕捉电活动的变化，而大脑皮层负责高级认知功能，所以，通过测量头皮电位，研究人员就能够研究大脑的动态过程，如语言处理或认知任务中的快速变化。尽管 EEG 测量的是头皮上的电活动，但可以用来估计信号来源的脑区。通过采用复杂的数学算法并考虑电极的布置，研究人员可以推断大脑内部电活动的来源。

描述脑电特征的三个重要概念是频率、波幅和电位。频率指的是每秒内发生的电活动周期数，单位为赫兹（Hz）。它代表了大脑电信号振荡的速度。不同的频率范围与特定的脑状态和认知过程相关。在脑电图中观察到的主要频率波段有：Delta 波（0.5–4 Hz）、Theta 波（4–8 Hz）、Alpha 波（8–13 Hz）、Beta 波（13–30 Hz）和 Gamma 波（>30 Hz）。Delta 波是最慢的波，通常在深度睡眠或某些病理状态下观察到。Theta 波与嗜睡、幻想和一些睡眠阶段有关。Alpha 波在人处于清醒但放松、闭眼时最为突出，通常产生于大脑枕叶区域。Beta 波与警觉、专注和主动认知处理有关，在积极思考和解决问题时通常会被观察到。Gamma 波是脑电图中观察到的最快频率范围，与更高级的认知过程，如注意力、记忆和知觉有关。脑电图的波幅代表大脑电活动产生的波形模式，这些波幅被归类为如上所述的不同频率波段。每个频率波段都有其独特的波形模式，可以在脑电图记录中识别出来。这些波幅是大脑中大量神经元同步放电的结果。电位是指 EEG 测量头皮上不同位置之间的电位差。当大脑中的神经元同时放电时，它们会产生电场，并被放置在头皮上的电极检测到。这些电位差以微伏（μV）的电压波动来衡量。EEG 记录了这些电压随时间的变化，并提供了有关大脑活动的时间动态信息。

由于其极高的时间分辨率，EEG 在神经语言学研究中得到广泛应用，主要用来探究一些语言加工过程中与时间进程有关的问题。例如，在遇到一个词后，它与上下文的整合需要多长时间？在词的产生过程中，先提取句法信息还是先提取语音信息？语言特定的音系类别是否影响早期或晚期的语音知觉过程？等等。

大多数基于 EEG 的语言加工研究依赖于从持续的数据中提取事件相关电位（ERPs）。ERPs 是通过从连续的脑电图数据中提取与感兴趣事件（如刺激或反应的开始）时间锁定的大脑反应而生成的。通常情况下，先从相同或类似事件的多个实例中提取时段，然后逐点对齐，平均叠加起来，这样，脑电图信号中的随机波动往往就会相互抵消，产生稳定的、与事件相关的电压波动。由图 2-1 的事件相关单位波形的理想化示例可见，平均正负电压会随着时间发生偏移变化，这对应于特定的神经系统和功能过程，而具有良好对应关系的波形特征被称为事件相关电位成分（即 ERP 成分）。研究证明，ERP 成分的时序和波幅可用以衡量特定认知过程变化，包括刺激感知和评估、注意分配、记忆编码和检索、反应选择、运动准备以及错误和奖励相关处理等（Luck & Kappenman，2011）。

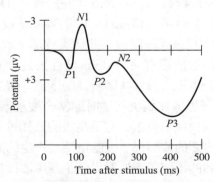

图 2-1　视觉刺激的事件相关电位波形的理想化示例
（Rommers & Federmeier，2018：248）

（注：图中标注了正向和负向峰值。只显示了一个通道，负向峰被绘制在上方。）

　　大多数 ERP 成分根据它们的极性和峰值的典型潜伏期或出现次序来命名。例如，P200（或 P2）是一个正向峰，在视觉刺激开始后的200 毫秒左右出现。许多成分还具有特定的头皮分布特征，便于识别。在语言研究中最常用的 ERP 成分可能是 N400，它是一个在有潜在意义刺激开始后约 400 毫秒左右出现的、分布于头顶枕的负向波形特征。最初，N400 是作为对句子中出现的与预期不符的词的反应而发现的。在Kutas & Hillyard（1980b）的经典研究中，研究者让被试看屏幕上出现的句子，并记录在此过程中被试的句末词诱发的电位。当出现像"我喝咖啡加奶油和……"这样的句子时，句末词"狗"比句末词"糖"诱发的波幅更大，因为相对于"糖"而言，"狗"与整句的语境很不符合。这个经典研究范式被称为语义不一致研究范式，后来被广为采用。在该研究范式中，电脑屏幕每次给被试展示一个句子里的一个词，大多数句子语义正确，合乎预期，一些句子的最后一个词与语义不合适，与预期不一致。

　　然而，N400 并不是一个异常检测器。随后的研究已证实，N400 是一种对于各种语境中的实词的正常反应，这些语境包括所有感觉模态、图片和其他有意义的刺激材料，语境越符合，波幅就越弱（参见 Kutas & Federmeier，2011）。在句子中，一个词的 N400 幅度与句子语境的填充概率（cloze probability）[1] 成反比关系。相较于其他成分，N400 的潜伏期非常稳定。由于 N400 是一种对句子中单词意义敏感的大脑反应，因此，它在某些情况下往往会减小振幅。首先，当单词在句子或上下文中多次重复时，N400 的反应会变小，因为大脑更熟悉这些重复出现的单词及其意义，所以不需要花费太多精力来处理它们。其次，词在句子中的位置很重要。如果一个词在句子中位置适当、合理，N400 的反应会较小，因为当词处于句子合适位置时，大脑更容易理解和加工。再者，N400 的反应受到词之间关系的影响。在一串词里，当一个词与其

1　在心理语言学中，填充概率指的是在句子填充任务中特定单词或短语被正确预测或填入的可能性或概率。它是用来评估上下文中特定单词可预测性或期望性的度量指标。填充概率通常通过实验方法确定，被试需要填写不完整的句子，并被要求填入缺失的单词或短语。以填充相同单词的被试所占的百分比反映了该特定单词或短语在上下文中的填充概率。例如，如果 80% 的被试在句子"我带着我的 _____ 散步"中，用单词"狗"填充空缺，则该上下文中"狗"的填充概率为 80%。

前面的词意义相关时，N400 的反应会较小，因为词与词之间有语义关联时，大脑更容易建立联系并理解它们。此外，即使在句子中预期出现但实际上并未出现一个词时，N400 的反应仍会受到影响，因为大脑能够根据上下文预测即将出现的词，并在加工与期望相符的词时变得更加高效。

在语言研究中经常使用的第二个成分是 P600，通常在语法复杂的刺激出现后的 600 毫秒左右出现，呈正向偏移，持续时间较长，但是其峰值一般不太明显。P600 效应与句子加工中的语法违规有关。例如，在 "The spoilt child throw the toys on the floor." 中，"throw" 一词不符合英语语法（应为 throws 或 threw），这时大脑就产生了 P600 效应（Hagoort et al., 1993；Osterhout & Holcomb, 1992）。然而，后来的研究发现，大脑对拼写错误（Münte et al., 1998）和语义逆反违规句也会产生类似效应。例如，当被试看到像 "For breakfast the eggs would only eat" 这样的句子时，大脑就会产生 P600 效应（Kuperberg et al., 2003）。在这些发现之后，研究者对 P600 成分有了新的认识，认为它反映了大脑对句法结构再认识或修正的过程。

另一个与句法加工有关的成分是左前负波（Left Anterior Negativity, LAN）成分，在刺激出现后 300–500 毫秒左右出现，分布于大脑左侧额部（Osterhout & Holcomb, 1992）。早期的研究发现，它是对句法一致性的错误产生的反应，与形态句法加工（Friederici, 1995）和工作记忆（Kluender & Kutas, 1993）有关。然而，最近有研究提出，它也可能来自于 N400 成分和右侧化的 P600 成分的重叠（Tanner, 2015）。

此外，研究者还发现了与听觉记忆相关的失匹配负波（Mismatch Negativity, MMN）。失匹配负波是指在一系列标准刺激中呈现出不匹配的刺激时，脑电波形出现的负向偏移，通常出现在不匹配的刺激开始后 100–250 毫秒。由于它是自动产生的，与注意过程无关，因此研究者用它来研究语音加工（Dehaene-Lambertz, 1997；Näätänen et al., 1997）。这种研究范式是听觉 Oddball 范式，在该范式中，一种刺激常常出现，另一种或多种刺激则很少出现。例如，在被试观看一个默片视频的时候，同时给被试呈现听觉刺激材料，音节 /ba/ 呈现的时间占 90%，而音节 /da/ 呈现的时间是 10%，当被试听到与频繁刺激

（/ba/）不同的异常刺激（/da/）后的 100–250 毫秒时，就会诱发 MMN 成分。

2.2.2　应用研究新进展

在过去的 20 年里，EEG 研究推动了人们对神经语言学的深入了解，尤其对语言加工、双语能力、语言发展、语言障碍、神经可塑性的理解具有重要的作用。下面将分别从实验神经语言学和临床神经语言学这两个分支来梳理相关的研究进展。

根据语言听觉理解的认知模型（如图 2-2 所示），语言加工过程包括一系列的子过程。首先，左右大脑的听觉皮层同时加工声学音系信息。紧接着，左右大脑分工，左脑加工音段信息，右脑加工超音段信息。此后，左脑继续加工语义、句法和论元结构信息，直至整合理解这些信息。与此同时，右脑也在加工韵律信息，既包括句子的语调，也包括与题元角色相关的焦点重音。下文将根据该模型，逐一介绍在语言加工的各个子环节方面的一些新近研究。

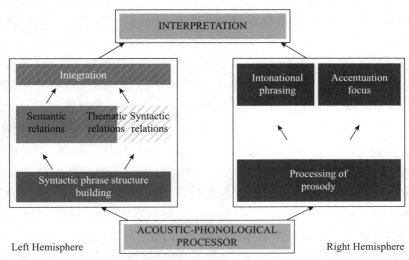

图 2-2　语言听觉理解的认知模型（Friederici，2017：16）

要理解口语，首先要在声音发出的几毫秒内进行声学音系分析，然后才进行其他层面的语言加工。ERP 成分尤其能反映出这一过程。声音发出约 100 毫秒时，脑电波会产生负向偏移，即 N100 成分（Obleser et al.，2003），该成分反映的是音系辨识。N100 成分与 MMN 成分一样，都反映了语音加工的效应。然而，MMN 反映的是听觉范畴区分能力（Näätänen et al.，2007；Phillips，2001；Winkler et al.，2009），用于区别不同的音位，如 /ma/ 和 /ka/（Winkler et al.，2009）。当听者听到一个词时，可以在甚至不到 100 毫秒时迅速辨识出该词是否为自己的母语（MacGregor et al.，2012），也会辨识出这个词所在的句法位置是否正确（Herrmann et al.，2011）。以前人们认为，言语加工系统严格遵循递增顺序，一个环节完成后，下一个环节才能开始。而句子加工中出现的这些早期 ERP 效应，令人们对以前的句子加工观点产生了质疑，转而认为语言理解系统的各个环节至少是部分并行展开的，即使在最初的声学音系加工中，已有部分信息进入到了下一环节的早期词汇加工中。

由图 2–2 可见，声学音系加工后，就是短语结构的早期句法加工过程。ERP 研究发现，在违反词类信息的单词刺激出现 120–200 毫秒后，在大脑左侧额部探测到一个负向波形，被称为早期左前负波（Early Left Anterior Negativity，ELAN）成分（Friederici et al.，1993；Hahne & Friederici，2002；Isel et al.，2007；Kubota et al.，2003；Neville et al.，1991）。以动词的词类信息为例，包括论元结构信息（即是及物动词还是不及物动词）、是否具有生命性，以及主谓一致性。例如，"The pizza was eaten." 为语法正确句，但 "The pizza was in-the-eaten." 就是语法违规句。于是，德语被试在听到 "Die Pizza wurde im gegessen."（The pizza was in-the-eaten.）这个错句时，参加 ERP/MEG 实验的被试的大脑皮层就被监测到了 ELAN 成分（Hahne & Friederici，2002）。图 2–3 为早期句法违规效应 ELAN，如图所示，在德语被试的左侧额部探测到 ELAN 成分。

就语义关系加工而言，N400 效应在早期的研究中通常被看作与词汇语义加工有关。后来的研究认为，N400 成分还反映了词汇语义的融

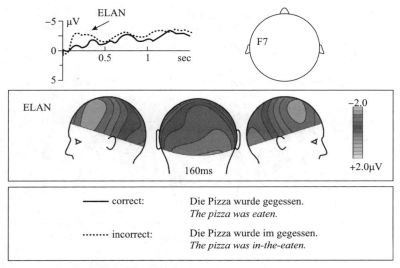

图 2-3　早期句法违规效应 ELAN（Friederici，2017：34）

合（Hagoort，2008；Hagoort & van Berkum，2007），以及语义预测能力（Hagoort et al.，2004）。例如，"The baby was fed." 这个句子语法和意义都正确，而 "The ruler was fed." 这个句子虽然句法正确，但是意义却不符合世界知识。因此，当德语被试听到 "Das Lineal wurde gefüttert."（The ruler was fed.）这句时，大脑皮层就被检测到 N400 成分（如图 2-4 所示）。通常，N400 效应分布在整个大脑皮层（如图 2-4 所示）。一些汉语研究利用汉语中的量词 – 名词一致性来研究语义预测能力（Chan，2019；Guo et al.，2008；Huang & Schiller，2021；Kwon et al.，2017；Wang et al.，2019），研究发现违反量词 – 名词一致性就会诱发 N400 成分。

此外，研究进一步发现，N400 还反映了人们对世界知识的语义推理能力（Dimigen et al.，2011；Kretzschmar et al.，2009）。例如，"The opposite of black is white." 这句话符合世界知识，但是 "The opposite of black is yellow/nice." 这两种句子就与世界知识不符，参加实验的被试就会产生预期违规，因而产生 N400 效应（Kretzschmar et al.，2009）。同样，被试听到"罗马是法国的首都"这样违反常识的句子时，也会诱发 N400 效应（Metzner et al.，2015）。因此，N400 成分作为词汇语义加工的脑电信号指标被广为使用。

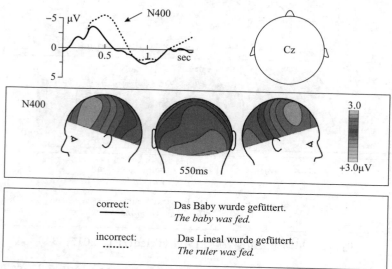

图 2-4　语义违规效应 N400（Friederici，2017：58）

　　近年来，很多研究进一步探索大脑中的概念语义网络的神经连接（Cheyette & Plaut，2017；Rabovsky & McRae，2014），也开始使用计算机模拟的神经网络模型来模拟 N400 效应（Rabovsky，2020）。例如，训练神经网络模型学习英语不定冠词（a/an），观察该模型对于不定冠词后面紧跟的名词的预测能力，发现有效的不定冠词线索诱发了 N400 效应；然而，当不定冠词和名词之间插入形容词，降低了不定冠词的线索性时，模型就无法产生 N400 效应（Rabovsky，2020）。对于 N400 成分的语义网络研究，最新研究（Schneider et al.，2023）还将其运用到了儿童语言发展方面，探索 N400 波幅与年龄、词汇量、阅读理解和音韵记忆等语言能力的关系。

　　根据图 2-2，语义关系加工和题元角色分配加工同时进行。题元角色分配，是指动词及其论元名词词组之间的角色分配，即"谁对谁做了什么"。动词与它后面的名词之间的关系，取决于语义和句法两个方面。语义方面具有选择限制（Chomsky，1965），指的是动词对论元选择的语义限制，如动词 drink 后的物体名词应有"液体、可饮用"这样的语义特征，如 drink the milk。句法方面即是指动词的论元结构，它决定了动词后面所跟的名词的数量。例如，句子 "He cries." 中，cry 携带一个论元；"He visited his father." 中，visit 携带两个论元；"He gave a book to his father. / He gave his father a book." 中，give 携带三个论元。如果动词论元的类型和数量不匹配，句子就会出现语法错误（Chomsky，1980）。ERP 研究的确发现，违反动词论元结构的句子会在被试的大脑皮层引起 N400 效应。例如，一项汉语研究（Li et al., 2006）让被试听诸如 "为了确保人身安全，这位百万富翁决定雇佣……" 这样的句子片段，被试需朗读出屏幕上出现的名词以完成整个句子。出现的名词有四种，分别是恰当名词（"保镖"）、违反一项语义特征（"婴儿"）、违反两项语义特征（"母鸡"），以及违反三项语义特征（"电线"）。"保镖" 一词最恰当，因为具有 "生命性、人类、特定性" 的语义特征。"婴儿" 虽然具有 "生命性、人类" 的语义特征，却不是 "特定" 的语义属性。"母鸡" 虽然有 "生命性"，却没有 "人类、特定性" 两个语义特征。"电线" 则以上三种语义特征都不具备。图 2-5 为语义特征违反程度的 N400 效应，由图所示的实验结果发现，违反的语义特征越多，N400 成分的波幅就越大。另外，在这个阶段，即使题元角色分配正确，但如有主语动词不一致的情况，则会诱发左前负波（LAN）成分，分布于大脑左侧额部。

就语义和句法融合而言，早期的 ERP 研究认为句法违规就会诱发 P600 成分，即它反映的就是句法加工。后来的研究发现，P600 反映的是晚期句法加工阶段，是句法再分析和句法修正。句法再分析情况下诱发的 P600 成分多分布于大脑的额部－中央皮层，句法修正则多分布于大脑的中央－顶叶皮层。例如，在上述介绍过的一项德语研究（Hahne & Friederici，2002）中，被试听到 "Die Pizza wurde im gegessen."（The pizza was in-the-eaten.）这个错句时，他们大脑的中央－顶叶皮层就被监测到了 P600 成分（如图 2-6 所示）。因此，研究者认为，P600 成分不仅反映了句法加工，还反映了句法和语义的交互融合。这个观点挑战了传统的 "句法 P600"，一些研究发现题元角色反转、违反生命性效应，也会诱发 P600 效应，称其为 "语义 P600" 现象（Hoeks et al., 2004；Kim & Osterhout，2005；Kuperberg，2007，2016；Nieuwland & van

Berkum，2005；van Petten & Luka，2012）。

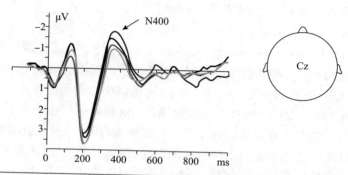

图 2-5 语义特征违反程度的 N400 效应（Friederici，2017：64）

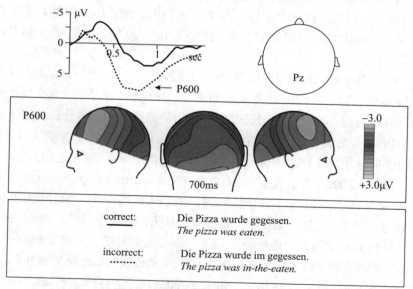

图 2-6 晚期句法加工效应 P600（Friederici，2017：68）

在韵律加工方面的 ERP 研究发现，词汇层面的韵律变化会诱发 MMN 成分，分布于额叶 – 中央皮层（Friederici, et al., 2007；Näätänen et al., 2007；Weber et al., 2004；Zora et al., 2015, 2016, 2019）。新近的汉语韵律研究（Yu et al., 2021）让汉语母语者听母语和英语的语音和非语音。一种实验条件是听言语，包括汉语和英语的双音节词，这个条件是韵律音系条件。另一种实验条件是听非言语的哼唱声音，即消除言语刺激材料的语音内容但保留其声学韵律特征，这一条件是韵律声学条件。研究者发现被试在言语的韵律音系条件下，母语比英语诱发的晚期负波（late negative responses，LNR）幅度要大，但是在非言语的韵律声学条件下没有发现 LNR 效应。研究者认为，词汇层面的抽象韵律依赖于嵌于其中的语音内容，即两者是融合在一起而非各自独立的。

近些年，相当多的汉语研究使用 ERP 观察语言的预测加工能力，一些研究（Hsu et al., 2014；Li et al., 2021；Li, Hong & Wang, 2021；Huang et al., 2023）以量词 – 名词一致性为例考察汉语的语义预测能力，一些研究观察被试对基于格莱斯会话原则的语用预期（Augurzky et al., 2019；Jiang et al., 2013），发现 N400 可以反映语言的预期效应。例如，在一项汉语 ERP 和自定步速阅读范式相结合的研究（Jiang et al., 2013）中，给被试呈现"连……都……"结构句，通过操纵最可能的事件（"连这么小的声音章宏都能听清楚，太敏锐了。"）和最不可能的事件（"连这么大的声音章宏都能听清楚，太敏锐了。"）来观察汉语被试的语用预期推理能力，结果发现违反预期的句子会诱发 N400 成分，而且在右脑分布最多。量词 – 名词一致性加工的研究发现，关系从句中的量词 – 名词不一致情况诱发的 N400 分布于大脑皮层前部的中线位置，同时还诱发了 P600 效应（Hsu et al., 2014）。一项最新的汉语量词语义加工的 ERP 研究（Huang et al., 2023）在量词 – 名词一致性的实验中加入了生命性作为操纵变量，同样发现 N400 效应。

通过对以上文献的梳理可以看出，ERP 实验多集中于语言理解加工研究，很少用于言语产出实验，因为言语产出的同时要伴随着嘴唇、头部和眼睛的运动，这种肌肉运动可能会干扰脑电信号，因产生较多伪迹而无法分析数据。尽管如此，新近的 ERP 研究越来越注重言语产出中的词汇选择研究（Aristei et al.，2011；Costa et al.，2009；Dell'Acqua et al.，2010；Hirschfeld et al.，2008；Strijkers et al.，2010）。根据 Levelt et al.（1999）的观点，口语词的产生包括词汇选择、词素提取、形态和音系编码提取，最后是发音。ERP 的言语产出研究就是要探索大脑计划产出言语的时间进程和各阶段的性质。

在 ERP 的言语产出实验中，研究者使用比较多的是图片 – 词汇干扰范式。例如，Hirschfeld et al.（2008）将每张图片与四种不同的干扰物相结合：非语言干扰物（如"一排东西"）、不相关的干扰词（如"花 – 狗"），以及两种语义干扰物——反映目标表面特征的词（如"毛皮 – 狗"）和与目标语义类别相同的词（如"猫 – 狗"）。在刺激后的 120–220 毫秒间隔内，与不相关条件相比，特征相关条件导致 ERP 波形的负偏转更大。后来类似的研究（Aristei et al.，2011）也发现，刺激呈现后的 200–250 毫秒内，ERP 波形负向偏移。这个时间窗口被认为是词汇选择阶段（Aristei et al.，2011；Costa et al.，2009；Dell'Acqua et al.，2010；Sahin et al.，2009；Strijkers et al.，2010）。这个 ERP 成分是前人研究发现的 N200 成分（Schmitt et al.，2000），通常与抑制有关。N200 分布在前额区，在刺激开始后大约 200–350 毫秒之间达到峰值。

此外，研究者发现，P2 成分反映了言语产出中词汇通达的难度。P2 是视觉诱发电位的一部分，是对视觉起始、结束或变化的正常电生理反应序列。它是一个正向成分，峰值出现在大约 150–250 毫秒之间。例如，Strijkers et al.（2010）通过对西班牙 – 加泰罗尼亚双语者的研究发现，高频词的 P2 成分变化较大，低频词的 P2 成分变化较小；而同源词的 P2 成分变化较小，非同源词的 P2 成分则变化较大。相关的语言产出的 ERP 研究综述，可参考 Ganushchak et al.（2011）。

以上从实验神经语言学分支梳理了脑电研究的新进展，接下来将探讨临床神经语言学分支的进展。EEG 在研究语言障碍患者中的应用可以帮助我们更好地了解语言加工和语言障碍的神经机制。

很多研究证明，失语症患者呈现的语言障碍不是语言表征的丧失，而很可能是由于大脑加工机制受损所致（Kuzmina & Weekes，2017；McNeil & Pratt，2001；Silkes et al.，2004，2020；Villard & Kiran，2016），如注意力和工作记忆受损（Martin，2008；Martin et al.，2012；

Martin & Reilly，2012；Murray，2012，2018；Wright & Shisler，2005）。还有研究认为，失语症患者的注意力容易受损，这很可能是其语言障碍的根本原因之一（Hula & McNeil，2008）。另一方面，由于外在的语言行为常常无法准确反映内在的语言加工能力，因此无法提供完整的语言障碍概况。例如，《西方失语症评定量表》（Western Aphasia Battery，WAB）（Kertesz，2006）中听力理解任务测试出的患者差异可能是由一系列问题造成的，例如，可能是输入的听觉信号的音韵加工受损、词汇提取受损，也可能是语义关联受损或句法加工的问题，还有可能是注意力和工作记忆资源受限的问题。这些问题无法通过量表的行为数据获取。而如果没有关于失语症患者的内在的、隐性能力的语言和认知信息，临床医生就无法全面了解患者的语言障碍的神经机制，进而无从制定高效的言语康复治疗方案。

另外，在研究像失语症这样的语言障碍患者的时候，如果患者的语言障碍程度严重，那么能获得的患者反应就非常有限。如口头回答、按按钮或用手指指向某物，所有这些都需要运动神经规划和执行动作，因此，很难确定内在脑神经的语言加工机制受损与否。而且，行为数据只能部分反映言语后的过程，无法反映实时认知语言加工能力（Anjum & Hallowell，2019；Heuer & Hallowell，2015；Ivanova & Hallowell，2012）。

由于 ERP 能够实时捕捉神经激活和传递过程，实时观测认知和语言加工的各个方面，包括感知、音韵、语义、句法、注意和更高级的认知加工，因此特别适用于理解失语症等障碍的隐性语言加工机制（Connolly et al.，2000）。

过去的 20 年来，失语症的 ERP 研究主要有:（1）理解失语症及其康复机制（如 Hagoort et al.，2003）;（2）追踪测试言语治疗效果（如 Barbancho et al.，2015）;（3）评估语言和 / 或认知障碍（如 Kojima & Kaga，2003）;（4）理解无脑损伤的语言加工机制（Silkes & Anjum，2021）。

在理解失语症及其康复机制方面，研究者使用 ERP 来探索认知语言系统受损的具体情况，包括其表现、原因以及在康复过程中如何变化等。总体而言，与健康对照组相比，失语症患者的 ERP 反应模式呈现幅度降低、潜伏期延迟和分布异常等问题。根据一项最新的综述（Meechan et al.，2021），大多数研究使用 N400 成分，或单独研究，或与 P600 成分一起研究。一些研究将失语症患者的 ERP 与健康控制组的 ERP 进行对比，结果发现失语症患者仍保留词汇 – 语义信息，即仍能探测到 N400 成分；但是，与健康控制组相比，失语症患者的 N400 延迟或缺失，即他们对词汇 – 语义信息的提取或整合存在不完整或者延迟的情况。例如，Khachatryan et al.（2017）发现，与健康控制组相比，失语症患者在加工句子中的词汇语义时诱发的 N400 的潜伏期有所延迟。与健康控制组相比，失语症患者的 P600 也明显延迟或缺失。例如，新近的研究（Chiappeta et al.，2022）测试英语失语症患者在判断语言句法和音乐句法违规时的脑电波，发现失语症实验组和健康控制组都诱发出 P600 效应，而且失语症患者的大脑皮层后部的 P600 效应较之控制组振幅降低，但对音乐句法违规则没有出现振幅降低的现象。此外，失语症患者在以上两个领域的违例反应中，额叶正电电波较强。

在追踪测试言语治疗的效果方面，一些研究考察了言语治疗强化训练对失语症患者 N400 的影响（Aerts et al.，2015；Wilson et al.，2012）。例如，Wilson et al.（2012）发现，失语症患者在治疗后的 N400 波幅没有变化，但侧化方向从右侧转变为偏向左侧。而 Aerts et al.（2015）发现，早期强化治疗后，失语症患者的 N400 波幅增加。还有一些研究（Barwood et al.，2011，2012）考察了经颅磁刺激（rTMS）治疗对卒中失语症患者康复前后的影响，发现接受经颅磁刺激治疗的失语症患者的 N400 效应明显增加，而接受安慰剂的控制组没有增加这种效应。

在评估语言和认知障碍方面，研究者把观察到的 ERP 成分作为语言和认知评估的指标。例如，Kojima & Kaga（2003）发现，相较于健康控制组，日语失语症患者在加工词汇语义任务时诱发的 N400 成分的反应潜伏期较长，N400 振幅也与失语症标准化测试中的听觉理解分数有相关性。该研究由此指出，N400 效应可能是判断失语症患者轻度词汇语义障碍程度的可靠临床指标。

此外，研究者还将失语症作为模型来理解没有脑损伤的语言加工机制，以增进对无损语言系统运作方式的了解。例如，Friederici 等

（Friederici et al.，1999；Frisch et al.，2003；Kotz et al.，2003）考察颞顶叶区域损伤的失语症患者与基底节损伤的失语症患者之间的差异。研究结果显示双重分离，左侧颞顶叶损伤的患者只诱发出 P600，而基底节损伤的患者没有 P600 效应，但出现类似 N400 的延长负波。研究者认为这些结果表明基底节具有调节 P600 的作用，同时也在一定程度上影响 N400 效应的产生。研究者还通过观测失语症患者在图片命名和单词阅读中的词汇－语义和词汇－音韵编码情况，推断出无脑损伤的词汇－语义和词汇－音韵编码的时间过程（Laganaro et al.，2013）。

　　ERP 研究也被用于发展性语言障碍的研究（Curzi et al.，2019；Epstein et al.，2013；Zwart et al.，2018）。研究发现 N400 效应的大小与语言障碍儿童的语言能力有关。例如，Epstein et al.（2013）发现，在特殊疑问句的听力理解任务中，相较于健康儿童，发展性语言障碍儿童对主语和宾语疑问句加工都较差，诱发的左前负波（LAN）波幅更大，反映出这些儿童的工作记忆容量较低，因此研究者建议可将 LAN 成分作为发展性语言障碍儿童在加工特殊疑问句时的标志。另外，研究还发现，对于发展性语言障碍儿童，无意义词的重复能力越强，N400 波幅就越大（Kaganovich et al.，2016）；同样，音韵和词汇的发展程度也与 N400 振幅大小有关（Kornilov et al.，2015）。

　　同样，一些自闭症儿童的 ERP 研究使用语义一致性范式（Distefano，et al.，2019；Fishman et al.，2011）和单词启动范式（Méndez et al.，2009），发现自闭症儿童的语义加工诱发相对完整的 N400 效应，但是加工速度延迟（Distefano et al.，2019）。但同时还有一些研究发现自闭症儿童缺失 N400 效应（Cantiani et al.，2016；Dunn & Bates，2005；McCleery et al.，2010；Ribeiro et al.，2013），取而代之的是一个晚期正向电位（late positive potential，LPP）（Ribeiro et al.，2013）。另一些 ERP 研究同时观察发展性语言障碍儿童和自闭症儿童（Zwart et al.，2018），发现自闭症儿童和发展性语言障碍儿童与健康控制组儿童的隐性学习过程相似，但是自闭症儿童更依赖自动的过程，而发展性语言障碍儿童更依赖受控制的过程；健康儿童则同时使用这两种学习机制的组合。

　　近年来，研究者开始关注使用 ERP 来研究精神分裂患者的情绪状态（Hoid et al.，2020），结果发现相较于健康控制组，精神分裂症患者在词汇启动任务中缺失早期 N170 成分、早期后部负波成分（early posterior negativity，EPN）以及晚期正向电位成分（LPP）。一些针对汉语精神分裂症患者的词汇语义加工能力研究发现，精神分裂症患者的 N400 效应出现的速度延迟（Li & Xu，2022；Ye et al.，2021）。

2.3　功能性磁共振成像

　　功能性磁共振成像（fMRI）是一种血氧水平依赖性（blood oxygen level dependent，BOLD）成像技术，它靠测定血液中含氧量的变化来测定大脑的工作区域或者病变区域。在脑激活期间，神经活动的兴奋性水平增强，会消耗更多的氧和糖，大脑工作区域的血红素会在大约两秒钟后明显减少，从而导致大量的含氧血涌向大脑的工作区域，致使该区域的氢原子核的密度也成比例地增加。功能性磁共振成像技术通过测量氢原子核密度的增加而得知哪些大脑区域出现了大量涌入的含氧血，并把获得的三维图像叠加到结构磁共振图像上进行比较，就可以知道各区域的参与情况。

2.3.1　基础知识

　　功能性磁共振成像是通过磁共振成像（MRI）扫描仪来测量的。这是一个大型且强大的磁体。磁体位于机器内部，并被液体氦包围，冷却以使磁体保持其强度。因此，磁体始终处于"开启状态"；即使在 MRI 扫描仪没有运行且与机器连接的计算机硬件关闭时，磁体仍然在工作。通过释放液体氦可以消除磁场，这样磁体就会升温并且失去力量。但这种操作并不常规，因此最好假设磁体始终处于工作状态。因为磁体始终保持"开启状态"，所以在进行 fMRI 研究时需要采取特殊的安全措施，其中最明显的一个是避免将金属带入扫描室。

　　fMRI 的另一个重要设备是头线圈（head coil）。它放置在参与者的头部上，用于发射（发送）无线电频率脉冲以及"读取"（接收）来自大脑的信息。"f"代表"功能性"，其与"常规"MRI区分开来，后者测量的人体组织更偏静态性。例如，当临床医生想要获得头部的高分辨率图像时，可以对头部进行扫描，显示颅骨和大脑。这些通常被称为解剖学图像。相比之下，功能性磁共振成像测量与大脑功能相关的信号，也就是大脑的持续活动。使用 fMRI 测量的信号被称为 BOLD 信号。

fMRI 的基本原理是，通过磁场使大脑中的质子处于稳定状态：磁场把它们"拉"向某一个特定的方向，然后，施加无线电脉冲来将质子推离其首选方向。不同类型的组织需要不同的时间才能回到磁体诱导的首选方向。fMRI 利用的是含氧和脱氧血液之间的差异。含氧血液比脱氧血液含有更多的氧气，这种差异是可测量的。用 fMRI 可以测量与大脑活动相关的血氧水平依赖信号。测量结果在实际神经活动（神经元的放电）之后几秒钟才能出现，因此它只能缓慢且间接地测量神经活动。在被任务激活的大脑区域和未被激活的区域中，含氧和脱氧血液之间的比例是不同的。需要注意的是，由于大脑始终处于活动状态，始终消耗能量和氧气，因此，BOLD 信号的增加表示大脑活动的相对增加。

在 fMRI 的典型认知实验中，使用 fMRI 扫描设置（称为扫描序列）对大脑进行逐层测量。质子不是一次性全部激发的，而是按虚拟切片进行激发。将大脑分成这些切片意味着需要测量大约 30 个切片，每个切片的厚度为 2–3 毫米，以完全覆盖大部分大脑。测量整个大脑所需的时间称为重复时间（Time to Repetition），通常在 2–2.5 秒左右。因此，每隔 2–2.5 秒，就可以在所有脑区采样脑活动，并以体素大小表示空间分辨率。体素是测量 BOLD 信号的小立方体，就像屏幕上的像素一样：屏幕不是连续的图像，而是分成小像素。而大脑则被分成小立方体（"三维像素"）。典型的体素大小，从 2 毫米 ×2 毫米 ×2 毫米到 3 毫米 × 3 毫米 ×3 毫米不等，就是说，人们在 8–27 立方毫米的立方体中测量 BOLD 信号。

与 EEG 相比，fMRI 具有很高的空间分辨率，而且其空间精度还可以继续增加。例如，当只研究从顶叶皮层测量的 BOLD 信号时，可以将切片定位在只测量顶叶皮层的位置，不观察其他大脑区域。这个时候，覆盖的组织减少，既可以缩短切片之间的距离以增加空间精度，也可以减少重复时间来加快扫描速度。所有扫描设置都可以独立地变化，研究人员可以根据特定实验来决定最佳设置。有很多可以变化的参数，并且变化一个参数通常会影响其他参数。因此，在更改序列之前，一般建议咨询资深的 fMRI 专业人员。同时，在许多实验室中，存在"标准"序列，这些序列经过优化，适用于"标准" fMRI 实验。

在 fMRI 中没有特定类型的刺激，许多 fMRI 语言实验采用的是心理语言学领域已有范式，即可以使用在行为实验中使用的各种刺激（例如，音素、词语、句子、故事；听觉、触觉、视觉刺激等）。也就是说，fMRI 实验设计问题与其他心理语言学实验中碰到的问题相同：如果刺激或任务设计不当，或者缺乏适当的对照条件，那么得出的结果就很难解释。

fMRI 实验研究也有一些局限性。在 fMRI 实验中，被试仰卧躺平，通过头线圈上的镜子观看视觉刺激。由于强磁场的存在，视觉刺激通过放置在扫描室外的投影仪投射到被试的镜子上。在收集图像时，磁共振设备会产生很大的噪声，被试需要佩戴耳部保护装置以避免损伤。对于词汇层面以上的研究比较适合，但是对于音素层面的研究而言，噪声干扰就太大了。fMRI 实验的另一个限制是头部运动对数据会造成不利影响，需要求被试尽可能保持静止，许多实验室还会采取措施进一步固定头部以减少头部运动。因此，传统的 fMRI 中一般都不研究言语产出行为。

设计 fMRI 实验时最大的限制是试验间隔（intertrial interval，ITI）问题。由于 BOLD 响应非常缓慢，因此不能像行为实验那样以典型的试验间间隔呈现刺激。如果在上一个词结束后一秒钟就呈现一个新词（ITI = 1 秒），这些词的 BOLD 曲线会开始重叠，导致响应趋于平稳，意味着在 BOLD 信号中没有变化。一种解决方法是等待 BOLD 响应恢复到基线水平，然后再呈现下一个刺激。这就需要非常长的试验时间间隔，例如，两个刺激之间的时间间隔为 16 秒。这种方法称为慢事件相关法（slow event-related approach），但它极大地增加了实验的持续时间。

另一种解决方法是使用分块设计（blocked design）。在分块设计中，同一条件的刺激在同一个区中一起呈现，试验时间间隔可以很短，只需分析整块期间的脑激活，而不是单个试次。分块设计在 fMRI 研究的早期非常流行，但它们的主要问题是无法对实验条件进行随机化。要解决慢事件相关设计，得到足够长的试验时间间隔，还有一个更好的方法是使用快事件相关设计（fast event-related approach）。快事件相关设计使用相对较短的试验时间间隔（平均约为 3–4 秒），但需确保试验间隔的持续时间在试次之间不能始终相同，而应持续变化。也就是说，试验的时间间隔不应始终相同，而应在持续时间上变化。之所以这样做是因为可变的试验时间间隔会引起 BOLD 信号的变化。虽然 BOLD 曲线会开始重叠，但如果这种重叠有足够的变化，仍然可以对给定条件的试次做出响应。在这种设计中，条件应该（伪）随机化。

2.3.2　应用研究新进展

2.2.2 节回顾了听觉语言理解的认知模型图（图 2–2），并以该模型为框架，梳理了语言理解加工各个子环节加工的时间进程。本节将回顾这些子环节加工的大脑空间定位。

上文提到，对人类语音做出反应的第一个听觉 ERP 成分是 N100，这个成分反映的是音系辨识，处于声学 – 音系分析阶段。先看大脑如何把人的言语和非人的言语区别开的。早期研究发现，听觉皮层（位于颞上回的背侧表面和外侧裂的腹侧表面）对听觉语音和音调有响应（Binder et al.，1996），表明大脑左右两侧的听觉皮层都参与了早期听觉加工。这与传统观点相悖。传统观点认为左侧听觉皮层专门用于语言（Geschwind & Levitsky，1968），而且，左侧听觉皮层在没有任何听觉输入的情况下也会被激活（McGuire，Silberswig & Firth，1996；McGuire，Silberswig，Murray et al.，1996），如被试在默默无声地产生语音时以及听到另一个人的声音时（McGuire，Silberswig & Firth，1996），后来研究进一步证明左侧颞叶平面参与了这种默声听或听觉想象（Shergill et al.，2001）。研究者对双侧听觉皮层的功能进一步细分，Mirz et al.（1999）描述了双侧听觉皮层的功能划分，简单的听觉刺激激活了颞横回（BA 41 区），具有不连续声学模式的声音激活了周围的颞上回（BA 42 区），而具有复杂频谱强度和时间结构的声音（如听到的单词和音乐）激活了延伸到双侧颞上沟的区域（BA 21、22 区）。Zatorre & Belin（2001）还指出，双侧颞上皮层的前部区域对非语言刺激的频谱内容变化特别敏感。另外，当人们将语音和非语音声音进行切分并保留在听觉工作记忆中时，激活的部位除了颞叶，还包括左侧额下皮层的三角部（pars triangularis）和岛盖部（pars opercularis）（Burton et al.，2000；Hsieh et al.，2001；Pedersen et al.，2000；Poldrack et al.，2001）。

后来的研究不断提供新的证据支持之前的发现，即在早期对语音和非语音声音进行听觉加工时，双侧背侧颞上皮层都显示激活（Booth et al.，2002a，2002b；Dick et al.，2011；Giraud et al.，2004；Hickok et al.，2003；Hickok & Poeppel，2004；Meyer et al.，2005；Obleser，Wise et al.，2007；Obleser，Zimmermann et al.，2007；Turkeltaub & Coslett，2010），而且，当声学复杂性增加时，激活程度也增加（Hwang et al.，2005）。其他增加激活程度的情况还包括：当单词呈现速率增加时（Noesselt et al.，2003），当被试需要分辨两个同时呈现的语音声音时（Alain et al.，2005；Scott et al.，2004），对扭曲的语音声音的感知（Davis & Johnsrude，2003；Meyer et al.，2004），以及在嘈杂环境中对听觉语音的感知（Scott et al.，2004）。

此外，当加工像汉语这样的声调语言时，颞叶平面显示出左侧化的激活（Xu et al.，2006）。甚至在熟悉的音乐结束后的静止时间（Kraemer et al.，2005）或观看钢琴弹奏时（Hasegawa et al.，2004），以及在没有声音的情况下想象听到的语音、音乐或环境声音时（Aleman et al.，2005；Bunzeck et al.，2005；Zatorre & Halpern，2005），颞叶平面都显示出左侧化的激活。右侧化的听觉反应针对的是环境的声音（Specht & Reul，2003；Thierry et al.，2003；Thierry & Price，2006）和非言语的声音，如笑声（Belin et al.，2002；Kriegstein & Giraud，2004；Meyer et al.，2005）。此外，当听到熟悉的声音时，右侧半球也会做出反应（Davis & Gaskell，2009；Kotz et al.，2010；Kriegstein & Giraud，2004；Raettig & Kotz，2008；Vaden et al.，2010）。之后的研究还发现，听觉工作记忆也会激活颞叶平面（Buchsbaum & D'Esposito，2009；Koelsch et al.，2009；McGettigan et al.，2011）。

　　总之，人类在听到声音时，首先要区分哪些是人的言语声音，哪些不是。在这个阶段，负责加工的是听觉皮层及其相邻区域，即在颞横回（Heschl's Gyrus）和颞叶平面上，这些区域作为听觉皮层的一部分均位于颞叶的上部。听觉加工过程显示出左侧化的颞上回激活。其次，在听觉切分任务中涉及的左侧额下回前部和颞顶–顶枕回的激活，可能是由听觉短期记忆、隐蔽言语或发声机制导致。再有，颞上回背侧表面的左侧颞叶平面在静默时想象声音和听到声音时都会被激活。这表明左侧颞叶平面可能负责加工更高级的、自上而下的语言加工。参见图 2-7 所示的语言功能的神经解剖网络示意图。

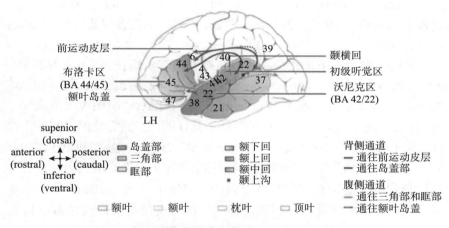

图 2-7　语言功能的神经解剖（Friederici，2017：6）

　　下面来看音系分析阶段，即对语音的抽象知识的加工。虽然早期研究认为，双侧次听觉皮层和左侧额下回后部皮层参与语音与非语音的区别加工，但是由于这些部位并不仅仅针对语音，还兼有其他的声音加工功能，因此研究者开始用更精细的实验任务来考察大脑对语音的选择性加工，发现词与声调对照（Binder et al.，1996）任务会激活颞上沟、颞中回和角回，语音判断及听觉重复（Price et al.，1996）任务会激活额下部偏腹侧和前部的位置。后来的研究控制了刺激的声音的复杂度，发现左侧颞上沟后部在语音加工中具有重要的作用（Benson et al.，2006；Giraud et al.，2004；Hugdahl et al.，2003；Narain et al.，2003；Rimol et al., 2006; Scott et al., 2000; Wise et al., 2001）。此外，还有一个关键的问题是，言语加工区的颞叶后部和前部还会对非语音的刺激做出反应，如对环境的声音、音高的变化、韵律、熟悉度等做出反应。因此，研究者认为言语加工不是某个脑区专门负责的，而是根据不同的任务，由很多不同的脑区以动态分布的模式加工语音的。

很多研究发现，听觉语音加工的激活主要是左侧侧化的（Wolmetz et al., 2011），左前颞叶上部皮层对语音的选择性响应与刺激的声学内容相关（Agnew et al., 2011; Friederici et al., 2010; Leaver & Rauschecker, 2010; Leff et al., 2009; Obleser & Kotz, 2010; Rauschecker & Scott, 2009; Specht et al., 2009）。而且，在语音加工过程中，左侧前运动皮层的激活越明显，被试的知觉表现就越好（Callan et al., 2010）。

此外，左侧额下部也会在听觉范畴和语音辨别任务（Booth et al., 2003; Burton et al., 2005; Homae et al., 2002; Husain et al., 2006; Raizada & Poldrack, 2007; Turkeltaub & Coslett, 2010; Vaden et al., 2011; Zaehle et al., 2008）中被激活。具体而言，研究发现，额下叶后部激活（BA 44）与发音编码（Burton et al., 2005）或决策机制（Binder et al., 2004）相关联；左侧腹侧的前运动皮层也与发音编码相关，如当被试听到陌生的语音声音时就会激活（Wilson et al., 2004; Wilson & Iacoboni, 2006）。此外，腹侧前额叶 – 顶叶皮层与工作记忆需求相关（Myers et al., 2009; Ravizza et al., 2011; Strand et al., 2008; Zevin et al., 2010）；背侧中央前额叶皮层与刺激监控相关（Burton et al., 2005）。总体来说，研究普遍认为，听觉语音加工过程中的额下部或前运动皮层的激活是自上而下加工的结果，是机制的补充作用，尤其当听到陌生或模糊的语音时，这些机制就会限制颞叶区的自下而上的语音加工（Dehaene-Lambertz et al., 2005; Zekveld et al., 2006）。此外，还有研究报道称（Fadiga et al., 2006），当被试观察动作时，左侧额下皮层也被激活，说明这部分可能涉及肌肉运动，而不仅仅局限于语音表达。

根据图 2-2，声学音系加工后，是短语结构的早期句法加工、语义关系加工和题元角色分配加工过程，以及语义和句法融合加工的阶段，这些阶段合并为语言理解过程。

早期研究多使用词汇层面的语义判断任务，发现双侧颞上回、左侧颞叶中部和颞下回，以及左侧角回都具有重要的加工作用（Demonet et al.，1992；Vandenberghe et al.，1996）。大体而言，词汇层面的语义判断任务会激活左侧的颞叶中部和颞下回、角回（angular gyri），词汇的语音判断任务则会激活缘上回（supramarginal gyri）和左侧的额下回后部皮层。后来大量研究发现，理解句子会引起左半球多个区域的广泛激活，包括前额叶和额基底皮层、颞叶中部和颞下回和颞极、顶叶皮层和顶枕皮层（Booth et al.，2002a；Bottini et al.，1994；Giraud et al.，2004；Hickok & Poeppel，2004；Kotz et al.，2002；Meyer et al.，2005；Roder et al.，2002；Stromswold et al.，1996），甚至向前延伸到腹侧的颞叶前部的皮层（Crinion et al.，2003；Giraud et al.，2004；Humphries et al.，2005；Meyer et al.，2005；Narain et al.，2003；Noppeney & Price，2002；Roder et al.，2002）。后来的很多研究相继证明，语音理解会激活颞叶、顶叶和额叶脑区（Benson et al.，2001；Binder et al.，1997；Chee et al.，1999；Davis & Gaskell，2009；Devauchelle et al.，2009；Hashimoto et al.，2000；Hubbard et al.，2009；Kircher，Sass et al.，2009；Kotz et al.，2010；Kouider et al.，2010；Mashal et al.，2009；Nakai et al.，1999；Newman et al.，2001；Newman & Twieg，2001；Obleser & Kotz，2010；Obleser et al.，2007；Rogalsky & Hickok，2009；Sharp et al.，2010；Tyler et al.，2010；Visser et al.，2010；Vouloumanos et al.，2001；Ye & Zhou，2009）。后来的研究进一步区分不同语义区域的功能，发现颞叶前部的激活与语义联想有关（Awad et al.，2007；Binder et al.，2011；Dick et al.，2009；Holle et al.，2010；Jobard et al.，2007；Kircher，Sass et al.，2009；Kircher，Straube et al.，2009；Robins et al.，2009）。左侧额下区域（三角部/眶部）也会因语义相似项之间的干扰竞争增加而增加激活程度（Whitney et al.，2011；Zhuang et al.，2011）。

最近的一些 fMRI 研究对语义网络进行了更加细致的考察。例如，有研究考察了工具概念性的知识，被试对熟悉的成对物体进行操作性、功能性和场景联想判断，结果发现左半球的腹侧和背侧通路（参考图 2-7）都被激活（Lesourd et al.，2023）。有研究考察了故事理解的认知过程，被试听有声读物后对故事中的词汇和语义内容进行量化分析，分析其词长、语义灵活性、情感强度和社会影响因素（Thye et al.，2024）。研究人员发现，语义内容增加时，会激活腹侧外部的颞叶前部的腹侧；语义内容减少时，则会激活颞极和顶下叶，这可能反映出大脑语义整合的过程。研究还发现，社会影响因素增加时，颞叶的激活程度也会随之增加，这可能反映出社会知识是存储在语义系统中的（Thye et al.，2023）。还有一些研究将 fMRI 和 EEG 结合起来，同时考察语义知识加工在时间和空间上特有的神经生物学模型，发现海马体／颞叶前部的音系 – 语义提取网络在句子最后一个词出现后约 300 毫秒达到最大程度的激活；句末词出现约 400 毫秒后，额颞叶的语义网络达到最大程度的激活；句末词出现约 500 毫秒后，海马体记忆网络就会更新；句末词出现约 600 毫秒后，额下回的语义句法再分析网络达到最大程度的激活；句末词出现约 750 毫秒后，与概念连贯性相关的默认模式网络节点达到最大程度的激活（Aboud et al.，2023）。

在句法理解加工方面，大量的研究基于乔姆斯基的形式句法理论，在大脑左半球背侧的岛盖部区域观察到了显著的语义和句法加工明显分离的现象，认为布洛卡区（BA 44，BA 45）对于复杂句法的加工具有极其关键的作用（Ni et al.，2000；Papathanassiou et al.，2000；Santi & Grodzinsky，2010）。同时，研究发现，基底节也参与句法加工（Friederici et al.，2003）。此外，也有研究持反对意见，强调句子理解是一个复杂的任务，涉及语言特定的加工组件和一般通用的认知资源，包括前扣带回（anterior cingulate）、前运动皮层和前额叶区域，而这些一般通用的认知资源与句法复杂性无关（Peelle et al.，2004）。研究还发现，当句子意义不明确或不合情理时，左侧前运动皮层和三角部的激活程度更高（Bilenko et al.，2009；Desai et al.，2010；Mashal et al.，2009；Obleser & Kotz，2010；Szycik et al.，2009；Turner et al.，2009；Tyler et al.，2010；Willems et al.，2009；Ye et al.，2009）。与此同时，大量以句法理论为实验设计理论框架的 fMRI 研究不断提供新的证据强调左侧额下回和颞中回后部区和句法复杂度的关系最密切（Europa et al.，2019；Makuuchi et al.，2013；Santi & Grodzinsky，2010；Uddén et al.，2022）。汉语 fMRI 研究用图片句子匹配任务考察了汉语的被动句和主动句加工，当将这两种句型对照的时候，发现左侧额下回和颞上回后部做出了激活反应（Feng et al.，2015）。

根据乔姆斯基的句法理论（Chomsky，2013），人类句法结构建立的最基本的操作是"合并"，即两个词按层级结构约束捆绑定在一起形成短语。例如，this 和 girl 形成最小层级的短语 this girl。如此多次合并就可以产生很复杂的句子结构。研究发现，合并的过程由布洛卡区的 BA 44 负责（Zaccarella & Friederici，2015），对于涉及句法移位这样更复杂的句法结构，布洛卡区的激活程度则更明显（Li et al.，2022；Makuuchi et al.，2013；Santi & Grodzinsky，2010；Santi et al.，2015）。

对于复杂句子的加工激活部位，是由于工作记忆需求还是句法移位需求引起的，研究者做了非常严谨的 fMRI 实验设计。例如，下面四个句子看上去长度相似，所需工作记忆需求相同，但句法结构并不相同。

（1）The boy *who is chasing the tall girl* is Derek.（主语移位的中间嵌套句）

（2）The boy *who the girl is chasing* is Derek.（宾语移位的中间嵌套句）

（3）Derek is the boy *who is chasing the girl*.（主语移位的关系从句）

（4）Derek is the boy *who the tall girl is chasing*.（宾语移位的关系从句）

在一项经典的研究中（Santi & Grodzinsky，2010），研究者通过控制和对照这样的句子，来研究句法复杂性的两个交互维度（如图 2-8 所示）：一个维度是嵌套位置，即右向分支（句 3、句 4）还是中心嵌入（句 1、句 2）；另一个维度是移位的类型，即主语移位（句 1、句 3）还是宾语移位（句 2、句 4）。结果发现，布洛卡区的前部 BA 45 区仅对移位类型做出激活反应，而布洛卡区的后部 BA 44 区对移位类型和嵌套位置都做出激活反应（如图 2-9 所示）。研究者解释道，这说明在句法理解过程中，虽然涉及的神经网络很大（如 Cooke et al.，2006），但只有前部布洛卡区对句法移位具有选择性，这对理解语言的功能神经解剖学很重要，对句法复杂性的理论解释也非常重要。

Blue denotes relative clause and red the matrix clause (relative clause excluded).

	"Canonical" word-order (Subject Movement)	"Non-Canonical" word-order (Object Movement)
CE	I. <CE, –MOV> The boy [who ___ is chasing the tall girl] is Derek	II. <CE, +MOV> The boy [who the tall girl is chasing ___] is Derek
RB	III. <RB, –MOV> Derek is the boy [who ___ is chasing the tall girl]	IV. <RB, +MOV> Derek is the boy [who the tall girl is chasing ___]

Sentence Stimuli: CE: Center-Embedded relative clauses; RB: Right-Branching relative clauses; MOV: Movement.

图 2-8　句法复杂性的两个交互维度（Santi & Grodzinsky，2010：19）

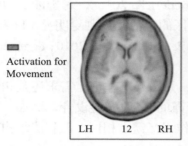
Activation for
Movement

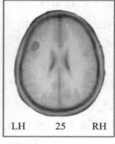
Activation for
Movement and
Embedding

图 2-9　句法移位和句子嵌套方式在左侧额下回布洛卡区激活的区域
（Friederici，2017：46）

（注：左小图红色区域显示仅对句法移位有激活反应；右小图粉色区域对显示同时对句法移位和嵌套类型两种句法结构做出激活反应）

新近的一项汉语 fMRI 研究（Li et al.，2022）也证实了 BA 45 和 BA 44 区在句法加工中的关键作用。fMRI 实验中，给汉语被试呈现"主语名词 + 动词 + 数词 + 量词 + 宾语名词"这样的句子结构，如下例句 5 至句 8 所示。其中句 5 为正确句，无论在较低级别（量词 - 名词搭配）还是在较高级别（动词 - 名词搭配）上都保持语义一致性。句 6 至句 8 语义都不一致，其中，句 6 的高级别句法结构一致，低级别句法结构不一致；句 7 的高级别句法结构不一致，低级别句法结构一致；句 8 的高级别和低级别的句法结构都不一致。研究发现，将量词与宾语名词进行语义整合时，引起了 BA 45 中很强的激活，而将宾语名词与动词进行语义整合的时候，则引起了 BA 44 中很强的激活（如图 2-10 所示）。

（5）赵庆修好一张长椅。（正确句）

（6）* 赵庆修好一台长椅。（高级别句法结构一致，低级别句法结构不一致）

（7）* 赵庆修好一张布告。（高级别句法结构不一致，低级别句法结构一致）

（8）* 赵庆修好一台布告。（高级别和低级别的句法结构都不一致）

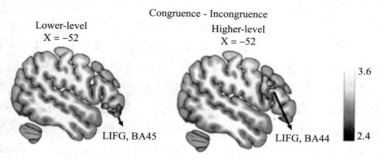

图 2-10　语义一致性效应图示（Li et al.，2022：7）

（注：左小图显示较低层级的主效应，为语义一致性与不一致性的对比；右小图显示较高层级的主效应，为语义一致性与不一致性的对比）

从临床神经语言学的分支来看，如 2.1 节所述，传统的脑损伤解剖关联法有其独特的价值，可以用来论证因果关系。以"双重分离"为例，假设有一中风患者 A，由于其左侧大脑的额叶和顶叶血流减少而导致严重的语言障碍，该患者的理解和表达能力都受影响，能够遵循简单的指令，比较轻松地把某些类型的单词和图片匹配起来（比如食物类），其他类型的单词则不行（比如家居类）。另有一脑炎患者 B，其颞叶受损，能够保持言语流利，但理解他人言语较为困难。该患者在图片命名任务中，对食物类的图片命名很差，但在识别家居物品的图片方面比较正常。那么，这就是一个"双重分离"现象。由此模式可以推断出，对家居物品的理解与食物概念的理解所依赖的大脑部位是不同的，反之亦然。然而，现实中的脑损伤患者通常都是多个部位同时受损，语言和认知障碍问题也是言人人殊，而且如今人们愈加认识到大脑皮层具有很强的神经可塑性。传统方法或根据损伤部位（如前部与后部、额叶与颞叶）对患者进行分组，希冀依此得出有关此类损伤导致的语言障碍的综合结论，或根据失语症的分类对患者分组，然后通过重叠损伤部位的数字化合并来确定该组患者的共同损伤部位，这些方法仍然常用。在 20 世纪 80 年代后，研究者借助于神经影像技术，研究出基于体素的损伤 – 症状映射法（voxel-based lesion-symptom mapping，VLSM），该技术尤其适用于患者样本量较小或有明确的先验假设的情况。

大量的失语症研究运用了 VLSM 法来研究中风失语症患者，通过对损伤数据进行基于体素的统计分析，以与语言和言语变化相关联（Adolphs et al.，2000；Damasio & Frank，1992；Kimberg，2009；Rorden et al.，2007，2009；Rorden & Karnath，2004）。VLSM 是指在每个体素处先计算一个检验统计量，然后将其与脑损伤部分或认知测量关联起来，推断出哪些脑区负责加工这些认知过程。许多不同的 VLSM 软件程序可以在网上免费获得。另外，研究者还使用基于体素的形态学（voxel-based morphometry，VBM）来研究神经退行性疾病的患者，如原发性进行性失语症（相关综述可参见 Asburner & Friston，2000）。

VLSM 方法的使用大致如下。首先，在一组患者中识别出与特定行为显著相关的体素或体素集群，将患者的受损部位重建到标准化模板上，导入分析中。然后在每个体素上运行统计检验（如连续变量的 t 检验），再把该体素中受损的患者的行为测量数据（如听觉理解、流利性）和在该处没有受损的患者的行为测量数据进行比较。如果这些行为测量数据之间有显著差异，那么体素就会高亮显示出来，而且会根据相关的统值量（如 t 值）生成彩色编码的大脑地图，类似于 fMRI。最后，对大量这样的比较结果做统计学修正。分析步骤示意图如图 2–11 所示。

VLSM 有许多优势。首先，VLSM 分析结果可以直接与来自健康被试的 fMRI 结果进行比较，因为患者的损伤部位已经在一个共同的标准体坐标空间中被数字化重建了。通过这样比较，就可以更全面地理解所考察的人类行为：健康被试的 fMRI 图像可以告诉我们参与特定认知活动的大脑区域，而 VLSM 分析可以发现该网络的哪些部分对该活动最为关键（Rorden & Karnath，2004；Tyler et al.，2005）。其次，相对于进行二元区分（如有理解障碍和没有理解障碍的患者），VLSM 分析中的行为数据可以是连续变量（如听觉理解任务的正确率），进而能够容纳各种患者表现，变得更加有力、灵敏。再者，VLSM 分析允许对各种大小和位置的损伤进行分析，因此数据不会因为排除标准（如只有局部前额或颞叶损伤的患者）而丢失。此外，VLSM 分析还会考虑损伤大小以及其他干扰变量，如年龄和发病时间，作为协变量（Kimberg et al.，2007）。最后，VLSM 使我们能够同时观察多个脑区域的损伤结果，对整个脑网络进行可视化，而非仅仅关注一个或两个特定的兴趣区域。

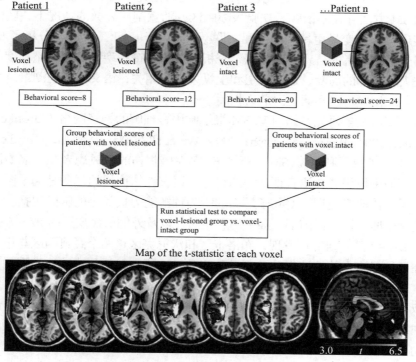

图 2-11　VLSM 方法示意图（Baldo et al.，2012：585）

过去的 20 年里，很多研究通过使用 VLSM 分析方法来绘制与语言密切相关的大脑网络。早期的一些 VLSM 研究（Bates et al.，2003；Borovsky et al.，2007）分析了失语症患者在语言评估量表中的测试项得分。例如，Bates et al.（2003）测试了 101 名左脑损伤后失语的患者。研究者把患者在《西方失语症评定量表》的流畅度和听力理解测试项上的得分作为因变量，发现自发言语中的流畅度与左侧岛叶和顶叶白质纤维中的某些体素显著相关，特别是上纵束（superior longitudinal fasciculus，SLF）。听力理解得分则与左侧颞中回的体素最为相关。这就与传统的观点很不相同，即言语产出和理解分别由布洛卡区和沃尼克区负责。即使将经典的布洛卡区和沃尼克区的体素当作协变量时，左侧岛叶和颞中回仍然与流畅度和理解能力显著相关。相反，一旦排除岛叶和颞中回，布洛卡区和沃尼克区与这些功能的相关性就不再显著了。因此，VLSM 方法胜在不依赖于先验兴趣脑区或随意削减分数的情况下，就能实现对语言变量更精确的匹配关联。Borovsky et al.（2007）分析了 50 名失语症患者的自发言语数据，分析语料的类符和型符，发现流利度与左大脑前部的岛叶、运动皮层和上纵束最为相关；语义内容的测量结果则与左侧颞中回和颞上回最为相关。

随后很多研究开始用 VLSM 来绘制语言理解的神经网络（Dronkers et al.，2004；Wilson & Saygin，2004；Wu et al.，2007）。例如，Dronkers et al.（2004）利用 VLSM 分析了 64 名左脑损伤的中风患者和 8 名右脑损伤的中风患者在语言评估中的得分，语言评估使用的任务是句子图片匹配。该研究发现，对句子层面的听力理解能力最关键的脑区包括：左侧颞中回、颞上回前部、颞上沟、角回，以及外侧前额皮层的 BA 46 区和 BA 47 区。研究还发现，布洛卡区和沃尼克区这两个经典脑区与患者在评估量表上的这些得分并不显著相关。该研究又从句法结构类型的角度进一步细分，分成简单的句法结构（如所属）和较复杂的句法结构（如双重嵌套句），结果发现相应映射的脑区也有层级结构。具体而言，颞中回对所有的句子结构都具有重要的作用，而颞上沟前部只跟较复杂的句子结构有显著关系。评估量表上句法结构最难最复杂的测试项不仅依赖于这些基本的理解脑区，还对 BA 46 区和 BA 47 区也有所依赖。后来的研究也进一步证明，颞叶下部的前部对句法加工至关重要。例如，Wilson & Saygin（2004）的 VLSM 研究是要通过分析不同类型失语症患者的语法判断任务得分，以判断大脑中哪些脑区负责句法加工。该研究以乔姆斯基的句法理论为基础，将句子材料的一半有意设计成不合乎语法，让患者去判断哪些句子不符合语法。结果发现，失语症患者的得分与左侧大脑的颞中回后部、颞上回以及颞上沟的部位最为相关。

　　研究者还用 VLSM 方法考察复杂语义知识的脑区。例如，Baldo et al.（2009）对 92 名患者施测了波士顿命名测试（Boston Naming Test，BNT）的 VLSM 分析，旨在探究负责不同语义类别命名的关键脑区。具体变量为动物与工具对照、生物与非生物对照、可操作与不可操作对照等。研究结果发现，跨类别的得分与左侧颞中回和颞上回的病灶相关。该项研究进一步拓展了 VLSM 方法的实用性，使得研究者能够通过分析大规模数据来确定特异性语义受损的脑区。新近的 VLSM 研究更加关注语言和认知的交互关系。例如，Godefroy et al.（2023）研究了流畅性任务中的认知结构和相关的脑区。该研究首先提出一个语言流畅度模型，其中包括两个认知控制过程：词汇－语义的策略性搜索过程和注意力过程，这两个过程分别与语义加工过程和词汇－音系输出过程交互作用。研究对 404 名急性脑血管病患者和 775 名健康人施测了语言任务，包括语义和字母流畅性、命名和加工速度，经过 VLSM 分析后发现的结果支持研究中所提出的语言流畅度模型。具体而言，流畅度与左侧脑损伤有关，包括额叶岛盖部、豆状核、岛叶、颞极区和大量的神经纤维束。研究还发现字母流畅性与 BA 45 区有特定关联。此外，研究还对基于 72 个研究的 fMRI 数据进行元分析，发现 VLSM 方法识别出来所有脑区结构与 fMRI 识别出来的所有脑区结构高度吻合。

　　简而言之，VLSM 方法是一种很有前景的分析损伤－行为关系的新方法。使用 VLSM 的很多研究已经证明，大脑左侧的语言中枢区不仅包括经典的布洛卡区和沃尼克区，还有其他的关键区，这进一步发展了传统的语言模型。而且，VLSM 可对这些区域进行可视化，因为它不依赖于先验兴趣区域或特定的语言诊断，而是能相对客观地分析大量的脑区。与 fMRI 方法类似，VLSM 能对认知过程有关的神经网络进行可视化，但与 fMRI 不同的是，VLSM 还能进行更直接的因果推论，因为涉及任务的区域可以被视为任务的关键区域，而不仅仅是参与而已。显然，VLSM 分析和 fMRI 的发现结果可以互补，两者结合能绘制出有关正常大脑中语言神经网络更全面的概况。

2.4　经颅磁刺激和经颅直流电刺激

本小节介绍两种常用的非侵入性脑刺激，即经颅磁刺激（TMS）和经颅直流电刺激（tDCS）。

2.4.1　经颅磁刺激

经颅磁刺激（TMS）是探究大脑在语言和认知任务中变量的另一种方式。TMS 能够在时间精度为毫秒的情况下干扰大脑过程，而且空间位置明确，这种合理的空间分辨率和时间分辨率的组合是 TMS 独有的。TMS 的工作原理大致如下：在 TMS 过程中，通过磁脉冲在大脑皮层中诱导一个局部电流，该电流在经过软组织和骨骼的干扰下，几乎不会衰减。磁脉冲是在从电容器中释放出一小段电流后产生的，该电容器与一个圆形或八字形线圈相连，该线圈被放置在被试者的头皮上方。诱导的电场在线圈附近最强，通常能刺激直径几厘米的大脑皮层区域。TMS 脉冲会引起所刺激区域神经元的协同放电，而突触输入也会导致放电变化。在微观层面上，电场影响神经元的跨膜电压，从而影响电压敏感的离子通道。脑成像工具可以用来检测相关的电流和代谢的血流变化。

TMS 研发之初是用于刺激运动皮层的，后来被应用于语言研究中。TMS 早期的一些研究发现，TMS 能够通过刺激健康被试的大脑皮层，让健康被试的语言行为表现得如同脑损伤患者一样。例如，Amassian et al.（1989）首次证明了 TMS 对视觉知觉的抑制效果，是第一个 TMS 语言实验。该研究发现，当把 TMS 脉冲在字母呈现后的 80 毫秒至 100 毫秒内给予被试的枕叶极区时，被试无法识别视觉呈现的字母。TMS 的这种工作模式被称为"虚拟损伤"模式，即让健康被试的表现在很短的时间内受到损害，持续的时间从毫秒到几分钟不等。这样，就可以进行被试内的实验设计，可以将 TMS 下的表现与控制条件进行比较，控制条件可以是假刺激、安慰剂、不同位置和 / 或不同时间的刺激，所建的认知功能和脑区之间的因果关系也更好解释，更容易复制。

根据刺激的频率、持续时间和强度，TMS 可以导致神经元的去极化或过极化，从而在不同的时间范围改变刺激皮层的兴奋性。单个 TMS 脉冲具有短期效应，而重复传递相同强度的脉冲则具有较持久的效应。因此，在寻求长期效益的治疗研究中通常使用重复经颅磁刺激（rTMS）。低频 rTMS（≤ 1 Hz）被认为是抑制性的，而高频 rTMS（>1 Hz，通常 ≥ 5 Hz）被认为是兴奋性的或促进性的（Crosson et al.，2015；Yoon et al.，2015）。

图 2–12 为在图片命名任务中的三个 TMS 方式的示意图。单个 TMS 脉冲具有最好的时间分辨率，可以揭示认知刺激的关键加工时间（图 2–12 上部）。例如，在 Amassian et al.（1989）的研究中，只有当 TMS 脉冲在字母呈现后约 80 毫秒时，才能在主视觉皮层诱发字母识别错误，在其他时间点使用相同的刺激则不会影响字母识别的准确性。Topper et al.（1998）发现，当单个脉冲 TMS 作用于沃尼克区时，在图片命名前 80 毫秒，会导致命名的反应期延长，但在其他时间点作用时并不产生这种效应。事件相关在线方式（图 2–12 中部）在刺激呈现的同时，会同步产生一系列的脉冲。给予的脉冲数取决于频率和持续时间。例如，以 10 赫兹方式持续 500 毫秒，意味着被试在 500 毫秒内接收到一个由 5 个脉冲组成的序列。应用这种脉冲序列的方式被称为重复经颅磁刺激（rTMS）。还有一种方式叫做离线方式（图 2–12 下部），是在刺激呈现之前应用的脉冲序列，以比较被试在 TMS 前后的反应。在离线 rTMS 方式中，有两种常见的频率：一种是使用 1 赫兹频率，持续 5–20 分钟，每秒一个脉冲；另一种新出现的离线 rTMS 方式设定在 50 赫兹，20 秒内应用 300 个脉冲（Huang et al.，2005）。许多研究（如 Knecht et al.，2003；Oliveri et al.，2004）证实，1 赫兹具有抑制性。

大多数的 TMS 语言研究刺激的都是沃尼克区和布洛卡区及它们的右半球的相似区。对于所要刺激的目标脑区的定位则有不同的方法。有研究（Sparing et al.，2001）使用国际 10–20 电极系统的头颅坐标来定位沃尼克区（即 CP5），也有研究（Devlin et al.，2003）根据一个初步的命名任务的表现来定位布洛卡区的特定位置，还有研究使用被试的 MRI 图像，并将 TMS 线圈与具体扫描的大脑进行配准（Pobric et al.，2008）。

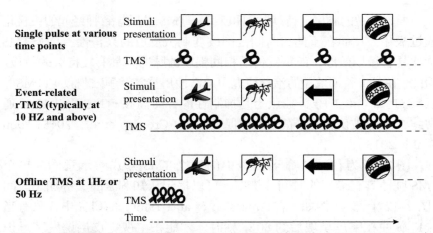

图 2-12　在图片命名任务中的三个 TMS 方式的示意图（Lavidor，2012：45）

（说明：在视觉呈现的不同时间点的磁刺激。在单脉冲方式和事件相关的重复刺激中，在视觉刺激呈现时给予脉冲或脉冲序列。在离线方式中，在命名任务之前给予磁脉冲序列。在所有方式中都需要一个对照条件来计算 TMS 效应，即应用 TMS 的行为测量数据与对照条件下行为测量数据之间比较的差异）

　　很多研究使用 TMS 来研究健康被试，探索脑区与语言功能之间的因果关系（Andoh et al.，2006，2008；Devlin et al.，2003；Nixon et al.，2004；Sakai et al.，2002），发现了各种效应，不仅反映了功能差异，而且对刺激参数也很敏感。例如，Andoh et al.（2006，2008）在沃尼克区应用了 rTMS，发现对听觉语言加工有促进效应，研究进一步发现是双侧颞中回、左侧颞上回和额下回在加工语言任务。此外，该研究还发现，rTMS 在语言加工上可能具有不同的效应，这取决于所使用的刺激频率，即 1 赫兹的 rTMS 对母语的检测任务有促进作用，而 50 赫兹的 rTMS 脉冲则对外语的检测有促进作用（Andoh et al.，2008）。这些结果表明，rTMS 可以根据刺激区域中引发的"虚拟损伤"的强度，诱导不同皮层的兴奋度及其之间的连接。

　　一些研究发现，对相同区域的 rTMS 会因任务不同而引发相反的效应。例如，将高频率（5-10 赫兹）rTMS 应用在布洛卡区，既能促进语音和句法的加工，也能降低语义加工的准确性（Devlin et al.，2003；Nixon et al.，2004；Sakai et al.，2002；Thiel et al.，2005）。同样，在命名任务中，将低频率（1 赫兹）rTMS 应用在沃尼克区，则没有效果

（Sparing et al.，2001），但在进行母语的语音切分任务时会产生促进效应（Andoh et al.，2006）。

对于 TMS 会产生不同效应的原因，研究者有不同的解释。一些人认为，是因为被试的利手性或脑组织不同。例如，Knecht et al.（2002）的研究发现，对于语言左侧化的被试，1 赫兹 rTMS 会减缓语言加工的速度，而对于语言右侧化的被试则没有影响，这表明 TMS 效应敏感跟语言偏侧化程度密切相关。另一些人认为，是刺激区域的脑解剖位置的因素引发的变化。例如，Dräger et al.（2004）在左半球语言偏侧化的健康被试中进行了图片 – 单词验证任务的测试，之后进行了 rTMS（1 赫兹，持续 10 分钟）。与对照条件相比，刺激沃尼克区和布洛卡区产生的效应正好相反：沃尼克区是相对的抑制作用，布洛卡区则是相对的促进作用。

TMS 常被用于临床手段辅助促进失语症的康复治疗。针对卒中后失语症的研究采用了不同的 rTMS 方法。这些研究多基于"脑半球间抑制假设"（interhemispheric inhibition hypothesis）。脑半球间抑制假设的概念是指大脑的两个半球之间存在一种活动平衡，两个半球可以对彼此产生抑制作用（Hellige，1987）。通常情况下，左半球通过连接两个半球的胼胝体，抑制右半球的与语言相关的功能，以维持左侧语言加工的优势地位。然而，当左半球由于卒中或其他神经问题而受损时，这种抑制效应就会被打破。右半球可能变得过度活跃，并试图弥补左侧语言功能的损失。这种活跃可能会干扰受损的左半球中的语言能力的恢复，这使得卒中后的语言功能恢复变得困难。为了纠正这种不平衡，有两种主要的 rTMS 言语康复治疗方法：一种是对完好的右半球应用抑制性低频 rTMS 以减少干扰；另一种是对损伤的左半球应用促进性高频 rTMS 以刺激可用于恢复的患处周围区域。其他研究则采用了对右半球应用促进性高频 rTMS 的方法，其假设是对右半球的补偿性使用并不总是有害的。

近些年来，大多数对右半球区域进行抑制性 rTMS 的研究采用的策略都是通过低频 rTMS 抑制右侧额下回，即布洛卡区的右半球同位区。这种策略已经在亚急性（<3 个月）（Haghighi et al.，2018；Ren et al.，2019；Rubi-Fessen et al.，2015；Yoon et al.，2015）和慢性（>6 个月）

（Hara et al., 2015; Harvey et al., 2017; Rossetti et al., 2019）卒中后失语症的语言康复方面取得了积极的结果。当然，右侧额下回并不是唯一适宜的刺激目标，对右半球其他区域进行低频 rTMS 也有益。例如，一项新近的汉语研究（Ren et al., 2019）对 54 名汉语的、亚急性脑卒中后完全性失语症患者实施了 rTMS，作用的脑区为右侧额下回后部的三角区和右侧颞上沟后部。研究人员将这些失语症患者随机分为三组，分别接受为期 15 天的 20 分钟低频抑制性 1 赫兹 rTMS 刺激：第一组刺激在右侧额下回后部的三角区，第二组刺激在右侧颞上沟后部，第三组接受假刺激；然后进行 30 分钟的言语和语言治疗。用汉语版的《西方失语症评定量表》对患者进行语言评估，结果显示抑制性的低频 rTMS 对右侧额下回和右侧颞叶上沟的刺激都使患者的语言能力有所提升。然而，关于抑制右侧额下回的证据并不一致：并非所有此类的 rTMS 研究都报告了积极的结果。例如，Heikkinen et al.（2019）报告称，低频 rTMS 并未促进慢性卒中后失语症的语言治疗效果。

有学者对促进左侧脑区激活的 rTMS 进行了研究，例如，Zhang（2017）报告了一名汉语亚急性中风患者的个案研究结果。该研究对患者的左侧额下回进行了高频 rTMS，然后用《西方失语症评定量表》和fMRI 评估治疗效果。结果发现，不仅量表的评分结果显示患者的语言能力有所改善，从 fMRI 观察到的脑激活模式也有所变化。治疗前，被试的右半球活动更强烈，但治疗后半球受损组织附近的激活变得集中而且活跃起来。

也有学者对促进右半球脑区激活的 rTMS 进行了研究。一些研究认为，右半球的激活可能被视为补偿性的，而不是有害的（Gainotti, 2015; Turkeltaub, 2015）。这些研究认为，在损伤后，右半球激活增加，对康复至关重要，而早期右半球的补偿性激活尤其有益。另一些研究（Anglade et al., 2014; Thiel & Zumbansen, 2016）认为，左半球语言网络中的损伤程度也很重要，在患者的脑损伤部位很大的情况下，左半球周围组织的功能有限，因此就会需要右半球的补偿性激活。鉴于此，一些 rTMS 研究将高频刺激应用于右半球，以促进补偿性恢复。例如，Hara et al.（2017）针对患有慢性失语症且在治疗前显示左侧语言激活的患者，将抑制性的低频 rTMS 应用于右侧额下回，结果发现对患者的语言能力产生了积极影响；对于在治疗前右侧语言激活的患者，将促进性的高频的 rTMS 作用于右侧颞下沟，结果也产生了积极影响。换言之，在左半球已经恢复功能的患者中，抑制右半球是有益的，而在通过右半球激活进行补偿的患者中，促进右半球激活是有益的。这表明不同的恢复类型需要采用不同的策略。例如，Hu et al.（2018）将汉语亚急性中风患者随机分配为接受右侧额下回高频 rTMS、右侧额下回低频 rTMS、假刺激对照组这三组。研究结果发现，虽然低频刺激在治疗后和 2 个月随访时的效果最好，但高频 rTMS 也带来了长期改善。也就是说，两种刺激方式都有益于言语康复治疗。

2.4.2 经颅直流电刺激

与 rTMS 类似，经颅直流电刺激（tDCS）也可以改变大脑皮层的兴奋度。然而，tDCS 是神经调节性的而不是神经刺激性的，因为在tDCS 中传递的电流不足以直接产生或抑制动作电位。tDCS 电流调节神经元的静息膜电位，其中阳极 tDCS（a-tDCS）增加皮层兴奋性，阴极 tDCS（c-tDCS）降低皮层兴奋性（Nitsche & Paulus，2000）。tDCS在行为治疗过程中易于实施，而且成本也比 rTMS 低，易被患者接受。许多 tDCS 失语症治疗的研究也采纳了"脑半球间抑制假设"。有关阳极（a-tDCS）的研究主要集中在左侧脑半球的语言区域，以增加病灶周围和残余的额颞叶区的兴奋性（Baker et al.，2010；Fiori et al.，2011；Fridriksson et al.，2011；Marangolo et al.，2013），而阴极（c-tDCS）通常应用于右侧同位区，以抑制该区域的过度激活。

大量的卒中失语症的言语治疗使用了 tDCS，治疗方法不尽相同，有的是对左半球进行促进性阳极刺激，有的是对右半球的抑制性阴极刺激，有的是两种方案的结合，还有的甚至是对右侧小脑也进行刺激。近年来，大部分的 tDCS 研究采用的是阳极 tDCS 方法，刺激的部位包括左侧背外侧前额叶皮层（Pestalozzi et al.，2018）、左侧额下回（Spielmann et al.，2018）、左侧运动皮层（Meinzer et al.，2016）和左侧颞后沟区（Wu et al.，2015）。

阴极 tDCS 刺激对右半球的皮层抑制的研究目的，是减少未受损右半球的抑制，以促进左半球周围损伤皮层的康复过程。如前所述，这种方法主要用于 rTMS 研究。近些年，有少数 tDCS 研究采用了这种方法。例如，da Silva et al.（2018）针对慢性中风失语症患者，将阴极放置在与布洛卡区对应的右侧的同位皮层上。值得一提的是，tDCS 并没有与语言治疗结合。

还有少数 tDCS 研究考察了双半球刺激对促进失语症治疗的影响（Feil et al.，2019；Manenti et al.，2015；Marangolo et al.，2016）。这种方法的目标是在两个脑半球上同时进行 tDCS 刺激，通过阳极刺激，增加左半球皮层兴奋性，同时通过阴极刺激，减少右半球的兴奋性。研究发现对慢性失语症患者的语言能力提升明显有用（Manenti et al.，2015；Marangolo et al.，2016）。此外，使用静息状态下的 fMRI 进行的功能连接性分析显示，假刺激后的连接性变化仅限于右脑半球区域，而真实的 tDCS 刺激导致左脑半球区域的功能连接性增强（Marangolo et al.，2016）。在最近的一项关于亚急性中风患者的研究中（Feil et al.，2019），研究者在患者左侧额下回放置阳极，在右侧额下回放置阴极，同时与语言治疗相结合。结果显示，真实接受 tDCS 刺激组的图片命名能力得到了显著的改善，而假刺激组没有。相关的综述，可参阅 Otal et al.（2015）、Breining & Sebastian（2020）和 Kidwai et al.（2023）。

2.5 小结

本章从临床神经语言学和实验神经语言学两个分支梳理了神经语言学研究方法的学术发展脉络和现代神经语言学研究技术手段。1861 年后，以失语症为典型代表的临床神经语言学研究经历了经典期、现代时期和当代时期三个不同的阶段。1861 年至 1945 年的经典期，大脑解剖关联法居于主导地位，确立了大脑功能定位说的主导地位，失语症的经典分类方法使用至今。到 20 世纪 70 年代的现代时期，大致可以分为以欧美心理学家为代表的新经典主义波士顿学派和以语言学家为代表的语言学派。心理学派认可并发展了早期经典联结主义，以语言中枢区之间的联结为模型对失语症进行诊断、分类和评估，语言学派主要运用生成语法理论，从语言学各层面分析失语症语言特征。20 世纪 70 年代至今，出现了 CT 扫描技术、磁共振成像技术等，研究者能够精确地确定大脑皮层以及皮层之下神经纤维损伤的部位。以欧美认知神经心理学家为代表，依托计算机技术，运用神经语言学实验方法，实时观察在不同的语言认知任务中失语症患者的大脑活动，这在很大程度上促进了实验神经语言学的发展。在实验神经语言学方面，本章着重介绍了脑电图、磁共振成像、经颅磁刺激和经颅直流电刺激等的技术原理、实验方法和研究发现。需要特别注意的是，使用这些先进的技术手段并非是要摒弃以失语症为代表的临床神经语言学。神经语言学研究的客观发展脉络说明，这两个分支的发展是相辅相成、缺一不可的。另外，我们也要清醒地认识到，先进的技术手段的使用更要依赖语言学、心理学等交叉学科的理论基础，否则就会出现像 Binder et al.（2009）对 120 篇 fMRI 进行的元分析综述中描述的困境："全脑都显示在加工语言，分不清到底哪里才是语言功能的神经连接。"

第 3 章
语言使用的神经机制

　　语言使用包括语言的理解和产出两个方面，它们都涉及语音、词汇、句法、语篇等语言各个层级的加工，因此，本章将首先从整体上介绍与讨论目前关于大脑中语言网络的各种观点，然后再具体地依次讨论语音、词汇、句法、语篇和语用加工的神经机制。

3.1　大脑中的语言网络

　　关于语言使用在大脑中的明确定位始于 Broca（1861）的失语症研究，该研究首先发现后来被命名为布洛卡区的额下回的部分区域与语言的产出相关，是语言的运动中枢。Wernicke（1874）又发现颞上回的部分区域（即沃尼克区）与语言的理解相关，是语言的感觉中枢，两个区之间通过位于岛叶皮质下的神经纤维相互连接，也在语言使用的过程中起着关键性的作用。后来，Lichtheim（1885）又提出了第三个语言中枢，即"概念中枢"，该中枢没有具体的大脑定位。Wernicke 很快就接受了Lichtheim 的观点，形成了 Wernicke-Lichtheim 语言处理及大脑定位理论。到了 20 世纪，Geschwind（1965，1979）又结合一些新的研究发现，在 Wernicke-Lichtheim 模式的基础上建立了大脑功能的定位理论（如图 3–1 所示）。Geschwind（1979）认为，大脑左半球的某些区域在语言处理过程中具有特殊的功能，尤其是布洛卡区和沃尼克区，它们会更加集中地参与语言的产生和理解过程。两个区通过弓状束（arcuate fasciculus）相互连接，大脑皮层的角回负责视觉和听觉信息的协调，这对于书面语言的加工以及命名活动是非常重要的。Geschwind（1979）指出，语言处理是需要大脑的不同区域共同参与的信息处理过程。视觉信息通过初级视觉区进入角回，在这里，视觉符号与相应的听觉范式相关联。如果需要说出单词，该词的表征就会通过弓状束传递到布洛卡区，并在该区域激活详细的发声程序，然后再由运动皮层执行这一程序，发出声音。

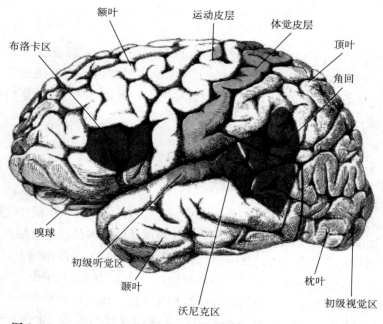

图 3-1　Geschwind 的大脑功能定位图（Geschwind，1979：113）

从 Broca 到 Wernicke 和 Lichtheim，再到 Geschwind，他们所建立起来的关于语言加工的神经机制理论被称为经典理论，为神经语言学研究奠定了基本的理论框架。以此为基础，后来的研究者又结合临床神经语言学以及实验神经语言学研究的结果，提出了各种不同的理论模型，Baggio（2022）把这些理论总结为以下三种。

第一种是由 Friederici（2017）以 Chomsky（1995，2000）生成语法理论的最简方案为基础提出来的。Friederici 认为句法是人类语言加工的核心，也是人类语言的关键特征。人类语言能力的关键就体现在句法的生成能力；其他动物也具有把形式（包括声音和肢体动作）和意义结合起来的能力，但是不具备句法的生成能力。按照最简方案理论，各种句法结构都是通过合并（merge）这一句法操作的反复运用而派生得到的。所谓合并是指把两个句法成分结合在一起形成一个新的更加复杂的结构，并为其指派标签，标签与参与合并的其中一个成分相同。例如，build + airplanes → build airplanes → [VP]build airplanes，即动词 build 加名词 airplanes 合并而成了 build airplanes 这一短语，然后为其指派了动词短语这一标签。Friederici（2017）指出，合并的句法操作是由位于大脑左半球额下回（inferior frontal gyrus，IFG）后部的岛盖部（即 BA 44 区）负责的[1]，并以此为核心在左半球形成语言的网络系统，该网络还包括左侧颞叶后部在内，两者之间由神经纤维相连接，从而保证信息流动的通畅性。根据这一模型，语音加工首先由位于颞上回（superior temporal gyrus，STG）中部的初级和次级听觉区负责，然后再由颞上回的后部脑区负责音位的加工。音位加工完成之后，人们需要利用词汇的句法范畴信息构建短语结构，这一工作包括两个步骤：识别相邻的语言要素；构建局部的句法层级结构。前者需要颞上回前部和额叶岛盖部的参与，两者之间由位于腹侧的钩回神经纤维束（uncinate fasciculus）相连结，而后者只需要位于布洛卡区后部的岛盖部参与。句子中句法关系的处理由岛盖部和颞上回 / 沟（superior temporal gyrus/sulcus）后部所构成的网络负责，两者之间由位于背侧的弓状束神经纤维相连结。词汇的语义信息储存在颞中回之中，其中信息的提取由布洛卡区前部（BA 45 和 BA 47）通过位于腹侧的额枕下束（inferior fronto-occipital fasciculus，IFOF）来实现，句法语义信息的整合则由颞上回 / 沟的后部负责。另外，韵律信息的加工由大脑右半球负责。

　　第二种是由 Hagoort（2016）所提出的记忆—联合—控制模型

1　额下回一般被分为三个部分，岛盖部（pars opercularis，BA 44）、三角部（pars triangularis，BA 45）和眶部（pars orbitalis，BA 47），其中岛盖部和三角部构成布洛卡区。

（Memory-Unification-Control，MUC），该模型认为大脑中的语言网络包括三个组成部分。第一是记忆部分，包含了包括词素、词、短语结构在内的各种语言建构要素的语音、句法和语义表征，该部分由大脑左侧颞叶的脑区，尤其是中部和后部脑区负责。另外，大脑顶叶的角回也参与其中。第二是联合部分，它负责从记忆部分提取信息并整合各种建构要素形成不同层级的语言表征，因此，联合不仅包括句法的操作，还包括在音位和语义层级上把小的单位整合成大的单位的操作过程。联合部分主要由大脑左半球额下回负责，其中额下回后部（包括 BA 44，即岛盖部）和额中回（middle frontal gyrus，MFG）的一部（BA 6）负责音位的联合，中部（包括 BA 44 和 BA 45，即岛盖部和三角部）负责句法的联合，前部（包括 BA 45 和 BA 47，即三角部和眶部）则负责语义的联合。第三是控制部分，它负责对记忆和联合的监控，以确保在使用过程中合理地分配注意资源，选择适当的语言形式，并顺利进行话轮的转换等。参与控制操作的大脑区域包括前额叶皮层的背侧部（大致相当于 BA 46）、前扣带回（anterior cingulate cortex，ACC）和注意力相关的顶叶部分区域。记忆—联合—控制模型中各个脑区的分工并不是绝对的，语言功能的实现并不单独依靠某一个大脑区域，而是由上述脑区所构成的动态网络来完成的。在这一网络之中，每一个节点功能都不是固定不变的，都会动态地参与到其他的功能网络之中，"尽管人们可以对某个具体脑区（例如，布洛卡区的某一部分）的某一功能做出一定的陈述，但关键的是，人们要意识到这要依赖于它与网络中其他脑区的互动"（Hagoort，2016：340）。因此，脑区之间相互连结的结构对于整个网络中语言功能的实现具有重要的意义。

第三种是由 Hickok & Poeppel（2004，2007）提出的双路径传输模型（dual-stream model）（如图 3-2 所示），它首先针对口头语言，尤其是单个词汇的加工，但是对于整体语言使用的神经机制也具有很强的启发意义。该模型认为口语加工的神经基础包括腹侧和背侧两个路径，其中腹侧路径负责语言的理解，它从颞叶到额叶，其中包括左右半球颞上回的局部（参与语音分析，形成语音的神经表征）、左右半球颞上沟（superior temporal sulcus，STS）的中部到后部（参与音位分析，形成音位网络）、左右半球颞中回（middle temporal gyrus，MTG）后部和颞下沟（inferior temporal sulcus，ITS）后部（有一定的左半球优势，形成词汇界面，负责把音位和语音信息关联起来）和左半球的颞中回前部和颞下沟前部（形成组合网络，负责各种信息的整合，进而产生意义）。背侧路径具有明显的左半球优势，负责诸如言语复述这类不需要理解的产出活动，从颞叶经由额叶的顶部再到额叶的运动区，主要包括左半球外侧裂（Sylvian fissure）周围的顶颞叶边缘区域（形成感知运动界面）以及额下回后部、前运动皮层（premotor cortex，PM）和前脑岛（anterior insula）（形成发音网络）。

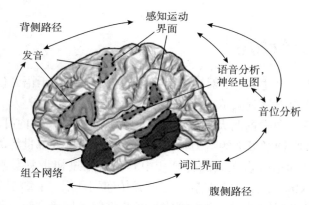

图 3-2　口语加工的双路径传输模型（Brennan，2022：63）

从上述的介绍和讨论可以看出，不论是 Wernicke、Lichtheim 和 Geschwind 的经典理论，还是后来所提出的各种语言使用的模型，尽管它们所依据的语言学理论各有差异，对于具体部位的语言功能的认识也不完全相同，但是我们仍然能够从中获得一个对于语言使用的神经基础的整体性认识。可以看出，语言的使用过程要依赖复杂的神经网络，这一网络的核心位于大脑的外侧裂（peri-Sylvian）区域（如图 3-3 所示），虽然左右半球都有参与，但还是存在着明显的左半球优势。因此，大脑左半球外侧裂某些部位损伤会导致各种类型的失语症的产生（Blumstein，2022）。

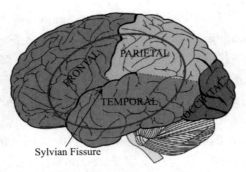

图 3-3　大脑左半球的外侧裂区（Blumstein，2022：10）

3.2　言语感知 [1]

　　语言理解的过程始于对语音信号的加工，大脑对于语音信号的加工与其他复杂的声学刺激基本相同（Rauschecker，1998）。人的听觉系统包括外周系统和中枢两大部分，前者包括外耳、中耳、内耳和听神经，后者则包括听神经以上的听力神经传导系统。来自外部世界的语音信号首先以声波的形式进入人的外耳和中耳，在经过初步刺激频率的过滤之后 [2]，传入的声波会引起鼓膜的振动并传递到耳蜗。毛细胞对输入信号的频率信息进行编码，并经由螺旋神经节将信号传递到听觉神经，从而进入听觉系统的中枢部分。听觉信号从听觉神经开始依次通过腹侧耳蜗核 [3]（ventral cochlear nucleus）、上橄榄体 [4]（superior olive）、下丘 [5]（inferior colliculus）和内侧膝状体 [6]（medial geniculate nucleus，MGN），这些皮层下结构最终投射到位于颞叶的听觉皮层（Bear et al.，2016）。听觉通

1　有人认为言语感知包括声学语音分析、音位处理和词汇识别三个阶段，本节只讨论前两个阶段，词汇识别将安排在 3.3 大脑词库一节。

2　人耳的听力频率范围是 20 赫兹到 20 000 赫兹，最敏感的声音频率在 1 000 赫兹到 3 000 赫兹。

3　耳蜗核位于脑干，靠近脑桥和延脑之间的神经核团。

4　橄榄体位于延髓上半部分前外侧沟的外侧，表面隆起呈卵圆形。

5　下丘是中脑背侧，四叠体的下一对小丘。

6　内侧膝状体系丘脑内的组成部分。位于丘脑后部，在丘脑枕的下方，与下丘同为皮质下的听觉中枢。

道中信号的传输是对侧性的（contra-lateral），左耳所接收的语音信号主要由右半球的听觉皮层来处理，右耳所接收的语音信号则主要由左半球的听觉皮层来处理。因此，神经语言学研究者首先感兴趣的问题是，听觉皮层是如何处理各种语音信号的。

3.2.1　语音信号的加工

在声学语音学（acoustic phonetics）中，语音特征主要通过声波图（如图 3-4 中 a 所示）和频谱图（如图 3-4 中 b 所示）来表示。声波图显示语音随着语音包络[1]的起伏所经历的响度变化，语音包络则反映语流中的音节信息，因此，声波图中包含语音的时间信息。频谱图显示语音的频率信息。在图 3-4 中的 b 部分，竖立的图像代表着声门脉冲（glottal pulse）的具体情况，图中所示的 F0 代表讲话人（成人男性）的基频（fundamental frequency），介于 100 赫兹到 300 赫兹之间，它是区分不同元音的主要声学线索，因此在言语信号中的作用更为突出。频谱图在不同的频率水平上都有一组暗带，它们是频谱中能量相对集中的一些区域，被称为共振峰（formant），如图中 F1 和 F2 所示。一个共振峰一般由共振峰迁移（formant transition）和稳定态两部分组成，前者是指在短时间内发生的共振峰频率的大起大落，它标志着一个音节中辅音向元音或者元音向辅音的转变，后者是指共振峰迁移之间频率相对稳定的状态。

首先来看听觉区对频率特征的处理。对于动物和人类听觉区的相关研究都表明初级听觉区仍然保留着由耳蜗所传来的声音信号的频率拓扑（tonotopy）特征，而且不同的部位会对不同频率的纯音[2]（pure tone）做出反应（Clarke & Morosan，2012；Mesgarani et al.，2014），某部分神经元最敏感的频率被称为最佳频率（best frequency，BF）。频率拓扑是听觉系统组织的基本原则，听觉区的神经元会根据各自的最佳频率依次

1　在数学上，包络（envelope）是指一系列的直线（或曲线）包围出一个形状的情形。在这里，语音包络是指随着声波图中振幅的起伏所形成的轮廓。

2　由单一频率构成的正弦波，一般的声音则是由几种频率的波组成的。

排列，进而形成频率拓扑地图。例如，Barton et al.（2012）的研究表明对 2 赫兹刺激做出反应的神经元紧邻着对 4 赫兹刺激做出反应的神经元，它们又紧邻着对 8 赫兹做出反应的神经元。也有许多学者（例如，Talavage et al.，2000，2004；Wallace et al.，2002）对听觉区神经元的最佳频率进行了研究，结果发现高频纯音主要激活听觉区皮层的前部和后部区域，低频纯音主要激活皮层的中部区域。还有研究（Da Costa et al.，2013；Pickles，2012）表明，频率拓扑的分布并不均匀，越到高频时听觉区皮层对频率的区分也就越弱。虽然听觉区负责处理人类所接收到的各种声音，但是对于语音还是存在着特异的反应，而且这一反应在声音信号进入听觉区之前的脑干皮层下结构中就已经存在了。例如，Galbraith et al.（2004）的研究发现，言语刺激能够诱发更大幅度的频率跟随反应（frequency following response，FFR）[1]。

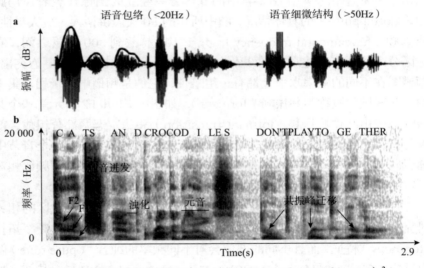

图 3-4　声波与频谱实例图（Giraud & Poeppel，2012b：228）[2]

1　语音加工的特异性也是神经语言学关注的一个重要问题。所谓特异性是指语音加工的神经机制与其他类型的声音加工之间的差异。目前存在两种主要的观点：一种观点认为语音与其他声音的加工机制之间存在根本性的差异；另一种观点则认为所有的声音加工都依赖同样的感知系统，但是人类大脑的神经编码对语音具有更强的匹配性。后一种观点得到了更为广泛的支持（Yi et al.，2019）。

2　图中显示了一位男士在说"Cats and crocodiles don't play together."这句话时的声波与频谱，其中一些重要的声学特征用黑色标识。

除了频率信息之外，语音信号的时间信息，尤其是语音包络，在言语感知中也起着关键性的作用（Gransier & Wouters，2021）。Kubanek et al.（2013）采用皮层脑电图技术（ECoG）对人们在听自然言语时包括听觉皮层在内的左半球颞叶的脑电反应进行了研究，结果表明，听觉皮层脑电活动的波动与所听到话语的语音包络的波动是相匹配的。Nourski & Brugge（2011）采用同样技术的研究，发现听觉区具有很强的对语音包络的跟踪能力，即使是在速度发生改变的情况下，它仍然能够很好地跟踪语音包络的信息。Brennan（2022）指出，人脑会自动锁定输入的语音信号，尤其是在有多重声音信号来源的情况下，人的大脑会选择性地锁定感兴趣的声音信号，特别是语音信号。听觉区的大多数神经元对语音信号中的时间信息是很敏感的，它们可以很容易地与达到 40 到 60 赫兹的脉冲刺激形成相位同步（Bendor & Wang，2007；Middlebrooks，2008），而在此之前的脑干皮质下听觉路径的结构能够形成相位同步的频率范围要高得多。从听觉系统的外周系统到中枢（即听觉区），通过同构的反应模式来表征声音的时间调制的能力是逐渐下降的，因此，听觉区的神经元需要采用与外周系统不同的声音编码策略。对于那些高过 30 到 40 赫兹的语音调制来说，听觉区的神经元只会在刺激的开始做出精确的反应（Phillips et al.，2002）。Bendor & Wang（2006）区分了两种类型的听觉神经元，相位同步神经元使用时间编码来表征刺激的时间调制，非相位同步神经元则使用频率编码，但是它们都是通过增加或者减少放电频率的方式对刺激调制做出反应。

3.2.2　音位的加工

在对语音的时间和频率等信息进行加工的基础上，听觉区就会形成语音的神经电图（neurogram）。所谓神经电图就是指语音在听觉区所形成的表征，其中包括语音的频率范式（语音在不同频率的能量分布）和时间范式（语音随着时间而产生的响度起伏）。对于言语感知来说，下一步的工作就是进行音位的识别。

音位是语言中最小的区分性语音单位，与具体的频率和时间特征相比，音位特征是抽象的。从神经语言学的角度来看，音位的识别就是要把听觉区所形成的神经电图转化为音位特征。相关的研究表明，人脑中的音位识别并不是严格按照所接收的语音信号的次序对所有的声学特征进行逐一的分析，而是要采用一定的策略。Saberi & Perrott（1999）的研究广为人知。该研究把一段语流的声波切分成 300 毫秒、200 毫秒、100 毫秒、50 毫秒、20 毫秒等不同长度的片段，并把每个片段的声波进行逆序加工，然后再按照原来的次序把这些片段组合成一个连续的声波。结果表明，当片段的长度超过 200 毫秒时，受试不能识别所听到的语音；当片段的长度小于 200 毫秒时，受试开始能够逐渐识别所听到的声音，尤其当片段长度在 30–50 毫秒之间时，受试识别的准确度可以达到百分之百。这说明音位的识别并不需要完全获得所有的语音特征，而是按照一定的频率对声音信号进行采样。换言之，人脑的听觉系统会按照固定的时间窗口采用类似于拍快照的方式选取语音信号，然后把这些信号整合起来用于音位的识别（Giraud & Poeppel，2012a；Poeppel，2003）。Brennan（2022）将其称为整合的时间窗口（temporal windows of integration），主要包括两个：一个窗口是 25–40 毫秒，它与区分音位的频率特征的时间长度相吻合；另一个窗口是 200–300 毫秒，它与提取音节的特征以及其他构成语音包络的其他结构的时间长度相吻合。结合音位识别的时间窗口问题，许多学者（例如，Lalor & Foxe，2010；Luo & Poeppel，2007；Peelle et al.，2013）对神经振荡（neural oscillations）[1] 和言语感知的关系进行了研究，结果表明，音位和音节处理的时间尺度与听觉区的神经振荡类型之间存在高度的匹配性，这说明神经振荡在语音信号特征的采样或者分析中起着重要的作用（Ghitza，2011；Ghitza et al.，2012；Giraud & Poeppel，2012b）。Brennan（2022）指出，听觉区皮层具有内在的神经节奏，这些节奏在两个层级上与言语特征的加工时间是相匹配的，短的时间窗口适用于整合音位特征识别所需的频率特征，长的时间窗口适用于识别包括重读、声调在内的音节的时间特征。Giraud et al.（2007）的研究还发现，左右半球听觉

1　神经振荡是指神经元活动的节奏，由神经元之间的相互作用而引发，反映了神经元的兴奋性周期。

区的反应是不对等的，左半球对于短的"音位特征大小"（phonemic-feature-sized）的振荡的反应要强一些，右半球则对于长的"音节大小"（syllable-sized）的振荡的反应更加强烈。这说明左半球在音位识别，即语音的频率加工方面作用更大，而右半球在音节加工，即语音包络信息的加工方面作用更大。这一结果也得到了 Saoud et al.（2012）研究结果的证实。

　　语音加工的一个基本原则是频率拓扑，即听觉区的神经元是按照各自最佳频率的大小依次组织的。那么对于神经语言学研究而言，人们自然感兴趣的问题就是音位的神经编码或者表征是怎样的？不同的音位或者音位特征是否也会有相应不同的神经元群呢？许多研究（例如，Obleser et al.，2004，2006；Scharinger et. al.，2011）的结果都在一定程度上证实了这一点。从由外向内（lateral–medial）的维度来看，Scharinger et al.（2011）的研究发现，频谱图中第二个共振峰（F2）频率较高的元音一般会引起内部听觉神经元的反应，尤其是元音发音的圆唇与否具有重要的意义。发圆唇元音时需要口腔唇部收圆，这样可以减低共振峰的频率，因此，非圆唇音的第二个共振峰的频率都比较高。从由前往后（anterior–posterior）的维度来看，频率高的共振峰更容易引起听觉区前部神经元的反应。Obleser et al.（2004）的研究结果表明，前元音更容易引起前部神经元的反应，后元音则更容易引起后部神经元的反应，这说明发音元音的发音部位在元音的识别中具有重要的意义。Obleser et al.（2006）的研究还进一步证明辅音也与元音呈现出同样的规律，发音部位靠前的辅音（例如 /t/）也更容易引起前部神经元的反应。Scharinger et al.（2011）的研究也进一步证明了这一点。在最近的一项研究中，Oganian et al.（2023）发现颞上回的听觉神经元主要以第一和第二共振峰为基础形成元音的表征，某个特定位置的神经元会有选择性地对某些表征产生活动，并形成音位的识别。但是，目前的研究还发现，听觉区对于音位的表征并不能像对语音频率的反应那样形成明确的拓扑地图。Arsenault & Buchsbaum（2015）的研究发现，左右半球颞上回中对同样的音位特征敏感的部位并不相互邻接，例如，颞上回的前部和后部都对浊化这一音位特征比较敏感，但是它们被对其他音位特征敏感的区域所间隔。

不论是语音的声学特征还是音位特征，人脑的听觉系统都具有相应的神经组织进行有针对性的加工处理。Gervain & Geffen（2019）指出，这是人类所具有的特殊语言使用能力的体现。该研究认为，在长期的进化过程中，听觉皮层逐渐形成了对语音进行加工的最为有效和最为优化的机制，其中语音的相关数据（包括频率、振幅）特征与包括耳蜗、听觉神经和听觉区在内的听觉通道的反应特征是密切匹配的，人类正是依靠这一机制来完成语音分析和音位识别的过程，从而实现语言的高效使用。总体而言，我们可以对言语识别的过程做出如下简要的描述：语音信息在 100 毫秒之内被初级听觉皮层转化为神经表征，即神经电图，神经电图中既包含用以区分不同音位的频率信息，也包含用以区分不同音节的语音包络信息。这些信息以空间编码（spatial code）的方式进行表征，不同位置的神经元群会对不同的频率和时间信息做出反应。神经电图又会进一步激活音位特征的神经表征，与视觉区相邻的神经元群会在语音刺激出现之后的 100–200 毫秒之内做出范畴化的反应，即识别出不同的音位和音节。上述过程存在两个时间窗口，一个是在 25 毫秒左右，适用于对语音特征的加工，另一个在 200 毫秒左右，适用于对音节信息的加工（Brennan，2022）。

3.2.3　运动系统与言语感知

经典的 Wernicke-Lichtheim-Geschwind 理论模型认为包括言语感知在内的语言理解和产出具有独立的神经通路，但是后来的研究发现，言语的感知并不单纯依靠声音信号。心理语言学在相关领域研究的一个重要发现是 McGurk 效应，这是一种听觉和视觉的语音整合发生的错觉效应，即听者观看说话者发音器官的动作会影响到言语的感知（McGurk & MacDonald，1976）。Liberman et al.（1967）还提出了言语感知的肌动理论（motor theory of speech perception），该理论认为虽然语音的声学结构和感知之间的关系非常复杂，发音和感知之间的关系却更加直接，不同声学表征但以相似的发音方式所产出的语音，它们的感知方式也是相似的，在语音的产生和感知之间存在着密切的关系，人们正是通过内隐的关于如何发出语音的知识来进行言语的感知。这也就暗示着，除了听觉系统之外，大脑的运动系统也可能会参与言语的感知过程。

最早的关于感知和产出难以完全分离的证据来自 Blumstein 及其同事在 20 世纪 70 年代开始的失语症研究。他们发现布洛卡和沃尼克失语症患者都会出现语言产出的错误（Blumstein，1994），两种患者也都会出现言语感知的障碍，尤其是在音位对立的识别方面表现得更为明显（Blumstein et al.，1977）。后来的一些采用功能性磁共振成像技术（fMRI）和皮层脑电技术（ECoG）的研究（例如，Cogan et al.，2014；Pulvermüller et al.，2006；Wilson et al.，2004）也发现，在言语感知过程中，前运动皮层和运动皮层都会被激活。还有一些学者则采用经颅磁刺激（TMS）来验证运动区在言语感知中的作用。Meister et al.（2003）的研究发现，对前运动区皮层进行磁刺激会导致受试在噪声环境下音位区分能力的下降。在 D'Ausilio et al.（2009）的研究中，磁刺激被作用于初级运动区分别与双唇和舌头对应的皮层，结果表明，在有噪声存在的环境下，刺激舌区会破坏 /d/ 和 /t/ 的识别，刺激唇区则会破坏 /b/ 和 /p/ 的识别，这进一步证明了音位感知与发音动作之间的关联性。另外，Casas et al.（2021）还发现，听觉区和运动区的神经振荡都与自然言语中的言语感知过程存在匹配关系。

目前人们对运动区参与言语感知这一点已基本达成共识，但是对于运动区在言语感知过程中所起作用的重要程度还存在不同的看法。一种观点认为，运动系统会在镜像神经元的作用之下与听觉系统共同构成语言感知系统的核心（Rizzolatti & Arbib，1998），因此，语言的感知能力与语言的产出能力是不可分割的。另一种观点则认为，运动系统只是在言语感知中起到辅助的作用。从目前的情况来看，似乎有更多的人赞成后一种观点。Hickok et al.（2011）通过对失语症的研究分析发现，运动系统并不是言语感知必不可少的部分，它更多地起到一种调节和辅助的作用。上述的研究中，言语感知对前运动区和运动区的激活大都是在有噪声的情况之下产生的。Schmitz et al.（2019）研究发现，运动区在对不熟悉的音位识别中起到弥补的作用，这也进一步证明了运动系统在言语感知中的辅助地位。针对运动区在言语感知中作用的不同认识，Liebenthala & Möttönen（2018）在整合各种观点及相关研究发现的基础上提出了听觉-运动言语感知的互动模型（interactive model of auditory-motor speech perception），该模型认为运动区对言语感知的影响要通过体觉感知区、运动区和听觉区之间的相互联结来协调，语音的层级性和范畴性神经表征都存在于同一个听觉皮层，但是会在不同的时间阶段得到激活。在早期的时间段（200毫秒之内），来自言语的体觉运动表征的反馈可以帮助缩小可能的声音输入范围并激活听觉区的范畴性音位表征；在后期的时间段（200毫秒之后），来自体觉运动皮层的反馈可能反映了反应选择与维持有关的加工过程。

3.3　大脑词库

　　词库是指词汇知识在长期记忆中的存贮，从心理语言学的角度来看，它可以被称为心理词库，而从神经语言学的角度来看，它也可以被称为大脑词库。在神经语言学的相关研究中，人们首先感兴趣的问题在于大脑中词汇存储的位置。

3.3.1　大脑词库的位置

　　我们很难准确地对大脑词库做出定位，这与词汇知识的广泛性具有很大的关系。除了极少数的功能词之外，每一个单词都是形式、意义与功能的结合体。词汇知识包括语音、句法、词法和语义等各个方面的知识，这些知识都与大脑的许多部位具有广泛的联系。仅以语义知识为例，一个词的语义可以被分为语言意义和非语言意义。所谓语言意义就是那些在词典上所包含的意义，如汉语中的"狼"一词就是一种外形像狗的野生动物。非语言意义则是指那些与该动物有关的诸多特征，如"昼伏夜出""性格残忍""喜欢成群"等。意义在大脑中的表征具有很强的分布性特征，许多脑区都与意义相关（Binder et al.，2009）。但是，研究者也发现，在这些部位之中，左半球颞中回后部（posterior middle temporal gyrus，pMTG）在其中具有重要的作用。

关于颞叶作用的研究最早开始于 Wernicke 的失语症研究，他发现大脑颞叶后部的损伤会导致患者语义的障碍，他们会产出许多在意义上不适当的词汇，并且存在严重的语言理解障碍，这说明颞叶后部与大脑中词汇的存储密切相关。这一观点后来被 Lichtheim 和 Geschwind 所接受，并且成为经典的理论，这一经典理论又得到了现代研究的证实。Bates et al.（2003）采用基于体素的损伤 – 症状匹配法（VLSM）对 101 位失语症患者进行了研究，研究发现左半球颞叶后部区域，尤其是颞中回后部损伤的患者都表现出稳定的语言理解障碍，他们在图画命名方面也存在明显的困难。但是，这些患者的语言表达相对流利，这说明他们的理解障碍不是由音位表征的问题造成的，即词汇的形式仍然保留完整。也有证据表明此类患者的概念网络也不存在问题，因此，Bates et al.（2003）认为，这些患者词汇形式和概念网络都是正常的，但是两者之间的联系受到了损伤。Davis & Johnsrude（2003）采用 fMRI 对正常人听力理解过程的研究结果也进一步证实了这一点。大脑左半球颞中回后部可以被视为词汇的语音、语义等语言特征相互结合的平台，它把词汇的形式、意义等诸多因素整合起来；Brennan（2022）更是形象把它比喻成一张名片，负责把词的各种特征整合起来而形成一个词项的身份。

3.3.2　语义概念网络

意义是一个复杂的问题，它与概念系统密不可分。早在 19 世纪，Wernicke 就提出了"概念场"（concept field）的概念，他认为在语言理解的过程中，与一个概念相关联的视觉、听觉、触觉以及运动意象都会同时被激活（Wernicke，1874）。Binder & Desai（2011）认为，该种观点的最大优势在于它为概念的学习提供了一种可操作的生物学机制。在这一机制内，人们会自动把一些具有相似经验的概念联系起来，进而形成不同的范畴或者类型。在一些大量的独立经验的基础上，人们可以运用概括的方式总结出一种范畴的典型性的特征，进而形成各种不同模态特征的（modality specific）语义或者概念的表征。

　　大脑中语义的分布性特征已经得到大量研究的证实（Snowden，2022），其中一部分证据来自失语症患者在命名过程中所表现出的范畴特异类损伤（category specific disorder）（Blumstein，2022）。例如，Capitani et al.（2003）对 79 个案例进行了综合性的研究，发现 61 例患者表现为生物范畴特异性损伤，18 例患者表现为人造物特异性损伤。即使在生物和人造物两个大的范畴之内，患者也表现出对其中某些特殊类型知识的处理困难。一些患者表现为生物范畴受损而非生物范畴相对保持完好，还有一些患者则在生物范畴上的表现好于非生物范畴。即使在生物和人造物两个大的范畴之内，一些患者也表现出对其中某些特殊类型知识的处理困难。例如，在生物范畴内，有的患者对人体器官的知识保持的相对完整，而对动物和果蔬的语义知识处理困难较大；另一些患者的果蔬知识损伤程度要大于动物知识；更多的患者表现为动物范畴知识的选择性损伤，而对果蔬范畴词汇的命名能力相对正常（Blundo et al.，2006）。在非生物范畴内，有的患者在较小的、"易于操控"的人造物体（如办公用品和厨具）的命名上困难较大，而对于较大的人造物体（如交通工具）的命名困难较小；有的患者乐器语义知识的损伤程度较大，而家具和衣物语义知识的损伤程度较小（Humphreys & Riddoch，2003）。这说明不同部位的脑损伤会引起不同类型的语义障碍。

　　另一部分证据来自采用大脑成像技术的研究（例如，Günther et al.，2016；Huth et. al.，2016）。Binder et al.（2009）对 120 个采用 fMRI 技术所进行的研究进行了元分析，结果表明包括额叶、颞叶、顶叶在内的诸多脑区都参与了语义的加工。后来，Binder & Desai（2011）又对 38 项语言理解过程中语义激活的研究成果进行了总结，结果发现不同类型语义知识会激活不同的大脑区域。动作知识所激活的部位集中在大脑额叶后部和顶叶前部的初级和次级感知运动区，运动知识所激活的部位集中在靠近视觉运动处理通道的大脑颞叶下外侧后部区域，听觉知识所激活的部位主要集中在与听觉联合区相邻的颞叶上部和颞顶叶结合区域，颜色知识主要激活纹外视区的颜色选择区前部的梭状回，嗅觉知识主要激活嗅觉区，味觉知识所激活的区域位于眶额叶皮层

（orbitofrontal cortex）的前部，情感知识所激活的部位则包括颞叶前部、眶额叶前部和中部以及扣带区后部。由此可以看出，语义知识的存储广泛地分布于大脑的各个区域。

语义概念表征广泛地分布于大脑颞叶、顶叶和额叶区域。Patterson et al.（Patterson et. al., 2007; Patterson & Ralph, 2016）认为还需要一个中心的集结点把不同脑区的信息整合起来，这一集结点位于颞叶前部，并提出了语义记忆的中心辐射型假说（The Hub-and-Spoke Hypothesis of Semantic Memory）（如图 3-5 所示）。该理论认为，语义记忆中的概念系统是由中心（hub）、辐射（spoke）以及它们之间的互动性联结所构成。辐射中包括嗅觉、视觉、听觉、体觉感知等具体模态的信息，这些信息分别位于大脑皮层颞叶、顶叶、枕叶和额叶的相关区域；中心则负责将来自不同模态的信息进行整合，从而形成一个综合性的、与具体模态无关的意义表征。

在众多研究的基础上，Binder & Desai（2011）还提出了一个综合性的语义处理的神经基础模型。按照这一模型，一些具体的诸如与感知、行为和情感等有关的语义系统为整合区域提供输入，额叶背内侧和下部区域负责控制信息的选择，从而确定激活的大脑区域，而扣带回及其相邻的楔前叶很可能负责提供语义网络和记忆系统整合的平台，把有意义的事件编码为情景记忆。与 Binder & Desai（2011）的观点相类似，Hagoort et al. 等（Hagoort, 2005; Hagoort et al., 2009; Hagoort & van Berkum, 2007）研究者认为，语义的处理包括三个核心的成分：记忆、整合和控制。其中左侧颞叶负责记忆的表征，在语义处理中从颞叶提取语义信息；左侧额下回（主要是 BA 45 和 BA 47 区）将提取的小块语义信息整合成更大单位的语义表征；而扣带前回及背外侧前额叶负责语言处理的计划和注意资源的准备。Hagoort et al.（2009）在对众多相关的研究结果进行元分析的基础上，认为语义的功能网络除了额下回和颞叶之外，还包括顶下小叶，但是，它们的具体功能还不太清楚。Lau et al.（2008）综合了词汇语义启动和句子语义违例的 ERP、MEG 和 fMRI 的研究结果，认为句子的语义加工和处理主要涉及颞中回后部、额叶前部、角回以及左侧额下回前部（BA 47 区）和后部（BA 44 和 BA 45 区）。其中颞中回后部负责词汇信息的存储与提取，额叶前部和角回负责将词汇信息进行整合，额下回前部负责词汇信息的选择性提取，额下回后部则负责在各种可能的语义信息表征中选择最合适的语义表征。

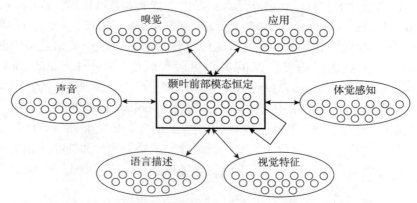

图 3-5　语义记忆的中心辐射模型（Patterson & Ralph，2016：766）

3.3.3　概念表征的符号性与具身性

对于语义概念网络的分布性特征已经成为相关领域研究者一个基本共识（Bauer & Just，2019），但是目前人们对于概念表征的基本性质还存在着两种不同的看法（Kiefer & Pulvermüller，2012）：一种是扎根符号理论（grounded symbolism）；另一种是具身认知理论（embodied cognition）。前者认为符号是人类思维的基础，意义来源于各种抽象符号结合而产生的表征结构，如特征目录、图式、语义网等，因此，人类从外部世界接受的感知与动作经验都在颞叶前部转化抽象的符号单元，一旦一个概念符号建立之后，词汇的识别不一定要激活相应的感知和运动区域。后者认为心理模拟是认知表征的基础，诸如思维和语言理解之类的心理过程都是以人与周围环境的机体互动为基础的，因此，意义的产生也要依赖于我们现在或者以往与环境中物体的互动经验，过去或者现在的身体与环境的互动引导着我们去模拟从情境中获得的感知觉和动作的细节。因此，概念也是在感知和运动经验的基础上建立起来的，概念的表征和加工都需要感知和运动系统的参与。例如，要理解诸如 walk 之类的动作词，也需要激活执行这一动作的运动区域。

Chwilla（2012）围绕人脑是如何构建意义这一核心问题，全面综述了有关的 ERP 研究。这些研究的结果表明，不论是熟悉的意义还是新奇的意义，都需要立即提取并与即时的语境相结合，而且有关的电生理发现也都支持具身理论。例如，Pulvermüller et al.（2006）采用 fMRI 技术的研究发现，阅读诸如 kick、throw 之类的表示动作的词汇也会激活与做这些动作相应的脑区。Pulvermüller et al.（2005）采用重复刺激的经颅磁刺激（rTMS）技术对刺激运动脑区对动作词的影响进行了研究。经颅磁刺激是一种无创、无痛的治疗与研究技术，它通过磁场所产生的电流刺激作用于特定的大脑区域，从而起到兴奋或抑制神经的作用，高频（一般大于 1 赫兹）主要起到兴奋的作用，低频（一般小于或等于 1 赫兹）主要起到抑制的作用，从而产生所谓虚拟损伤。研究结果表明，刺激大脑的运动区可以短暂地减缓或者加快受试对相关动作词的理解能力。

但是，Brennan（2022）认为许多所谓支持具身概念理论的研究并不能够否定扎根符号概念理论，相反，扎根符号理论更能解释那些采用脑刺激技术的研究结果，因为对动作脑区的刺激只是在一定程度上损伤或者增强了受试对动作词的理解，尤其是在损伤的情况下，对于动作词的理解能力并没有随着损伤程度的增加而产生相应的变化。另外，帕金森病患者的症状表现也进一步证明了这一点。帕金森病是由于运动系统神经元的退行性病变所引起的运动性疾病，患者一般会表现出手抖、运动迟缓、肌强直、姿势难以平衡等与运动控制有关的症状。按照具身概念理论，患有帕金森病的患者应该在理解与动作相关的词汇方面存在障碍。然而许多研究的结果并不支持这一点。例如，Kemmerer et al.（2013）的研究发现，许多帕金森病患者在与词汇语义相关的任务中的表现与正常人并无差异。

针对概念表征的符号性和具身性争议，很多学者采取了折中的态度。Dove（2009）提出了表征多元论（representational pluralism）的观点，认为不同的语义概念可能会因为各种语义因素（例如，具体性或抽象性）的差异而具有不同的表征形式。Chwilla（2012）也指出，两种理论并不一定是非此即彼的关系，它们之间很可能存在互补性，符号表征理论可能在解释抽象概念的语义方面更具优势，而具身理论可能在解释那些具有感知和运动特征的具体概念的语义方面更具优势。

3.3.4　词汇的识别

词汇识别需要综合音位处理的结果，通过词汇语义系统获得词汇和意义的信息。采用电极刺激技术所做的关于词汇识别神经基础的研究（例如，Bhatnagar et al.，2000；Lurito et al.，2000）表明，大脑左半球外侧裂区域的前部和后部都参与了词汇识别的过程（如图 3-6 所示），其中包括颞中回和颞上回、顶叶下部以及额叶的一部分，它们之间呈现出由负责声学语音分析的颞上回中后部逐渐扩展的趋势。这是一种正常的现象，因为词汇的识别包含了声学语音分析和音位处理两个过程，这也从一个方面佐证了有关结论的可靠性。由 Boatman 及其同事（Boatman et al.，2000；Miglioretti & Boatman，2003）所进行的研究也进一步证明了这一点。

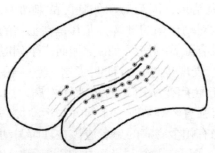

图 3-6　词汇识别的大脑皮层部位示意图（Boatman，2004：54）

心理语言学研究者提出了许多关于词汇识别的认知模型，主要包括搜索模型（Search Model）（Forster，1976，1979；Murray & Forster，2004）、词汇项模型（Logogen Model）（Morton，1969）和群模型（Cohort Model）（Marslen-Wilson，1987，1990）、互动激活模型（TRACE Model）（Elman & McClelland，1988；McClelland & Elman，1986）、选

项模型（Shortlist Model）（Norris，1990，1994）。Grossberg（1999，2003）则从认知神经科学角度，提出了词汇识别的自适应共振理论（adaptive resonance theory，ART）。该理论认为，所有人们所能意识到的状态都反映了大脑的共振状态，它们可以引发感知、学习、认知表征等心理过程。因此，对听觉或言语刺激的外显型感知也源于大脑的某种共振状态，当环境刺激引发的自下而上的刺激与源于已有经验的自上而下的预期之间产生交互作用时，大脑就会出现共振状态。共振使得符合词汇信息的音位特征群产生一致的同步化神经活动，从而形成对相应词汇的反应。

　　词汇识别的时间进程也是神经语言学相关领域重点关注的一个问题。Marinkovic et al.（2003）采用 MEG 技术记录了受试在进行口语和书面语词汇识别过程中大脑随着时间的变化所产生的不同部位的脑电起伏（如图 3-7 所示）。结果表明，在口语词汇呈现之后 50 毫秒，初级听觉区被激活，在 120 毫秒之后，激活扩展到与初级听觉区相邻的颞上回区域，这是语音表征与音位表征进行匹配的时间窗口。在口语词汇呈现之后 250-300 毫秒，神经元的激活扩展至颞中回的后部与前部区域，与此同时，额下回也得到了激活。书面词汇的识别开始于枕叶的初级视觉区，然后逐渐沿着腹侧方向向前扩展。在刺激出现之后 170 毫秒，位于顶叶和颞叶交界的腹侧脑区被激活，该区域与字母的识别密切相关。在 200 毫秒左右，书面词汇识别所激活的区域开始与口语词汇重叠，此时颞中回前部被激活，然后进一步扩展至颞叶前部和额叶下部区域。

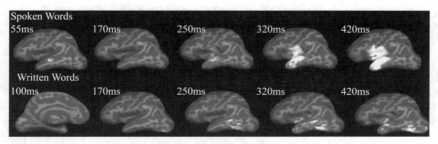

图 3-7　词汇识别的时间进程（Brennan，2022：88）

在此之后的一些研究，例如，Zhao et al.（2011）对汉语词汇和 Leonard et al.（2012）对手势语词汇研究的结果也都呈现出相似的时间进程与激活的区域范式，这对于我们认识词汇识别的认知过程及其神经基础具有重要的意义。但是目前的研究仍然处于初级阶段，还有许多问题需要更加深入的研究，其中一个核心的问题在于不同层级的信息是如何互动的，尤其是高层级的信息是如何影响低层级信息的加工。心理语言学的研究表明，词汇的识别并不单纯是一个自下而上的单方向过程，词汇的知识可以影响音位的识别，而音位的知识也可能会影响语音特征的分析（Harley，2014）。因此，词汇识别的过程包含了各个层级信息之间的双向流动。而从神经语言学的角度来看，关于大脑是如何应对这一互动过程的，目前还缺乏相应的认识，这将会成为今后相关领域研究的一个重要问题。

3.3.5 复合词的识别

词是能够独立使用的、最小的、有语义的语言单位，但它不是最小的语义单位。有些词可以被分为更小的语义单位，即词素。临床神经语言学对语言障碍患者的词汇障碍的关注比较全面，研究的内容涵盖屈折词素和复合词两个方面使用的障碍（崔刚，2015）。而在实验神经语言学领域，许多对字母语言（alphabetical languages）（例如，Beyersmann et al.，2014；Rastle et al.，2004）和汉语语言（例如，Zou et al.，2019）的脑成像研究都表明对于词的结构的加工是词汇识别过程的重要组成部分，大脑中有专门的组织负责这一过程，并把词的形式与意义联合起来。在这一方面，研究者最为关注的是复合词的识别。

复合词是指由两个或两个以上的词按照一定的词序排列所构成的新词，例如，greenhouse、boyfriend 等。对于复合词的研究有多重不同的视角，其中一个重要的视角是复合词的语义透明度（semantic transparency），也就是复合词的意义与其构成要素之间的关系。例如，汉语复合词"公园"的语义透明度很高，因为我们可以很容易地从"公"和"园"两个构成词素而推断出它的意义；而复合词"海关"的语义透明度比较低，因为两个构成词素"海"和"关"的意义与它们所构成的复合词的意义之间差别较大。对于复合词的识别，神经语言学研究者感兴趣的问题是，人们是把复合词作为一个整体还是拆分之后以词素为单位进行识别的，语义的透明性是否对复合词的拆分产生影响。对于上述问题，目前存在着两种观点。一种观点（例如，Taft，2003；Taft & Nguyen-Hoan，2010）认为，除了复合词本身的表征之外，它的构成要素也具有各自的表征，因此，在复合词的识别过程中，不论它们的语义透明度如何，都需要进行构成词素的拆分，这种观点被称为完全分析模式（full-parsing model）（Wei et al.，2023）。另一种观点被称为双路径模式（dual route model），持有这一观点的学者（例如，Koester et al.，2007；MacGregor & Shtyrov，2013）认为，不同类型的复合词可能具有不同的识别路径。对于语义透明的复合词来说，它们的识别过程需要进行词素的拆分，而语义不透明的复合词是作为一个整体来识别的，不需要进行词素的拆分。

　　El Yagoubi et al.（2008）采用脑电技术，通过视觉词汇判断任务研究本族语者对意大利语中"名词 + 名词"所构成复合词的识别，结果发现复合词要比单词素的词引起更大的左前额负波（LAN）。与此类似，Fiorentino et al.（2014）对英语复合词的研究也发现，在 275–400 毫秒的时间窗口，复合词要比单词素的词引起更强的负波。上述两个研究都认为负波的产生来自复合词的拆分过程，并且认为其研究结果都支持完全分析模式。但是，El Yagoubi et al.（2008）的研究只是使用了语义透明的复合词，因此，他们的研究结果与双路径模式的主张并不矛盾。Cui et al.（2013，2017）对汉语复合词的研究也进一步确认，语义透明复合词的识别包含着词素拆分的过程。Güemes et al.（2019）对西班牙语中的语义透明和不透明复合词的负波效应进行了对比研究，结果发现，在 200–350 毫秒的时间窗口，前者要比后者引起更强的负波效应，该研究因此认为双路径模式更有道理。但是，Wei et al.（2023）对汉语复合词的研究发现，语义透明和不透明的复合词都会引起更强的左前额负波，而且也会产生相似的 N400 效应，因此，该研究认为完全分析模式更具解释力。

3.4 句法的加工

句法加工主要是指将所识别出来的词归属于不同的语法范畴，并按照一定的规则而建立的一个有层级的句法结构的过程。目前的实验神经语言学对于句法加工的研究大多基于一种"纯粹插入"（pure insertion）的假设。该假设认为，可以在一系列的认知过程中插入一个单一的认知过程，而且不会对原有的认知过程产生影响。具体到研究的设计而言，就是要设计两种或者更多相互对比的条件，而它们之间唯一差别就在于要研究的对象。在句法处理的研究中，研究者多采用以下四种方式来形成对比关系。方式一：句法结构简单和复杂的句子之间的对比。该类型的复杂句使用最多的是宾语关系从句（例如，"The reporter who the senator attacked admitted the error."），而对应的简单句是主语关系从句（例如，"The reporter who attacked the senator admitted the error."）。选择这样相互对比的成对句子的基本考虑在于，复杂句的处理需要额外的句法操作（即需要重新构建成规范的词序），因此，与简单的句子相比，复杂句所能引起更大程度激活的大脑部位就被认为是句法处理的神经基础。方式二：句子和不相关的词汇罗列之间的对比。方式一的优点在于它在很多方面易于控制，但是单纯地看复杂句所引起的大脑激活的部位不够全面，因为不论是简单句还是复杂句都包含了句法处理的过程，此类研究方法很容易忽视那些处理简单句法结构的大脑部位。从这个角度来看，方式二，即句子和不相关的词汇罗列之间的对比就好得多，因为不相关的词汇罗列不会涉及任何的句法操作。方式三：包含伪词的句子或者没有意义的句子与正常句子之间的对比。方式二的问题在于句子和不相关的词汇罗列之间虽然突出了句法操作的成分，但是其中仍然隐含了语义操作的过程，因此，方式三即针对这一问题，尽量减少语义操作的成分。含有伪词或者没有意义的句子一般语法正确，但是其中的名词、动词和形容词都由语音和拼写均合乎该语言规范的伪词来替代，例如，"The mumphy folofel fonged the apole trecon."。方式四：含有句法违例和正常句子之间的对比。采用这一类实验材料的基本思路为句法违例可以在更大程度上突出句法处理对大脑相关区域的激活程度。

基于上述研究的思路，关于句法加工的神经语言学研究整体上可以分为三种类型：第一类是对句法加工神经基础的整体研究，此类研究力图把语法加工和语音、语义等层面的加工分离开来，通过脑成像技术发现句法加工所激活的大脑部位，从而确定句法加工的神经基础；第二类是专门针对句法结构的层级性，即句子中的依赖关系，此类研究尤其关注长距离依赖关系（long-distance dependency）对于大脑激活的影响；第三类则是对以句法移位（syntactic movement）为代表的句法操作的研究。后两类研究都与第一类研究具有密切的关系：一方面，它们的研究结果对于第一类研究具有验证和补充作用，因为不论是句法结构的依赖性还是句法操作都是句法加工的组成部分；另一方面，句法移位和长距离依赖关系都与句法的复杂程度有关，而对句法复杂程度的操控是第一类研究的基本出发点。

3.4.1　句法加工的神经网络

关于句法处理神经基础的研究重点首先集中在布洛卡区。在传统的定义上，该区域包括大脑左半球额下回的岛盖部和三角部。许多采用大脑成像技术的研究（例如，Ben-Shachar et al., 2004; Grewe et al., 2005; Santi & Grodzinsky, 2007a）表明，在处理复杂的句子结构时，布洛卡区及其周边区域的确得到很强的激活，但是，这并不能说明该区域专门负责句法的处理。还有一些研究发现，这些区域还参与词汇 - 语义的处理（例如，Hagoort et al., 2009; Rodd et al., 2005）以及音位的处理（例如，Blumstein et al., 2005; Myers et al., 2009）。目前，人们对于该区域的语言功能尚未达成一致，有许多研究（例如，Burton, 2001, 2009; Heim et al., 2009; Wilson et al., 2012）更为细致地研究了该区域不同部位的语言功能，结果发现大脑左半球额下回的不同部位与不同的语言处理过程，甚至是句法处理的不同方面具有密切的关系。

研究发现（例如，Constable et al., 2004; Hasson et al., 2006）颞叶后部（包括颞上回和颞上沟的后部）也参与到了句法处理的过程之中。Grodzinsky & Friederici（2006）认为，这些区域可能在整合不同的语言要素、构成不同的语言结构方面起着重要的作用。但是，也有研究（例如，Graves et al., 2008; Hickok et al., 2009）发现，该区域也参与一些句法处理之外的过程。另一个与句法处理相关的区域位于大脑左半球颞叶的前部。Noppeney & Price（2004）的研究发现，受试在阅读相似的句子结构时，该部位大脑的激活程度会显著增强。另外，后来的许多研究也发现了句法处理会同时引起额下回和颞上回的激活。例如，Pallier et al.（2011）采用 fMRI 技术，使用句子、词汇罗列和短语的实验材料，结果发现句子和短语会引起左侧颞上回和额下回大面积的激活，而且随着句子和短语结构复杂程度的提高，激活的程度也会增强。

Zaccarella et al.（2017）对 19 个采用句子和词汇罗列的对比实验进行了全面的总结，这些研究共包括 295 名受试，结果表明左侧额下回和颞叶的前部和后部都参与了句法加工的过程。在此之前，Indefrey（2012）对句法加工的血液动力学研究的元分析结果也有类似的结论。因此，句法处理的神经基础也具有分布性特征，很有可能是一个由大脑左侧额叶和颞叶构成的神经网络（Blank et al., 2016）。Brennan（2022）因此提出了句法加工的联合神经网络（如图 3-8 所示），该网络包括左侧半球的额下回、颞叶前部和颞叶后部，它们之间由神经纤维，尤其是弓状束的联结而构成一个复杂的交互系统。

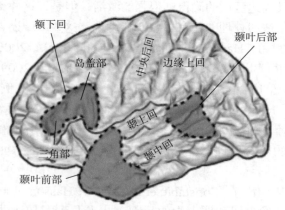

图 3-8　句法加工的联合神经网络（Brennan, 2022: 141）

3.4.2　结构依赖关系的神经基础

所谓结构依赖性（structure dependency）就是指语法规则不是依据句子中词汇的排列顺序，而是依据成分的不同类型，由成分的层级结构所决定的。语言使得人类能够自由地表达自己的思想，有限数量的语言符号，按照有限数量的结构依赖性规则，可以有无限数量的组合方式。包括语音、词或者短语在内的语言符号可以通过结构依赖性的计算过程而结合起来，构成更大的语言单位，从而形成各种层级结构。与此类似，具有层级结构的较大的语言单位也可以按照结构依赖性的方式被分解为可以被学习、加工和存储的基础单位。结构依赖性关系在语言系统中具有重要的地位，因此被视为人类语言能力的核心组成部分（Hauser et al.，2002）。

在语言学理论，尤其是生成语法理论的影响之下，许多学者对结构依赖性的神经基础进行了研究。早期的研究（例如，Caplan et al.，1998；Stromswold et al.，1996）发现，句法复杂度高的句子会引起布洛卡区及其周边区域更大程度的激活，但是，我们无法确定哪些区域与句法加工直接相关，哪些区域的激活是由于工作记忆负担的增加而产生的。与此类似，临床神经语言学的一些相关研究也有类似的情况。Dronkers et al.（2004）对 70 位失语症患者的语言障碍和脑损伤部位的分析表明，左侧额下回与句子结构依赖性具有密切的关系。Amici et al.（2007）对 58 例不同类型的原发进行性失语症（Primary Progressive Aphasias，PPA）进行了详细的研究，结果发现左侧额下回的神经退行性病变会导致患者在处理诸如 WH 移位（WH-movement）所造成的长距离结构依存关系时存在障碍。但是，这都不能说明左侧额下回就专门负责句法结构依赖性的加工。后来，Makuuchi et al.（2009）通过采用双向因子操作（two-way factorial manipulation）的方法把对工作记忆负担和短语的层级性中心嵌入对脑区激活带来的影响分离开来，结果表明，句法结构的加工主要依赖布洛卡区的岛盖部，而工作记忆负担的大小则主要带来左侧额下沟的激活程度的变化。另外，该研究还发现两个区域之间通过神经纤维相互联结，从而在处理具有复杂层级性的句子时形成功能性的配合。与此类似，Opitz & Friederici（2007）的研究发现，布洛卡区的岛盖部参与了长距离依赖关系的加工过程。Matchin et al.（2014）的研究还发现，额下回并不仅仅负责句子的结构依赖关系，尤其它的三角部，更多地与工作记忆相关。

还有一些研究（例如，Embick et al., 2000; Meyer et al., 2000）采用句法违例的句子来操控结构依赖性的程度，这种方法的缺陷在于句法层级的违例也会影响句子的语义阐释（例如，"All the eaten have eagles snakes."），因此，我们无法把句法加工和语义加工很好地区分开来。为了解决这一问题，Moro et al.（2001）虽然同样采用了句法违例检测任务，但他们的研究用复合语音规则的伪词替代了句子中的实词（例如，"The gulk has ganfed the flust."）。结果表明，句法的加工与位于布洛卡区深层的环状沟（circular sulcus）、右侧额下回、左侧脑岛（insula）和左侧尾状核（caudate nucleus）的激活相关。除了左侧额下皮层和皮下组织之外，对于句法结构依赖关系的加工还涉及左侧颞叶皮层，尤其是颞上回的前部和后部。其中，颞上回前部可能与左侧额叶顶盖（left frontal operculum）（布洛卡区岛盖部和脑岛前部之间的脑区）一起负责局部短语结构的加工，颞上回后部则可能负责题元角色分配和句法信息的整合（Tettamanti & Perani, 2012）。

从上面的综述可以看出，尽管有研究发现额叶和颞叶的皮层和皮下组织与句子的结构性依赖程度相关，但是其中比较一致的发现是，左侧额下回，尤其是布洛卡区的岛盖部，与句法结构依赖性的加工密切相关。

3.4.3 句法移位的神经基础

在生成语法理论中，英语中的 SVO（subject+verb+object）被视为标准的（canonical）句法结构。例如，"The horse kicked the rider."，其中动词 kick 决定了它的两个论元 horse 和 rider 的题元角色，前者为施事者（agent），后者为受事者（patient），而且 horse 直接居于 kick 之前，rider 则直接居于 kick 之后。不符合上述结构范式的句法结构，例如，被动句、疑问句、关系从句等被认为是非标准的（non-canonical），而且它们都是经由一系列的句法操作转化而来的，其中最重要的一种句法操作就是移位。一些临床神经语言学的研究（例如，Friedmann et al.，2006；Friedmann & Shapiro，2003；Grodzinsky，2000）发现，语法缺失的失语症患者在理解和产出经由句法移位而得到的句子结构时存在障碍。鉴于此，实验神经语言学也对句法移位的神经基础进行了研究。

大部分的相关研究都集中在 WH 移位的问题。WH 移位也被称为WH 前置（WH-fronting）或 WH 提升（WH-raising），指把 WH 语项移到从句或者主句开始的位置。例如，疑问句 "Who can you see?" 中的 who 作为 see 的宾语，它由底层位置移至句首的表层位置。这些研究的结果都发现，与标准的句子相比，包含 WH 移位的句子的加工会引起相关脑区的更大程度的激活，但是对于具体激活的脑区位置还存在一定的分歧。一些研究（例如，Ben-Shachar et al.，2003，2004；Santi & Grodzinsky，2007a）发现，WH 移位会引起位于左侧额下回的布洛卡区更大程度的激活。除此之外，许多研究（例如，Ben-Shachar et al.，2003，2004；Constable et al.，2004；Röder et al.，2002；Santi & Grodzinsky，2007b；Wartenburger et al.，2004）还发现这一句法操作也会引起沃尼克区以及包括颞上回、角回和顶叶上回（superior parietal cortex）在内的大脑左右半球后部脑区的激活。

与 WH 移位的相关研究相比，对于动词移位（verb movement）的研究要少得多。Den Ouden et al.（2008）采用荷兰语从句中 SOV 和 SVO 句式对比的实验材料，在荷兰语中，SOV 被认为是标准的句法结构，而 SVO 被认为是动词移位的结果。该研究发现，对动词移位句子的产出会引起左侧额中回和额上回更大程度的激活。这似乎说明，WH 移位和动词移位具有明显不同的神经基础。后来，Shetreet & Friedmann（2014）进行了更为全面的研究。该研究采用了希伯来语中 SVO、OSV 和 VSO 三种句式，其中 SVO 是标准句式，OSV 被认为是标准句式 WH 移位的结构，VSO 则被认为是标准句式动词移位的结果。SVO 和 OSV 的对比研究结果进一步确认了前人的研究结果，即 WH 移位会引起左侧额下回和双侧颞叶后部脑区的激活；而 SVO 和 VSO 的对比研究结果表明，动词移位激活的区域位于左侧枕下回（inferior occipital gyrus），这一结果虽然与 Den Ouden et al.（2008）的研究结果存在差异，但是也进一步说明，WH 移位与动词移位具有不同的神经基础。这也说明，生成语法对于两者的区分是有道理的。

3.5　语篇的加工

语篇是指大于句子的语言连续体或连续话语，它是可以表达完整语义、构成可识别的言语事件的语言单位，例如，段落、会话、采访等。语篇加工与单独的句子处理的一个重要差别在于，语篇的处理需要把不同句子之间的信息进行整合以保持语篇的连贯性。而语篇分析（discourse analysis）的研究发现，语篇主要通过衔接（cohesion）与连贯（coherence）两种手段把不同的句子结合在一起形成一个完整的语言单位。因此，神经语言学研究者首先关注的是衔接与连贯的神经基础。

3.5.1　语篇的衔接

衔接是指语篇不同部分之间的语法和词汇关系，这种联系可以存在于句子之间，也可以存在于一个句子的不同部分之间。衔接是语篇特征的重要内容，它体现在语篇的表层结构上。语篇的衔接手段主要有语法手段和词汇手段两种。语法手段包括照应（reference）、替代（substitution）、省略（ellipsis）等，而词汇手段包括词汇复现（reiteration）和同现（collocation）两种。许多采用 ERP 技术的研究（例如，Shafer et al., 2000, 2005）表明，衔接手段的加工是语篇理解过程的重要组成部分，而众多采用脑成像技术的研究对认识衔接手段加工的神经基础起着重要的作用。

Robertson et al.（2000）是最早采用脑成像技术对词汇衔接理解所进行的研究之一。该研究采用两种段落对比的方式，其中一种段落使用不定冠词（例如，"A grandmother sat at the table. A child played in the garden... A grandmother promised to bake cookies."），另一种段落

则使用了定冠词（例如，"The grandmother sat at the table. The child played in the garden... The grandmother promised to bake cookies."），从而产生更好的衔接效果。该研究发现，衔接良好的段落引起了受试右侧前额叶更大程度的激活。Ferstl & von Cramon（2001）也对词汇衔接加工的神经基础进行了研究。该研究采用了类似下面的成对句子：a. The lights have been on since last night. The car doesn't start. b. Sometimes a truck drives by the house. The car doesn't start. 在 a 句中，lights 一词可以通过后指的方式，把前后两个句子联系起来，而第二个句子则不行。研究结果发现，阅读 a 句会引起双侧前额叶下部（包括背内侧上部区域和扣带回脑区）的更大程度的激活，但是在 b 句的第二部分之前加入衔接成分（例如，that's why...）后，就会引起大脑左侧前额叶区域的激活程度的增加。Ye et al.（2011）以 before 和 after 两个表示时间顺序的连词为例，通过语言产出任务研究了词汇衔接的加工。在该研究中作者使用了 "After x happens, y happened." 和 "Before y happened, x happened." 两种类型的句子。在前一类句子中，x 和 y 两个事件的发生是按照先后顺序来安排的，而在后一类句子中，两个事件是逆序安排的，因此会产生更多的认知负担。基于研究的结果，研究者认为，由左侧颞中回、双侧额内侧上回（medial superior frontal gyrus）、左侧额中回和左侧角回 / 顶叶下回联合构成的神经网络支持语言加工过程中的次序安排。

　　语篇中代词的加工也是相关领域研究的一个重点问题。与 Robertson et al.（2000）的研究相类似，Almor et al.（2007）也采用了两种短段落对比的方式，一种段落不使用代词（例如，"Anna went shopping. Anna wore a scarf. Anna liked ice cream."），另一种段落则使用代词（例如，"Anna went shopping. She wore..."）。结果发现，与使用代词的段落相比，不使用代词的段落会引起颞中回、颞下回以及顶内沟（intraparietal sulcus）更大程度的激活。这说明代词的使用作为一种重要的衔接手段对语篇的加工具有重要的意义。在代词的加工方面，许多研究针对代词的语法性别（grammatical gender）和自然性别（natural gender）展开。Hammer et al.（2007）的研究发现，语法性别的误用会引起左侧额下回和颞上沟在内的左侧外侧裂周围区域的更大程度的激活，而在语法性别和自然性别同时误用的情况下，右半球也会被激活，尤其是在额下回和顶下叶表现得更为明显。后来，Ferstl et al.（2010）也得到了类似的结果。Nieuwland, Petersson et al.（2007）的研究采用了"x told y that he/she…"这样的简单句子，通过改变两个名词的性别而得到三种情况的句子：一是连贯的句子，后面的代词有唯一的明确指称；二是歧义句，例如，两个名词都是女性，后面的代词 she 就可能有两个指称；三是不连贯的句子，例如，两个名词都是女性，后面的代词 he 就没有指称。研究结果发现，不连贯的句子会引起双侧前额叶下部的激活，歧义句则会激活后扣带皮层（posterior cingulate cortex，PCC）和内侧前额叶皮层（medial prefrontal cortex，MPFC）。除了脑成像技术外，还有许多研究（例如，Niewland，2014；Nieuwland, Otten et al.，2007；Nieuwland & van Berkum，2008；van Berkum et al.，2003，2004）采用 ERP 技术对代词的加工进行了研究，结果都发现语篇加工过程代词指称的确定能引起 400–1100 毫秒之间的额叶负波，该负波被称为指称负波（referentially induced frontal negativity，Nref），被认为是指称加工的标志。Li & Zhou（2010）以及 Zhang et al.（2021）对汉语反身代词"自己"的研究也进一步证明了这一点，这些都说明代词指称的加工具有明确的神经基础。最近，Zhang et al.（2021）还研究了汉语中零代词（zero prounoun）的加工。所谓零代词是指在主语或者宾语的位置省略代词的情况，例如，"张三看见李四了吗？看见他了。"根据生成语法理论，零代词与明确使用代词的句子具有同样的深层结构，也就是说，在语篇加工的过程中，人们仍然需要确定零代词的指称。Zhang et al.（2021）的研究结果表明，零代词的加工与海马旁回（parahippocampal gyrus）和楔前叶（precuneus）密切相关。

语篇中的衔接对于语篇的加工具有重要的意义。上述研究的结果都说明，不论是冠词、代词还是连词的使用都会对语篇的加工产生直接的影响，但是由于不同的衔接手段之间存在着功能性的差异，因此我们不能确定一个单一的脑区或者神经机制来负责衔接手段的加工。总体而言，额 – 顶叶区域对于性别信息的加工比较重要，额下皮质对于通过连词而形成的事件次序的加工具有重要的意义（Zacks & Ferstl，2016）。

3.5.2　语篇的连贯

　　连贯是指语篇中语义的关联，它存在于语篇的底层，通过逻辑推理达到语义的连接，是语篇的无形网络。在神经语言学领域，有些学者对语篇加工过程中连贯形成的神经机制进行了研究。例如，Caplan et al.（2000）的研究是较早探索语篇连贯的神经基础的重要研究之一。该研究采用 fMRI 技术，通过让受试听对话的任务研究了对话过程中逻辑与主题保持的神经机制。该研究中的对话均以问答的形式呈现，根据回答部分的差异，它们可以分为四种情况：第一种情况是合乎逻辑的回答，第二种情况不合乎逻辑的回答，第三种情况是与主题相关的回答，第四种情况是与主题不相关的回答。结果表明，听者在通过逻辑推理和话题保持的判断以确定会话的连贯性时，所依靠的神经机制是有差异的，逻辑推理主要依靠大脑左侧颞 – 顶叶和前扣带回所构成的神经网络，而对话题保持的判断则主要依靠大脑右侧颞 – 顶叶和小脑所构成的神经网络。语篇的连贯也需要新的信息与旧信息的整合，只有把一个句子之内以及句子之间不同的新旧信息整合起来，人们才能形成对语篇的完整理解。在这一过程之中，对于句子焦点（focus）的加工具有重要的作用。Spaleka & Oganianb（2019）的研究发现，焦点的加工会引起楔前叶和额正中壁（fronto-median wall）的激活程度的增加，而这两个区域都被认为与语篇的加工密切相关。这一结果进一步确认句子焦点的加工并不仅仅局限于句子的层面，而更多地属于语篇层面信息整合的范畴。上述研究初步表明，不同连贯手段的加工所依靠的神经基础也是有差异的。

　　还有一些研究则针对整体连贯性的加工。在早期的一项研究中，Mazoyer et al.（1993）采用 PET 技术对连续的语篇和不相关的句子的对比研究发现，句子之间通过共指（coreference）建立连贯的神经基础是背内侧前额叶皮层（dorso-medial prefrontal cortex，dmPFC）。后来的许多研究都进一步证明这一区域在语篇连贯的加工方面具有重要的意义。Ferstl & von Cramon（2001）也采用句子连贯性判断的任务，要求受试判断一个句子是否与另一个句子具有相关性。结果表明，相互衔接的成对句子更容易引起大脑左侧内侧区域，尤其是背内侧前额叶、后扣带皮层（PCC）以及楔前叶（precuneus）的激活。后来的许多研究（例如，Chow et al.，2008；Ferstl，2010；Friese et al.，2008；Schmalhofer & Perfetti，2007）也得到了类似的结果。Schmalhofer & Perfetti（2007）使用 fMRI 技术，采用了以下四种类型的材料：(1) After being dropped from the plane, the bomb hit the ground and exploded. The explosion was quickly reported to the commander. (2) After being dropped from the plane, the bomb hit the ground and blew up. The explosion was quickly reported to the commander. (3) After being dropped from the plane, the bomb hit the ground. The explosion was quickly reported to the commander. (4) Once the bomb was stored safely on the ground, the plane dropped off its passengers and left. The explosion was quickly reported to the commander. 在上述材料，目标词 explosion 与前面信息连贯性程度依次降低。研究结果表明，当受试可以依据前面的句子推论出目标词的所指时，背内侧前额叶的激活程度就会增加。Schmalhofer & Perfetti（2007）还进一步研究了推论的过程，他们要求受试在阅读之后完成确认判断的任务，即判断前面的两个句子中是否暗示了某一事件的发生。例如，在飞机上服务人员提供饮料（当然包括红酒在内）时遇到颠簸，这时就要求受试做出肯定的判断。结果表明，确认判断除了引起背内侧前额叶的激活之外，还会引起大脑左半球额下回的激活。这说明确认判断需要额外的处理过程，受试在阅读句子时并不会自动做出相应的推论，这也同时进一步说明大脑左半球背内侧前额叶在语篇理解中起着重要的作用。

3.5.3　语篇的表征

心理语言学的研究表明，在语篇理解的过程中，人们需要建立三种层级的表征（Carroll，2008）。第一个层级是表层表征（surface representation），即关于语篇中句子的词与句子的记忆。第二个层级是命题表征（propositional representation）。在词汇和句子加工的基础上，人们获得一系列的意义单元，也就是命题，这些命题会依据各种句法、指称和语义关系而相互联结，从而形成命题网络（propositional network）。由于命题网络中只包含那些在语篇中明确表达的概念信息，因此，它也被称为文本基础表征（textbase representation）。第三个层级是情景模型（situational model）。人们把命题表征与长期记忆中与这些意义相关的背景知识进行整合，从而形成情境模型，这一表征整合了语篇内容、百科知识以及个体的经验，其中包含人物、时间、因果关系、时间与空间关系等信息。表层表征属于句子加工层面的内容，而在语篇的层面，重要的是命题表征和情景模型。

　　与句子的加工相比，命题表征和情景模型的建立都需要更加繁重的信息整合，也就有可能要调动更多神经资源的支持，因此，在相关领域的研究中，人们主要感兴趣的是左右两个半球在语篇表征建立中的作用。临床神经语言学首先研究大脑右半球损伤对于语篇加工能力的影响，并且发现与句子的加工相比，右半球在语篇的加工，尤其是语篇表征的构建方面具有更为重要的作用。Bates（1976）认为大脑右半球在交际中的作用主要体现在语用和语篇方面。大脑右半球受损的病人由于整合信息的能力受损，在理解和产出语篇时存在明显的困难。在语篇的理解方面，大脑右半球受损的患者虽然可以理解语篇的主旨大意，但是不能根据主旨大意来把握语篇的宏观结构，建立情景模型。Ferstl et al.（2005）采用听觉方式呈现两段较长的故事，每段故事都由大约650个词组成，受试听完后要根据理解回答问题，结果发现大脑右半球受损的患者在回答需要根据上下文来进行推断的问题时出现的错误最多，而在回答与故事中明确表述的内容有关的问题时与正常人无显著差异。在语篇的产出方面，大脑右半球受损的患者产出的语篇前后不连贯，过于关注某些无关紧要的细节。Bartels-Tobin & Hinckley（2005）采用叙述性语篇（narrative discourse）和程序性语篇（procedural discourse）任务对比了大脑右半球损伤患者和正常人语篇产出的能力，发现大脑右半球受损患者产出的叙述性语篇信息量较少，只能产出某些次要的细节，不能把握语篇的宏观结构和主题，遗漏了很多关键成分，但在程序性语篇的产出方面与正常人并无显著差异。McDonald（2000）的研究也发现了同样的结果，认为这可能是由于程序性语篇一般相对简短且较易产出造成的。

　　在临床神经语言学研究的基础上，实验神经语言学则对左右半球在语篇表征的加工方面的作用进行了更为细致的研究。目前有两种假设来说明大脑左右半球在命题表征和情景模型构建与存储中的作用（Long et al., 2012）。一种假设认为两种表征都存在于两个半球之中，其背后的原因可能有两种：一是两个半球在两种表征的加工方面具有相似的作用；二是虽然两个半球的作用不同，但是它们可以共享最终的加工结果。另一种假设认为两个半球分别存储语篇的不同信息，其背后的原因在于两个半球在两种表征构建中的作用不同，而且这种差异也对语篇信息在记忆中的存储产生了影响。Long 及其同事（Long & Baynes, 2002; Long et al., 2005, 2007）采用项目启动识别范式（item-priming-in-recognition paradigm）与分视野范式（divided visual field，DVF）相结合的方法对上述两种假设进行了系列研究，结果表明，大脑左半球中存储着语篇的命题表征，而右半球可以通达到这一网络中的概念，但是这些概念应该是由左半球所构建的。右半球中存储着与情景模型相关的信息，但是这并不仅仅局限于右半球，左半球中也可能存储有相关的信息。许多研究（例如，Robertson et al., 2000; Xu et al., 2005; Yarkoni et al., 2008）也采用脑成像技术对情景模式构建的神经基础进行了研究。例如，Robertson et al.（2000）的研究不仅涉及语篇衔接的加工，还涉及情景模型的构建。如上文所述，该研究采用的定冠词和不定冠词相对比的方式，定冠词的使用意味着前后两个名词所指的是同一个人或物，这就需要把前后句子整合起来，并构建一个情景模型。该研究发现情景模型的构建会引起大脑右半球额下回和额下沟（inferior frontal sulcus）更大程度的激活。Xu et al.（2005）采用了随机词汇组合、不相关的句子和叙述性语篇相对比的方式，结果表明，随着语境复杂程度的提高，大脑右半球的激活程度也逐渐增加，而且会在语篇的加工时达到高峰。另外，该项研究还发现，虽然在语篇的开端右脑的激活就开始呈现，但是随着叙述性语篇的展开，直至形成完整的情景模式，右脑激活的程度也是逐渐增加的。Yarkoni et al.（2008）让受试阅读完整的叙述性语篇段落和从不同叙述性语篇中随机选取的句子组合而成的段落，结果发现阅读完整的语篇会引起双侧大脑背内侧前额叶更大程度的激活。这些研究虽然采用的任务不同，所涉及的脑区也有差异，但是都进一步说明大脑右半球在情景模式构建的过程中具有重要的作用。

3.6　语用的加工

语用学是研究语境和语言使用的学科，主要关心非语言因素对话语意义理解的影响。神经语言学对语用加工的研究首先开始于对语言障碍患者语用能力的研究，以此为基础，实验神经语言学从 21 世纪初开始，按照语用学的理论框架对语用的加工进行了全方位的研究。

3.6.1　言语行为加工的神经网络

语用学的基本思想是言语行为理论（Speech Act Theory），它首先由 Austin（1962）提出，核心观点就是"以言行事"，即说出某种语言就是要用这种语言来实施某种行为，满足一定的交际意图，或者实现一定的交际功能。人类的交际是在一定的语境之下，各参与方相互互动，共同构建意义，并达成一定目的的社会行为[1]。从心理学的角度来看，交际就是通过语言的互动来影响并改变他人的心理状态。因此，神经语言学对于交际意图的研究不能仅仅局限于语言本身的加工，还要包括基于语境的心理推论过程，即心智理论（Theory of Mind，ToM）（Bara et al.，2016）。心智理论指推断他人心理状况并根据这些推断来诠释他人话语及行为以及预测他人动向的能力，是人类社会认知能力的重要组成部分。基于上述认识，Bara 及其同事们（Bara et al.，2016；Ciaramidaro et al.，2007；Walter et al.，2004）提出了意图加工网络模型（Intention Processing Network，IPN），其中不同的大脑区域参与包括交际意图在内的各种意图的加工过程。这一理论按照社会性程度区分了私人意图（private intention）和社会意图（social intention）两种类型，前者指满足个人的某个目标，不需要与他人的互动；而后者指个人目标的满足需要有他人的参与，最为典型的代表就是交际意图。Ciaramidaro et al.（2007）和 Walter et al.（2004）两项研究均

1　交际过程中的互动与合作也得到了神经语言学研究的支持。Stephens et al.（2010）对交际双方讲故事的互动过程进行 fMRI 脑成像研究发现双方脑激活区域存在神经同步，时间差约为 3 秒。

采用 fMRI 技术和完成故事的任务，结果表明意图加工网络包括大脑左侧内侧前额叶皮层和楔前叶以及双侧颞上回后部和毗邻的颞顶联合区（temporoparietal junctions，TPJ）。研究还发现，不同类型的意图加工会引起该网络不同部分的激活，只有交际意图的加工需要调动整个网络。

除了意图加工网络模型之外，Pulvermüller et al.（2014）还提出了交际功能的行为预测理论（Action Prediction Theory of Communicative Functions，APC）。该理论广泛整合了相关领域的研究成果，认为言语行为的解读在整合语言信息和语境信息之外，还包括对讲话人的假设和意图以及与之相随的系列行为的加工，从而会产生神经层面的相应激活模式。例如，在说出一个物体名词并试图引起听者对该物体的注意时，需要在词汇形式和外部世界的物体之间建立一种语义的指称关联。此时诸如颞下回或者颞 – 顶叶等与词汇语义加工相关的脑区（Binder et al.，2009；Pulvermüller，2013）就会得到更大程度的激活。而在理解请求行为时，大脑的镜像神经系统和运动系统（Ortigue et al.，2010；Pulvermüller & Fadiga，2010）的激活程度可能会提高，因为这一过程涉及对动作的模拟和预测。另外，由于请求行为涉及更多对于假设的处理（因为讲话者需要假定对方是乐意合作，并且能够按照请求而采取相应的行为），因此，请求行为的加工需要更多的心智理论的参与，这也就意味着诸如双侧颞叶联合区域（bilateral temporal junction regions）等与心智理论相关的脑区（Egorova et al.，2014）也会同时得到更大程度的激活。

与意图加工网络模型相比，交际功能的行为预测理论对于言语行为加工的神经基础的解释能力具有更多的优势。首先，它对于言语行为更具针对性。意图加工网络模型是从心理学的角度提出来的，不仅用来解释交际意图，还用来解释人类其他类型的意图的理解。而交际功能的行为预测理论则更多地考虑了语用学的基本理论，专门用于解释各种言语行为的加工。另外，它也具有更强的开放性。意图加工网络模型确定了比较明确的脑区，虽然它得到了来自各方面的研究证据的支持（例如，Enrici et al.，2011；van Overwalle & Baetens，2009；Vicari &

Adenzato，2014)，但是也不乏一些研究发现是该理论难以解释的(Bara et al.，2016)。交际功能的行为预测理论主张不同的言语行为会因各自不同的特点而激活不同的神经网络，这就使得该理论具有更强的包容性，可以把不同的研究发现整合进这一理论框架之中。许多采用脑电技术(例如，Boux et al.，2021；Egorova et al.，2014；Tomasello et al.，2019，2022)和脑成像技术(例如，Egorova et al.，2016；Hellbernd & Sammler，2018；Licea-Haquet et al.，2021；van Ackeren et al.，2012，2016)的相关研究也都充分说明了这一点。Tomasello(2023)对交际功能的行为预测理论给予了很高的评价，认为它的价值是双重性的：一方面为解释言语行为加工的神经机制建立了基本的理论框架；另一方面可以用于语用学理论的验证，帮助解决相关领域的一些有争议的问题。

3.6.2　语用加工的时间

在心理语言学领域，对于语用信息加工的时间一直存在着模块序列和互动并行(modular seriality versus interactive parallelism)两种不同的观点(Pulvermüller et al.，2009)(如图 3-9 所示)。图 3-9 左侧显示，模块观点认为语言理解的过程是以自下而上的模式按照一定的序列依次进行的。在进行更高层级的语义、句法、语用信息的加工之前，先要进行语音的加工。在接收到语言信号之后(起始时间点为 0)，基本上按照 100 毫秒的时间间隔，依次进行音位、词汇 / 句法、词汇、语义以及句法再分析的过程。换言之，在 400 毫秒之后才会进行语言字面意义(literal meaning)的加工，在 1 000 毫秒之后才会进行语用信息的加工(Friederici，2011)。互动并行观点则认为，包括语音、词汇、句法、语义以及语境等信息在 200 毫秒之内的感知和识别阶段都是同时被激活的，并在此基础进行语义和句法的再分析等次级的认知过程。因此，具体到语用的加工来说，两者之间的一个关键性的差异在于，言语行为的加工是在什么时间发生的。

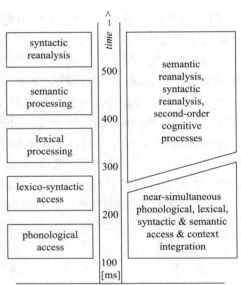

图 3-9　模块序列 / 互动并行示意图（Pulvermüller et al.，2009：82）

　　针对上述问题，学者们采用脑电技术进行了大量的研究，其中许多研究采用具有同样命题内容的语言材料来完成不同言语行为的实验设计。例如，Egorova et al.（2013，2014）的研究中使用 flower 一词作为对 "What are these called?" 和 "What can I get you?" 的回答，从而完成命名（断言类言语行为）和请求（指令类言语行为）两种不同的交际功能。Egorova et al.（2013）的研究发现，在观看两人谈话的录像时，作为观察者，受试在关键词（即 flower）刺激出现 150 毫秒左右就产生了神经生理的反应，而且对于请求的反应程度要明显高于命名的反应程度。在 Egorova et al.（2014）的后续研究中，两种言语形式产生差异的时间甚至更早，发生在 50-90 毫秒之间。这些结果都支持了互动并行的观点，说明语用信息的加工很早就开始了。Tomasello（2023）指出，上述两项研究还存在着一定的缺陷，因为在关键词刺激出现之前的句子有可能对受试的加工过程产生不同的影响。

　　为了克服上述研究的缺陷，后来的研究采用言语行为和指称信息同时呈现的方式，不向受试提前提供与言语行为有关的信息。另外，受试也不再是观察者，而是直接参与到会话的过程之中（Tomasello et al.，2019）。Bates（2014）使用同样的词伴随不同手势的方式进行研究，例如，分别用指着的手势和表示"给我"的手势来实现命名和请求两种不同的交际功能。研究发现，在关键词刺激出现150毫秒时，大脑产生了电生理反应。Tomasello et al.（2019）在一个类似的研究中还发现，如果是出现纯粹的行为类型（即单独呈现手势），在没有指称语义信息的情况下，大脑反应的时间会向后延迟。这就进一步支持了互动并行观点关于语用信息与其他信息在早期就同时加工的看法。还有的研究从说话者的角度来研究语用加工的时间进程。Boux et al.（2021）的研究发现，大脑对于不同言语行为的电生理反应在说话者开始说之前就已经出现。在进行命名和请求的言语行为时，在话语开始之前，就发现了对言语行为类型比较敏感的事件相关电位成分，研究称之为语用预测电位（pragmatic prediction potential，PPP）。与对言语行为的理解类似，在具体的话语开始之前，大脑对于请求言语行为的电生理反应要明显超过命名行为。除了命名和请求的言语行为之外，其他对疑问和陈述（Tomasello et al.，2022）以及会话结构差异（Gisladottir et al.，2015）研究的结果也都为互动并行的观点提供了支持。

3.6.3　创造性语言

创造性语言是指以语言的创造性为基础对语音、词汇、句法甚至语篇的创造性使用，例如，隐喻、笑话、讥讽等中都包含着很多创造性的语言。长期以来，语言学研究一直重视语言的组合性（compositionality），更加关注如何通过词的意义和句法结构形成句子的意义。与此相对应，神经语言学研究也把重点放在语法和词义知识的获得、存储与加工问题。然而，除了组合性之外，创造性也是语言的基本属性，基于有限数量的词汇和有限数量的规则，人们可以创造性地产出无限数量的句子，并不断地创造出新的意义。因此，在语言的日常使用过程中，人们总是有意或无意地利用语言的创造性，以更好地表达自己的思想。有鉴于此，神经语言学在近些年也开展了很多关于创造性语言理解的研究。

Mirous & Beeman（2012）认为，创新性语言的理解要求人们利用词汇的非核心意义以及那些与比较疏远的语义相关联的信息，这种语义加工被称为"相对粗糙的语义编码"（relatively coarser semantic coding），而大脑右半球在这一过程中起着更为重要的作用。许多研究表明，右半球对语义信息的编码远没有左半球精细（Jung-Beeman，2005）。当人们听到或者读到一个单词时，会激活一些包括概念、特征以及与之有关联的语义场，而这些语义场在左右两个半球中的表征是不同的。左半球会激活范围较小的语义场，其中包含着与当前语境关系密切的语义特征，但是激活的程度比较强；右半球则会激活大范围的场，其中包含与当前语境关系不那么密切的语义特征，但是激活的程度比较弱。针对大脑左右半球的差异，Mirous & Beeman（2012）提出了大脑双侧激活、整合与选择框架（bilateral activation, integration and selection，BAIS）来解释创造性语言理解的过程。该理论认为，创造性语言的理解包括激活、整合和选择三个语义加工过程，每一个过程都有明确的大脑皮层区域作为其神经基础。另外，该研究还讨论了情感因素在创造性语言理解中的作用，认为正面情绪可以在这一过程中促进语义关联的形成，而焦虑会起到阻碍的作用。上述观点也得到了众多相关研究的一定程度的支持。Rapp（2019）对 27 项采用 fMRI 技术所进行的隐喻理解研究进行了元分析，结果（如图 3–10 所示）表明，虽然隐喻理解所激活的右半球脑区点位没有左半球多（在所有被激活的 271 个点位中有 86 个位于右半球），但是其分布范围很广。与此类似，一些关于笑话和幽默理解的研究（例如，Coulson & Williams，2005；Coulson & Wu，2005；Goel & Dolan，2001）也都证明，创造性语言的理解需要更多地调用大脑右半球的神经资源，从而引起右半球许多脑区的激活。Faust（2012）通过对相关研究结果的分析发现，在创造性语言的理解过程中，右半球主要参与其中语义提取和整合的过程。另外，也有一些研究（例如，Egidi & Nusbaum，2012）的结果进一步表明情感因素在语言理解中的作用。

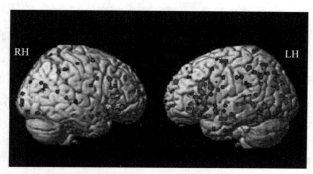

图 3-10　隐喻理解所激活的脑区点位分布图（Rapp，2019：717）

　　如图 3-10 所示，在隐喻理解的过程中，左半球上被激活的点位最为集中的区域是额下回的 BA 45，并由此扩展至 BA 9 区和颞上回。许多研究都发现这一区域与隐喻的理解密切相关，但是对于有关部位的具体作用还存在不同的看法。例如，Rapp et al.（2004）认为额下回的前后部负责本体（tenor）和喻体（vehicle）的语义整合，但是，也有许多学者（例如，Toga & Thompson，2003；Yang，2014）认为这一功能由右半球负责。Rapp（2019）又指出额下回很可能负责隐喻理解过程中意义的选择与评估，因为人们必须确定隐喻中语言的字面意义是否是说话人真正要表达的意义。Rapp et al.（2012）还认为 BA 47 区和左侧颞中回共同配合完成字面意义和非字面意义的选择。另一个点位相对比较集中的区域是左半球的海马旁回，这一部位属于大脑边缘系统（limbic system）的一部分，它的功能也比较复杂。许多研究（例如，Hoenig & Scheef，2005；Snijders et al.，2009）认为它与句子的歧义消除密切相关，也有研究（Aminoff et al.，2013）认为它负责语境或者情感的加工。其他的部位还包括左侧额上回（可能负责不确定性的解决）（Bach & Dolan，2012）、内侧前额叶皮层（可能负责对字面意义的抑制）（Cacciari & Papagno，2012；Papagno & Romero-Lauro，2010）、颞顶联合区（负责语义和语境的整合）、小脑（与非字面意义的理解有关）（Murdoch，2010；Rapp et al.，2012）、楔前叶（可能负责心理想象）（Mashal et al.，2014）以及丘脑（可能负责建立语义的关联，或者负责歧义的消解）（Stringaris，et al.，2007；Uchiyama et al., 2012）。由此不难看出，大脑中并不存在单一的中心专门负责隐喻的加工，隐喻理解需要一个具有广泛分布性特征的神经网络的支持。

与创新性语言相对的是公式语言（formulaic language）。公式语言也被称为惯用套语，指有几个语素或者词构成的语段，常见的习语（idiom）就是公式语言的一种。与隐喻等创造性的语言不同，习语的意义是约定俗成的，不能根据它们构成成分的意义推断出来。因此，心理语言学界普遍认为，人们一般把习语作为整体语项储存在人的语义记忆之中，在使用时不需要进行语法分析，直接以单元形式进行整体的记忆与提取（Cacciari & Papagno，2012）。神经语言学界的许多学者也对习语理解的神经机制进行了研究，这些研究所采用的语言以及任务都有所不同，得出的结果也存在差异。例如，Mashal et al.（2008）对希伯来语的习语理解的研究发现，习语理解会引起大脑右半球楔前叶、额中回、颞中回后部和颞上回前部更大程度的激活。Lauro et al.（2008）对意大利语的习语理解研究发现，习语理解不仅引起右半球颞叶的激活，双侧额叶下部也都得到了激活。Boulenger et al.（2009）对英语的习语理解研究则发现，习语理解仅仅会引起左半球额下回的激活。另外，Yang et al.（2016）对汉语习语理解的研究发现，左半球的边缘系统以及右半球的颞顶叶区域都得到了激活。

Rapp（2019）对包括上述研究在内的 12 项采用 fMRI 技术所进行的习语理解研究进行了元分析，结果如图 3-11 所示。由图 3-11 可见，与隐喻的理解相类似，习语理解所激活的脑区点位最为集中于大脑左半球的额下回的 BA 45 区，然后是颞中回、楔前叶和海马旁回。右半球被激活脑区的点位则比较分散，主要表现在颞中回、颞上回、颞极和额下回等区域。另外，我们还可以发现，习语理解所激活的脑区的点位数量要明显少于隐喻的理解，隐喻理解所激活脑区的点位数量共计 271 个，而习语理解只有 74 个；而且，这些点位分布的范围也明显小于隐喻的理解。这说明，虽然习语的理解也需要左右半球的共同参与，但是它与隐喻等创新性语言的理解在神经基础上存在着明显的不同。

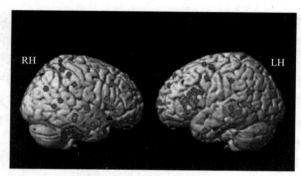

图 3-11　习语理解所激活的脑区点位分布图（Rapp，2019：724）

3.7　小结

　　本章在全面介绍语言网络的基础上，以语言加工的层级为主线，按照自下而上的次序依次介绍与讨论了近 20 年神经语言学，尤其是实验神经语言学对言语感知、大脑词库、句子加工、语篇加工和语用加工的研究成果，从中不难得出如下的整体印象。

　　第一，相关的研究虽然偶尔也涉及语言的产出过程，但绝大多数的研究都是围绕语言的理解而进行的。早在 20 年前，Fiez（2001：445）就指出，"采用 PET 和 fMRI 技术专门研究语言产出的数量非常有限"，这种情况到今天基本没有改变。神经语言学关于语言产出理论的构建更多基于临床神经语言学以及理论的论证而进行的，其背后的原因主要有两个。一是研究语言产出的难度要比理解大得多。正如 Carroll（2008：193）所指出的，"语言的产出是比语言理解更难的一项研究课题……这主要是因为研究从语言到思维的过程要比反过来研究从思维到语言的过程容易。虽然言语是可以观察的，但是从言语中衍生出来或者致使言语发生的思想却是模糊难辨的。……要理解言语产出的过程，不仅要识别所生成的言语的物理特性，还包括了对言语的观念是从何处来的这一问题的理解。"在相关的神经语言学研究中，研究者首先面临的一个问题就是实验材料的选择，因为在实验设计中很难控制受试要说什么及其内在的认知过程。另一个原因是目前研究技术存在局限性。由于 PET 技术涉及放射性的问题，有关语言处理的研究大多采用 fMRI 的技术，但是在研究言语产出时，由于身体部位移动（包括吞咽、口面部的运动等）所带来的干扰是一个很大的问题。研究者为解决上述问题已经进行了很多的尝试。例如，在解决技术的局限性方面，研究者在实验中采用特殊的设计和数据处理方式，在结果分析中扣除因为发音过程中身体部位移动所带来的干扰（Dogil et al., 2002）。然而到目前为止，上述问题并未得到根本性的解决。

第二，语言使用的神经基础的确定首先要依赖于研究者对于语言加工过程的认识，不同的认识很有可能会有不同的神经网络模式。例如，在关于大脑中语言网络的理论中，Friederici（2017）的模型以合并的句法操作为核心，Hagoort（2016）则把联合扩展到音位、语法、语义等各个层级上面，这一差异也导致了他们对于左半球额下回，尤其是其中布洛卡区前部的语言功能的不同观点，虽然两种理论都认为该脑区负责把小的语言单位组合成大的单位，但是在具体的内容上却各不相同。Brennan（2022）指出，神经语言学的研究包括三个层级的问题：第一是计算层级（computational level），也就是要明确大脑具体要解决的问题，亦即要具体完成的语言功能，包括大脑所接受到的语言输入和经过大脑的处理之后所产生的语言输出；第二是算法层级（algorithmic level），即大脑要完成计算层级所确定的语言任务需要采取的具体步骤；第三是执行层级（implementational level），即大脑的哪些组织具体执行上述算法。因此，一个完整的神经语言学模型一般要包括上述三个方面的内容，而其中计算层级和算法层级的描述更多来自理论语言学和心理语言学研究的成果。换言之，研究者一般都是采用一定的语言学或者心理语言学理论，并以此为基础通过各种方法来研究执行层级的问题。因此，语言学理论和神经学理论是神经语言学研究的基础。

第三，神经语言学主要关注执行层级的问题，也就是语言理解和语言产出的神经基础。对于这一问题的回答包括三个方面：什么时间（when）、什么部位（where）以及做了什么（what），即神经语言学尤其是实验神经语言学要回答的核心问题是，大脑的什么部位或脑区或者组织在哪个时间点上（例如，在刺激出现后 100 毫秒还是 200 毫秒）承担了什么具体的语言功能（例如，是进行音位的识别还是词汇的提取）。从目前的研究现状来看，ERP 技术可以很好地帮助回答时间的问题，大脑成像技术可以回答部位的问题，而对于做什么这一问题，研究者还主要依靠认知心理学的行为实验。这也就导致了目前存在的普遍问题是，人们对于参与某一语言加工过程的大脑部位都比较清楚，但是对于各个部位在其中所起的作用仍存在着很大的争论。因此，如何对现有的技术手段进行有效的整合，以及如何设计出更为有效合理的统计方法，将会是今后神经语言学面临的一个重要挑战。

第 4 章
语言学习与双语的神经机制

人脑为包括语言学习在内的各种学习活动提供了基本的物质基础，与此同时，语言学习也带来了认知能力以及大脑结构和功能的改变。本章将以人类学习的神经基础为基础，介绍与讨论近年来神经语言学关于语言学习过程和双语神经机制的研究成果。

4.1　人类学习的神经基础

脑是人类认知活动的基本物质基础，人类的一切学习都是在以大脑为核心的神经系统的支配下完成的。具体来说，人类学习的基本神经基础是神经可塑性，因此，要从神经语言学的角度研究语言学习，必须要从神经可塑性开始。

4.1.1　神经可塑性

神经可塑性是指人脑可以在经验的作用下产生结构和功能的动态变化的现象，这一现象体现在神经系统的发育、人类的学习以及技能的训练之中，同时也体现在神经系统损伤之后的代偿与修复过程之中。神经可塑性普遍存在于各种动物的神经系统之中，它的存在使得人的各种认知能力以及行为技能的发展成为可能。

神经可塑性有三种类型（Kolb & Gibb，2014）：经验期待型

（experience-expectant）、经验自主型（experience-independent）和经验依赖型（experience-dependent）。经验期待型是指环境刺激与正常发育过程的结合，许多大脑系统的发育都需要专门的环境刺激，这一般发生在关键期或者敏感期之前。例如，大脑语言系统的发展就需要相应的语言刺激。经验自主型是指在发育过程中产生的新的神经元群和联结，这使得神经元之间的联结更加精确。它是由人的先天基因所决定的，与个体的后天经验没有关系。经验依赖型是指在外部刺激或者经验的作用下，对大脑中原有神经元群以及它们之间联结的调整。特定的文化和社会群体所特有的知识和技能都是经验依赖型的，只有当环境条件培育它们的生长时才会出现，并且能在任何年龄阶段出现。研究表明（例如，Maguire et al.，2000；Merzenich，2001；Nelson et al.，2006），通过新突触的形成以及原有突触的增强或者减弱，人类在整个生命周期内保持了相当高的经验依赖型的神经可塑性。

在人的一生中，神经可塑性也是变化的，对于变化的过程，目前有三种不同的观点（Fuhrmann et al.，2015），如图 4-1 所示。第一种观点认为人在青少年时期神经的可塑性是最强的，在此之前和之后都较低（图 4-1 中曲线 A 所示）；第二种观点认为从出生到成年，人的神经可塑性一直处于不断降低的过程之中，而到成年后会达到一个稳定的水平（图 4-1 中曲线 C 所示）；第三种观点则认为人在 20 岁之前的神经可塑性都比较高，其后逐渐降低，最后达到一个稳定的水平（图 4-1 中曲线 B 所示）。

人脑灰质和白质的变化比较复杂，大脑皮层许多区域的白质体积和密度从童年到青少年再到成年都处于不断增长的过程之中（Tamnes et al.，2010），而灰质的体积会在婴儿到童年时期不断增长，到 20 岁左右则会呈现变小的趋势（Aubert-Broche et al.，2013；Pfefferbaum et al.，2013），这些变化在人的青少年时期大脑的额叶、顶叶和颞叶表现得尤为明显（Tamnes et al.，2013）。而且，大脑灰质和白质的变化总是伴随着青少年认知能力的提高而同步变化的，其中包括智商（Schmithorst et al.，2005）、工作记忆（Østby et al.，2011）和问题解决能力（Squeglia et al.，2013）。

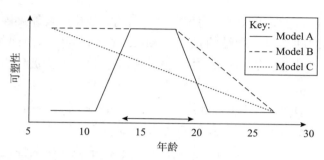

图 4-1　神经可塑性变化的三种理论比较（Fuhrmann et al.，2015：560）

4.1.2　神经可塑性与人类的学习

　　神经可塑性与人类学习之间具有相互依存的关系。一方面，神经可塑性为人类的学习提供了基本的生物学基础，使得人们能够不断获得新的感知与认知能力。另一方面，人类的学习又不断地为大脑提供新的刺激，导致神经突触联结的变化，这些变化的积累有可能促使神经网络以及它们所负责的认知能力的变化，从而为人类的学习提供更好的神经基础。

　　从学习的神经基础来看，学习的过程就是大脑中神经网络的构建过程。人们不断学习新的知识与技能，由此带来的是原有神经网络的不断重组（Bassett & Mattar，2017），从而使得人脑在一生之中都处于动态变化之中。这种变化可以体现在人脑结构的各个层面上，小到单个的神经元，大到人脑皮层结构的再组织（cortical reorganization），其中包括神经网络、神经回路和突触联结等不同层次的可塑性，但是其基本的表现在于神经网络结构的变化。而突触联结的可塑性居于核心地位，因为大多数行为的改变都与一个网络系统中神经元突触的增加或减少有关，其他两个层次的可塑性都是由此产生的。换言之，突触联结的变化会带来神经回路的变化，而神经回路的变化又会进一步导致神经网络的变化。突触可塑性是指突触在一定的条件下调整功能、改变形态和增减数量的能力，包括突触传递效能和突触形态结构的改变（陈玲、吕佩源，2006），这两个方面都涉及极其复杂的生物化学活动与变化。具体来讲，就是神经元之间的联结以及联结的强度（connection weight）。所谓联结，就是神经元之间通过突触的方式相互关联起来，这一过程被称为神经元的线路联结（neuronal wiring）。影响这一过程的因素有很多（Kolodkin & Tessier-Lavigne，2011），其中一个基本的原则就是赫布学习理论（Hebbian theory）。该理论首先是由 Hebb（1949）提出的，Hebb 指出，"反射活动的持续与重复会导致神经元稳定性的持久性提升……当神经元 A 的轴突与神经元 B 距离很近并参与了对神经元 B 的重复持续的放电并激活时，这两个神经元或其中一个便会发生生长过程或代谢变化，致使神经元 A 作为能使神经元 B 兴奋的细胞之一，它的效能增强了。"（同上：62）他还指出，"如果两个神经元或者两个神经元系统被反复地同时激活，那么他们就会被关联起来，这样，其中一个的活动就会促进另一个的活动。"（同上：70）Löwel & Singer（1992：211）把这一过程简单地描述为"如果神经元同时放电它们之间就会形成联结"。在联结形成之后，这些联结又会不断地得到调整。那些反复激活的联结就会得到不断的强化，从而使得这些联结的强度不断增强，那些不能经常得到激活的联结的强度就会变弱，而那些长期得不到激活的联结就会消失。正如王彦芳（2015：49）所指出的："神经元活动遵循一个总的原则：用进废退。反复兴奋神经元的活动会功能亢进、力量增大，而如果长期不用，神经元就会功能萎缩、力量变小。"

Bassett & Mattar（2017）用图 4–2 来表示学习过程中神经网络的重组。从中可以看出，学习所带来的网络结构重组可以表现在以下三个方面：（1）节点（node），原来属于一个功能模块的神经元节点可能会参与到其他的功能模块之中，甚至会从原来的模块中彻底移走，完全属于另一个模块；（2）联结，包括节点与节点之间和模块与模块之间新联结形成，原有联结的强度减弱或增强（图中线条的长度增加或减少）；（3）节点和联结的变化而带来的功能模块以及整个神经网络结构的变化。

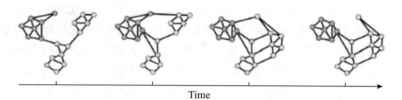

Time

图 4-2　学习过程中神经网络结构重组示意图（Bassett & Mattar，2017：256）

4.1.3　从神经可塑性看语言学习

　　语言学习关系到对语言这一基本概念的认识，涉及母语、一语、二语、本族语、外语等不同的概念，这些概念之间的分类标准不一，相互之间存在重叠。母语是指人在幼儿时期通过和同一语言集团的其他成员接触而掌握的语言，又称为本族语（native language）。由于母语是人类最早学会使用的语言，因此，它也被称为第一语言（first language）。从次序上来说，在母语之后再学习的语言就是第二语言（second language，简称"二语"）。从这个意义上讲，外语（foreign language）往往也是二语[1]。因此，可以大体把语言分为母语和二语两大类型。在语言教学领域，人们对于这两种语言能力的获得方式还存在着不同的看法（Van Patten et al.，2020）。一种观点认为两种语言能力的获得方式基本相同，人们完全可以像习得母语那样自然而然地习得二语，因此，二语习得一度成为最为流行的概念和研究领域。然而也有学者不同意这样的看法，例如，Bley-Vroman（1989，1990，2009）提出了根本性差异假说（Fundamental Difference Hypothesis），认为母语和二语能力的获得是两种性质不同的过程。他还从生成语法的角度指出，母语能力的获得是普遍语法和领域专属学习机制（domain-specific learning mechanism）

1　在语言教学领域，许多学者对于外语和二语也有严格的区分。外语学习是指学习者在自己所属的社团之内学习另一个社团的语言，如在中国的环境中学习英语；二语的学习则是在另一个国家或社团的自然语言环境中学习这个国家或者社团的语言，例如，中国人在美国或者英国学习英语。学习环境的差异会使得外语和二语的学习各自具有许多不同的特点（崔刚，2021）。

共同作用的结果。该机制是儿童具有的专门用于处理和组织语言输入材料的学习机制，它负责以所接触到的母语输入为基础构建起母语的心理表征。换言之，在母语能力的获得过程中，起关键作用的是母语的语言输入、领域专属学习机制和普遍语法。而在二语能力的获得过程中，领域专属学习机制以及普遍语法不再起作用，人们只能利用一般性学习机制（general learning mechanisms）来学习二语。该机制并不专门用于语言信息的处理，而是负责各种信息的组织与加工以及各种知识与技能的学习。崔刚（2021）基于神经语言学的相关研究成果，对这一问题进行了全面的分析与论证，从神经可塑性的角度进一步证明了根本性差异假说的合理性。

　　如上文所述，神经可塑性是人类学习的神经基础，其核心在于神经网络中神经元之间相互联结的改变，包括新突触的形成以及现有突触的加强或减弱。神经可塑性包括经验期待型、经验依赖型和经验自主型三种类型，从这一类型的划分来看，母语习得和二语学习所依赖的神经可塑性是不同的。母语习得属于经验期待型的，新生的幼儿只要处于正常的语言环境之中，就能顺利地习得自己的母语，这是由人的先天属性所决定的，而不会像二语学习那样受到性格、动机等个体差异的影响。二语学习则属于经验依赖型的。在人类进化的过程中，有些技能（如阅读、驾驶、打高尔夫球等）和知识（如心理学、语言学等）出现得比较晚，而且也没有出现在所有的文化和所有的人群之中，这些知识和技能没有像母语的某些要素一样成为人类先天遗传的组成部分，而要具备这些知识和技能就需要专门的学习。换言之，某些技能和知识只有在外部环境培育下才会出现（Ormrod，2012）。二语学习就属于此类，因为并不是所有的人都需要学习母语之外的另一门甚至几门语言。另外，经验依赖型的知识技能可以在任何年龄阶段出现，就这一点来说，母语习得和二语学习存在着很大的差异，因为母语习得存在关键期，一旦过了这个关键期，母语习得也就不可能了（Lenneberg，1967）。Pinker（1994：294）指出："在6岁之前，正常的语言习得毫无问题，但是在此之后到青春期这段时间内，这一能力就会逐渐减弱，而在青春期之后则几乎没有了。造成这一现象的原因可能在于大脑的变化，如代谢速度的减慢、在青春期前后神经细胞突触以及代谢速度会降至最低点等。"二语学习则不存在关键期的问题，人们可以在人生的任何一个阶段学习母语之外的另一种语言，这一点可以从我们的实际经验中得到证实。在我国，现在的儿童大多在很小的年龄开始学习英语，而对于目前 40 岁以上的人来说，他们的英语学习大多是在初中、高中，甚至更晚的时间开始的，其中不乏成功的英语学习者。也有许多学者把母语习得的关键期移植到二语习得和二语学习之中，验证关键期是否存在。这些研究主要围绕二语习得的起始年龄与二语水平的关系（例如，Birdsong，2005；DeKeyser，2000）而展开，而研究结果大多不支持二语习得存在关键期的观点，即二语习得年龄和二语水平之间并不存在直接的因果关系。

此外，母语习得和二语学习的神经基础的差异说明了两者之间的本质性差别。母语习得所依赖的是经验期待型的神经可塑性，体现的是人的生物属性。一个正常的幼儿，只要处于一定的语言环境之中，就可以习得一门甚至更多的语言。如同一粒种子一样，只要放置于土壤之中，在适当的水分、温度、空气等环境下就会自然发芽。二语学习则不同，它所依赖的是经验依赖型的神经可塑性，体现的是人的社会属性，属于人类教育的组成部分。儿童用于习得母语的先天性机制很可能在达到一定的年龄之后失去作用，二语学习会和其他知识与技能的学习一样，更多地依赖人类的整体认知系统。正如 Bley-Vroman（1989：49）所指出的："儿童专属的语言习得系统在成年时就不再起作用了，成年人的外语学习更像成年人的其他学习那样，其中并没有专属的学习系统存在。"此时，儿童专属的语言技能会被成年人的一般性的（也就是不专门属于哪一种具体技能的）认知系统所取代。

4.2　母语神经网络的生长

母语习得的神经基础是经验期待型的神经可塑性。因此，Baggio（2022）从神经语言学的角度把母语习得看作是一个语言神经网络的生长（growth of language networks）过程。

4.2.1　初始状态

　　语言神经网络的生长很可能在婴儿出生之前就开始了，在母体内的胎儿能够听到母亲的言语，并有可能做出诸如踢之类的动作反应，但是在现实的研究中，人们还是把生长起点定位在出生之后。对于语言习得的初始状态，一直存在着行为主义和先天论之间的争议。行为主义主张"白板"说，认为人生来就是一张白纸，一切知识与技能的获得都要依赖后天的经验。然而在 Chomsky 的理论的影响之下，这种观点已经不太流行。Chomsky（1980，1986）认为，语言是人类心智的重要组成部分，是人类长期进化的结果。儿童语言习得所依靠的是先天的语言习得机制（Language Acquisition Device，LAD）、先天学习原则和与母语的有限接触。Chomsky（1986）明确指出，人脑之中存在一个与生俱来的特殊的语言学习系统，这就是普遍语法。普遍语法是人脑的遗传状态，由原则和参数构成，原则适用于所有的语言，参数则解释语言的差异。儿童语言习得的过程就是为普遍语法的各个参数赋值的过程，通过与具体语言材料的结合，普遍语法变为具体语法，儿童也就具备了使用母语进行交际的能力。目前神经语言学尚不能提供普遍语法存在的证据，但能够知道的是，即使我们能够把一个完整的语言系统[1] 传输到一个新生儿的头脑之中，新生儿也不可能成为流利的语言使用者。因为刚出生婴儿的脑发育非常不完善，其重量仅有 350–400 克，相当于成人大脑重量的四分之一，许多重要的组织尚未完全形成；与此同时，婴儿的认知能力也非常低，此时的大脑尚不能承担起语言加工的责任。Baggio（2022：39）以计算机的硬件和软件做比喻来说明这种状况，"硬件（一个不成熟的脑）还不具备运行软件（一个成熟的语言系统）的能力。对于语言习得来说，软件必须要随着硬件组织生长的不同阶段而逐渐装配"。换言之，儿童语言习得的过程是随着认知能力发展和脑发育的过程而逐步推进的，在某个认知发展的阶段只能够习得某些语言的项目，而决定这一过程的不是诸如语言输入之类的外部因素，而是脑的发育过程，决定脑发育过程的则主要是遗传因素。因此，所有的儿童都会经历非常相似

1　据 Mollica & Piantadosi（2019）的估算，成年人的头脑中平均储存着大约 1.5 兆的语言信息，其中绝大多数是词汇语义信息。

的母语习得过程（Harley，2014），如图 4-3 所示。

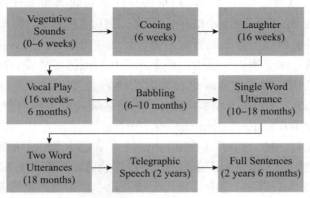

图 4-3　儿童早期的语言习得（Harley，2014：105）[1]

4.2.2　沉默阶段

在婴儿出生之后 12 个月左右的时间内，虽然他们可以发出各种声音，但是不能产出真正意义上的语言，因此，Baggio（2022）把这一阶段称为沉默阶段（the quiet phase）。这一阶段婴儿语言习得最为显著的是语音知觉能力的发展。Kuhl（2004）认为早期的语言习得首先是破解语音代码的过程。在出生后的最初几个月内，婴儿的语音知觉具有普遍性，他们对所有语言的语音都具有敏感性；从 3 个月左右开始，他们对非母语语音对比的能力会逐渐下降，而对母语语音对比的能力逐渐提高：首先形成的是对母语元音的敏感性，接着是辅音，最终对两者的组合也就是对音节的敏感性逐渐形成（Friederici，2005）。在这一过程中起作用的认知机制是婴儿与生俱来的统计学习（statistical learning）能力[2]，他们会利用所接触到的语言输入中的语音要素之间的共现频率

1　图中英文的内容在本书第 1 章相关部分已有介绍，此处不再重复。

2　对于统计学习在儿童语言习得中的作用，目前学界存在着不同的看法。有的研究（例如，Tomasello，2003）认为统计学习在儿童语言习得中起着关键性的作用，儿童主要是基于语言使用的实际情况来获得语言的规则，而 Chomsky 支持者的相关研究（例如，Yang et al.，2017）强调儿童语言习得是在普遍语法的系统规则的指引下进行的。

（co-occurrence frequencies）和转换概率（transition probabilities）等数据类信息以及韵律特征，逐渐形成母语的音位表征系统（Dehaene-Lambertz & Spelke，2015；Kuhl，2004，2010）。而与之相配合的最为直接的神经机制就是婴儿的听觉系统。婴儿在出生时已经具备了听的能力，这也就意味着他们大脑中的颞上回及其周围区域的发育应该相对完善。另外，语音知觉的发展也在同时影响着婴儿大脑的发育。Kuhl 及其同事（Kuhl，2004，2010）提出了神经系统的母语刻模理论（native language neural commitment theory，NLNC），该理论认为新生儿的脑神经系统具有一种"刻模"（commitment）[1] 的生长倾向，神经网络系统的生长会根据输入语言的语音刺激，即母语的语音流系统来匹配。因此，在接受外来语音流的过程中，婴儿大脑会建立起与母语语音系统相匹配的神经网络，也就是母语的神经刻模。一旦这种内在的神经表征模式建立起来，它就具备正向和负向的双重作用：一方面，幼儿对符合这一表征的新输入的外来语音流敏感度和加工效率会显著增强，这对后期母语习得的过程非常有利；另一方面，它会干扰与阻碍不符合这一模式的语音流的吸收和内化。这也在一定程度解释了关键期假说和二语学习过程中语音学习的特殊困难。

除了语音知觉的发展，婴儿的发音能力也在不断地提高。婴儿生来就具有产出声音的能力，从出生到 6 周的时间内，他们可以哭、发出打嗝或者吃奶的声音，这一阶段属于单调声音阶段（vegetative sounds），因为处于这一阶段的儿童的言语很少有变化，他们发出的声音几乎只有"啊"这一个音。在出生后的几个月，儿童的发音器官逐渐成熟，大约在第 6 周左右，婴儿开始发出咕咕声（cooing）。与啼哭声相比，咕咕声比啼哭声多变，婴儿开始练习对他们的发音器官进行控制以产出更加多样的声音。而到了 16 周左右，婴儿就可以发出笑声了，这说明此时婴儿已经对自己的发音器官具有了较好的控制能力。此后一直到 6 个月这段时间被称为发音游戏阶段（vocal play），在此期间幼儿开始发出各种类似语音的声音，一般元音要先于辅音出现。6 到 10 个月被称为咿呀语阶段（babbling），这一阶段与发音游戏阶段的根本区别在于音

---

1 '刻模' 的翻译取自知乎网站上徐永辉先生的《论学习外语的首要障碍》（2019）一文，特此致谢。

节的出现。幼儿最初使用重复性的咿呀语，他们重复像 bababababa 之类的辅音—元音序列，后来逐渐发展为多样化的咿呀语，在一连串的音节中包含了多个辅音和元音。也是在这一时期，幼儿开始在他们发出的声音中加上像句子那样的升调或者降调，所发出的元音也开始与母语的元音相似。经过上述连续的发展过程，婴儿为他们能够说出第一个真正意义上的词做好了准备。在这一准备的过程中，其中一个关键的环节就是大脑中感知系统与运动系统的结合。婴儿在出生就已经具备了一定的肢体运动能力，这也意味着他们脑中已经具备了相对完善的运动系统，而且这一运动系统也会在出生之后得到迅速的发展。母语习得领域人们关注的问题是包括听觉系统在内的感知系统与运动系统的结合（Choi et al.，2023），其背后的原因在于，对于一个熟练的语言使用者来说，语言理解和产出是密不可分的，只有在感知与运动系统充分融合形成一个完整的互动系统之后，人们才能具有使用语言进行交流的能力。而具体到 12 个月之前的婴儿来说，语音的知觉和语音的发音动作之间具有内在的关联（Liberman & Mattingly，1985），而且这种关联性对母语习得的过程来说是至关重要的（Munhall et al.，2021）。然而对于感知与运动系统结合的时间，学界还存在着不同的看法。有的研究（例如，Guenther，2016；Kuhl & Meltzoff，1996）认为只有在儿童能够产出与他们所听到的语音所吻合的音节时才能实现两者的结合，因为婴儿要学会说话，不仅需要能够听到其他人产出的语音，还需要听到自己尝试说话所产生的结果。在没有得到对自己发音器官运动所产生的听觉反馈之前，他们就不可能实现听觉与发音之间的结合。然而，也有许多研究（例如，Bruderer et al.，2015；Yeung & Werker，2013）的结果表明，感知运动系统在婴儿发育较早的时候就会对语音知觉产生影响，这说明听觉系统和运动系统之间的结合可能在更早的时候就开始了。在最近，Choi et al.（2023）对相关的研究进行了全面的分析与讨论，发现采用大脑成像技术的相关研究表明，婴儿的言语知觉需要额叶运动区域的参与，而且需要在语音特征和发音特征联合神经编码的支持下才能完成。因此，婴儿脑中听觉系统与运动系统的结合以及由此而形成的语言网络，在他们能够产出完整的音节之前就已经存在了。

4.2.3 产出语言

大约在 10 到 11 个月时，幼儿开始说出第一个真正意义上的词，他们的母语习得也因此进入到独词话语阶段（single word utterance）。大约在 18 个月左右，幼儿的词汇量会迅速增长，每周可以学到 40 个左右的新词，他们的语言习得也同时进入双词话语阶段（two word utterance）。此后一直到 2 岁左右，幼儿所能产出的句子中的词数逐渐增加，但是主要以实词为主，往往缺乏成人语言中所需的虚词，因此这一阶段被称为电报式语言阶段（telegraphic speech）。在上述语言发展的过程当中，最引人关注的是儿童句法能力的发展。尽管处于独词话语阶段的幼儿可以使用单个的词来表示一个完整句子的意义，例如，他们可以说"水"这个词来表达"我要喝水"或者"这里有水"等意义，但是句法能力的真正出现还是应该从儿童说双词句开始。在 18 个月到 24 个月之间，大多数儿童都能说出由两个词构成的话语，可以通过词、手势和其他辅助的手段实现与成年人的有效交流。在这一阶段，儿童开始形成一些基本句法知识的抽象表征。例如，Franck et al.（2013）的研究结果发现，19 个月大的法语儿童已经具备了关于自己母语的词汇顺序的抽象表征，而这一能力的形成过程很可能很早就开始了。Benavides-Varela & Gervain（2017）采用近红外光谱（NIRS）技术对新生儿的研究表明，出生不久的婴儿也已经具备了对于语言中次序的敏感性。此后，婴儿会利用统计学习能力来感知与句法结构有关的统计范式（Gervain et al., 2008）。例如，Marcus et al.（1999）的研究发现 7 个月大的婴儿仅仅接受 2 分钟类似语言的输入，便可以举一反三，把其中的规则推广到相似而不同的情境中去。当然，在双词话语阶段，儿童所具有的句法知识还是非常有限的（Caroline, 2007；Lieven et al., 2003），他们仅仅在有限的高频动词的基础上构建话语，而且构建出来的话语所使用的结构也极其有限。儿童句法的习得是一个渐进的过程，起源于对某些特定词语的语法掌握和有限的抽象能力，后期才发展到对一般的语言范畴和规则的掌握（杨玉芳，2015）。统计学习可以使儿童首先发现词的句法特征，并在此基础上通过抽象能力把每个词给予一个或多个语法范畴（例如，名词、动词、形容词等）的表征。只有在掌握语法范畴的基础上，儿童才能进行句法的加工，而语法范畴的掌握也需要较长的时间。在语言习得的过程中，最早出现的语法范畴是名词（Waxman & Markow，1995），1 岁的儿童就已经具有了名词的范畴意识。儿童对于功能性范畴的掌握则比较晚，一般要在 14 到 16 个月左右才会出现（Christophe et al.，2008；Höhle et al.，2004；Kedar et al.，2006）。儿童从 2 岁左右开始具备句法加工能力。许多采用 ERP 技术的研究表明，2 岁左右的儿童在加工包含句法违例的句子时，表现出与成人加工相类似的模式，不过在潜伏期和头皮分布上有所差异。例如，Pereyra et al.（2005）对 2.5 岁儿童的句子加工研究发现，形态句法违例会在大约 800 毫秒左右引发一个缓慢的、正向电位峰值的转变，这一峰值分布在前中央部位。其他研究（例如，Oberecker et al.，2005；Silva-Pereyra et al.，2005）也都得到了类似的结果，它们都发现，句法违例都会引起儿童与成年人 P600 效应相类似的电位变化，但是潜伏期要晚于成年人，这一方面说明此时的儿童已经具备了一定的句法加工能力，另一方面也说明儿童此时的句法加工能力仍处于初级阶段，大脑中的语言神经网络有待发展成熟。

在 3.5 岁左右，由于句法和语用能力的进一步发展以及词汇量的迅速增加，儿童的语言理解和产出能力也得到了迅速的提高，并开始逐渐向成年人的语言水平靠近。他们的话语中句子的长度会逐渐增加，句法结构的复杂程度也不断提高。到了 4 岁，儿童就可以提出并且回答问题，并且开始能够向他人复述事件、讲述个人经历，以及清楚地表达自己的愿望、意图或者今后的打算等。到 5 岁左右，儿童的语用能力也会得到很大的提高，此时的儿童能够解读周围的语境信息并且能够在交际中利用这些信息。他们会意识到他人所说的话的字面意义并不一定就是讲话人想要表达的真实意思。到 6 岁左右，儿童就可以很好地使用语言与他人进行交流，他们的母语基本上达到与成年人接近的水平。Baggio（2022）指出，与上述语言能力发展过程相配套的是儿童脑中与社会认知相关的前额叶和顶叶皮层的发育以及外侧裂周边额叶和颞叶脑区所构成的核心语言网络的功能整合。神经语言学最为关注的是后者，而其中的一个重要问题在于把这些不同区域联结起来的神经通路的发展情况。

在成年人的大脑中，主要通过背侧和腹侧两种路径把额叶和颞叶的核心语言区联结起来（Friederici，2009）。背刺路径主要包括弓状束和上纵束（superior longitudinal fasciculus，SLF）的一部分（Brauer et al.，2011），其中弓状束把颞上回（BA 41、BA 42）、颞中回（BA 21、BA 22、BA 37）以及包括额下回（BA 44、BA 45）、额中回（BA 6、BA 8、BA 9）和中央前回在内的前额叶皮层联结起来（Thiebaut de Schotten et al.，2012）。上纵束有三条独立的纤维束，可以把顶叶皮层和前额叶皮层联结起来，其中和语言功能相关的一条把顶叶下部和额叶的 BA 44 区（布洛卡区的一部分）以及 BA 6 区联结起来（Makris et al.，2005）。腹侧路径主要包括额枕下束（inferior fronto-occipital fasciculus，IFOF）和钩束（uncinate fasciculus，UF）两个神经纤维束，其中钩束把颞叶前部、颞极（BA 38）、眶额皮层（orbitofrontal cortex，BA 10、BA 11、BA 47）以及额岛盖联结起来（Thiebaut de Schotten et al.，2012）。额枕下束则把枕叶、内侧顶叶、颞叶后部以及额叶联结起来（Martino et al.，2010）。额枕下束也可进一步被分为浅束（superficial tract）和深束（deep tract）两部分（Martino et al.，2010），参与语言网络的浅束终止于三角部（BA 45）和额下回的眶部（pars orbitalis），深束则终止于额极和眶额皮层的前部、额中回的中部以及额中回和背外侧前额叶皮层的后部。

　　婴儿从出生一直到成年，其背侧与腹侧两种路径也处于不断的发展之中。Brauer et al.（2013）采用弥散磁共振成像技术（Diffusion MRI）对新出生婴儿、7 岁儿童和成年人进行对比研究。如图 4-4 所示，在背侧路径方面，新生儿（图 4-4 的 A 部分）的脑中只是观察到了从颞叶到前运动皮层的联结（被称为 D1），而额下回与颞叶皮层的联结尚未形成。到 7 岁时（图 4-4 的 B 部分），儿童又在 D1 的基础上形成了通往额下回的 BA 44 背侧部分（布洛卡区的一部分）的联结（被称为 D2）。这一联结模式已经与成年人成熟的大脑（图 4-4 的 C 部分）非常接近。D2 路径在复杂的语言功能的加工中具有关键性的作用，这与此时儿童所具有的语言水平是相吻合的。图 4-5 显示了三组受试腹侧路径浅束（A–C）和深束（D–F）的情况，从中可以看出，两者都会随着年龄的增长变得越来越强，联结的区域范围也变得越来越广，但是在总体的范式上，三组受试的情况并没有本质性的差别。总体而言，幼儿与成年人相比，语言神经网络的最大差异在于背侧路径。婴儿在出生时，联结颞叶到前运动皮层的 D1 已经具备，而联结颞叶和额下回布洛卡区的 D2 还不存在。这种差异很可能使得儿童早期的语言习得更多依靠 D1 来进行（Kudo et al.，2011；Teinonen et al.，2009），D2 则主要在后期负责语言层级结构的加工（Friederici，2012）。

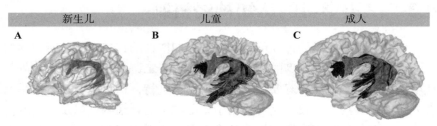

图 4-4　新生儿、7 岁儿童与成年人语言网络的背侧路径对比图
（Brauer et al.，2013：292）

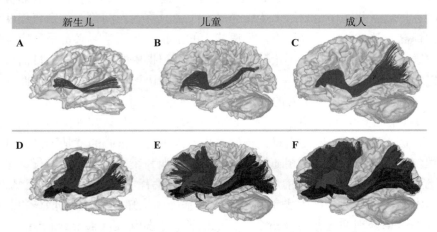

图 4-5　新生儿、7 岁儿童与成年人语言网络的腹侧路径对比图
（Brauer et al.，2013：292）

　　总体而言，婴儿的大脑在其出生甚至在出生之前就已经具备了基本的语言习得的神经基础。有关的行为与神经生理研究都表明婴儿对外部语言刺激具有很强的敏感性，而且很早就具备了对语音、词汇和句法的学习能力。随后在出生之时，语言的神经网络仍然是不完善的，还需要长时间的发展，尤其是联结颞叶和额下回布洛卡区的神经通路的缺乏使得早期的语言习得更多地以一种自下而上、以感知为导向的统计学习的方式来进行（Mueller et al.，2015）。

4.3 二语学习的认知神经机制

母语习得所依靠的神经可塑性是经验期待性的，二语学习所依靠的神经可塑性是经验依赖型的。除此之外，由于二语学习，尤其是在外语环境下的二语学习，普遍要在母语习得之后进行，这也决定了二语学习者大脑中已经具备了较为完善的用于母语加工的神经网络以及更高的认知能力。因此，从神经语言学的角度来看，二语学习与母语习得具有本质不同。即使是 Chomsky 本人也认为，儿童的语言习得是人类先天的专属语言习得机制（即普遍语法）、外部经验以及整体的一般性认知机制三种因素共同作用的结果（Yang et al.，2017），而随着大脑发育程度的提高、认知能力的发展以及母语能力的生长，二语学习必定呈现出与母语习得不同的特点。不论普遍语法在二语习得中的作用如何，目前可以肯定的是，它在二语学习中的作用远没有母语习得那么大，一般性的学习机制则会起着关键性的作用。

人们在学习过程中会经历一系列的心理过程，从认知主义的观点来看，这一心理过程就是信息处理的过程，其中居于核心的就是记忆的过程。学习与记忆是紧密相随的，学习可以被视为获取新信息的过程，记忆则可以被视为对这些信息的储存与提取。没有学习也就谈不上记忆，而没有记忆学习也就失去了基本的心理基础。认知心理学的研究表明，人类信息处理的过程包括三个主要的阶段：感知记忆（sensory store）、工作记忆（working memory）和长期记忆（long-term memory）（如图 4-6 所示）。因此，学习的根本在于神经网络的构建，而网络的构建要经历一系列的信息处理的过程。这一过程起始于感知记忆，人的感觉器官会收集各种信息，经过注意和选择性的知觉等初步的处理之后，传入工作记忆，再经过工作记忆储存、编码以及复习或者演练之后就会进入人的长期记忆之中，而进入长期记忆中的新的信息需要与原有的知识网络相结合，从而成为知识网络的有机组成部分。

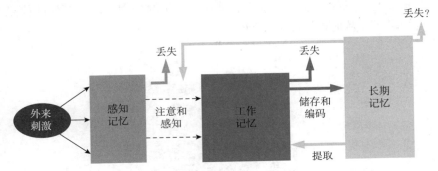

图 4-6　信息处理的过程与记忆（Moreno，2010：197）

4.3.1　注意与二语学习

外部刺激首先进入感觉记忆系统。感觉记忆又称感觉登记（sensory register）或者瞬时记忆，指外部刺激（包括听觉、视觉、触觉等）在呈现之后，一定数量的信息在感觉通道内得到登记并保留瞬间的记忆。感知记忆对输入信息的存储时间非常短，而且容量也非常有限，只有那些得到注意的信息才能被传送至工作记忆，因此注意对于二语学习具有重要的意义。二语学习首先始于语言输入，即学习者所听到、看到的语言材料。语言输入中包含大量的信息，例如，在听力材料中，有音高、音强、节奏、语调等声学特征，也有词、短语、句子结构等语言形式信息，还有关于这些语言形式的意义的信息等。所有这些信息不可能完全进入人的工作记忆之中，至于哪些信息得到进一步的加工与处理，要依赖于人类的注意机制，即学习者要通过注意的机制来选择要吸收的内容，只有在此情况下，学习才有可能发生。

注意的属性和功能在于其选择性，因此认知心理学家很早就对注意的选择机制进行了大量的研究。Broadbent（1958）提出了著名的过滤理论（filter theory）。该理论认为，人们会基于外部刺激的物理特征把感觉信息组织成不同的频道，不同的刺激会按照不同的频道进入人的信息处理系统，视觉和听觉刺激的传输渠道不同，这些频道会对不同类型信息的物理特征做初步的处理并进入到过滤器之中；那些被认为是有意义和重要的信息就会通过该过滤器进入下一步的处理阶段，其他的信息则会被阻断，从而被过滤掉（如图4-7所示）。

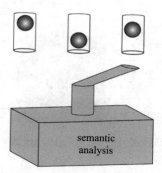

图4-7　过滤理论简化示意图（Lieberman，2012：341）

按照过滤理论，注意的过滤作用是全有或者是全无的性质，即通过的信息就能完全通过，没有通过的信息就会完全丧失。该理论可以解释人们在全神贯注于某一事物时，对其余事物视而不见、听而不闻的现象。但是在很多情况下，人们有可能会同时关注几个对象，这是注意的过滤理论所无法解释的。针对这一问题，Treisman（1964）对过滤理论进行了修正，提出了衰减理论（attenuation theory）。该理论认为注意对信息的选择并非是按照全有或者全无的原则进行的，而是根据它们的物理特性使得某些信息得到衰减，而不是被完全过滤掉。当信息通过过滤器时，全部信息都会通过，只不过没有受到注意的信息被过滤器所衰减，强度减弱。

除了注意的选择机制以外，人的注意力的分配也是一个重要的问题。但是由于注意分配的复杂性以及相关研究的难度，目前认知心理学家对于注意分配机制的研究还处在初级阶段。从现状来看，人们主要还是从认知资源有限性的角度来考虑注意的分配。换言之，人们在同时执行多个任务时，会按照任务所需的注意资源的多少来进行注意力的分配。对于这一点，学者大多是赞成的，但是对于注意资源的数量还有不同的看法。

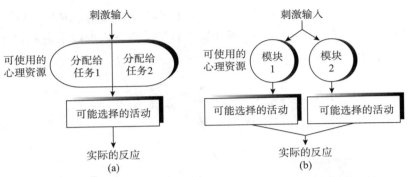

图 4-8 注意资源的分配（Sternberg & Sternberg，2012：156）

图 4-8 显示了目前两种对于认知资源的观点。其中左侧（a）部分所表示的观点认为，人只有一个整体的认知资源模块，在同时从事两个任务时，人们可以对其中的注意资源进行分配（Kahneman，1973）。右侧（b）部分的另一种观点则认为，人有多个注意资源模块，分别负责对不同类型刺激的注意（McDowd，2007）。目前来看，后者似乎更有道理（Sternberg & Sternberg，2012），因为它能更好地解释人们在同时注意不同性质的信号刺激（如视觉和听觉）时注意的分配要容易得多这一现象。例如，我们可以一边听音乐一边阅读或者写作，但是我们不能在关注一个单词的同时也去注意另一个单词。

基于注意的选择与分配机制，Knudsen（2007）提出了一个综合性的注意模型（如图 4-9 所示），它可以使我们对注意的认知机制具有更为全面的认识。

从神经科学的角度来看，注意是大脑中枢神经的兴奋和抑制相互诱导的过程，这种诱导服从优势原则。当前的物体被视为心理活动的对象时，该物体会在大脑皮层中建立起一个优势兴奋中心，从而抑制其他皮层的兴奋，抑制程度越高，注意就越集中。而新的强烈刺激的出现会导致大脑的兴奋中心从当前的活动区域转到该刺激所对应的区域上面，这就是注意的转移机制（刘儒德，2010）。而对于不同对象的注意，也会因为所需付出努力程度的差异而导致大脑反应时间的不同。例如，如果一个人注意某个特定的空间位置，在刺激呈现之后 70～90 毫秒的时间内，视觉皮层就会出现明显的神经反应；而当一个人注意一个物体而非特定的空间位置时，到刺激呈现后 200 毫秒也不会出现明显的神经反应，这说明基于内容的注意似乎要比基于物理特征的注意需要付出更多的努力（Anderson，2015）。

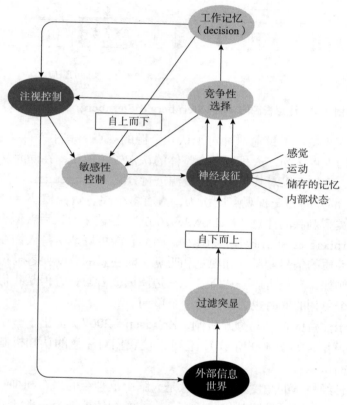

图 4-9　注意的工作机制（Knudsen，2007：59）

　　二语学习研究领域非常重视注意的作用，尤其是那些以认知心理学为基础所提出的学习理论都认为，注意作为初始环节在二语学习的过程中扮演着关键性的作用。例如，Slobin（1979，1985）提出的知觉显著性（perceptual saliency）理论认为，知觉显著性是人类基本的感知与组织信息的方式，在语言学习过程中，有些语言形式要比其他语言形式更为显著，更容易被觉察注意到。在此基础上，Schmidt（1990，2001）又进一步提出了注意假说（noticing hypothesis），他认为并非所有的语言输入都具有同等的价值，只有那些受到学习者关注的输入才能被吸收，进而进入信息加工系统并得到内化。影响二语学习者注意的因素主要包括以下几个方面：（1）语言输入的频率；（2）语言输入的知觉显著性；（3）语言课堂对注意的导向作用；（4）任务要求；（5）学习者的信息处理能力；（6）学习者的语言准备程度。另外，由 Van Patten（1996，2004，2012）所提出的输入加工（input processing）理论也非常强调注意的作用。Van Patten（1996：14）明确指出，"我们要利用认知心理学的各种概念，最为主要的是注意，我们还认为二语学习者的加工容量是有限的。因此，他们在即时理解的过程中一次只能关注到输入中有限的语言数据。"二语学习者在处理语言输入时一般要遵循以下三条原则：（1）先处理意义再处理形式；（2）只有当他们能在不需要占用或者极少占用注意资源就可以处理意义或者完成交流时，他们才会关注无意义的语言形式；（3）他们倾向于把句中的第一个名词或代词作为主语或者动作的实施者。由此可见，由于注意资源的有限性，学习者不可能同时关注语言的意义和语言形式，这对于二语学习是非常不利的，因此，语言教学要引导学习者关注语言形式。Van Patten（2012）又进一步指出，语言学习要经历三个阶段：（1）输入加工，学习者在教师的引导下关注语言形式，并通过语法讲授、句法练习等手段对语言形式进行吸收；（2）调节与重构（accommodation and restructuring），学习者将所吸收的语言形式融入自己的中介语体系之中，并通过假设的形成、测试和修正推动二语水平的发展；（3）提取（access），学习者提取中介语体系中的规则应用于语言产出之中。

　　Posner 等 的 研 究（Posner & Petersen，1990；Posner & Rothbart，2007；Posner & Stephen，1971）运用大脑成像技术以及对脑损伤病人的临床观察，提出了三个关于注意的神经基础的基本观点（Posner & Petersen，1990）：（1）大脑中的注意系统是一个与感知系统和运动系统一样的、具有解剖学意义上的独立系统，它要与其他的认知系统互动，但是又有自己的独立性，选择待加工的信息与加工被选择的信息的脑区是不同的；（2）注意是由大脑不同区域构成的网络体系来完成的；（3）这些不同的区域具有各自不同的功能。基于上述认识，Posner 等把注意分为三个子系统（Posner & Rothbart，2007）：警觉（alerting）、指向（orienting）和执行（executive），而它们都分别由不同的神经网络来负责（如图 4–10 所示）。

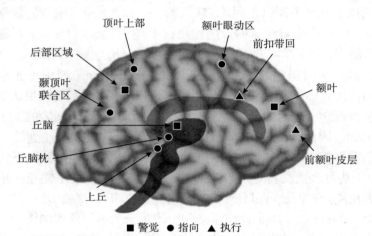

■ 警觉　● 指向　▲ 执行

图 4–10　注意的神经基础（Posner & Rothbart，2007：6）

　　警觉是指对信号刺激形成高度的敏感性并且要对这一敏感性维持一定的时间，也就是为注意某些特定的信息做好准备。参与警觉过程的大脑神经网络由丘脑[1]（thalamus）、额叶（frontal area）、顶叶（posterior area）、蓝斑[2]（locus coeruleus）（图中未标出）构成。警觉的维持主要靠蓝斑所分泌的去甲肾上腺素，该神经递质对大脑的很多部位具有兴奋的作用，从而加强觉醒的状态。如果警觉系统不能正常工作，就会出现注意缺陷多动障碍（attention deficit hyperactivity disorder，ADHD）的症状，另外，人的衰老也往往伴随着警觉系统的退化。指向是指在输入的刺激中进行信息的选择，这一过程可以是外显式的，也可以是内隐式的。参与指向过程的大脑神经网络由顶叶上部[3]（superior parietal lobe）、颞顶叶联合区[4]（temporoparietal junction）、额叶眼动区[5]（frontal

---

1　丘脑是最重要的感觉传导中继站，除了嗅觉之外的所有感觉通道都在此更换神经元，另外，丘脑也是产生意识的核心器官。

2　蓝斑位于第四脑室底部，脑桥的前背部，是脑中合成去甲肾上腺素的主要部位。

3　顶叶上部与空间定位有关，而且接受很多的视觉信号。

4　颞顶叶联合区与自我意识的产生密切相关。

5　位于额叶，BA 8，负责眼睛的移动。

eye fields）、丘脑枕[1]（pulvinar）和上丘[2]（superior colliculus）构成。负责调节定向过程的神经递质是乙酰胆碱（acetylcholine），它在由神经元释放之后负责神经之间的信号传递及调节。负责指向的神经网络在婴儿1 岁时开始发育，该系统的发育缺陷可能会导致孤独症的症状。执行是指对注意过程的监控以及对思想、感觉和反应之间冲突的解决。参与执行过程的神经网络由前扣带回[3]（anterior cingulate）、腹外侧皮层[4]（lateral ventral cortex）（图中未标出）和前额叶皮层（prefrontal cortex）以及基底神经节[5]（basal ganglia）（图中未标出）构成。负责执行过程的神经递质是多巴胺（dopamine），这种脑内分泌物质帮助神经元之间脉冲的传递，与人的情欲、感觉有关，负责传递让人兴奋、开心的信息。执行系统的障碍与阿尔茨海默病、边缘性人格障碍[6]（borderline personality disorder，BPD）和精神分裂症都有关系。

4.3.2　工作记忆与二语学习

工作记忆又称短时记忆（short-term memory），是指"认知任务中对正在处理的信息的短暂存储"（Baddeley，1986：34）。工作记忆是整个信息处理过程的第二阶段。来自外部环境的信息在受到注意之后就会进入工作记忆之中，再经过一系列的加工，一部分信息就会进入长期记忆而得到长期的存储。工作记忆的最大特点在于其具有明确的意识性和心理运作的功能，它不仅具有存储信息的功能，更为重要的是，它还具

1　通过维持皮层正常的活跃水平和神经振荡动态，进而影响视觉信息在皮层中的传递和注意调节的发生。

2　能够对不同模式的传入信息进行整合，参与对眼球快速垂直和水平运动的控制，并参与协调眼球和头部对声、光刺激的定向运动。

3　位于大脑额叶内侧，可以监控目前正在进行的目标定向行为，在出现反应冲突或者错误时提供信号，并能根据当前的任务加工要求将注意资源在相关脑区中进行合理的配置。

4　与运动的计划与协调有关。

5　埋藏在大脑半球深部，负责运动的协调与控制。

6　边缘性人格障碍是精神科常见的人格障碍，患者往往表现出情绪、人际关系、自我形象、行为的不稳定，并且伴随多种冲动行为，是一种复杂又严重的精神障碍。

有加工信息的功能，是外部信息进入长期记忆的一个关键性环节，是思维过程的基本支撑结构（Baddeley，2002）。各种有意识进行的认知活动都是靠工作记忆来完成的。而具体到二语学习来说，对于单词的记忆、语言的理解和产出等都离不开工作记忆。

Baddeley（1992，2000，2006）把工作记忆与长期记忆的互动关系综合考虑在内，认为工作记忆分为三个层次：居于最高层的是中央执行系统（central executive）；居于中间的是信息临时加工系统，包括语音回路（phonological loop）、情景缓冲器（episodic buffer）和视觉空间模板（visuo-spatial sketchpad）三个组成部分；最下面的是长期记忆（LTM），包括视觉记忆（visual semantics）、情景长期记忆（episodic）和语言（language）（如图4-11所示）。

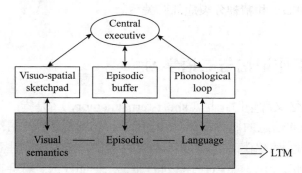

图4-11　工作记忆四成分模型（Baddeley，2006：24）

中央执行系统是一种注意控制机制，是工作记忆的核心，语音回路、视觉空间模板和情景缓冲器被认为是的它的从属系统（slave system）。中央执行系统负责工作记忆中的控制性加工，包括工作记忆中各个子系统功能的协调、对编码和提取策略的控制、操控注意管理系统以及从长期记忆中提取信息。语音回路负责处理语言信息，包括语音存储装置（phonological store）和发音复述装置（articulatory rehearsal system），其中前者负责语音信息的存储。语音信息以记忆痕迹（memory trace）的形式短暂存储在语音存储装置之中，这些记忆痕迹如果得不到及时的重复，很快就会衰退甚至消失。要想保持，就需要发音复述装置对其进行复述。语音信息可以直接进入语音存储装置，而视觉的语言信息则需要通过发音复述装置转化为语音信息再进入语音存储装置。视觉空间模板负责视觉和空间信息的存储与处理，可以在工作记忆之中形成视觉图像，也可以进行诸如旋转之类的处理活动。视觉空间模板包括视觉缓存和内部抄写器两个部分，视觉缓存的功能在于对视觉信息进行短暂的存储，而内部抄写器的功能在于保持空间运动序列，并在视觉信息的操作和复述中发挥作用（Logie，1999）。情景缓冲器提供一个对来自语音回路、视觉空间模板和长期记忆的信息进行整合的平台，这些信息在情景缓冲器中得到暂时的存贮，并通过整合而形成对特定情境或片段的整体理解。

作为感觉记忆和长期记忆之间的中转站，工作记忆的容量有限，一次只能处理很少的信息，其结果就是很多信息在从工作记忆向长期记忆的转换过程中丢失了。因此，从学习的角度出发，人们更感兴趣的是，短时记忆的信息是如何进入长期记忆的。在这一过程中，复述起着关键性的作用，如果信息得不到及时的复述，就会很容易从工作记忆中衰减甚至消失。但是，简单的复述并不一定会带来更好的记忆效果。要想顺利实现信息从工作记忆向长期记忆的转移，还需要在复述过程中提高信息加工的深度和对信息进行精细化（elaboration）的处理（Anderson，2010；Morrison & Chein，2011）。Craik & Lockhart（1972）指出，记忆的关键不在于复述时间的长短而在于信息加工的深度，没有被加工的信息只能留下一个粗略的印象，这就是所谓的加工深度理论（deep processing）。该理论认为人们对信息的加工存在着深度的差异，对于信息的初级加工只是针对它们的物理或者感知特征，例如，线条、角度、亮度、音高、音强、响度等，而对信息的深层加工需要基于过去学习的知识（此时需要从长期记忆中提取相关的信息），进行模式识别（pattern recognition）[1]和意义的提取。加工深度在记忆中所起的作用得到了许多

1　模式识别是指信息处理系统在接收外部刺激之后，要知道该刺激代表着什么意义，听到的是什么声音，看到的是什么东西等。这是信息处理的一个重要过程。目前对于模式识别的过程主要有两种理论解释。一种是模板匹配（template matching）理论，认为外部刺激直接与长期记忆中储存的各种模式进行比较。例如，在字母识别的过程中，一个字母的视觉信息与长期记忆中所储存的每个字母的模板进行比较，然后根据最佳匹配的结果确定所看到的是哪一个字母。另一种是特征分析（feature analysis）理论，该理论认为对于模式的识别是通过对刺激关键特征的判断而确定的。

研究的证实。例如，Kapur et al.（1994）研究了深层加工和浅层加工对单词记忆的影响。在浅层加工中，只是要求被试判断单词中是否包含一个特定的字母，而在深层加工中，则要求被试判断单词中是否描述了有生命的物体（其中包含语义的分析）。虽然学习时间相同，但是被试只记住了 57% 的浅层加工单词，而深层加工的单词记住了 75%。精细化是与加工深度密切相关的一种对工作记忆中信息进行处理的方式。深度是指加工从感觉到语义分析不断深入的过程，精细化则是指不仅要考虑要处理的信息本身，还要考虑它与其他信息之间的关系。深度可以被视作一种纵向的特质，从浅到深，精细化则可以被视为一种横向的特质，从一个独立的信息连接到其他相关的信息（Lieberman，2012）。Stein & Bransford（1979）的研究可以很好地说明精细化的概念以及它对记忆所产生的影响。该研究给受试呈现两种句子，然后让他们回忆句子中的形容词。一种句子中只是包含简单的意义，例如，"The fat man read the sign."；另一种句子则通过给予与主题相关的额外信息以达到精细化的目的，例如，"The fat man read the sign warning about thin ice."。结果表明，被试对第一种句子中的形容词回忆正确的比例为 42%，对第二种句子中形容词回忆正确的比例则达到了 74%。

在近 20 年的时间内，工作记忆与二语学习之间的关系越来越受到研究者的关注，并且取得了大量的研究成果。从内容来看，这些研究可以被分为两大类型。一类研究围绕二语学习本身，主要针对词汇学习（例如，Speciale et al.，2004；Williams & Lovatt，2003）和语法学习（例如，French & O'Brien，2008；Williams，2012）两个方面，这些研究的结果都证明，工作记忆，尤其是语音环以及中央执行系统，在二语学习中起着关键性的作用，工作记忆能力强的学习者更有可能在二语学习中取得成功。因此，有不少学者认为工作记忆对于言语信息的处理能力应该成为外语学能的重要组成部分（温植胜，2007；温植胜、易保树，2015）。Dörnyei（2005）指出，对于工作记忆的研究将会成为语言学能研究中最有潜力的方向，而且他还明确提出语音环是"第二语言习得中最为理想和适合的记忆要素"（同上：55）。另一类研究则围绕工作记忆与二语语言的加工，内容包括语音加工（例如，Mueller et al.，2003；Tremblay et al.，2000）、句子理解（例如，Izumi，2003；Linck et al.，

2014；Gass & Lee，2011）、篇章阅读（例如，王月旻、崔刚，2022；McCabe & Hartman，2003；Oakhill et al.，2015）等，这些研究的成果也都说明，工作记忆能力的强弱会直接影响学习者二语的加工能力，进而会影响到他们的二语水平。

在很长的时间内，工作记忆中信息的存储与维持被认为和大脑的前额叶密切相关。随着研究的深入，人们逐渐开始意识到，工作记忆中信息的储存和维持并不单纯依靠大脑的前额叶区域，而是更多地与分布于大脑不同部位的感知皮层有关，不同类型的信息存储于不同的感知皮层之中。基于对大量相关文献的综述与分析，Christophel et al.（2017）指出，工作记忆的神经基础广泛地分布于大脑的感知皮层、顶叶、颞叶和前额叶的大脑皮层之中。图 4–12 显示了通过大脑成像技术所得到的在工作记忆过程中不同的信息类型所激活的人脑左半球的区域。

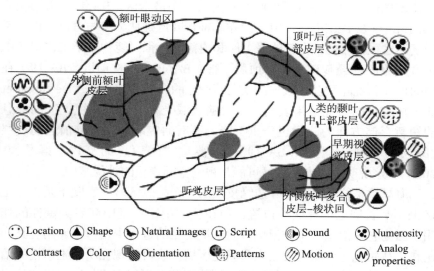

图 4–12 工作记忆过程中不同的信息类型所激活的大脑区域
（Christophel et al.，2017：114）

由图 4–12 可以看出，额叶眼动区（FEF）与位置（location）、形状（shape）和触觉质感（图中所标 Orientation 中的下半部分为 haptic texture）等信息的储存和处理有关，外侧前额叶皮层（LPFC）和声音（sound）、触觉质感、数值（numerosity）、自然图像（natural images）

（现实生活中物体和照片）、字符（script）和模拟性特征（analog properties）（包括频率、强度、时长等）等信息的储存与处理有关，听觉皮层（AC）和声音有关，外侧枕叶复合皮层（LOC）和梭状回（FG）与形状和自然图像有关，早期视觉皮层（EVC）和触觉质感、颜色（color）、移动（motion）、位置、色彩模式（pattern，图中所示上半部分为色彩模式）和对比度（contrast）等信息有关，颞叶中上部皮层（hMT+）和移动与移动模式（pattern，图中所示的下半部分为移动模式）的信息有关，顶叶后部皮层（PPC）与形状、字符、触觉质感、数值、位置、颜色模式和运动模式的信息有关。

左脑顶下区（BA 40）的前部，也就是缘上回，参与言语工作记忆的存储过程。Church et al.（2011）的研究表明，随着语音处理复杂程度的提高，缘上回被激活的程度也会随之增强。而且，缘上回在言语工作记忆过程中与左脑前额叶区（尤其是布洛卡区，BA 44）密切相关（Margulies & Petrides，2013），左脑前额叶区被认为参与言语工作记忆的复述过程。因此，左脑的缘上回和前额叶区很可能构成了工作记忆中语音回路的神经基础。包括顶后下部（BA 40）和枕前区（BA 19）在内的顶叶和枕叶联合区域与视觉空间信息的存储密切相关，De Renzi et al.（1977）的研究结果表明，该大脑区域受损的患者在视觉空间信息的短暂存储方面的能力也严重下降。还有研究表明，右脑前运动皮层（BA 67）和后顶上部（BA 7）参与视觉空间信息的复述（蔡厚德，2010）。这说明上述大脑区域可能是视觉空间模板的神经基础。

海马体是位于大脑颞叶边缘皮层的一个特殊区域，它既不是工作记忆也不是长期记忆存储的位置，但在整个记忆系统中起着关键性的作用，因为它在信息从工作记忆转向长期记忆的过程中发挥了作用。其作用在于从感觉运动联合皮层以及其他区域接收有关现在所发生事情的信息，海马处理这些信息，然后把它们分别转送到相应的长期记忆的位置（Carlson，2014），这似乎说明，海马体很可能是情景缓冲器的神经基础。一些采用大脑成像技术的研究也支持这一结论，例如，Smith & Squire（2009）向被试询问关于过去 30 年间所发生的新闻事件的相关问题，以唤起对不同年龄阶段记忆的提取。在提取近期的记忆时，海马体激活的程度最高，提取最久远的记忆时，海马体激活程度则最弱。而在额叶皮层，研究者发现了相反的效应。这些结果与记忆最初储存在海马体并逐渐转移到其他皮层的观点是相符的。

　　工作记忆的中央执行功能的神经基础应该位于前额叶。前额叶是人类高级智能的主要神经基础，人类的复杂认知活动，包括决策、问题解决等，都是由额叶统一指挥与协调的。前额叶也在工作记忆的信息加工过程中起着控制与协调的作用。D'Esposito et al.（1995）对被试在双任务作业的功能性磁共振成像研究发现，背外侧前额叶皮层和前扣带回皮层被明显激活。所谓双任务作业，即是言语任务与空间任务同时进行，这就需要在不同的信息类型的加工之间进行切换，这说明前额叶皮层参与了两种任务的协调过程。Carter et al.（1998）的研究发现，背外侧前额叶皮层可能负责工作记忆信息的操作与维持，前扣带回皮层则可能负责对新异刺激、克服定势反应等加工冲突的解决。还有很多研究（例如，Jacob & Nieder，2014；Roux et al.，2012）都证明了大脑前额叶在工作记忆过程中的监控与选择功能。另外，大脑的皮层下结构也保证前额叶的中央执行功能的实现，因为前额叶和几乎所有的感知皮层之间都有着直接的神经纤维联结（Pandya & Barnes，1987），这就为前额叶皮层和感知皮层之间的互动提供了很好的神经基础保障。

4.3.3　长期记忆与二语学习

　　长期记忆是指记忆系统中较长时间保持信息，它存储着每个人通过各种途径所获得的关于世界的一切知识，这些知识大体可以分为陈述性知识（declarative knowledge）和程序性知识（procedural knowledge）两种类型。陈述性知识是指人们对于事实性信息的记忆，它适合于存储经过加工处理后形成的任何具有意义关联的知识，例如，人名、地名、名词解释、定理、公式等。它们都可以用语言表述出来，而且都是个体通过有意识的识记储存下来的信息，是一种有意识的记忆加工，因此也被称为外显型知识（explicit knowledge）。根据记忆内容的性质，陈述性记忆又可进一步分为情景记忆（episodic memory）和语义记忆（semantic memory）两种类型。情景记忆是个体对自己所经历事情的记忆，它负责存储关于个体在特定时间内所经历的情景或事件，以及与这些事件相关联的时间与空间信息；语义记忆是对各种有组织的知识的记忆，它涉及人们关于这个世界的知识，包括语言的和百科性的。语义记忆与情景记忆不同，它所存储的信息不依赖于个人所处的特定时间或特定地点，例如，"语言是人类所特有的交际工具""形容词可以修饰名词"等，这类信息具有抽象性和概括性的特征。程序性记忆（procedural memory）是指人们对具有先后次序的活动，即关于做事方法的记忆，例如，骑车、书写、操作工具等，它是通过观察学习和实际操作练习而获得的行动性记忆。

寻找长期记忆的神经基础，并将其与特定的脑区相关联是认知神经科学研究者长期以来不懈努力的目标。早期最为经典的研究当属Lashley（1929，1950）对于记忆痕迹（engram）的研究。他的研究发现，学习与记忆并非只与某个单一的脑区有关，而是弥散于整个大脑皮层。Lashley因此提出了两个有关神经系统活动的规律：潜能均势说（equipotentiality）和整体活动说（mass action）。潜能均势说是指在学习和记忆这种复杂的行为过程中，大脑皮层的所有区域具有同等的重要性，任何部位的脑皮层可以相互替代来执行学习和记忆功能。整体活动说认为，大脑的各个皮层作为一个整体而发挥作用，参与的脑皮层越多，面积越大，学习与记忆的效果也就越好。当然，这并不一定意味着要否认某些脑区与记忆具有特殊关系的观点。Kalat（2013）认为，Lashley的研究都是以大鼠为对象进行的走迷宫训练，而走迷宫是一种非常复杂的任务，大鼠在寻找食物的路径中会关注更多视觉和触觉的刺激线索。因此，学习的过程需要许多大脑皮层区域的参与，但是不同皮层的作用可能并不完全一样。历经长期的研究，研究者发现某些脑区与某些特殊类型的记忆具有一定的关联性。Pinel & Barnes（2018）在总结有关研究的基础上得出结论：许多脑区都与记忆有特殊的关联，其中前额叶皮层主要与工作记忆相关，而其他的脑区都与长期记忆有密切的关系，在长期记忆的存储中起着重要的作用。而在大脑的四个脑叶之中，颞叶在长期记忆，尤其是陈述性知识的记忆中，作用尤为突出。

语义记忆似乎存储在大脑的新皮层，尤其是前外侧颞叶的新皮层中。Pobric et al.（2007）发现，对大脑左前颞叶的经颅磁刺激可以扰乱该区域的正常神经活动，被试产生语义性痴呆的症状，难以对物体进行图片命名，也不能理解单词的意义，但是他们在完成其他的非语义任务（例如，说出 6 位数字和根据它们的近似大小与数字匹配）时则没有问题。Murre et al.（2001）对记忆障碍患者的研究也证明了外侧颞叶在语义记忆中的作用。患者 A.M. 患有外侧颞叶的进行性退行疾病，阻碍了他的语义记忆，并对其日常生活产生了严重的影响，例如，该患者好像无法理解日常用品的功能，会在下暴雨时把一个没有撑开的伞水平地放到自己的头上。虽然该患者语义记忆严重受损，但是情景记忆却出奇的好。Murre et al.（2001）报告说，即使是在该患者语义痴呆发展到很严重程度的情况下，在其妻子出门时，如果他接到了找他妻子的电话，他仍能记得把这事告诉她。

情景记忆的存储与内侧颞叶（包括杏仁核、海马体、内嗅皮质、海马旁回皮质和围嗅皮质）的关系非常密切。内侧颞叶失忆症患者在情景记忆方面表现出明显的障碍（Pinel & Barnes，2018）。这些患者的语义记忆比较正常，能很好地对一般性信息记忆，但是他们很难记住生活中的一些特殊事件。Tulving（2002）描述了一位名为 K.C. 的病例。该患者在骑摩托车时出了车祸，造成包括内侧颞叶在内的弥散性脑损伤。K.C. 患有严重的情景记忆障碍，而其他认知功能却很正常。他的一般性智力和语言使用都没有问题，也能很好地记得有关自己原来生活中的很多事实，例如，自己的生日、幼时在哪里生活等，但是对自己的个人经历表现出严重的记忆障碍，无法回忆任何自己曾经经历的情景。

杏仁核很可能与情绪性事件的记忆有关。在 Cahill et al.（1996）的一项研究中，被试在不同的时间观看两个视频，每个视频包含 12 段内容，其中一半为包含较多的情绪性内容，另一半内容则相对与情绪无关。在受试观看视频时，研究者用 PET 来记录其大脑的活动。3 个星期后，受试再次来到实验室，并回忆观看过的视频内容。结果表明，受试在回忆情绪性较强的内容时，杏仁核受到激活，而在回忆非情绪性内容时，杏仁核则不会受到激活。另外，杏仁核对于记忆的巩固也起着重要的作用，尤其是在有情感体验参与的情况下（Cahill & McGaugh，1998；Roozendaal et al.，2008）。

海马体除了在记忆巩固中具有重要的作用之外，它在空间记忆中也起着重要的作用。Luzzi et al.（2000）报道了一个由于右侧旁海马皮层损伤而在新的环境中失去方向感的病例。该患者找到房间的唯一方式是数经过的房门数。对正常人脑功能成像的研究也表明，当一个人记忆或寻找路径时，右侧海马体会被激活。例如，Maguire et al.（1997）曾对伦敦的出租车司机进行过测试，结果发现他们在描述从一个地点到另一个地点的路线时，右侧海马体会被激活。伦敦的出租车司机都接受了关于如何在城市中有效驾驶的训练，这种培训持续两年左右的时间，其中的很多内容都与空间地形有关，而这种学习很可能会导致大脑结构产生相应的变化。而 Maguire et al.（2000）的研究发现，伦敦出租车司机的后海马区域的体积要大于一般人，且他们从事出租车司机这个职业的时间越长，右侧后海马的体积就越大。海马体在空间记忆中的作用得到了很多其他研究（例如，Bohbot et al., 2007; Iaria et al., 2003）结果的证实。

下颞叶皮层具有复杂的视觉功能（Lehky & Tanaka, 2016）。Bussey & Saksida（2005）认为，该脑区与周围的嗅周皮层在存储视觉输入的记忆中都具有重要的作用。Naya et al.（2001）的研究结论也支持这一观点。他们在研究猴子学习配对视觉图像的两者关系时，记录了下颞叶皮层和嗅周皮层中神经元的反应。在将一对视觉图像呈现给实验猴时，研究者先在下颞叶皮层神经元上记录到反应，然后才在嗅周神经元上记录到反应，但是在要求实验猴回忆那一对图像时，其嗅周神经元首先被记录到，而后才是下颞叶皮层神经元的反应。Naya et al.（2001）认为这个逆转模式反映了视觉记忆从下颞叶皮层提取的过程。Naya & Suzuki（2011）的研究又进一步证实，嗅周皮层在情景记忆中起着重要的作用，它负责视觉信息与时间信息的整合。

Sternberg & Sternberg（2012）指出，从人类进化的角度来看，上述与陈述性记忆相关的结构是相对较晚的进化产物，同时陈述性记忆也可以被视为相对较晚的产物，其他记忆结构则可能负责非陈述性记忆。例如，基底神经节似乎是控制程序性记忆的主要结构（Shohamy et al., 2008），小脑在经典条件反射的记忆中似乎起着关键的作用，并广泛地帮助许多任务的执行（Thompson & Steinmetz, 2009）。此外，小脑和纹状体也在非陈述性记忆中扮演着重要的角色。小脑可能通过各种神经可塑性机制参与学习过的感觉运动技能的记忆存储（Gao et al., 2012），而纹状体可能参与基于刺激反应的习惯形成式的学习与记忆过程（Graybiel & Grafton，2015）。

在上述各个与程序性记忆相关的人脑结构中，基底神经节（basal ganglia）具有核心作用。来自不同部位大脑皮层的信号会投射到基底神经节，再传输到丘脑，其后又返回到大脑皮层的各个区域，由此而构成一个循环。图 4–13 为基底神经节与大脑皮层的联结回路示意图，如图所示，来自大脑皮层的传入纤维主要投射到纹状体。从这里开始，加工过程沿着直接通路和间接通路两条通路进行，直接通路去往输出核团（包括苍白球内侧部分和黑质网状结构的一部分），间接通路要经过苍白球外侧部分和丘脑底核，然后再到输出核团。到达输出核团的信号再经过丘脑返回到大脑皮层。黑质致密部通过多巴胺[1]的分泌来调节纹状体的活动，并由此作用于直接通路和间接通路。

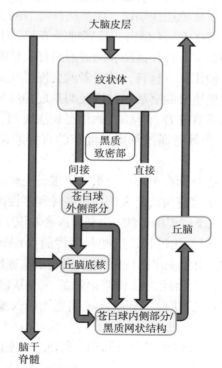

图 4–13　基底神经节与大脑皮层的联结回路示意图（Gazzaniga et al.，2014：356）
（注：图中绿色部分表示兴奋性联结，红色部分表示抑制性联结）

1　多巴胺是一种帮助细胞传导脉冲的神经传导物质。

许多研究（例如，Fabbro，1999；Lieberman，2000；Ullman，2001a等）表明，基底神经节不仅负责运动功能，还在语言使用过程中起着重要的作用。Fabbro（1999）指出，由于基底神经节损伤而导致的失语症患者一般都会表现出外国口音综合征（foreign accent syndrome）[1]、持续症（preservation）[2]和语法缺失（agrammatism）[3]等障碍，这些症状的产生都有可能是由于相关的程序性语言知识遭到破坏所造成的（Lee，2004）。此类患者具有一个值得关注的现象，即如果患者能够说两种语言，他们往往会出现反常性失语症（paradoxical aphasia）的症状，通常二语或者外语受基底神经节损伤影响的程度要远远小于母语。Lee（2004）指出，造成这种现象的原因在于，二语或者外语的熟练程度一般都会低于母语，其程序化程度还没有达到母语的水平，因此，二语或者外语的使用更多依靠陈述性知识，而基底神经节的损伤对陈述性知识的影响不大。Lee（2004）还指出，基底神经节与二语学习过程中程序性知识的学习密切相关，直接通路和间接通路都有可能参与其中。通过大量的接触和反复使用语言材料，学习者就会慢慢在大脑皮层的相关神经元之间建立起强度更大的突触联结以及与基底神经节的关联，这些联结和关联就代表着语音或者所学语言的形态句法规则。随着学习进程的深入，学习者最终会具备通过基底神经节的直接通路执行这些规则的能力。

二语学习的核心目标在于形成使用二语进行交际的能力，而心理语言学的研究表明，语言使用就是人们通过各种程序性的操作使用语言知识（主要是词库中关于词汇的语法、语义和语音知识）和非语言知识（主要是关于世界的知识）的过程，这些程序性的操作属于长期记忆中的程序性知识，而这些语言知识和非语言知识属于陈述性知识（Dietrich，2002；Levelt，1993）。因此，从长期记忆的神经基础出发来认识陈述性知识和程序性知识的获取，会使得我们更加深入地理解二语学习的过程。

传统的二语教学大都重视语言知识，即陈述性知识的传授和学习，

1　指语言障碍患者在说母语时带有其他语言口音的现象。

2　指患者在说话时会不自主地重复一些音节、单词或者更大的语言单位。

3　指语症患者语言中省略语法标志词的现象。

然而学生在学习了大量的词汇和语法规则之后，语言能力仍然得不到有效地提高，也即他们的程序性知识明显不足。对于陈述性知识的获得向来存在两种不同的观点，一种观点（例如，Krashen，1985；Paradis，2004）认为陈述性知识与程序性知识具有不同的学习机制，二者是不能相互转化的，因此，程序性知识的获得只能通过大量的训练，以内隐学习（implicit learning）的方式进行。虽然持有这种观点的学者都不否认二语学习过程中陈述性知识的存在，但是他们大多贬低了它的作用，认为它只是起着一种监控的作用，只是负责对二语运用的审查和修正。另一种观点（例如，DeKeyser，1998；McLaughlin，1990）则认为陈述性知识和程序性知识是可以相互转化的。程序性知识既包括相对简单的动作，也包括非常复杂的技能。人们在学习身体程序时，主要是将其作为实际的行为，通过练习、储存并逐渐提炼，进而形成程序性的知识（Féry & Morizot，2000；van Merriënboer & Kester，2008）。换言之，简单的程序性知识的获得是直接通过训练而完成的。而对于复杂的技能，特别是包含心理成分的复杂程序来说，人们首先获得的是陈述性知识，通过练习而逐渐发展为程序性知识（Anderson，1982，1987；Beilock & Carr，2003）。Willingham & Goedert-Eschmann（1999）指出，人们在学会一个新程序的过程中，同时学习其信息性和行为性两方面，他们以显性的陈述性知识的形式很快地学会信息性部分，而以一种更加渐进、内隐的方式掌握适当的行为。而且信息性知识会对行为的实施有辅助和指导作用，当行为仍然不完整时，人们可以通过利用陈述性知识来帮助自身明确需要做什么。Ormrod（2012：199）以打网球为例来说明陈述性知识对于行为养成的作用。学习打网球的新手可能会不断地提醒自己"胳膊要保持伸直""眼睛要盯着球"等，而随着学习者逐渐调整以及掌握了程序的行为时，这种自我言语式的提醒也就没有必要了，此时学习者就把原来的控制性加工变成了自动加工。由此可见，从心理过程来看，陈述性知识的参与是程序性知识形成所必需的。目前，关于长期记忆神经基础的研究成果也表明，不能把陈述性知识和程序性知识截然分开，因为人脑的神经网络将整个人脑形成一个完整的整体，大脑皮层的不同部位之间都通过神经纤维而相互联结。如上文所述，陈述性知识的获得以海马体为中心，把经过工作记忆加工的信息存储到大脑皮层，程序性知识的形成则以基底神经节为中心，而基底神经节又会通过直接和间接两个路径与大脑皮层相联结。图 4-14 为陈述性知识与程序性知识相互影响的神经基础示意图，如图所示，海马体、基底神经节都与相同的大脑皮层相联结，而且两者之间也具有相互的联结，这就为陈述性知识和程序性之间的相互影响和转化提供了扎实的神经基础。

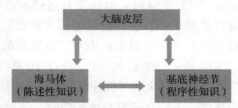

图 4-14 陈述性知识与程序性知识相互影响的神经基础示意图
（基于 Lee，2004：68）

　　Ullman（2015）指出，在二语学习的过程中，陈述性知识和程序性知识是相通的，其原因在于三个方面：（1）在二语学习的过程中，两个记忆系统是互补的，它们都可以学习同样的包括语言序列和语言规则在内的语言知识。有多种因素都会影响到人们依赖哪一个记忆系统来学习语言知识。首先，两个记忆系统各具优势，陈述性记忆可以迅速地获得陈述性的知识，而程序性记忆可以更加高效地获得类比性的知识（analogous knowledge），而且最终会得到迅速、自动化的处理。其次，学习环境也对此具有很大的影响，明示教学（explicit instruction）更有可能致使学习者更多地依赖陈述性记忆系统，在缺乏明示教学的情况下，学习者更有可能依赖程序性记忆系统。（2）对动物和人类学习行为的研究都表明，两个系统之间存在着相互竞争的关系，从而导致跷跷板效应（seesaw effect）的产生。当一个系统产生障碍或者工作能力降低时，另一个系统就会更多地发挥作用。（3）一些证据表明，从陈述性记忆中提取信息的过程可以抑制或者阻碍从程序性记忆中提取信息的过程，反之亦然。

　　当二语学习者达到某个水平之后，往往会保持在一定的水平而停滞不前，很难再继续提高，这被称为"石化现象"（fossilization）。该现象的存在严重影响二语学习者语言水平的提高，因此受到二语教学研究领域的普遍关注。研究者围绕石化现象的定义及表现进行了大量的研究且达成了普遍共识，但是在石化现象形成的原因以及解决的方法方面还存在诸多的争论。神经语言学对语言学习神经基础的研究为认识二语学习中的石化现象提供了一种新的视角（崔刚、王月昱，2020）。

　　从学习的神经基础来看，学习的过程就是大脑中神经网络的构建过程。人们不断地学习新的知识与技能，由此带来原有神经网络的不断重组（Bassett & Mattar，2017），从而使得人脑在一生之中都处在动态变化之中，而这种变化可以体现在人脑结构的各个层面上——小到单个的神经元，大到人脑皮层结构的再组织（cortical reorganization），其中包括神经网络、神经回路和突触联结等不同层次的可塑性，但是其基本的表现在于神经网络结构的变化。而突触联结的可塑性居于核心的地位，大多数行为的改变都与一个网络系统中神经元突触的增加与减少有关，因为其他两个层次的可塑性都是由此而产生的。换言之，突触联结的变化会带来神经回路的变化，而神经回路的变化又会进一步导致神经网络的变化。因此，从学习的神经基础来看，二语学习在本质上就是语言网络的构建过程（崔刚，2021）。学习者不断接触和使用外语的语言材料，接收各种形式的语言刺激，外语中不同的语言要素相互关联，联结的强度也不断得到调整，从而引起外语知识网络的不断变化，进而形成一个日益完善的语言网络体系，使学习者的语言能力朝着母语者水平的方向不断靠近。而在这一过程中，网络重组的难度以及给学习者带来的主观感受会因语言网络的复杂程度的差异而不同，同样数量的学习内容对不同的知识网络所带来的影响是不一样的。在语言水平尚低时，由于外语知识网络相对简单，一定数量的学习内容就会带来网络内容和结构的明显变化，从而给学习者带来水平进步明显的感觉；而在语言水平较高时，外语知识网络的内容非常丰富，它的结构也非常复杂，同样数量的学习内容对于外语知识网络的影响也就不那么明显，此时给学习者带来的感受就是停滞不前。我们可以用一个简单的计算来说明这一道理。对于数字 1 来说，增加一个数字 1，原来的数字就增加了 100%，但如果原来的数字是 100，同样增加一个数字 1，原来的数字只是增加了 1%。由此可以看出，语言知识网络构建难度的变化是石化现象产生的一个重要原因。

认知心理学认为，人的认知活动分为受控处理（controlled process）和自动处理（automatic process）两种方式（Schneider & Shiffvrin，1977），而二语学习就是一个从受控处理向自动处理不断转化的过程（McLaughlin et al.，1983）。在这一过程中，陈述性知识被转化为程序性知识，语言处理的自动化程度也随之不断提高。但是，这一过程具有双重的效果：一方面，一些正确的语言规则和用法被程序化，从而使得学习者的外语水平得到提高；另一方面，由于母语迁移、训练迁移、学习策略、交际策略和目标语过度概括等原因而产生一些不正确的语言规则和用法也会被固定下来，从而导致石化现象的发生。二语学习的这一转化过程也会带来相应的神经机制的转变。Wu（2000）指出，随着学习者二语或者外语水平的提高，目标语的语言知识会逐渐成为"一套用于计划和产出目标语的规则化的次程序"（同上：VII），在这一过程中，"（1）语言计划与产出过程中形成的信号联结起来形成连贯的序列；（2）学到的序列得到巩固而形成整体的单元；（3）这些整体单元会映射到它们发生的典型环境的神经表征。"（同上：VII）目前，认知神经科学的相关研究表明，受控处理的认知活动需要在神经中枢执行功能的控制之下，其神经基础为以额叶为核心的大脑皮层，而自动化处理的认知活动更多地需要人脑边缘系统的参与（崔刚，2021）。Lee（2004）根据语言学习的神经基础解释了石化现象产生的神经成因，如图 4-15 所示。

Lee（2004）认为，要把陈述性知识转化为程序性知识，需要海马体获取信号并进入负责程序性记忆的基底神经节的系统之中。这一过程始于负责陈述性记忆的海马体和杏仁体。杏仁体又称杏仁核，附着在海马体的末端，是人脑边缘系统的一部分，它负责情绪的产生、维持与调节，因此可以提供学习的动力。来自海马体和杏仁体的信号进入背侧纹状体之内。背侧纹状体与人的奖励、满足感密切相关，在把内在的动机转化为运动行为过程中起着重要的作用，它把信号传给苍白球，并由此传递给丘脑。背侧纹状体也把信号传递给腹侧苍白球，并由它经过脚桥核传递给脑干的运动核，最终到达脊髓。腹侧苍白球和苍白球都通过丘脑对大脑皮层产生影响。多巴胺在上述系统中起着重要的作用，它作为一种神经传导性物质与人的欲望、感觉密切相关，传递兴奋与开心的信息。它从腹侧被盖区和黑质致密部分布到杏仁体、腹侧纹状体、腹侧苍白球和背侧纹状体等部位。由此不难看出，二语学习中的程式化过程涉及极其复杂的神经机制，而且一旦某个知识被程式化之后（例如，错误的语言使用习惯），要想解除就需要重复进行这一程式化的过程。

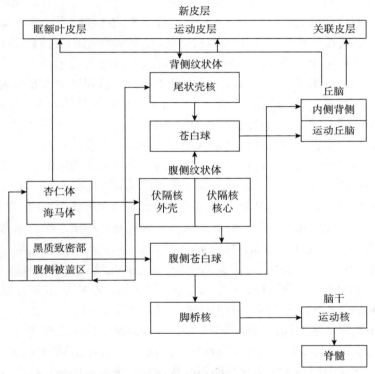

图 4-15　石化现象形成的神经流程图（Lee，2004：71）

　　正在经历石化现象的二语学习者往往具有两个重要的特征（Selinker & Selinker，1972）：一是他们都具备了较高的外语水平，能够熟练地使用外语进行交流；二是他们的学习过程开始停滞，即使是在大量接触目标语的情况下，他们的语言使用也不会有明显的改善。Lee（2004）所提出的石化现象的神经成因可以很好地解释上述两个特征。学习者能够熟练地使用外语，是因为已经具备足够的程序化语言知识，他们的外语使用达到了较高的自动化程度。经过长期的、反复的语言使用，二语学习者可以通过基底神经节的神经回路形成关于目标语规则和使用的程序性记忆，这些记忆既有正确的，也有不正确的。而程序性记忆的形成也使得一些不正确的语言规则和使用固定下来，因此难以改变。与陈述性记忆相比，程序性记忆有两个突出的特点：一是它难以形成，需要长时间的反复训练；二是它一旦形成就难以改变，这就解释了石化现象的顽固性。石化现象是外语学习过程中自动化过程的必然结果。Wu（2000）也认为，被石化的语言使用形式是长期反复重复的结果，它们难以改变，而且不受中枢执行功能的控制。他以 Levelt（1989）关于语言产生的理论为基础，提出了一个三阶段的语言产出模型：首先讲话人要形成讲话的目的并形成要表达的信息，然后构建话语，最后为具体的发音做准备。这三个阶段受中枢执行功能控制的程度依次降低，自动化程度则依次增加，石化现象发生的程度也就依次增加，因此，语音的石化在语言的各个层面中最为突出。由此可见，程序化的过程在石化现象的产生过程中具有核心的作用，而程序化与人脑的基底神经节密切相关。

石化是二语学习的一个重要问题，对于这一问题能否解决，即当学习者进入石化状态之后能否顺利走出并不断提高目标语水平，学者中也存在着不同的观点，例如，Nemser（1971：174）就认为石化是"永久性的中间系统和子系统"，亦即石化现象的出现就意味着二语学习者语言水平的终止。崔刚和王月旻（2020）则认为，石化状态是可以突破的，要解除石化现象是完全有可能的，其基本原因在于：二语学习就是目标语网络体系的构建过程。语言知识都是以网络的形式存储的，在二语学习的过程中，学习者会不断建立新的联结，并不断调整联结之间的强度，从而引起外语知识网络的不断变化。二语学习总是处在一种动态的变化过程之中，变化有快有慢，但是不可能停止，因此石化现象的出现也并不意味着外语知识网络的建构过程终止了。与此同时，人脑是有可塑性的，人脑的结构和功能总是处于不断的调整和变化过程之中，更为重要的是，负责程序性记忆的基底神经节也可以在其他部位的影响之下而发生改变，Lee（2004）所提出的理论就很好地说明了石化现象解除的可能性。当然，石化现象具有很强的顽固性。对于大多数的二语学习者来说，他们的外语水平只是停留在中介语的阶段，难以挣脱语言石化的限制。Lee（2004）指出，从进化的角度来，程序性技能稳定、难以改变也是人类生存所必需的一种特性。程序性技能的形成能够帮助人们迅速、自动地对外部刺激做出反应，从而有助于人类的生存。如果这些技能很容易就能改变，人类对于外部刺激的反应速度就会变慢，也就会面临更多的危险。具体到二语学习之中，一旦学习者对一些不正确的语言结构或者使用方法形成了程序化的知识，变成了自动化的行为，要想改变它们就非常困难。这也就解释了为什么只有很少的二语学习者能够突破石化现象而达到母语者的语言水平。

4.4　双语的神经机制

世界上的大多数人都至少会说两种语言，甚至有大约百分之十的人会说三种甚至更多的语言（Baggio，2022），因此神经语言学学者们对双语的神经机制研究日益重视。然而，与单语相比，双语的研究要面临更多的困难。这些困难主要来自两个方面：一是双语情况的复杂性，Gass & Selinker（2008）根据二语学习的年龄、双语的水平、习得方式等因素区分了 37 种不同类型的双语者；二是语言系统的复杂性，双语不是把两个单语者集中到一个人身上，即双语系统不是两个语言系统的简单叠加，而是两个复杂的语言系统在多种因素的影响下以一种动态的方式不断融合而形成一个更为复杂的系统，且在这一系统之内，两种语言一直处于不断的相互作用之中。上述两个因素都给神经语言学在相关领域的研究带来了极大的挑战，尽管如此，学者们还是进行了大量的研究，这些研究大体可以分为三个领域：一是双语的神经基础；二是双语的控制机制；三是双语对脑结构和功能的影响。

4.4.1　双语的神经基础

二语学习是在学习者已经具备相对完整的母语系统的基础之上进行的，因此神经语言学研究二语神经基础的核心问题就在于它与母语的关系。对于这一问题，学界还存在着不同的观点。例如，Ullman（2001a）所提出的陈述／程序模型认为，对于单语者来说，母语的词汇知识储存在陈述记忆之中，语法规则则属于程序性记忆。而对于二语学习者来说，如果他们已经过了关键期的年龄，就不能依靠用于母语语法加工的程序性内隐认知资源，而只能依靠外显型的认知资源进行语法规则的加工（Ullman，2001b，2004）。由于内隐性知识和外显性知识具有不同的神经基础，前者的神经基础主要在于布洛卡区和基底神经节，而后者的神经基础主要在于左侧颞叶，因此，二语学习者需要利用与母语不同的、更加靠后的脑区（即左侧颞叶区域）。与陈述／程序模型不同，Green（2003）的融合理论（convergence theory）认为，二语学习是在学习者已经具备母语使用能力的基础上进行的，如果布洛卡区已经在母语习得的过程中具备了语法加工的功能，它同样也适用于二语的语法加工。当然，这并不否认二语和母语加工的神经基础的差异，尤其是在二语水平尚低的时候，二语的加工可能需要其他的脑区参与，但是随着学习者二语水平的提高，二语加工的神经基础会逐渐与母语融合。除了上述两种观点之外，还有一些其他的观点，例如，Paradis（2004）把关于双语的神经基础的不同观点总结为四种类型（如图 4-16 所示）。其中，扩展系统（Extended System）理论认为二语和母语具有相同的神经网络，两种语言系统（由图 4-16 中的 A 和 B 表示）在该神经网络中是完全对等、相互融合的；双系统（Dual System）理论则与之相反，认为两种语言具有各自独立的神经基础。三系统理论（Tripartite System）和次系统理论（Subsystem）则介于上述两种理论之间，前者认为两种语言之中相同的语言要素具有共同的神经基础，不同的部分则具有不同的神经基础；后者认为母语和二语共享一个更大范围的神经网络，但是这一神经网络之内又含有不同的次系统，它们分别服务于母语和二语的加工。针对上述不同的观点，研究者开展了大量的研究。早期的研究主要针对词汇和语法的加工两个方面。

关于词汇加工，研究者首先关注的是二语词库储存的神经基础。众多的行为研究结果表明，二语词库和母语词库是相互融合、交织在一起而储存在大脑词库之中，这也就意味着包括形式（语音和拼写）表征和语义表征在内的二语词汇知识的存储与母语具有同样的神经基础

（Dijkstra，2005；Francis，2005）。许多采用脑成像技术的研究结果也证明，二语和母语词汇加工所激活的脑区是相同的（van Heuven & Dijkstra，2010）。也有一些研究（例如，Chee et al.，2003；Tham et al.，2005）表明两种语言的词汇加工所激活的脑区存在差异。但是，Abutalebi et al.（2005）指出，这些研究大多忽略了语言水平的影响。Dijkstra & van Heuven（2012）在对相关研究进行全面综述的基础上得出结论，双语词库在不同的语言之间是互相整合的，这也就意味着不同语言的词汇表征之间相互影响的方式与同一种语言是相同的，因此，两种语言应该位于人脑中相同的部位。但是，二语水平、二语习得的年龄、不同语言的使用情况等因素也可能会影响二语词汇存储的具体情况。

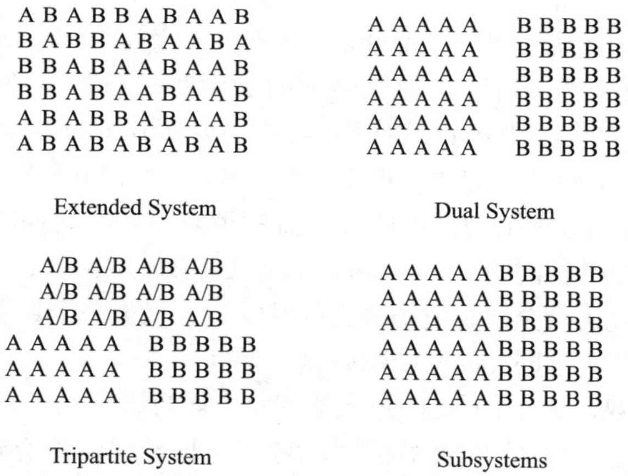

```
A B A B B A B A A B        A A A A A   B B B B B
B A B B A B A A B A        A A A A A   B B B B B
B B A B A A B A A B        A A A A A   B B B B B
B B A B A A B A A B        A A A A A   B B B B B
A B A B B A B A A B        A A A A A   B B B B B
A B A B A B A B A B        A A A A A   B B B B B

     Extended System              Dual System

A/B A/B A/B A/B             A A A A A B B B B B
A/B A/B A/B A/B             A A A A A B B B B B
A/B A/B A/B A/B             A A A A A B B B B B
A A A A A   B B B B B       A A A A A B B B B B
A A A A A   B B B B B       A A A A A B B B B B
A A A A A   B B B B B       A A A A A B B B B B

    Tripartite System             Subsystems
```

图 4-16 关于双语神经基础的不同观点示意图（Paradis，2004：111）

与词汇加工有关的另一个重要问题是词汇的提取。心理语言学采用行为实验的方式对这一问题进行了大量的研究，研究的结果都表明，双语词库中词汇的提取不受具体语言的影响，双语者在接触到一串字母时，两种语言中与之相似的单词都会同时被激活（Harley，2014）。Dijkstra & van Heuven（2012）把这种现象称为"非语言专属性提取"（language-nonspecific access）。例如，向荷兰语/英语双语者呈现英语单词 blue，这不仅会引起诸如 clue、glue 等英语词汇的激活，同时也会激活荷兰语中与之相似的词汇（Coltheart et al.，1977）。van Heuven et al.（1998）的研究发现，与某个单词在语音、拼写和意义等方面相似的母语和二语中的词（被称为相邻词，neighbor）的数量会影响到目标词的提取，即在提取某个单词的过程中，有关的相邻词都会同时得到激活。这一结果也得到了神经语言学相关研究的进一步证实。例如，Midgley et al.（2008）对法语/英语双语者的研究表明，在两种语言中拥有更多相邻词数量的单词能够引起更大程度的 N400 效应。Thierry & Wu（2007）对于汉语/英语双语者的研究也表明，受试在提取英语词汇时会自动激活相对应的汉语词汇。Correia et al.（2014）对英语/荷兰语的双语者的研究结果显示，对两种语言中动物名称的词汇加工都会涉及颞叶、顶叶和额叶皮层的激活，尤其是在左侧颞叶的前部区域，两种语言词汇激活的范式基本相同，这说明二语和母语的词汇共享同样的语义/概念系统。另外，颞叶前部脑区在跨语言语义启动（semantic priming，一种语言的词汇加工会同时激活另一种语言中与之语义相关的词汇）中也呈现出自适应的效应（adaptation effect）（Crinion et al.，2006），不同类型的动词加工会激活不同的大脑区域（Tyler et al.，2008），而且脑成像的数据证明成年流利型双语者的两种语言的动词所激活的区域也是相同的（Consonni et al.，2013）。Green & Kroll（2019）在对相关研究进行全面综述与分析的基础上，又进一步肯定了二语和母语的词汇加工共享同样的神经网络这一观点。

当然，双语词汇的加工还受到多种因素的影响。一种语言中的词汇在日常生活中的使用频率越高，它们在长期记忆中存储就越稳固，对这些词汇激活的速度就越快，识别的准确度也就越高。因此，双语的水平状况、二语学习的年龄以及一般性的语言接触情况（language exposure）都会影响到词汇的识别（Dijkstra & van Heuven，2012）。神经语言学也对此进行了许多研究（例如，Briellmann et al.，2004；Chee et al.，2001；Hernandez & Meschyan，2006；Rüschemeyer et al.，2005），这些研究的结果也都肯定了上述观点，尤其是在二语水平对词汇加工的影响方面，结论更为一致。例如，Chee et al.（2001）采用 fMRI 技术的研究发现，血氧水平依赖性（BOLD）信号的强弱与语言水平密切相关，二语水平低的双语者在进行二语语义判断时，在大脑左侧前额叶和顶叶的一些区域以及大脑右侧额下回所引起的 BOLD 信号的变化幅度就比较大。De Bleser et al.（2003）的研究也证实，随着二语水平的提高，二语词汇加工的神经基础会逐渐与母语趋于融合。也有学者针对语言接触情况对词汇加工的神经基础的影响进行了研究。例如，Perani et al.（2003）以生活在巴塞罗那的西班牙语 / 加泰罗尼亚语的早期双语者为研究对象，研究受试的两种语言水平都达到了很高的水平，差别在于一组受试的母语是西班牙语，另一组受试的母语是加泰罗尼亚语。研究结果表明，对两种语言接触情况的差异导致双语神经表征的差别，而且这种差别主要体现在大脑左侧背外侧前额叶的部位。这一结果与早期 Thompson-Schill et al.（1999）关于反复训练可以增加左侧前额叶皮层激活程度的结论是一致的，这说明更多地接触某一语言可以引起相应脑区激活程度的提升，从而也会带来二语词汇加工神经基础的变化。

在句子的加工方面，许多研究也发现了与词汇加工的非语言专属性提取相类似的现象，即双语者在提取一种语言的句法结构时也会同时激活另一种语言中与之相关的句法结构。例如，Sanoudaki & Thierry（2015）的研究发现英语 / 威尔士语双语者两种语言的句法被同步激活的现象，不过该现象只存在于二语水平高的双语者。除了二语水平之外，两种语言的差异大小也会直接影响两种语言句法被同步激活的可能性。例如，Hartsuiker et al.（2004）采用句法启动范式对西班牙语 / 英语双语者的研究结果表明，在两种语言具有同样结构的情况下产生了跨语言的句法启动效应。而另一些研究（例如，Bernolet et al.，2007；Loebell & Bock，2003）发现，在两种语言句法结构存在差异的情况下就不会产生这样的现象。除了二语水平和两种语言的差异之外，许多采用 ERP 技术的研究（例如，Pakulak & Neville，2010；Tanner et al.，2014）结果表明，双语者的个体差异也会影响其句子加工的具体方式。这说明不同的学习者可能会因个体差异而采用不同的策略进行母语和二语的句子加工，从而调用不同的神经资源。

关于双语者句法加工的神经基础，早期的一些 ERP 研究（例如，Hahne & Friederici，2002；Weber-Fox & Neville，1996）都支持二语和母语的句法加工具有不同的神经机制这一观点，因为它们都发现二语的句法违例并没有像母语那样引起明显的左前负波（LAN）和 P600 效应。然而，后期的研究则逐渐发现两者之间的差异也会受到多种因素的影响。由于母语习得关键期的问题，尤其是涉及普遍语法在二语学习中的作用问题，研究者最早关注的是二语学习的年龄差异是否会对二语句法加工的神经基础产生影响。关于这一点，学界一般把双语者分为早期和晚期两种类型，早期双语者一般在 6 岁之前，甚至是和母语习得同步开始习得第二种语言，晚期双语者则在母语习得的关键期过后再学习二语。Wartenburger et al.（2003）采用 fMRI 技术，对早期双语者、高水平晚期双语者和低水平晚期双语者在语法加工时两种语言所激活的大脑区域进行比较，如图 4–17 所示。对于早期双语者而言，两种语言的语法加工所激活的大脑区域没有差别，而对于晚期双语者而言，不论二语的水平高低，所激活的大脑区域都存在差别，而且这一差别只体现在语法加工上面，词汇语义加工所激活的大脑区域差异只与二语的语言水平有关。二语学习年龄对于句法加工神经基础的影响也得到一些从其他角度所进行的研究的证实。例如，Klein et al.（2014）通过对单语者、早期双语者和晚期双语者大脑皮层的厚度对比研究发现，晚期双语者大脑左半球额下回的厚度要明显高于单语者和早期双语者，右半球额下回的厚度则明显低于另外两组。

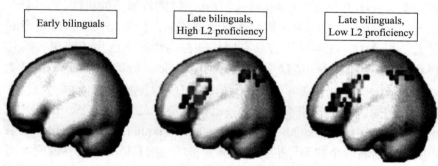

图 4–17　三类双语者句法加工所激活的脑区差异
（Perani & Abutalebi, 2005：203）

另外，Wartenburger et al.（2003）的研究还发现，二语水平对于晚期双语者二语语法加工的神经基础也具有一定的影响。在语法加工的过程中，与水平高的双语者相比，水平低的双语者要额外激活一部分脑区，而且这些脑区都位于和语言相关的脑区，如布洛卡区。这一研究成果一方面说明，二语学习年龄对于二语语法加工的神经基础的重要作用，另一方面也说明二语语法加工和母语具有共享的神经网络，而且语言水平在其中起着重要的作用。其他的许多研究（例如，Friederici et al.，2002；Musso et al.，2003；Sakai et al.，2004；Tettamanti et al.，2002）也都进一步证明了上述关于二语语法加工和母语具有共享的神经网络这一发现。其中，Friederici et al.（2002）的研究发现，成年二语学习者的二语句法加工与母语呈现相似的时间相关电位效应。Sakai et al.（2004）通过对晚期二语双胞胎学习者的研究发现，二语句法能力的获得与母语句法加工的神经基础是一致的。另外，这些研究也发现，在具体激活的区域上，二语水平的差异也会产生较大的影响。Sulpizio et al.（2020）对相关研究的元分析结果说明，双语者的二语水平越高，二语句法加工所激活的脑区与母语就越接近。

Baggio（2022）在对相关研究进行全面考察的基础上指出，二语学习年龄和二语水平对双语神经基础的研究结果呈现以下三个方面的倾向：第一，对于两种语言能力基本相当的早期双语者来说，两种语言同样激活左半球外侧裂周边脑区的核心语言网络。第二，对于二语水平较低的双语者来说，他们在产出二语时会激活更大面积的大脑区域，而在理解二语时会激活更小面积的脑区，这种差异在词汇语义加工时要比语法和语音加工时表现得更为明显。早期双语者在使用二语时对于包括布洛卡区和沃尼克区在内的与听觉和运动相邻的脑区的激活程度要高于晚期双语者，这说明前者更有可能具备对二语的自动化加工的能力。第三，二语语言水平对于双语神经基础的影响要比二语学习年龄更为明显。关于双语神经基础的研究仍然处在初步的阶段，还有许多问题需要解决。目前能够得到的一个初步的结论是，对于双语者来说，双语在人脑中既各自独立又有相互共享的神经网络，它们之间相互联结，从而构成了一个极其复杂的双语的神经功能结构。因此，双语的人脑不能简单地被视为是两个单语系统的叠加，而是在习得年龄、语言水平、习得方式以及语言接触情况等多种因素的影响之下而形成的一种独特的、复杂的且个体之间存在差异的神经系统。

4.4.2 双语的控制机制

对于双语者而言，不论是使用母语，还是使用二语进行交流，在语言使用的过程中两种语言都会得到一定程度的激活，并且一直处于相互的影响和互动之中，这也就意味着双语者需要不断地在两种语言之间进行语码的切换。此外，还要应对与处理两种语言之间相互竞争的问题，使用一种语言的同时就要对另一种语言进行抑制或调控，这就需要双语者在语言使用的过程中进行有效的调控。近年来，神经语言学对双语的控制机制进行了许多研究（杨静，2016），并对由大脑皮层、皮层下组织和小脑所联合构成的双语控制神经网络有了初步的认识。

双语者有效抑制非目标语言的干扰，成功提取目标语言的语言控制机制与一般认知控制机制似乎存在紧密的联系（Abutalebi & Green，2007）。Abutalebi & Green（2008）指出，语言转换的重要区域也属于一般认知控制系统。特别是左侧背侧前扣带皮层（dorsal anterior cingulate cortex，dACC）和双侧缘上回都是额–顶叶注意网络中的重要组成部分（Toro et al.，2008），前扣带回和尾状核（caudate）则与认知控制有关（van Schouwenburg et al.，2010；Westlye et al.，2011）。前扣带回与错误侦测有关（Ide & Li，2011），而且属于负责调度内外资源监控行为的突显网络（salience network）（Seeley et al.，2007），尾状核则涉及运动反应控制（Boehler et al.，2010）以及目标指向行为（Grahn，et al.，2008）。在最近的一项研究中，Wu et al.（2019）运用扩展的统一结构方程模型（extended unified structural equation model，euSEM）和 fMRI 技术，通过语言转换和非言语转换任务，对汉语/英语双语者语言转换中语言控制与一般认知控制之间的协同机制进行了研究，结果显示，语言控制是由额叶、顶叶、皮层下区域和小脑所组成的神经网络合作协同完成的。更为重要的是，该研究发现，与一般性的认知控制相比，语言控制需要调用更多的皮层下区域和额叶与皮层下区域的联结。另外，语言控制与一般认知控制之间协同的效率主要取决于一般的认知控制能力，但是双语者的二语水平也在其中起到一定的作用。Mouthon et al.（2020）通过对双语者翻译过程的研究发现，语言的选择首先依赖一般的认知控制网络，而二语水平低的双语者的语言控制需要调用更多的神经资源。Köpke et al.（2021）的研究结果也进一步证实，二语水平高的双语者进行语言转换时所激活的脑区与非语言任务基本上是一致的。语言控制只是人类认知系统中各种控制活动的一种，其进行也要受到一般认知控制规律的制约。例如，人在各种信息加工的过程中具有很强的预测能力，会根据过去的经验对即将接受到的外部刺激或者认知活动做出预判并提前开始一些相应的活动（Brennan，2022），在双语控制中也表现出了这一特点。Wu & Thierry（2017）对汉语/英语双语者的研究表明，双语者在语言产出的过程中会在目标语言产出之前就会对另一种语言进行主动的抑制性控制。

Green & Kroll（2019）对相关的研究进行了全面的总结，该研究发现双语者脑中的语言控制网络所涉及的脑区主要包括背侧前扣带皮层/辅助运动前区（pre-supplementary motor，pre-SMA）、双侧前额叶皮层、双侧顶下小叶（inferior parietal lobules）、左侧尾状核、丘脑、小脑以及基底神经节的壳核（putamen）[1]。

前扣带皮层包括 BA 24 区前部延伸至膝下皮层（subgenual cortex），在一般性的认知控制上，它与冲突解决和错误监控密切相关（Botvinick et al.，2001），而在双语的使用过程中，它会在出现跨语言冲突（Rodriguez-Fornells et al.，2005；van Heuven et al.，2008）和语言转换时（Guo et al.，2011；Hosoda et al.，2012；Luk et al.，2012）被激活。例如，van Heuven et al.（2008）对荷兰语/英语双语者的研究发现，在进行词汇判断任务时，一种语言的词汇会同时激活另一种语言的词汇，从而导致语言冲突的发生，此时会引起前扣带皮层/辅助运动前区的激活。Hosoda et al.（2012）对日语/英语双语者的研究发现，与从二语向母语的切换相比，从母语向二语的切换会引起右侧前额叶皮层、左侧颞上回/缘上回、左侧额下回、尾状核以及前扣带皮层的更大程度的激活，这说明前扣带皮层在语言转换中具有重要的控制作用。另外，前扣带皮层的激活程度会受语言接触等多种因素的影响。例如，Tu et al.（2015）还发现，具有高水平二语的双语者在经过一段时间母语的沉浸式接触之后，该区域的激活程度会增强。

1　本节中关于各个脑区与脑组织的介绍主要参照 Green & Kroll（2019）中的相关内容，特此说明并致谢。

左侧前额叶皮层不参与冲突的监控，但是会参与反应选择的控制，它在语言切换（Hosoda et al., 2012; Lehtonen et al., 2005; Venkatraman et al., 2006）、词汇产出和图画命名（Abutalebi & Green, 2007）时都会被激活，尤其在产出语言水平较低的词汇时激活的程度更高（Kovelman et al., 2008; Parker-Jones et al., 2012）。例如，Venkatraman et al.（2006）使用数学计算的模式研究汉语/英语双语者的语言转换。该研究中，受试用两种语言进行"连续加7计算"和"百分比估值计算"。结果显示，在两种情况下，语言转换条件与非转换条件相比引发了位于左侧前额叶皮层的额下回的更大程度的激活。Branzi et al.（2016）的研究发现，在使用二语进行命名之后再切换到母语会引起左侧前额叶皮层更大程度的激活，基于这一发现以及相关的研究结果，该研究认为左侧前额叶皮层在反应选择中具有重要的作用，它与顶下叶皮层和尾状核一起构成反应选择系统（response selection system）。右侧前额叶皮层与一般性的抑制控制相关（Aron et al., 2014），而且这一功能也体现在双语控制之中。另外，也有一些发现，左侧前额叶皮层也在双语控制的抑制方面承担着一定的作用。例如，Rodriguez-Fornells et al.（2002）使用事件相关电位和脑成像技术对加泰罗尼亚语/西班牙语早期熟练双语者的研究发现，与西班牙语的单语者相比，双语者在使用二语进行命名时，其左侧前额叶皮层有更大程度的更强烈的激活。这说明二语命名涉及抑制的过程，而前额叶皮层是这一抑制过程的神经基础。Rodriguez-Fornells et al.（2005）又采用 Go/No-Go[1] 图片默读范式考察德语/西班牙语双语者的图片命名能力。如果图片的名称以辅音开始，被试对图片进行命名；如果图片的名称以元音开始，被试则不能对该图片命名。结果发现，双语者的左侧额中回区域（属于前额叶皮层）和缘上回的神经活动显著增强。顶下小叶主要包括缘上回和角回两部分，它与人的注意控制密切相关，尤其是在注意力定向和对刺激变化的反应方面起着重要作用（Majerus et al., 2010; Shomstein, 2012）。因此，Green & Kroll（2019）认为顶下小叶也参与双语的控制过程，而

1　Go/No-Go 任务要求被试在 Go 刺激出现时尽可能快地做出反应，而在 No-Go 刺激出现时克制自己的反应。因此，它常用来检测受试的抑制能力。

且确实也有研究证明了缘上回（例如，Hosoda et al.，2012；Rodriguez-Fornells et al.，2005）和角回（Abutalebi & Green，2007）在双语控制中的作用。

还有一些皮层下组织也会参与双语控制的过程，这些组织包括左侧尾状核、基底神经节的壳核（putamen）和丘脑。大脑右半球的下额叶皮层与丘脑相联，丘脑又联结着左侧尾状核和壳核两个皮下组织，它们都参与双语的控制（Smith et al.，2011）。丘脑也与左侧额下回的前部与后部区域相联结，在注意力转移和行动选择方面起着一定的作用（Ford et al.，2013），因此，Green & Kroll（2019）认为丘脑很可能在双语者语言产出的过程中起着重要的作用，尤其是那些高水平的双语者在使用相对较弱或者使用较少的语言时，丘脑可以帮助他们进行词汇和语义表征的选择。Consonni et al.（2013）的研究结果也支持这一观点，该研究以意大利语／弗留利语（Friulian）的早期和晚期高水平双语者为对象，采用了 fMRI 技术和句子理解以及名词和动词的产出任务进行研究，结果表明，在使用弗留利语时，左侧丘脑出现了更大程度的激活。关于左侧尾状核参与双语者语言转换和选择的过程，许多研究（例如，Abutalebi et al.，2007；Crinion et al.，2006；Lehtonen et al.，2005）发现，在双语者语言理解和产出的过程中，语言的转换和选择会引起该组织的激活，而且它的损伤还会导致双语者语言控制的障碍（Green & Abutalebi，2008）。如上文所述，背侧前扣带皮层也参与语言转换的过程，但是与之相比，左侧尾状核的激活情况更容易受到语言水平的影响（Abutalebi, Della Rosa, Ding et al.，2013）。左侧壳核的激活反映了双语者对发音过程的控制。Burgaleta et al.（2016）等的研究发现，双语者在这一结构的激活程度要高于单语者，而这一差异很可能是由于语言控制需求的增加导致。例如，在同声传译的过程中，人们在讲目标语言的同时还要听另一种语言，因此，译员必须在讲话的过程中避免说出他们同时听到的词汇。在这种情形中，壳核激活的程度会随着时间的延长而发生变化（Hervais-delman et al.，2015）。

Green & Kroll（2019）指出，语言控制需要调用参与一般性动作控制的脑组织，因此，小脑在双语控制中起着关键性的作用，它把所有的语言控制网络中的各个关键性的脑区联结起来（Green & Abutalebi，

2013），其中包括右侧额下回皮层，该部位又通过丘脑与尾状核和基底神经节的壳核相联结。Tyson et al.（2014）对相关研究的综述结果表明，除了运动协调的功能之外，小脑还具有广泛的语言控制和认知功能。一些临床研究（例如，Marien et al.，2001；Silveri et al.，1994）也发现，右侧小脑激活的缺乏会导致双语者语言产出的障碍。

4.4.3 双语对脑结构与功能的影响

　　脑为语言的学习与加工提供了神经基础，与此同时，二语的学习与双语的加工也因为神经可塑性的存在而反过来影响脑的结构与功能。围绕这一问题，神经语言学对双语者和单语者进行了大量的对比研究，发现双语大脑是一个高度自适应的系统，它会自动根据双语的学习和加工所带来的新的认知需求做出灵活性的反应，从而在脑的结构和功能方面主动做出动态的调整（Li et al.，2014）。单语者和双语者大脑中与语言加工和执行功能（executive functions）相关的脑区在灰质体积（gray matter volume，GMV）和密度、皮层厚度以及白质完整性（white matter integrity）等方面都存在明显的差异（Heim et al.，2019）。

　　灰质体积或密度是最为常见的衡量大脑结构变化的指标，它可以反映神经元和神经胶质细胞的大小以及与上述两类细胞相关的神经发生（neurogenesis），甚至是皮质内轴突结构的变化（May & Gaser，2006；Zatorre et al.，2012）。研究者一般采用基于体素形态学分析（voxel-based morphometry，VBM）的方法，通过定量计算分析脑结构磁共振成像中每个体素的脑灰质密度或体积的变化，来反映相应解剖结构的差异。Mechelli et al.（2004）是较早采用VBM方法检测双语者灰质密度的研究，该项研究的受试包括早期和晚期双语者，结果表明，两类双语者在左侧顶下小叶的灰质密度都要高于单语者，而且这种差异在早期双语者中表现得更加明显。Mechelli et al.（2004）的研究还发现，灰质密度增加的程度与双语者的二语水平呈正相关，而与二语学习的年龄呈负相关，即二语水平越高，双语者灰质密度增加的程度就越大，而二语学习的年龄越大，双语者灰质密度增加的程度就越小。后来的一些研究（例如，Della Rosa et al.，2013；Grogan et al.，2012）也得出了类似的结果，发现双语者顶下小叶及其相邻的颞／顶叶皮层的灰质密度都要高于单语者。除了灰质密度之外，研究（例如，Abutalebi et al.，2013；Heim et al.，2019）还针对双语者和单语者在灰质体积方面的差异进行了调查，结果表明双语者在许多脑区和结构体积都要大于单语者，这些结构包括顶下小叶、左侧额下回、右侧额下回、前扣带回皮层和基底神经节。

皮层厚度是反映脑结构变化的另一个重要指标，它反映大脑皮层上的灰质内表面与外表面之间的距离信息，与灰质体积和密度信息相互补充，可以更加全面地反映脑结构的形态学变化。Mårtensson et al.（2012）对接受强化语言训练的译员进行了 3 个月的跟踪研究，结果发现与控制组相比，训练后这些译员的左侧额下回、额中回、颞上回的皮层厚度以及右侧海马体体积有所增加，而且译员所学语言的水平会影响左侧颞上回的皮层厚度和右侧海马体体积增加的程度。在另一项研究中，Klein et al.（2014）发现，与单语者相比，双语者在左侧额下回和顶上小叶的皮层厚度有明显的不同，但是这一差异与二语学习年龄之间呈反向的关系，换言之，二语学习的时间越晚，这些脑区的皮层厚度就越大。这一结果并不一定和上述关于灰质密度的研究（例如，Mechelli et al.，2004）结果相矛盾，因为皮层厚度有时会因为皮层褶皱类型的差异而呈现出一种负相关的关系，厚度大的皮层区域褶皱的程度可能较低，从而会降低灰质的密度（Chung et al.，2006）。

白质完整性的高低决定着不同脑区之间信息传递的效率。二语学习不仅会带来脑灰质的变化，也会对脑白质的结构产生影响。相关的研究（例如，García-Pentón et al.，2014；Hosoda et al.，2013；Mamiya et al.，2016）表明，二语学习会通过降低神经纤维内的各向同性扩散程度（isotropic diffusivity）而提高白质完整性。Hosoda et al.（2013）的研究发现，为期 16 周的二语词汇训练不仅增加了额下回岛盖部的灰质体积，还改善了它与尾状核和颞上回／缘上回的连通性，而且改善的程度和二语词汇的水平呈正相关，上述发现在右半球表现得更加明显。

García-Pentón et al.（2014）的研究发现，与单语者相比，双语者在两个次级语言网络的联结程度要高于单语者，其中一个网络包括左侧额叶和颞／顶叶脑区，另一个网络包括左侧枕叶、颞／顶叶脑区和右侧额上回。这些脑区都与语言的加工和监控有关，因此，该研究认为双语者形成了专门的刺激网络来处理两种语言的加工。Mamiya et al.（2016）以到美国参加浸入式英语培训项目的中国学生为对象研究了二语学习对于白质完整性的影响，结果发现参与该项目学习的时间与上纵束的白质完整性的改善程度呈现明显的正向相关性。

二语学习会影响脑的结构和功能，这一影响也是一个动态的过程，会随着二语水平、学习时间等诸多因素的变化而变化。在全面分析相关研究成果的基础上，Pliatsikas（2020）提出了动态重建模型（Dynamic Restructuring Model）来说明这一动态变化的过程。该理论根据二语学习的时间和语言接触情况把这一过程分为初步接触（initial exposure）、巩固（consolidation）和高峰水平（peak efficiency）三个阶段。在初步接触阶段，学习者主要面临词汇学习和对两种语言的词汇进行控制的问题，因此，二语学习主要引起皮层灰质密度和体积的增加，这些变化多发生在与语音、词汇和语义学习相关的由包括顶下小叶、顶上小叶、颞叶前部、颞前回和颞横回（Heschl's gyrus，HG）在内的颞顶叶神经网络以及与执行控制相关的额下回、额中回和前扣带皮层。随着语言接触的不断增加，二语学习者会进入巩固阶段。这一阶段的神经重建会呈现一些新的特点。此时上述皮层灰质的体积可能会降低，呈现这一现象的原因在于人脑要通过神经剪裁（pruning）而达到机制优化的目的，初步接触阶段所形成的一些多余的局部联结会被消除，而那些最为有效的联结则被保留下来。在这一阶段，由于学习者的二语水平得到了发展，这也就意味着他们需要在使用一种语言的时候抑制另一种非目标语言，也需要他们在语言使用的过程中对不同语义、语音和语法选项之间进行控制。因此，双语对于脑的影响首先体现在小脑和其他与认知控制相关的皮层下结构的灰质体积或者密度上，其中包括基底神经节、丘脑、壳核、苍白球（globus pallidus）。另外，语言效率的提高也反映在白质上面，与语义、句法和语音加工相关的额枕下束（inferior fronto-occipital fasciculus，IFOF）、下纵束（inferior longitudinal fasciculus，ILF）和钩束（uncinate fasciculus，UF）等腹侧纤维束以及与语音和负责句法加工相关的弓状束和上纵束等背侧纤维束的白质完整性会得到提高。在高峰水平阶段，学习者具备了更加自动化的二语使用能力和更加有效的语言控制能力，小脑、海马体的皮质厚度可能会进一步增加，包括胼胝体在内的白质完整性也会得到进一步改善。

4.5　小结

本章从人类学习的一般性神经基础开始，分别介绍与讨论了近些年神经语言学关于语言习得、二语学习以及双语加工神经机制研究的情况，从中可以得出以下几点总体性的认识。

第一，从人类学习的一般性神经基础来看，二语学习和母语习得具有本质性的差异。二语学习多发生在母语习得的关键期之后，因此，除了脑发育水平和认知能力的根本性差异之外，二语学习者已经具备了相对完整的母语系统，这势必会对二语的学习产生影响，也决定了两者在初始状态、发展过程以及最终结果方面都具有很大的不同。以词汇学习为例，母语的词汇学习既包括词的形式也包括词的意义，两者的习得是同步进行的，而对于晚期二语学习者来说，绝大多数的意义都已经以词汇概念的形式存在于一语的系统之中，这些差异决定了母语和二语两种词汇学习之间存在着很大的不同，它们包含着不同的过程，需要利用不同的技能和知识结构。

第二，母语习得所依赖的神经基础是经验期待型的神经可塑性。儿童只要处于正常的语言环境之中，就可以自然地习得母语，因此可以被视为是一个自然生长的过程。决定这一过程的关键在于先天的遗传因素，这也使得所有儿童的母语习得都会经历类似的发展阶段。在这一过程之中，神经发育、认知发展和母语习得是互为前提、互相促进的。一方面，神经发育为儿童认知的发展以及母语习得提供了基本的保障。婴儿刚出生时便已经具备了功能相对完善的感知与运动脑区和用于语音加工的神经通道，这为母语习得奠定了基本的物质基础。随着脑发育过程的不断进展，儿童的认知能力不断提高，母语习得的进程也随之不断地从一个阶段发展到另一个阶段。另一方面，儿童母语能力的发展也会促进大脑的发育和认知能力的发展，不过令人遗憾的是，目前在这一方面的研究还不足，这很可能是今后相关领域研究的一个重要方向。

第三，二语学习所依赖的神经基础是经验依赖性的神经可塑性。虽然有许多双语者属于早期双语者，他们从一出生开始就因为特殊的家庭环境而同时习得两种语言，但是对于更多的人来说，是因为旅游、工作、教育、移民等现实的需求而在母语习得基本完成之后才开始学习第二种语言，从而成为晚期双语者。对于晚期双语者而言，二语学习已经不能像母语习得那样依靠先天的母语习得的专属机制，而是要更多地依赖人的一般性认知系统。外部来的语言刺激首先进入感知记忆系统，受到注意的信息会进入工作记忆系统，并经过工作记忆的加工而进入到长期记忆系统之中，从而形成关于语言的陈述性知识和程序性知识。从感知记忆、工作记忆和长期记忆的认知和神经机制出发探索二语学习的过程，可以更为深入地认识二语学习的过程。从目前神经语言学的研究现状来看，相关的研究还比较缺乏，这也可能是今后相关领域研究的一个重要方向，同时也为今后应用神经语言学的发展提供了很大的空间。

第四，二语学习和母语习得依赖不同的神经可塑性，但是二语使用和母语一样都要依赖外侧裂周边的核心语言网络，但也会因为学习年龄、语言接触与使用情况、语言水平等具体情况的差异而需要调用更多的神经组织。在众多的因素之中，双语者的二语水平具有更为关键的作用，二语水平越高，二语加工所调用的神经网络就越与母语一致。神经可塑性不仅体现在它对二语学习的影响上面，更为重要的是，二语学习也会带来脑结构与功能的改变或重组。这对于认识语言的本质和功能具有重要的意义。语言不仅是人类最为重要的交际工具，它在人类种群进化和个体发育过程中对认知与神经系统的形成起到了关键性的作用，从而使得语言具有最为广泛和最为深入的认知与神经基础。我们可以通过对语言行为的外部干预去影响人的内在认知和神经系统，并使之成为认知与神经的调节机制（崔刚，2022a）。因此，包括二语学习在内的适宜的语言训练活动不仅可以提高语言交际能力，还可以对人的认知与神经系统带来诸多有益的影响，从而形成认知的双语优势（Bailey et al.，2020）以及更多的脑储备（brain reserve），这一储备在对抗老年人脑功能与认知能力退化方面表现得尤为明显，可以有效地延迟老年痴呆开始的时间（Bialystok et al.，2012）。

第5章
失语症患者的语言障碍

　　失语症是一种获得性神经源性语言障碍，由大脑（最常见的是左半球）损伤引起。失语症涉及四个主要领域的不同程度的损伤：口语表达、口语理解、书面表达、阅读理解。失语症会损害说话能力和理解能力，大多数失语症患者会出现阅读和写作困难。失语症是一种获得性交流障碍，会损害一个人的语言能力，但不影响智力。失语症的确诊并不意味着一个人患有精神疾病或智力障碍。失语症患者通常具有相对完整的非语言的认知功能，例如记忆和执行功能，尽管这些和其他认知缺陷可能与失语症同时发生。

　　根据美国言语语言听力协会（American Speech-Language-Hearing Association）官网的数据，美国每年约有 10 万至 18 万人患上失语症（Ellis et al.，2010）。据 2018 年的数据，美国有 200 万至 400 万人患有失语症（Simmons-Mackie，2018）。失语症可能是由创伤性脑损伤、脑肿瘤、感染、痴呆症或其他神经退行性疾病引起，然而，最常见的情况是中风后的患者遗留失语症。世界各国数据表明，大约 25% 至 50% 的中风都会导致失语症（Berthier，2005；Dickey et al.，2010；Engelter et al.，2006；Flowers et al.，2016；Gialanella & Prometti，2009；Grönberg et al.，2022），并且在老年人中更为常见（Ellis & Urban，2016；Engelter et al.，2006）。在 65 岁以下的患者中，有 15% 的人在第一次缺血性中风后患上失语症。而在 85 岁及以上的患者中，这一比例增加到 43%（Engelter et al.，2006）。在我国，中风死亡率风险很高。根据《中国卒中监测报告 2021》（Tu & Wang, et al.，2023），自 2015 年以来，脑卒中已成为中国第一大死亡，和残疾原因；2020 年，中国估计有 1 780 万成年人经历过脑卒中，其中 340 万人首次经历脑卒中，另有 230 万人因此死亡。此外，约有 12.5% 的脑卒中幸存者留下残疾。根据《中国卒中负担预估 2020》（Tu et al.，2023），2020 年中国 40 岁及以上成年人中罹患卒中的患病率为 2.6%，每 10 万人发病率为 505.2 例，每 10 万人死亡率为 343.4 例。而我国脑卒中患者失语症的发生率高达 21%–38%，给国民健康造成重大威胁，给患者身心带来巨大痛苦，给社会和家庭带来沉重的经济负担和照料压力（张玉梅、宋鲁平，2019）。

失语症并不是一个单一障碍，不同患者之间可能表现出截然不同的症状。甚至在同一患者身上，相关的症状也可能在中风后的前几周和几个月内发生很大的变化。语言障碍的具体症状取决于许多因素，包括中风的大小和位置、健康背景（如糖尿病、先前中风的历史）、获得优质医疗护理的机会、中风后接受医疗治疗的速度以及中风后的时间等。另外，即使是最轻微的失语症形式也可能对患者的生活产生不利影响，包括失业、社交孤立、抑郁和生活质量下降等问题。因此，了解不同类型的失语症的语言特征，从语言学各个层面描述和概括失语症的语言表现，具有极其重要的学术价值和临床实践意义。本章将首先逐一描述不同类型失语症的典型语言特征，然后从语音、词汇语义、句法、多模态手势等方面讨论失语症患者的语言障碍表现。

5.1 失语症的分类

研究者用多种分类系统来描述失语症的各种表现，最常见的一种是基于语言能力受损的波士顿分类模式。该模式是 20 世纪 60 年代由美国波士顿的心理学家 Norman Geschwind、Frank Benson、Harold Goodglass 和 Edith Kaplan 等在经典的失语症分类基础之上提出的。根据该模式，失语症患者首先分为非流利型和流利型两大类，然后依次从流利性、理解力和复述能力三个维度，分为八种失语症亚型：完全型、经皮质混合型、布洛卡型、经皮质运动型、沃尼克型、经皮质感觉型、传导型、命名型，如图 5–1 所示（Sheppard & Sebastian，2021）。

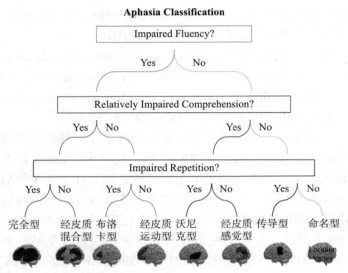

图 5-1　失语症的分类（Sheppard & Sebastian，2021）[1]

5.1.1　非流利型失语症

　　非流利型失语症包括完全型、经皮质混合型、布洛卡型、经皮质运动型四种亚型。最常见的非流利型失语症是布洛卡失语症。布洛卡失语症患者可以理解语言并知道他们想要说什么，但言语产出困难，言语不流利，多使用短语，句子长度较短，语调受损，每分钟的词汇量减少。这种类型的失语症患者的书面和口头语的产出都有典型的语法错误，产出的句子多由实词组成。因此也被称为"表达型失语症"。该类型患者经常省略一些功能词，比如"is""and"和"the"。例如，英语布洛卡失语症的人可能会说"Walk dog"，意思是"我会遛狗"，或者说"book book two table"，意思是"桌子上有两本书"。布洛卡失语症患者复述能力通常较差，一般能理解比较简单的句子，但对诸如被动句等复杂的

1　图中所绘病灶通常与失语症亚型相关，然而中风患者存在个体差异，即使其病灶与图所绘区域不符，患者也可能会表现出特定的失语症亚型。

句子结构则理解困难。该类型患者的阅读和写作能力各不相同。下面是一个英语布洛卡失语症患者在描述图片时说的话：

"the woman is dishes... I can dis... the rest... the dishes are filled with water... the water floods... the dishes or are floods... the dishes are on... the dishes are floods... what's it's children children... taking it the woman... and the man children."（Salis，2006：67）

经典文献通常认为布洛卡失语症与左侧额叶下部和后部的布洛卡区的损伤有关，即 BA 44 区和 BA 45 区。1861 年，Broca 首次在两名患有这种类型失语症患者的大脑上确认该区域；在 140 多年后通过高分辨率磁共振成像重新检查时，发现此类失语症患者的大脑病变范围更大，还累及连接额叶和颞叶语言区域的上纵纤维束（Dronkers et al.，2007）、额下沟的白质、基底神经节和前中央回，以及颞叶和顶叶区（Damasio，2008；Flinker et al.，2015；Fridriksson et al.，2015）。由于布洛卡区位于运动皮层附近，因此布洛卡失语症患者通常伴有右侧半身麻痹。

经皮质运动型失语症与布洛卡失语症非常相似，不过单词和句子的重复能力相对正常。患者重复单词、短语或句子时比较流利，但自发言语时就不流利。该类型患者开启对话的能力较差，也常常模仿别人说话。经皮质运动型失语症的病灶部位一般在运动皮层、额中央皮层的布洛卡区的上部或前部。Damasio（2008）报告称，病变可能位于 BA 6、BA 8、BA 9、BA 10 和 BA 46。其症状与布洛卡失语症相似，唯一的区别是经皮质运动型失语症患者的复述能力完好。需要注意的是，在经皮质失语症的标签中，"感觉"和"运动"这些术语是错误的，因为根据定义，失语症不是运动或感觉障碍。这些错误的术语是由临床和研究文献中长期使用形成的，至少可以追溯到 Wernicke（1874）的经典著作。

完全型失语症是失语症中最严重的亚型，患者的语言能力全面受损，尤其在中风后的早期，有些完全型患者完全不能说话，有些患者只能通过刻板性表达方式来说话，只说同样的几个词或非词，比如"你好""很棒"，而无法说出其他词语。沟通主要通过手势、语调和面部表情来进行。经典文献认为，完全型失语症与大脑额叶、顶叶和颞叶的多个区域相关，通常情况下，左侧颞平面广泛受损。

经皮质混合型失语症与完全型失语症相似，但复述能力得以保留。布洛卡区和沃尼克区虽然完好无损，但似乎语言的识别和产生是一回事，大脑其他地方产出的意图又是另外一回事，意图话语与实际表达话语往往关系不大。经皮质混合型失语症的典型病变部位没有明确的一致意见，病灶部位通常面积较大，环绕布洛卡区和沃尼克区。

5.1.2　流利型失语症

流利型失语症包括沃尼克型、经皮质感觉型、传导型和命名型四种亚型。沃尼克失语症患者言语产出并不困难，言语流利，韵律也得到保留。患者可以毫不费力地、滔滔不绝地产出词语，但不能形成连贯的话语，或这些词汇未能组合成连贯的句子，句法混乱，而且通常缺乏意义，会说出别人不懂的古怪新词，言语中还有许多语义替换错误。因此，沃尼克失语症通常也被称为"理解型失语症"。患者的听觉理解有限，命名和复述障碍比较严重，通常意识不到出错，可能有过多流利的言语，出现"语言崩溃"现象。患者产出的话语即使对听者来说毫无意义，他们还会继续说话，而且常常不遵循社交对话中的轮流交谈规则。另外，患者的阅读和写作通常严重受损。下面是一个英语沃尼克失语症患者在描述图片时说的话：

"uh, we're in the in the kermp kerken kitchen in in the kitchen and there's a lady doing the slowing... she's got the pouring the plate watching it with with um... the water is balancing in the sink the (unintelligible) of the sink and the water is pouring all over the bowing bowing all over it."（Edwards，2005：5）

经典文献认为，沃尼克失语症的病灶部位与沃尼克区的损伤相关，位于颞叶的上部，对应 BA 22 区。然而，神经影像研究表明，在沃尼克失语症患者的大脑中受影响的实际相关区域不仅包括沃尼克区，还包括左颞叶的其他部分（例如颞叶的前部、颞叶后部的颞中回、颞叶后部的颞上沟），以及布洛卡区、中央额叶回和背侧运动皮层（Dronkers et al., 2004；Mesulam et al., 2015；Turken & Dronkers, 2011）在内的额叶的部分区域。

经皮质感觉型失语症与沃尼克失语症相似，但复述能力保持完好。该类型失语症的病灶部位在沃尼克区周围、大脑中动脉和后动脉供血脑区之间。病变部位围绕沃尼克区，此外，包括角回（BA 39）和颞中回的后部（BA 37），这些被称为颞叶分水岭区域。根据 Damasio（2008）的说法，相关病变可能延伸到颞叶的外侧部分或中颞回的前部（BA 18、BA 19 和 BA 21）。这种失语症的典型症状与沃尼克失语症相似，唯一的区别是其复述能力完好。该类型患者有时在倾听他人讲话时会模仿他人的话语。

传导型失语症患者的言语流利，但音素失真，理解相对良好，命名障碍轻度至中度。相对于良好的理解和表达能力，该类型患者的复述能力严重受损，而且当令其重复较为复杂的词、短语和句子时，其重述的障碍就更大。传导型患者通常能够察觉错误，并且可能会反复尝试表达重复的口语。因此，在自发言语中，该类型患者最常见的错误类型是音素错位。传统观点认为，传导型失语症的病灶部位在左脑的连接沃尼克区和布洛卡区的弓状纤维束，位于缘上回（BA 40），然而，后来的研究也将其与颞顶区（Davis, 2007；Hickok et al., 2000）相关联。

命名型失语症是最轻度的失语综合征，如其名称所示，最典型的特征是找词困难。与其他常见的失语症综合征不同的是，该类型的患者言语流利，没有其他严重的理解和表达障碍，只有因找词困难而导致的间歇性的停顿和犹豫。典型的语言症状包括绕圈子、使用通用术语。例如，用"东西"代替预期的名词或用"女孩"代替特定的女孩名字，以及说一些"嗯""你知道"和"像"这样的话语填充词。命名型失语症的病变部位通常位于角回，虽然还有其他关联的病变部位，但相关病变一般都位于颞叶上部和顶叶下部相交处的外周区。

实际上，对失语症的分类是个很大的难题，即使患者确实有某种类型的特定的特征，该患者也很可能与同一分类的其他患者之间存在相当大的差异。例如，一位布洛卡失语症患者可能还伴有轻度至中度的阅读理解障碍，另一位患者则没有这些症状。因此，一些研究人员主张摒弃以综合征为基础的方法，而是更加注重个体特定语言加工中的精确受损点，如词汇语义、音系或句法障碍（Gordon，1998；Kasselimis et al.，2017；Marshall，2010）。此外，如果是中风后失语症，那么失语症的分类也需要考虑中风的时间。患者在中风后会经历自发恢复期，在此期间，他们的语言和认知功能可能会出现显著改善。因此，如果在急性阶段（中风后约 1 周内）和慢性阶段（通常定义为中风后 6 个月或一年以上）测试，患者的情况可能会有很大的不同。例如，有研究报告被诊断为急性布洛卡失语症的患者自然恢复后被诊断为慢性命名型失语症（Maas et al.，2012；Pedersen et al.，2004）。通常，在急性阶段，语言障碍最严重，在患病 3 个月内恢复最快（El Hachioui et al.，2013）。然而，一些患者会出现恶化，导致这种现象的原因不同，有的是因为血管性痴呆，有的是缺乏言语治疗（Hillis et al.，2018；Long et al.，2018）。

5.2　语音障碍

失语症患者很多都伴有言语失用症（apraxia of speech，AoS），这种障碍是指影响口腔运动的障碍，患者并没有出现口腔周围肌肉无力或痉挛，但仍然无法执行有意义的动作或产生预期的词语。目前，主流观点认为这是因为口腔发声计划存在缺陷，即在将音系表征转化为语音表达时存在缺陷（Laganaro，2012；McNeil et al.，2009）。患者知道自己想要说什么，即他们的音系表征完好无损，并且在肌动实现上没有问题；相反，受损的是由离散音素组成的象征性表征转化为连续计划的过程，该过程体现的是从一个音素到另一个音素的肌动目标和轨迹。换言之，这种发音障碍不是系统性的扭曲变形，而是个体性的言语错误。患者在努力控制口腔肌动、努力摸索目标发音的过程中就会出现各种症状的语音错误，包括：（1）摸索目标发音过程中，由于替代、删除、插入和转位而产生与目标不同的音素；（2）辅音错误较多，元音错误较少；（3）语速缓慢／不流畅，辅音和元音延长，音节和音素之间有停顿；（4）言语启动尤其困难。这些症状都可以解释为言语肌动计划的一般性困难。由于口腔肌动计划不准确，因此在发音过程中就会出现上述错误。

　　这里主要对元音与辅音障碍，汉语声母、韵母与声调障碍，外国口音综合征等进行介绍。许多失语症患者在自发言语、图片命名、复述和朗读任务中，经常出现发音错误。例如，英语患者会把"shoulder"发成"soldier"，或者把"tulip"发成"tupol"，而且词越长，发音越容易出错。当比较双音素的单音节词和五音素的单音节词时，双音素词必然比五音素词的音节结构简单些。在英语中，五音素的单音节词必须至少包含一个辅音串（CCVCC，如"print"；CCCVC，如"scrap"；CVCCC，如"ramps"），而双音素的单音节词具有相对简单的 CV 或 VC 结构，不含辅音串。早期的一些研究（Burns & Canter，1977；Mackenzie，1982；Trost & Canter，1974）发现，相较于含有单个辅音的单词，失语症患者在包含辅音串单词的发音时往往容易出错。后来的研究对此质疑，认为这一问题实际上可能是辅音串数量的影响，即在音节复杂度方面，把这些因素混淆在一起了，因此需要进一步探索音节复杂度（辅音串数量）的影响。一些研究（Nickels & Howard，2004）通过精心设计的实验和逻辑回归分析发现，音素数量对英语中的词语产出准确性的确有显著影响。此外，一些学者还专门研究了失语症患者的辅音发音起始时间，认为发音起始时间才是语音错误所在（可参考综述 Auzou et al.，2000）。Galluzzi et al.（2015）对 24 名意大利失语症患者的音系错误进行了分析，发现发音错误率高的患者往往也会产生简化目标发音的错误，而且错误主要集中在辅音而不是元音上。

　　传统观点认为，失语症的构音障碍主要影响辅音的发音，而元音相对不受影响（LaPointe & Johns，1975；Monoi et al.，1983）。然而，这一观点主要基于临床印象和早期采用宽式音标的研究结果，并不能真实描述失语症语音障碍的复杂性。后来的研究采用了严式音标，发现伴有构音障碍的轻度失语症患者（Odell et al.，1991）和中度失语症患者（Haley et al.，2000；Haley, Ohde et al.，2001）都会频频出现元音错误，既有变音错误，也有替代错误。变音错误中最常见的类型是元音延长，而替代错误常常出现在元音发音位置的高度而不是发音位置的前后（Haley et al.，2000；Haley, Bays et al.，2001；Haley, Ohde et al.，2001；Odell et al.，1991）。一些研究对失语症患者产出的元音进行声学分析，如共振峰模式。例如，Haley, Bays et al.（2001）研究了 20 位有构音障碍的失语症患者其元音的声学和知觉特征，并将其与 10 位健康被试比较。实验要求被试说 24 次单词 "hid" 和 "head"。每个发音都经过宽式音标转录，并在元音稳定状态的中点测量了第一和第二共振峰频率。结果发现失语症患者出现大量元音替代错误，所感知到的替代发音通常与目标发音很接近，而且基本上影响的都是元音的高度而不是元音的前后部位。但也有研究并未发现元音障碍。例如，Jacks et al.（2010）研究了 7 名患有构音障碍的英语失语症患者的元音发音的共振峰频率。研究要求被试在 /hVC/ 条件中重复发 6 个美式英语元音（hid、head、hat、hot、hub、hoot），每个发音 15 次，然后测量元音的第一和第二共振峰频率，并与前人的研究数据做比较，结果发现被试患者的元音发音在词汇水平上并没有障碍。近些年的一些研究（例如，Den Ouden et al.，2018）用较大样本的中风失语症患者组，以图片描述的任务形式，转录并分析了患者的辅音的发音起始时间和元音的共振峰，结果发现患者的发音障碍最明显处在于元音的第一和第二共振峰以及塞音的发音起始时间，不过与失语症的严重程度无关。还有一些研究把失语症患者产出元音障碍与辅音障碍的频率进行对比。例如，Gandour（2013）研究了一位左颞顶区有局部损伤的泰国传导性失语症患者，患者被要求大声朗读一些泰文小学教材。结果发现在语音替代错误中，位于音节开头的辅音比元音或音调更容易出错，而声调错误可以被视为替代错误的衍生问题。

除元音障碍与辅音障碍，也有不少学者针对汉语中的声母与韵母进行研究。汉语的声母和韵母并不完全对应西方的元音和辅音，汉语韵母分为只有元音的韵母和既有元音又有辅音的韵母。例如，Zhang et al.（2011）研究了一位左侧额下回血管损伤导致的汉语布洛卡失语症患者。实验中，该患者需要大声朗读汉字和词组，结果该患者在声母上犯的错误比韵母多，比例约为 2∶1。蒋功达等（2014）也对布洛卡失语症患者声母音位发音和韵母音位发音错误进行分析，研究结果与 Zhang et al.（2011）的研究结果一致，即布洛卡失语症患者的语音障碍主要表现在声母上，部分患者亦可出现韵母发音错误，患者的发音错误以替换为主。一项最新的汉语失语症语音障碍研究（Chen et al.，2023）考察了10 名伴有构音障碍的失语症患者的声调和元音，并将其与 10 名健康被试的情况进行声学比较分析。结果发现,对讲普通话的失语症患者来说,声调障碍比元音障碍更大。

此外,在少数情况下,失语症患者的语言表现出非自己方言的特征,或者类似于非母语人士的表现,听上去像外来的新口音,这种情况被称为外国口音综合征(foreign accent syndrome,FAS),这也是言语失用症的一种罕见的症状。例如,Moen(2006)对一名挪威语失语症患者进行语音分析,该患者中风后说挪威语时听起来像英国口音,其语音在音段和韵律层面都表现出异常:异常的元音和辅音发音、异常的节奏模式和异常的音高模式。Kanjee et al.(2010)对另外一名失语症患者的语音进行声学分析,该患者从南安大略口音转变为大西洋加拿大口音。声学语音分析显示,虽然患者的语音流利,但其发出的元音的共振峰变异性增加,并且在发不同的阻塞音时语音起始时间重叠,辅音发音异常,整体韵律衰减。不仅中风失语症患者会出现外国口音综合征,Luzzi et al.(2008)描述了一个罕见的原发性进行性失语症的病例,该患者最早的症状就是外国口音综合征。在初始表现中,患者没有语言或其他认知障碍,功能性和结构性脑成像正常。随访一年后,该患者出现了轻度的语言表达问题。再次进行的功能性神经成像显示,患者的左半球周围脑言语区轻度脑灌注不足,轻度萎缩。大多数已报告的病例都是左额叶损伤,但是一项新近的研究(Higashiyama et al.,2021)对 25 例已发表的外国口音综合征患者的大脑受损的神经影像数据进行分析后发现,虽然患者的病灶部位存在个体差异性,但是至少 80% 的病变都在双侧大脑的前中央回的下部和中部以及额叶皮层的中央区。左侧前中央回的下部被认为是导致言语失用症的病变位置,而中部被认为是专门的喉肌动区,负责元音、塞音/鼻辅音的产出以及音调重音。

5.3　词汇语义障碍

人类可以用有限的词汇描述无限的世界。为此,大脑需要识别数量有限的特征来编码语义,从经验中推断概念,将一个概念与另一个概念相关联,并学习新概念。这些认知功能的核心是大脑的语义概念系统。它广泛分布于相关的额、颞、顶叶的大脑皮层，并且部分重叠于默认模式网络。默认模式网络通常包括背外侧前额叶皮层、顶叶区域的角回、顶叶后部、扣带后部皮层，以及颞叶前部和海马体（Buckner et al.，2008；Raichle，2001）。其中颞叶前部和海马体都被认为是"语义枢纽"，有助于表示多模态语义（Binder & Desai，2011；Patterson et al.，2007；Ralph，2014）。根据神经影像和脑损伤患者的研究证据，人们认为语义系统中的个体区域代表着知觉、行动和情感系统的不同领域的概念，这些概念在现实世界中彼此相关，代表概念的皮层区域也相互连接，因此，研究人员认为语义概念网络的大脑神经机制很可能是交互连接的网络模式（Humphreys et al.，2015），而且这个网络是多层之间交互作用的，即其中相同的节点集在网络的不同层之间以不同方式相连接（Levy et al.，2021）。

在这样的理论和神经机制之下，词汇通达即是通过联想、同义词和范畴分类，在语音层和语义层之间交互作用的过程（Dell et al.，2014）。例如，以英语为例，当概念"cat"被激活时，与语义相关的概念，如"dog"和"milk"，会自动激活，但与语音相关的概念，如"bat"或"hat"，也会被激活，然后词汇选择机制就会选择合适的概念。但是，这些连接的强度存在差异。在这个网络中，有相似音的词之间存在强连接，如"hat"和"bat"；有共享描述属性的，如"cat"和"purr"（"咕噜叫声"）；还有语义相关的，如"cat"和"dog"以及"cat"和"mouse"。而"dog"和"purr"、"mouse"和"bat"之间的连接较弱，因为这些词只是通过"dog"与"cat"的连接而间接关联。而词"spoon"在这一网络中的连接最少，因为它与任何其他单词都没有共同属性。尽管如此，它仍然与其他单词存在弱连接，因为它是一个词汇，因此是心理词库的一部分。连接的强弱度影响词在词汇语义网络中的激活方式。例如，当我们听到词"dog"，由于它与刚刚接收到的听觉输入相匹配，所以"dog"会被最强烈地激活，而其他词在词汇语义网络中的激活程度会根据它们与"dog"以及网络中其他词的连接强度而有所不同。换言之，词汇的激活是有分级的。当输入"dog"时，"cat"会部分激活，因为它与"dog"有强连接；"purr"将被弱激活，因为尽管狗不会发出"purr"的声音，但"purr"与"cat"相关，而"cat"与"dog"有强连接；而"spoon"

的激活程度将最弱。

　　几乎所有失语症患者都存在找词困难的问题，无论在自发言语还是在命名任务之中。以英语失语症患者为例，主要的错误类型包括：（1）语音错误，如把"pear"说成"bear"；（2）语义错误，如把"香蕉"说成"苹果"；（3）语音和语义都出错，如把"prayer"说成"priest"；（4）把两个词的语义混淆，如把"shoe"说成不存在的英语词"sheaker"，即把"shoe"和"sneaker"混装一起；（5）采用迂回、解释的方式，如把"汉堡"说成"喜欢吃的东西"；（6）语义无关，如把"杯子"说成"房子"；（7）新词，如把"ring"说成不存在的词"sal"。在上述词汇语义网络的神经语言学理论框架下，我们就能较为合理地描述和解释失语症患者的语义障碍。患者把"pear"说成"bear"，是因为这两个词的发音很相似，除了辅音不同，元音都一样，这两个词在词汇语义网络中有很强的连接，该错误是属于语音相同但语义不同的词汇错误。患者把"香蕉"说成"苹果"，是因为两者都是常见的水果，所属类别相同，所以连接很强，该错误属于语义类属相同但语音不同的错误。患者将"priest"称为"prayer"，是属于语音和语义都类似的词汇错误。患者把"shoe"说成是"sheaker"，是属于语义属性相同的两个词之间产生的语音混合。目标词"shoe"和密切相关的词"sneaker"之间的组合表明这两个词都部分被激活。当患者把"汉堡"说成"喜欢吃的东西"，虽然是绕着弯子说，但是也能表明患者知道并想说"食物"，是在语义范围内的，但无法想出物体的名称。

　　在命名图片时产生无关目标语义的词汇和新词则比较难以解释。用一个在发音和意义上都不相似的词来替代目标词，乍看起来是随机的错误，与词汇语义网络无关。但仔细思考一下我们的大脑词库（详见第3章），颇似大脑词库网络中有大量的噪声，就如脑部损伤的位置、大小和范围会影响失语症中语言障碍的严重程度一样，增加的这些噪声干扰了词汇通达的路径，缩短了词汇网络中词与词之间的距离，因此，在语音或意义上关系较远甚至没有关联的词汇可能就会被错误地选择。例如，把"杯子"说成"房子"的语义错误，就反映了这种情况。而对于新词这类错误，我们会发现，虽然它们不是一个真词，但是所有语言都有可允许的或可能的词汇的音位声音配组规则。例如，"string""sting"

和"sing"都是英语中的单词，但是"stling"不是一个可能的单词，因为"stl"的出现违反了英语单词的音位配组规则。所以，失语症患者会出现把"ring"说成不存在的词"sal"这样的错误，但是不会出现产出"stla"这样的错误，因为即使患者所说的并非真词，也是符合音位配组规则的，即符合单词的声音序列而生成的。

失语症患者的命名障碍中一个典型的现象是动词名词分离，这在过去的 40 多年中有大量的相关研究。其中一些个案研究和群组研究报告称失语症患者的动词产出障碍显著大于名词产出障碍，另一些个案研究和群组研究报告则称名词产出障碍显著大于动词产出障碍，还有研究认为名词和动词产出没有显著差异。总之，结果各异，并无明确定论。根据失语症患者的动词名词分离现象，研究人员假设，人类大脑中用于检索名词和动词的系统至少在某种程度上是分离的。例如，Miceli et al.（1984）首次证明了词类特异性损害与不同脑区的病变之间的相关性。该研究发现，名词特异选择性损伤患者的主要病灶部位在左侧颞区，而表现出动词损伤为主的被试的病灶部位则在左侧额叶，即左侧的额叶和颞叶可能分别负责动词和名词加工。这一观点在后人的研究中得到了证实。后来的大量研究同时考察了失语症患者对于名词和动词的检索能力，发现患者在物体名词命名和动作动词命名时存在名词动词分离现象，例如，有的发现物体名词命名的准确性高（如 Kambanaros，2010；Kambanaros & van Steenbrugge，2006；Poncelet et al.，2007），有的则称名词和动词提取之间没有明显差异（Kremin & De Agostini，1995）。

对于动词名词分离现象，学者们提出了不同的心理语言学观点来加以解释。有的学者认为跟词汇的频率和熟悉度有关（Cuetos et al.，2002；Luzzatti et al.，2002；Kemmerer & Tranel，2000），有的学者认为意象性才是动词和名词命名的影响因素（Bird et al.，2003；Gentner et al.，2006；Kambanaros，2010；Luzzatti et al.，2002；Vigliocco et al.，2011）。持意象性观点的学者认为，动词在语义上比名词更难以想象，因为动词通常表示暂时的短暂的抽象事件和动作（Bird et al.，2003；Gentner，2006；Vigliocco et al.，2011）。这一解释得到了后续研究的支持，这些研究在对意象性进行了有效的控制后就没有发现名词和动词之间的显著差异（Shapiro & Caramazza，2003）。在早期，一些学者曾经从形态学角度分析，认为动词之所以比名词更难以检索，是因为许多语言中的动词带有丰富的形态标记，即第三人称单数、时态标记。然而，这种解释可能站不住脚，因为在像汉语一样的没有屈折形态变化的语言中也会出现动词提取缺陷（Bates et al.，1991），而且在名词和动词之间具有类似形态屈折的语言（如希腊语）中也是如此（Tsapkini et al.，2002）。

鉴于此，一些研究将名词动词分离现象解释为句法受损的结果（Friedmann，2000；Friedmann & Grodzinsky，1997），认为动词障碍导致了失语症患者的句法树剪裁，继而导致动词无法移位到相应的功能语类进行屈折变化。但是，这种句法假设并不能解释名词显著受损的问题。动词在句子加工中起着至关重要的作用，因为它们可能需要为每个论元（即主体、客体）分配题元角色（Vigliocco et al.，2011）。因此，正是失语症患者的句法缺陷而导致动词难以提取的问题（Ferretti et al.，2001）。很多文献讨论过动词论元结构信息对动词命名的影响（Kim & Thompson，2000，2004；Thompson，2003），尤其在非流利型失语症患者中，常常省略论元，造成句子不合语法，从而损害意义的表达。流利型失语症患者常常替代论元，虽然会保留句法，但意义会受损。而且，动词论元结构越复杂，失语症患者的障碍就越大，尤其在产生动词及其相关论元方面（Thompson，2003）。

一些研究（Luzzatti et al.，2006；Tranel et al.，2001）通过 MRI 技术研究了动作动词受损和物体名词受损的患者的脑区，证实左侧颞叶负责加工物体名词，而动作动词加工涉及的脑区不仅包括额叶区，还延伸到位于颞叶后部和顶叶下部的侧脑室白质纤维以及左侧枕叶皮层（Tranel et al.，2001）。Luzzatti et al.（2006）收集了 20 名左脑受损患者的动词和名词命名分数，以及他们的 MRI 的影像数据或计算机断层扫描数据，然后进行逻辑回归分析。研究发现，位于左侧颞叶的中部和下部的病变是导致名词显著受损的原因，而动词障碍与额叶区、左颞顶叶联合区、岛叶和 / 或基底节的损伤有关。尽管神经解剖相关结果确认了左侧颞叶区受损会导致名词障碍，但对于动词障碍的神经机制尚未确定，因为在某些情况下，动词障碍还与位于额叶区之外的病变相关。VLSM 研究（详见本书第 2 章）通过对左脑受损的失语症患者的行为数据和病灶部位进行分析，发现名词命名与左侧颞叶上部区相关，动词命名涉及的脑区包括从左侧前额叶区到颞叶上部的大片区域（Piras & Marangolo，2007）。

除了中风失语症研究，还有学者将原发性进行性失语症（详见本章 5.6 节）患者的动词和名词命名的表现与他们的大脑萎缩部位进行分析。例如，Lukic et al.（2021）对 146 名患有不同神经退行性综合征（原发性进行性失语症、阿尔茨海默病和行为变异性颞叶痴呆症）的患者和 30 名健康成年人进行了名词和动词的命名测试。然后，将被试的命名分数与 MRI 得出的皮层厚度值以及在语义和句法任务中的表现进行了相关分析。结果表明，所有被试的名词表现与左侧颞叶前部的皮层萎缩相关，动词表现与左侧额叶下部和中部、顶叶下部和颞叶后部的皮层萎缩相关。此外，研究还发现，当患者被试的词汇语义能力低时，其名词和动词的命名障碍更加严重；而患者的句法能力弱，则仅与动词的命名相关。

最新有关双语失语症患者的研究也关注动词名词命名的分离问题。例如，Li & Kiran（2023）收集了 12 名汉英双语的失语症患者在语言评估时的物体名词和动作动词命名的数据，发现这些双语患者的动词正确率都低于名词，会话中的动词产出率也低于名词产出率，而且在二语（英语）中，动词障碍的问题更为突出。

失语症患者的动词论元结构障碍也比较严重。动词"游泳"只需一个论元，如"男孩游泳"，"男孩"担任"施事者"的题元角色。动词"踢"则需两个论元，如"女孩踢男孩"，其中，主语论元"女孩"担任"施事者"，宾语论元"男孩"担任"受事者"。而给予类动词"赠送"较为复杂，需三个论元，如"老师（施事者）赠送男孩（终点）一本书（受事者）"。对失语症患者而言，论元数目较多的复杂动词（如"赠送"）往往比论元较少的动词（如"游泳"）难产出。在自发性言语任务和图片描述任务中，失语症患者更易产出单论元动词的简单句，回避二、三论元动词的复杂句。另外，根据语言学理论，一元动词还可以进一步分为非作格动词和非宾格动词（Perlmutter，1978）。非作格系列的动词以施事为基础论元，有"笑、哭、飞、跳、吵闹"等；非宾格系列的动词涉状态，以受事为基础论元，有"开、关、沉、摇、吓、气死"等（黄正德，2007）。根据语言学理论，非宾格动词在语言运算中涉句法移位，但非作格动词没有。失语症患者在加工非宾格动词时也有困难，但在加工非作格动词时没有困难（Bastiaanse & van Zonneveld，2005；Lee & Thompson，2004；McAllister et al.，2009；Stavrakaki et al.，2011；Thompson，2003）。据此，Thompson（2003）提出了"论元结构复杂性假设"，认为句中动词所需论元越多，该动词就越复杂，而论元结构的复杂性会直接影响动词的提取和造句能力。该假设还预测，涉句法移位运算的论元结构更复杂，因而也更难加工。

汉语失语症研究的结果也证实，汉语布洛卡失语症患者呈现上述的动词障碍同样受论元结构的复杂度影响。例如，Wang & Thompson（2016）使用《西北大学动词和句子评估》（Northwestern Assessment of Verbs and Sentences，NAVS）（Thompson，2011）的中文版本，面向 15 名布洛卡汉语失语症患者和 15 名健康被试施测。结果显示，论元数量多的动词的受损程度明显大于论元数量较少的动词，另外，相较于文献中其他语种的宾语关系从句障碍显著的现象，汉语患者在主语关系从句方面的障碍更加严重。此外，汉语患者在宾语移位的特殊疑问句方面的障碍也更为突显。

5.4 语法障碍

许多失语症患者在句子理解方面存在障碍，尤其是沃尼克失语症患者，他们很难理解指令或对话，也难以理解单个单词，对于句子的理解就更为困难。布洛卡失语症患者的句子理解障碍虽不像沃尼克失语症那么显著，但他们理解句法复杂句子的能力也严重受损。例如，布洛卡失语症患者能理解主动句，如 "Peter ate the sandwich."，也能理解简单的被动句，如 "The sandwich was eaten by Peter."，但是，对于复杂点的被动句，如 "Peter was hugged by John."、关系从句 "The boy that the teacher saw was late."，以及特殊疑问句 "Which boy did the teacher see?" 就很难理解，常常出错。因为在句子 "Peter was hugged by John." 中，任何一个名词短语在语义上都可以是动词的施事，因此语义是可逆的。然而，在这个句子中，由于施事不再是像主动句中的第一个名词短语，词汇知识和词序的解释是不足够的，因此就会出现错误。在宾语关系从句 "The boy that the teacher saw was late." 中，"the boy" 在深层结构中，从 "that the teacher saw" 小句中经过句法移位，生成到线性发音出来的表层句子结构，这个移位过程耗费认知资源，造成句法运算变难，所以失语症患者就会出错。同样地，在特殊疑问句 "Which boy did the teacher see?" 中，"which boy" 也是经历了类似的句法移位，从深层结构 "the teacher see" 中移位至句首，生成我们听到的句子，因此，特殊疑问句对于有句法缺陷的失语症患者而言同样更加困难。

　　针对失语症患者所表现出的上述句子障碍，大量研究运用乔姆斯基的句法理论来研究失语症，尤其是布洛卡失语症。例如，Grodzinsky 及同事们以句法理论为框架，用行为实验方式和神经影像研究手段，研究了英语、希伯来语、阿拉伯语、德语等各语种的失语症患者，结果发现，患者的句子理解障碍是有选择性的。当句子涉词组移位（MOVEXP），即改变句中名词词组的位置时（如 "which dancer did John touch_?"），患者就很难理解。上述例子中，被动句、宾语关系从句和特殊疑问句都牵涉到词组移位。但若是动词移位（MOVEV），即改变句中动词的位置（如 "Is John_ tall?"）时，患者就易理解。同样，患者对于句法的指称约束关系（BIND）（如 "John looked at himself"）的加工能力也完好无损。总体而言，Grodzinsky 及同事的研究结果（Grodzinsky & Amunts, 2006；Grodzinsky & Friederici, 2006）显示，即使布洛卡失语症患者的语言能力因个体差异或语言差异而有所不同，该群体也普遍具有这种高度选择性的 MOVEXP 句法移位障碍。Grodzinsky 团队对健康人群的 fMRI 实验（Santi & Grodzinsky, 2010；Santi et al., 2015）反复证明，MOVEXP 句法移位激活的是布洛卡区，且得到跨语言证据的支持。但是，MOVEV 句法移位并未激活左额叶下部；相反，指称约束句法规则激活的是大脑右侧及左侧颞叶中部脑回。以上发现与布洛卡失语症研究数据结果一致。近些年的研究也有与此一致的发现，即句法移位方式影响失语症患者的句子加工。有疑问词的句子涉及词组移位，较难加工（Walenski et al., 2021），但若是动词移位，就较易加工（Adelt et al., 2017）；有反身代词的指称约束关系的句子，也不会有加工障碍（具体可参考研究综述 Arslan et al., 2021）。

　　失语症患者，尤其是布洛卡失语症和沃尼克失语症患者所产出的句子复杂性降低，多属于简单句。除了言语不流利、产出的话语句式简单之外，布洛卡失语症患者还往往省略一些功能词。以英语失语症患者为例，他们常常省略如"the""is""be""have"以及动词末尾的屈折形态变化。例如，对于动词的现在时和过去时，如"walks"和"walked"，患者都可能都会说成"walk"。像"John is running."和"John will be going to school."这样的句子，可能会说成"John run"和"John go school"。因此，布洛卡失语症的言语产出通常被描述为电报式语言或语法缺失（agrammatism）。

　　来自跨语言的失语症研究证实，不同语言的失语症患者的口语产出障碍都会呈现上述词尾屈折变化的语法错误。以英语和德语为例，英语是主语 – 谓语动词 – 宾语（SVO）顺序的语言，在句子"The dog chases the cat."中，词序就说明了施事者和受事者之间的关系，改变词序会改变句子的含义。某些词是独立自由存在的，但还有一些词素不能独立存在，必须与附着的词干相连。如英语中的复数标记"-s"会添加到名词的末尾，如"book"变成"books"，但不能单独说"s"来表示复数。同样，"-ed"是一个附着到动词词干上的过去时标记，但过去时标记也不能单独存在。德语则比英语的语法标记复杂得多，其中句法关系通过词语的词尾屈折来传达，以标识词语在句子中的语法角色。例如，动词"gehen"的词干是"geh"，附加了语法词缀以指示谁在前进。具体而言，"我前进"是 ich gehe，"你前进"是 du gehst，"他前进"是 er geht。geh 不能单独出现，也不能单独出现表示"我"（-e）、"你"（-st）和"他"（-t）的语法词缀。换言之，单词的两个部分，词干和屈折词尾是被附着在一起的。同样，德语中也有类似英语"the"这样的冠词，指示所修饰的名词是句子的主语"der"还是宾语"den"。正因为这种句法信息是词的一部分，所以德语中的词序不太严格。例如，在句子"The man sees the dog."中，可以说"Der（主语'the'）Mann（man）sieht（sees）den（宾语'the'）Hund（dog）"、"Den Hund sieht der Mann"或者"Der Mann den Hund sieht"，改变词序并不会改变句子的含义。德语的布洛卡失语症患者也会出现冠词错误，例如，"er geht"（他前进）可能会被患者说成"er gehen"。此外，德语患者可能会依赖主语 –

谓语 – 宾语的词序，而不使用标记为主语"der"或宾语"den"的冠词，即德语的布洛卡失语症患者通常是用一种语法标记代替另一种语法标记。

阿拉伯语和希伯来语都属于闪米特语，都通过在词语的辅音词根周围插入不同的元音来传达语法信息。例如，动词 write 的词根在阿拉伯语中是 ktb，在希伯来语中是 ktv。需要添加元音以标示词语是否为现在时。在阿拉伯语中，koteb 是现在时，katab 是过去时。在希伯来语中，kotev 是现在时，katav 是过去时。定义动词的三个辅音不能独立存在，元音语法标记也不能独立存在。同样地，阿拉伯语的布洛卡失语症患者和希伯来语的失语症患者都会替换语法标记的词素。进一步的研究发现，失语症患者不是在所有的动词词尾都有障碍。大致而言，表达主语谓语一致的句法标记往往不会出问题，而表达时态的句法标记问题较为显著。

对于这些语法障碍，研究者提出了一些理论解释。之前介绍的关系从句、特殊疑问句等非常规句在句法理论中归为标记词功能语类（CP），动词词尾屈折变化的语法错误归为时态功能语类（TP）的问题。CP居于句法树较高层，TP 居于句法树较低层。"句法树剪裁假说"（Tree Pruning Hypothesis）（Friedmann，2001，2002，2005；Friedmann & Grodzinsky，1997）将动词屈折错误归因于句法树中的功能类别受损。具体而言，居于句法树中的功能语类的节点越高，该功能语类的受损程度就越严重。有的研究提出"时态特征赋值不足假说"（Tense Underspecification Hypothesis）（Wenzlaff & Clahsen，2004，2005），指出与 TP 相关的特征赋值不足，但不会妨碍向更高层句法结构的投射。还有学者提出了"可解释特征受损假说"（Impaired Interpretable Feature Hypothesis）（Nanousi et al.，2006；Varlokosta et al.，2006），认为与"一致"等不可解释特征相比，可解释特征更容易受损。Cui & Zhong（2018）则从人类自适应行为的角度来解释失语症患者的语法缺失现象。该研究认为，与正常的状况相比，患者在生理、心理以及社会环境等方面都发生了很大的变化，他们会自动地根据这些变化对自己包括言语行为在内的各种行为方式做出调整，其中一个重要的自适应行为就是根据认知的经济原则来简化自己的语言。因此，失语症患者在语法使用方面的许多症状表现很可能是他们自适应行为的具体体现。

汉语失语症学者也观察到汉语布洛卡失语症患者有过去时态的障碍。例如，王海燕等（2017）对一名汉语失语症患者进行了历时追踪研究，旨在检测其在语言恢复过程中在"着、过、了、在"四个表达时态的功能词上的语言行为表现。结果显示，"过"与其他三个时态功能词分离，障碍最显著。王海燕（2016）将共时群组研究及历时个案研究结合起来，对 22 名汉语布洛卡失语症患者及 10 名健康被试施测了语言评估量表和图片描述任务，以考察他们的语料。结果表明，患者居于句法树中间层的 TP 受损较轻，居于句法树较高层的 CP 及句法树较低层的 vP 受损严重，其中 vP 受损最为严重。结果还发现，患者的严重等级程度与功能语类节点之间的差距有关联。历时研究追踪了一位汉语布洛卡失语症患者在四个月语言康复的过程中对功能语类的判断、理解及产出。结果表明，CP 及 vP 比 TP 康复快，CP 最先稳定下来，受损最重的 vP 一直处于康复活跃状态。两项研究结果合并显示，患者的 TP 总体保留较好，vP 受损最重，CP 则呈现混合模式。现有的几种西方语言的假设均不能完全解释及预测来自汉语患者的研究结果。因此，王海燕和同事们（王海燕，2016；Wang et al.，2019；Wang et al.，2021）基于语段理论，提出"语段推导减缓假设"，认为布洛卡失语症障碍的根本原因是在语段推导过程中，在最先进入运算的 vP 语段上出现问题，导致其后语段的相继运算低效问题，CP 及 TP 功能语类出现的问题，仅仅是表象，所以才导致众说纷纭。王海燕等（2023）通过历时追踪考察，发现汉语布洛卡失语症也有"过去时态障碍"，对"连"字句的极性敏感度受损严重但恢复快，而且发现患者在动词词尾"了₁"和句末助词"了₂"上的表现有分离现象，从而认为失语症的实证研究数据可为汉语中是否存在限定与非限定的对立提供参考。

5.5　手势等多模态障碍

除了上述的言语障碍研究之外，近些年，很多研究开始关注失语症的多模态研究。较之健康人，失语症患者更依赖手势、表情等来弥补言语表达障碍，这些非语言因素具有重要的交际功能，是失语症患者语言与认知障碍研究不可或缺的重要组成部分。因此不少研究者聚焦失语症的多模态研究，探究失语症患者手势的使用。

一些学者旨在探究失语症患者手势的使用频率。例如，Jenkins（2015）等分析了 AphasiaBank 数据库中 29 名失语症患者和 29 名健康对照组讲述灰姑娘故事时的手势，结果显示，与对照组相比，失语症患者的叙述明显更短，姿势更多，但手势使用频率与句子的复杂程度和叙事结构之间没有关联。Kong et al.（2017）研究了 23 名健康粤语者、23 名流利型粤语失语症患者和 21 名非流利型粤语失语症患者的手势使用。研究者从粤语 AphasiaBank 中提取这些个体的话语样本，从而获得多模态数据。结果表明，非流利型失语症患者手势使用频率最高，但流利型失语症患者手势使用率与健康对照组没有显著差异，完整句子的使用率和非流利性可以很好地预测失语者的手势率。

手势的使用有助于单词检索和促进语言互动，一些研究者从功能的角度探究失语症患者的手势使用。Kong et al.（2015）系统地研究了 131 名健康被试、48 名失语症患者及其对照者的手势使用，研究发现，失语症患者的手势使用明显更多，但大约 10% 的人不使用手势。在使用手势的失语症患者中，承载内容的手势起到增强语言内容和提供额外信息的作用。非承载内容的手势主要用于加强语音韵律或引导语流，而不可识别的手势与辅助词汇检索有关或者没有特定功能。Jenkins（2015）对一部分失语症患者讲述灰姑娘故事时的手势进行深入分析，发现失语症患者使用的手势中，超过 40% 的手势被归类为词汇检索（言语不流畅或回忆单词时做的手势）或其他（形状 / 功能不清楚）。Kistner et al.（2019）旨在确定手势是否会伴随找词困难以及手势是否可以帮助解决找词困难。研究收集了 20 位失语症患者和 21 位健康被试的自发对话语料，并分析样本中产出的手势、语言及找词困难。研究表明，失语症患者和健康被试在遇到找词困难时都会使用手势，失语症患者尤为如此。而健康被试经常会在流利产出语言时伴随使用手势。找词困难在两组被试中都很常见，对于两组来说，使用手势都可以帮助解决找词困难的问题。

除了失语症患者的手势运用研究，还有一些研究聚焦失语症患者对手势的感知。Preisig et al.（2018）记录了失语症患者和健康被试的对话样本，通过头戴式眼动追踪系统评估患者的手势感知。结果显示，富有意义的手势比无意义的手部动作更容易吸引视觉注意力，失语症患者总体上比健康被试更关注手势，这意味着失语症患者可能受益于手势提供的多模态信息。

最新的汉语失语症研究也密切关注了失语症患者手势的使用特点（钟晓云，2020；研究综述可参考钟晓云、崔刚，2022）。钟晓云（2020）通过考察汉语失语症患者标识进行体和完成体的手势，研究了汉语失语症患者的手势使用与失语严重程度的关系，以及手势在恢复中的表现。具体而言，实验要求14名非流利型失语症患者和14名健康被试观看20个短动画和一部切分为19段的卡通片，然后复述所看内容并录像，以进行多模态分析。结果显示，失语症患者的体标记手势频率显著低于健康组，进行体手势比完成体手势频率更低。患者的手势形式和意义复杂度均比健康组要低，手势序列更零散短小，且体标记手势占比更低。研究还发现，失语程度高的患者，其手势的受损程度就越高，体标记手势的频率、形式和意义复杂度方面均有更大程度的降低，且手势序列更为短小，体标记手势占比更低。除此之外，随着失语症的恢复，患者的体标记手势频率升高，手势的形式和意义复杂度都有所增加，手势序列变长，体标记手势占比增高。研究指出，非流利型汉语失语症患者的手势与言语有相似的损伤，损伤程度与失语严重程度有关，并能随失语症缓解而有所恢复，且手势具有一定的沟通代偿功能。

5.6　原发性进行性失语症

原发性进行性失语症（primary progressive aphasia，PPA）是一种神经退行疾病引发的渐进性的失语症，患病初期主要症状表现为语言功能选择性丧失，但其他认知功能相对无碍（Mesulam，1982）。PPA主要有三种亚型（Mesulam et al.，2012），各亚型的大脑病灶部位和语言评估表现既有共同之处，亦有各自特点。

　　PPA 在发病两年内的显著言语特征有找词困难、命名不能及句法障碍，且不断恶化，后期会出现阿尔茨海默病的症状（Mesulam et al.，2014）。该病又分三种主要类型：流利语义型、非流利语法缺失型和词汇型（Mesulam et al.，2012）。三种亚型都由神经性疾病引发，主要病灶为语言中枢脑区萎缩而非中风或脑梗诱发，以 50–75 岁患者居多（Westbury & Bub，1997），目前尚不可治愈。PPA 的神经病理机制不一，但左脑退化现象显著大于右脑（Westbury & Bub，1997），且所有类型患者的左脑外侧裂区都有病变（Mesulam et al.，2019）。

　　三种类型的患者的神经影像诊断标准和临床语言评估表现不同。通常而言，语义型患者左侧颞叶前部和中部明显萎缩，语法缺失型患者左额叶低代谢及运动皮层萎缩，词汇型患者脑萎缩部位则分布于左顶叶中下部、颞中部第三脑回、颞上沟及左侧海马区（Rogalski & Mesulam，2009）。患病初期，语义型患者语法理解和产出能力正常、复述正确、自发性言语流利且发音清晰，但词汇理解和物体命名能力显著丧失（Mesulam et al.，2015）。语法缺失型患者言语产出困难、不流利、发音不清或出错，常出现语法缺失现象，虽然理解能力相对正常，但不能理解复杂句式（Mesulam et al.，2015）。词汇型患者言语迟缓，频频出现找词困难，句法理解也有困难，但发音相对正确（Mesulam et al.，2014）。

　　PPA 研究使用行为实验、眼动追踪及神经影像技术，发现不同类型患者的句法理解和产出障碍模式不对称。目前较有影响力的PPA 语言评估诊断量表有美国西北大学研发的系列量表，包括动词及动词论元结构量表（Thompson，2011）、句式量表（Cho-Reyes & Thompson，2012）、命名量表（Thompson & Weintraub，2012）等。非言语检测手段包括利用眼动追踪（Barbieri et al.，2019；Mack et al.，2019；Walenski et al.，2021；Wang et al.，2022）和神经影像技术（Bonakdarpour et al.，2017，2019）。研究发现，PPA 患者都有复杂句式的理解障碍，语法缺失型和词汇型患者（Wilson et al.，2014）尤甚；而在产出任务中，语法缺失型患者难以产出较复杂的论元结构，但语义型和词汇型患者相对没有困难（Thompson et al.，2012a）。命名任务中，名词相对较好但动词有显著障碍的是语法缺失型和词汇型患者，而语义型患者名词障碍显著、动词较好（Thompson et al.，2012b）。眼动实验发现，语义型患者对目标图片的注视时间显著少于其他两种类型患者（Faria et al.，2018；Seckin et al.，2016；Wang et al.，2022），反应时和准确率明显异常，表现出典型的词汇语义特征识别障碍。相反，语法缺失型和词汇型患者对目标图片的注视虽然迟缓，但正确率较高，也无语义特征识别障碍。神经影像研究进一步证实，PPA 患者的额颞叶语言中枢神经回路渐进性萎缩（Bonakdarpour et al.，2019）。

目前 PPA 的研究几乎全部借鉴卒中失语症的研究发现和理论。鉴于 PPA 患者普遍表现出词汇提取困难，大量研究集中探讨不同类型患者的名词和动词的理解与产出。名词研究主要使用语义范畴原型理论，即具有典型语义范畴的名词（如鸟类中的"麻雀"）比非典型范畴的名词（如鸟类中的"鸡"）加工快（Kiran & Thompson，2003；Riley et al.，2018）。Riley et al.（2018）用语义关联任务，从视觉和听觉两种模式检测了三种亚型的 PPA 患者，发现除了严重的语义型患者之外，所有患者都有上述典型性效应。动词研究着重使用句法理论，根据动词次范畴，集中探讨动词论元数量和题元角色选择对患者动词加工的影响。研究者用眼动追踪技术检测了不同类型患者的名词（Seckin et al.，2016）、动词（Wang et al.，2022）及动词论元结构加工整合过程（Mack et al.，2019），发现在名词和动词的理解实验中，语义型患者的准确率和眼动延迟显著低于语法缺失型患者；在论元通达实验中，语义型患者眼动进程明显异常，而语法缺失型和词汇型患者则相对较好；在论元选择实验中，只有语法缺失型患者的准确率和眼动模式明显存在缺陷。

PPA 患者句子理解和产出的研究大致分为易加工的常规句式和难加工的非常规句式。常规句式包括主动句（如"The groom is carrying the bride?"）、主语位置的特殊疑问句（如"Who is carrying the bride?"）、主语分裂句（如"It was the groom who carried the bride."），非常规句包括被动句（如"The bride was carried by the groom."）、宾语位置的特殊疑问句（如"Who is the groom carrying?"）、宾语分裂句（如"It was the bride who the groom carried."）。很多研究都发现，常规句式因只涉及名词移位（NP 移位）或遵循"主事－动词－受事"的题元角色顺序（如"The groom is carrying the bride."）而易加工，非常

规句式因涉及疑问词移位（WH 移位）或因"受事 – 动词 – 主事"的题元角色顺序（如"The bride was carried by the groom."）而难加工（Weintraub et al.，2009）。神经影像研究（Europa et al.，2019）证实，健康被试的左额下回在 WH 移位时的确比在 NP 移位时激活程度更高，同时也发现患者左额叶下部皮层的萎缩程度可作为句法理解障碍严重程度的生理指标（Wilson et al.，2012，2016）。PPA 群组追踪研究（Ash et al.，2019）发现，所有患者的言语流利程度都变低，语法缺失也变得严重，语法缺失型患者尤甚；另外，研究还发现患者左额岛盖和双侧颞叶的灰质萎缩进度与句子语法性丧失程度相关。

很多研究在患者的语言评估中也采用语篇分析的方法，即让患者描述图片、讲故事、复述发生的事情或操作流程（Beales et al.，2018；Fraser et al.，2014；Thompson et al.，2013；Whitworth et al.，2015），其中对英语母语者的研究绝大多数采用的是"偷饼干"图片描述（Goodglass & Kaplan，1983）和讲述灰姑娘的故事。研究者通过人工（Thompson et al.，2013）或自动软件（Thompson et al.，2019）分析语料，观测名词动词产出比、功能词和实词产出比、流利度及语法错误等，如 Thompson et al.（2013）发现词汇型比语法缺失型患者言语流利但产出的名词动词比例低。

PPA 目前尚不能被治愈，但其言语康复研究的宗旨是提升患者生活质量，延缓疾病恶化进程。与卒中失语症的言语康复研究相比，PPA 的言语康复研究受关注少，难有泛化结果。绝大多数的康复方案多用图片命名任务，以期治疗患者初期普遍出现的词汇提取困难；总体发现该种方案对语义型和语法缺失型患者有所起效（Croot et al.，2019），但对词汇型患者的效用时好（Beeson et al.，2011）时坏（Croot et al.，2019）。相比词汇方案，使用句子的言语康复方案被证实更有效。如 Henry et al.（2018）设计了结构化的组句成短篇的言语产出康复方案并施测给语法缺失型患者群组，发现该方案有显著泛化效果，同时还发现治疗后患者左侧颞中下回的灰质体积与治疗效果相关。

PPA 的言语康复研究通常采用本来为卒中失语症研发的言语康复方案，并使用眼动追踪和神经影像技术测试治疗后的行为数据、眼动指标和神经回路激活部位及程度。较有影响的有底层形式治疗法（Treatment of Underlying Forms，TUF）（Thompson & Shapiro，2005）和治疗效应复杂性假设（Complexity Account Treatment Efficacy，CATE）（Thompson et al.，2003）。两者都主张应给患者训练较复杂的句式，这样患者就会对较简单的句式有泛化作用。例如，先训练非常规句会泛化到常规句（Thompson et al.，2003），先训练 WH 移位句会泛化到 NP 移位句（Thompson & Shapiro，2007），先训练复杂动词论元结构会泛化到简单的动词论元结构（Thompson et al.，2013），以及先训练非典型范畴的名词会泛化到典型范畴的名词（Johnson et al.，2019）。眼动实验（Barbieri et al.，2019；Mack & Thompson，2017）发现患者在治疗前对被动句的理解和产出都比主动句差，对"主事为先"的题元角色顺序也不敏感，但用 TUF 方案治疗后，被动句的理解和产出得分都有提高，且对"主事为先"的题元角色顺序变得敏感。神经影像技术也是言语康复研究的必要手段。研究者一般对治疗前后患者特定脑区的激活变化进行比较，并将其与语言行为数据关联起来。除了不断证实左额颞区为语言中枢区之外，研究发现早期治疗后，左脑语言功能区激活程度受到抑制，而右脑对应脑区的激活程度则得到了加强（Barbieri et al.，2019；Johnson et al.，2019）。因此，目前的研究认为人类语言功能区至少包括大脑左右额颞区，将来的研究不仅要进一步剥离语言功能区和认知功能区，还应参照健康大脑研究、卒中失语症研究甚至动物研究（Kiran & Thompson，2019）。

5.7 小结

本章首先按照失语症的经典分类，逐一介绍了不同类型失语症患者的语言特征，然后从语言学的不同层面介绍和讨论了失语症的语音障碍、词汇语义障碍、语法障碍和手势障碍。这些失语症的语言特征的实证数据均来源于中风后失语症患者。最后，本章单设一个小节介绍了一种神经退行性疾病性质的失语症——原发性进行性失语症。对失语症的语言障碍的研究，其发展的每个阶段都在汲取同时代其他学科发展的成果，如理论语言学、心理学、临床医学、计算机科学等。自语言学界的

Jakobson（1941）研究失语症后，国外失语症研究就开始用语言学理论描述、概括和解释语言障碍。Jakobson 提出，失语症研究要围绕两大语言运算机制，即词项选择和词项组合来展开，这一观点为之后的失语症的语言学研究指明了方向。从 20 世纪 80 至 90 年代开始，运用生成语法研究失语症逐渐成为主流，在语法障碍理论和言语康复治疗应用上都有重要发现。大量研究依据生成语法理论设计心理语言学实验，把脑损伤部位和患者语言行为表现相关联。近年来，研究者使用 fMRI 技术对失语症患者和健康被试施测句子实时加工实验，发现人类语言功能不仅仅依靠模块化的大脑皮层灰质结构，还要依靠包括白质纤维的神经网络功能连接，即灰质和白质纤维连接的损伤都会破坏语言功能。在失语症的研究方法上，采用基于计算机的心理语言学实验研究、眼动追踪研究、ERP 研究和 fMRI 研究渐趋增多，失语症患者自然话语的计算机自动化分析（Fromm et al., 2020）也陆续开展。这些研究在时间和空间维度上深入揭示了失语症患者实时在线加工语言的模式和大脑机制，并渐趋与人工智能研究结合。此外，失语症的语言障碍研究者也愈加重视非言语认知障碍研究，力求对失语症患者的真实鲜活的语言表现进行多模态的、全面的描述和概括。

第 6 章
其他类型的语言障碍

除了失语症，还有其他神经性疾病造成的语言障碍，如儿童发展性语言障碍和神经退行疾病造成的成人语言障碍，后者往往受年龄影响，患病率随患者年龄增大而升高。本章将在介绍与讨论儿童发展性语言障碍的基础上，讨论阿尔茨海默病、路易体痴呆和帕金森病这三种常见的神经退行性疾病以及老年语言退化的现象。

6.1　儿童发展性语言障碍

发展性语言障碍（developmental language disorder，DLD）是指儿童在完全习得母语之前就出现的语言障碍，其中最为突出的是特定语言障碍（specific language impairment，SLI）。此类儿童患者没有受过任何大脑损伤，也没有诸如自闭症之类的其他症状，其总体认知能力也都正常甚至高于平均水平，但是在语言能力方面存在明显的障碍。

6.1.1　致因及影响

发展性语言障碍是一种影响人们学习、理解和使用语言的沟通障碍，这些语言困难不能用听力丧失、自闭症或语言接触不足来解释。因此，DLD 被定义为严重的且持久存在的语言能力低下，明显影响日常生活，同时在没有生物医学状况的情况下（如感觉神经性听力丧失、智力受损或自闭症谱系障碍），语言障碍只是一系列障碍中的一部分（Bishop et al., 2017）。DLD 可能影响儿童的口语、听力、阅读和写作能力。DLD 会产生负面影响，尤其是在社交、情感发展和学习等方面，而这种情况及其影响通常会持续到成年时期（Elbro et al., 2011）。DLD 也被称为特定语言障碍或语言延迟（language delay），英文有时也称为 developmental dysphasia。它是最常见的发育障碍之一，据美国国家耳聋和其他沟通障碍研究所官网的数据，大约每 14 名幼儿中就有 1 名儿童有发展性语言障碍。DLD 协会曾进行了两项研究（Bishop et al., 2016，2017），并确定术语 DLD。研究者以前通常称其为特定语言障碍，确认其语言能力与非语言智商存在差异（Bishop, 2006），但是并没有就这种差异的程度或语言障碍的分割阈值达成共识。SLI 研究的被试的语言得分比同龄人的平均值低 1.25 或 1.5 个标准差，非语言智商的纳入阈值在 70 至 85 之间不等。第一个 SLI 协会全基因组链接研究纳入的 SLI 儿童的语言得分比一般人的平均值低 1.5 个标准差，而非语言智商大于或等于 80（The SLI Consortium, 2002）。一项来自英国的研究报告显示，SLI 的患病率约为 4.8%（Norbury et al., 2016）。该研究中的 DLD 的标准是，五项语言综合得分里至少有两项低于一般人口平均值 1.5 个标准差，非语言智商大于 85。但是，当将非语言智商的纳入标准放宽（大于 70）后，患病率大约为 7.58%。

新近研究报道显示，对于患有 DLD 的人来说，他们生活质量受到影响的风险会升高，其中就包括心理健康问题（Botting et al., 2016; Eadie et al., 2018; Lee et al., 2020; Lyons, 2021）。一项英国的长期随访研究报告称，与对照组相比，患有 DLD 的青少年和成年人中焦虑和抑郁的患病率较高（Botting et al., 2016）。此外，DLD 与阅读障碍的风险增加相关，如阅读理解能力较差（Botting, 2020; Kalnak & Sahlen, 2022），对学习和教育（Conti-Ramsden et al., 2018）以及就业（Elbro et al., 2011）都会产生长期影响。然而，在患有 DLD 的人群中存在相当大的个体差异性，并非所有患者都存在心理健康的问题，患者也不一定在学习和教育方面都有负面结果（Le et al., 2021）。

DLD 是一种神经发育障碍。神经发育障碍由基因与环境之间复杂的相互作用引起，这些相互作用会改变大脑的发育。目前，导致 DLD 大脑差异的确切原因尚不清楚。神经发育障碍往往属于家族遗传。据美国国家耳聋和其他沟通障碍研究所官网的数据，50% 到 70% 的 DLD 患儿家庭中至少有一个家庭成员患有该障碍。此外，其他可能相关的神经发育障碍（如失读症或自闭症）在 DLD 患儿的家庭成员中更为常见。一些研究已发现语言相关特征的遗传性，显示某些语言特征的遗传性很高（Bishop et al.，1995；Rice et al.，2020）。同时学习多种语言不会引起 DLD。然而，这种障碍会影响多语儿童和只会一种语言的儿童。对于多语言儿童，DLD 将影响儿童所说的所有语言。需要强调的是，对于患有 DLD 的儿童，学习多种语言并不会有害，即患有 DLD 的多语儿童并不会比单语 DLD 儿童的语言障碍更加显著。

患有 DLD 的儿童最终可能赶上同龄人，不过他们的语言困难会持续存在。例如，一项最新的研究（Orrego et al.，2023）以第一人称叙述的方式描述了一位曾患有 DLD 的成年人的生活经历，其中详细叙述了 DLD 的早期迹象、诊断、治疗、DLD 对家庭关系、社交情感健康和学术表现的影响。这位患者在幼儿时被诊断出患有中度至重度的 DLD，且成年后仍然偶尔表现出轻微的 DLD 症状。在该患者成长过程中，其家庭关系、社交、情感和学术能力都受到影响，尤其是在校读书期间。不过，在患者母亲和言语病理学家的帮助下，这些影响有所减轻。

6.1.2　语言障碍及神经病理

年幼的 DLD 患儿呈现出的语言障碍问题主要有：（1）组词成句能力发展较晚；（2）学习新词汇和进行交流时有困难；（3）难以理解指令；（4）说话时经常犯语法错误。年纪稍大的 DLD 儿童或成年患者中常见的语言障碍包括：（1）使用复杂句子的能力有限；（2）找词困难；（3）难理解比喻的话语；（4）阅读障碍；（5）叙述和写作混乱无序；（6）经常出现语法和拼写错误。近年来的研究不断证实，DLD 儿童在整个发育过程中往往词汇贫乏（Beitchman et al.，2008；McGregor et al.，2013），但患儿的语义困难不仅限于他们掌握的词汇数量。一般而言，DLD 儿童学习新词较慢，难以记住新词，对新学习的词的语义特征掌握较差，并且需要更多的新词暴露才能学会（Alt et al., 2004; Jackson et al., 2016）。在自发语言中，DLD 儿童比同龄儿童更有可能省略冠词（Hansson et al., 2003）。对于已掌握的词汇，DLD 儿童通常会出现命名错误，如将"剪刀"标记为"刀"，或使用不太具体的语言，如"剪东西"。随着儿童长大，问题的出现可能不是儿童掌握的词汇数量，而是他们对这些词的了解程度。例如，DLD 儿童可能没有意识到一个词可以有多个含义，例如，"cold"可以指室外的温度、疾病或不友好的个人品质。由于缺乏这种灵活的词汇知识，他们在理解笑话、比喻语言和隐喻语言方面就会有困难（Davies et al., 2016; Norbury, 2004）。

此外，DLD 儿童学习动词也比较困难（Andreu et al., 2013; Riches et al., 2005）。对动词的掌握可能会影响对句子结构的学习，因为动词不仅决定句子的论元结构信息，还表示语法时态。DLD 儿童比健康对照组儿童更频繁地省略动词后的语法后缀。例如，英语 DLD 儿童可能会把"She walked to school yesterday."错误地说成"She walk to school yesterday."，但他们却不会犯"I walks to school."这种错误，而是能正确说出"I walk to school."。即 DLD 儿童在表达过去时态的动词词尾的屈折词缀更容易出错，而在表达主谓一致性的动词词尾的屈折词缀则表现较好。对粤语 DLD 儿童的研究结果也显示，相比于同龄人及年龄小的儿童，粤语 DLD 儿童使用的完成体和未完成体标记都要少于正常的儿童。

在句子结构方面，跨语言的研究显示，DLD 儿童难以掌握需要移位的句法结构，例如，宾语特殊疑问句（如意大利语：Arosio & Guasti, 2019；英语：Deevy & Leonard, 2004；希伯来语：Friedmann & Novogrodsky, 2003, 2004, 2007；汉语方言粤语：Wong et al., 2004）。对于涉及移位的宾语关系从句（如英语 the girl$_i$ [that the father kissed t$_i$]；汉语 [t$_i$ 亲爸爸的] 女孩$_i$）和主语关系从句（the girl$_i$ [that t$_i$ kissed the father]；[爸爸亲 t$_i$ 的] 女孩$_i$），DLD 儿童加工前者更为困难（如希腊语：Stavrakaki et al., 2015；希伯来语：Friedmann & Novogrodsky, 2004；意大利语：Contemori & Belletti, 2014；丹麦语：De Lopez et al., 2014；俄语：Rakhlin et al., 2016；英语：Frizelle & Fletcher, 2014；汉语：

何晓炜、于浩鹏，2013；于浩鹏等，2017；Yu et al.，2023），研究者认为，因为前者在移位过程中产生的语迹和填充位之间的距离更长，需要更多的工作记忆资源。

DLD 儿童的语言障碍可能被误解为行为问题。由于有语言障碍，DLD 儿童可能会避免跟他人互动，导致可能被认为很害羞。DLD 儿童还可能因不理解指令而不会遵循指示，但其他人可能将此解释为不听话。由此发展下去，DLD 儿童的沟通就会有问题，从而可能变得沮丧并表现出行为问题。

DLD 儿童的诊断与评估包括：（1）对孩子的直接观察；（2）由父母和 / 或教师完成访谈和问卷调查；（3）对孩子的学习能力进行评估；（4）标准化的语言评估测试。通过评估后，再进行相应的治疗规划。需要指出的是，DLD 与学习障碍（learning disability）并不等同，DLD 是学习障碍的一个风险因素，因为基本语言技能的问题会影响课堂表现。这意味着相较于一般儿童，患有 DLD 的儿童更有可能被诊断出有学习障碍。他们可能会在朗读时很难把字词转化为声音，写作时可能会出现语法错误，使用的词汇有限，也难以理解篇章。由于语言理解困难，数学学习也可能会变得很难。一些 DLD 儿童因此可能会表现出失读症的迹象。当他们成年时，被诊断出阅读和拼写障碍的可能性要比正常的儿童高出 6 倍，被诊断出数学障碍的可能性要高出 4 倍。

DLD 是一种神经发育障碍，其症状首次出现在童年时期，表现为学习和使用语言困难，不能归因于其他发育状况。但这并不意味着随着孩子的发育，问题会自行消失。相反，这种情况在幼儿时期就会显现，并且很可能会在以后继续存在，但会随着年龄的增长而发生变化。例如，患有 DLD 的幼儿可能会在对话中使用不符合语法的句子，而患有 DLD 的年轻成年人可能会在对话中避免使用复杂的句子，并且在写作中也难以做到清晰、简洁、有条理和符合语法。在学前阶段进行早期治疗可以改善许多问题，但无论何时开始治疗，患者都能从中受益。

虽然 DLD 常见，但实际上人们对与其相关的大脑异常的理解是有限的。新近的研究利用磁共振成像（MRI）和扩散张量成像（DTI）技术，揭示了 DLD 儿童的脑结构变化。例如，Lee et al.（2020）使用 MRI 和 DTI 技术研究了 14 至 27 岁患有和未患有 DLD 的青少年和年轻成年人之间的背侧和腹侧语言通路的结构差异。结果显示，患有 DLD 的人在背侧和腹侧通路中存在与年龄相关的脑结构差异。Krishnan et al.（2021）使用动词生成任务（即儿童看到一个物体的图片，要说出与该物体相关的动作）测试了 117 名年龄在 10 至 15 岁之间的儿童（其中 DLD 患者 50 人，普通的典型发育儿童 67 人），以及 26 名语言能力较差但不符合 DLD 诊断标准的儿童。研究结果发现，患有 DLD 的儿童的大脑语言中枢区（如左侧额下部皮层）的活动并没有减少，在言语产出过程中纹状体的功能也没有失调，额叶皮层的偏左侧化活动也没有减少。换言之，在动词生成任务中的 DLD 儿童其大脑中的活动与普通的儿童相同脑区的活动水平一样，没有差异。该研究团队继续用 MRI 研究，又有了新的重要发现。Krishnan et al.（2022）使用一种新颖的半定量成像的方法，即对大脑组织中对不同特性特别敏感的部位进行 MRI 扫描。扫描测量了 56 名普通儿童和 33 名 DLD 儿童的神经微结构差异，具体测量了大脑中髓鞘和铁的含量。髓鞘是一种包裹在神经元周围的脂质物质，可以加速大脑区域之间信号的传递。它类似于电缆周围的绝缘层。该研究发现，DLD 儿童大脑中与听说相关的脑区以及涉及学习新技能的脑区中（背侧纹状体）的髓鞘含量降低。

6.2　阿尔茨海默病

6.2.1　定义及患病率

痴呆症的诊断标准包括记忆障碍，同时伴随一项或多项认知或语言障碍，这些障碍显著影响社交活动和工作，并且与先前的日常功能水平相比呈现出的变化比较明显（American Psychiatric Association，2000；Román et al.，1993）。患有潜在痴呆症的最常见的症状是记忆和行为问题。患有痴呆症的人会出现注意力、执行功能、批判性思维和语言方面的问题。阿尔茨海默病（Alzheimer disease，AD）是最常见的痴呆症形式。1907 年底，德国神经精神病学家 Alois Alzheimer 描述了一名住在法兰克福精神病院的 51 岁女性患者，她出现的症状有：嫉妒丈夫，记忆能力迅速恶化，阅读和写作困难，说错话，在自己公寓内有定向障碍，以及各种偏执症状。该患者没有运动功能障碍，步态、协调和反射都是正常的。在患病 4 年半后该患者去世。尸检结果显示，患者的大脑皮质细胞广泛丧失，还有后来被称为神经纤维缠结和神经元纤维结的病变斑块。Alzheimer 的导师、著名的德国精神病学家 Emil Kraepelin 在 1910 年提出了"阿尔茨海默病"的术语。

据世界卫生组织《2017—2025 年全球痴呆症公共卫生应对行动计划》的数据，目前，全球 AD 患者人数超过 3 500 万人。随着全球预期寿命的增加，到 2050 年，患 AD 的人数预计将达到 8 700 万人。全球每年有 500 万到 700 万名老年人被诊断出患有 AD。全球的 AD 发病率估计占各个国家人口的 5% 到 7%；社会中老年人数量越多，AD 和其他形式的痴呆症的患病率就越高（Lopez & Kuller，2019）。

美国约有 580 万人患有阿尔茨海默病，其中 17% 处于 65 至 74 岁之间，57% 处于 75 至 84 岁之间，而 36% 的人年龄在 85 岁以上（Alzheimer's Association，2020）。从 65 岁到 85 岁，发病率不断上升。在 85 岁之后，尤其是 90 岁，发病率会趋于稳定，甚至略有下降（Robinson et al.，2017）。一项针对 70 岁到 100 岁年龄段的大规模的尸检研究显示（Jellinger & Attems，2010），82.9% 的人患有 AD，使得 AD 成为最常见的痴呆症形式。越来越多的 60 岁到 90 岁的案例研究发现了 AD，但 90 岁后有轻微下降。在最高龄组（90 岁以上），最常见的痴呆形式是 AD 与血管疾病的混合型。65 岁及以上是 AD 的典型发病年龄，但也有早发型，可能在 30 岁即开始。早发型 AD 具有较强的遗传成分，更常与唐氏综合征（Down syndrome）家族史相关。患有唐氏综合征的老年人显示出与阿尔茨海默病相关的脑形态学变化。被诊断出患有 AD 的女性比男性更多，但这不是因为女性中的发病率更高，而是因为女性的长寿，使得她们处于更高风险的老年群体中。

2020 年我国第七次全国人口普查结果显示，全国 60 岁及以上人口为 264 018 766 人，占全国人口的 18.7%，其中 65 岁以上的有 190 635 280 人，占 13.5%。据一项全国性横断面的研究显示（Jia et al.，2020），我国 60 岁及以上人群中有 1 507 万例痴呆患者，其中 AD

患者 983 万例，血管性痴呆 392 万例，其他痴呆 132 万例；另外，我国 60 岁以上人群的轻度认知损伤患病率为 15.5%，患者人数 3 877 万例。AD 疾病负担沉重。2015 年我国 AD 患者的年治疗费用为 1 677.4 亿美元，患者的年治疗成本逐年攀升，预计到 2050 年将高达 18 871.8 亿美元（Jia et al., 2018）。根据《中国阿尔茨海默病报告 2021》，2019 年，全球阿尔茨海默病及其他痴呆患者人数达 5 162 万例，其中我国患病人数为 1 314 万例，约占全球数量的 25.5%。中国老龄协会预测，到 2030 年我国 AD 患者将达 2 200 万人。

6.2.2　病因

　　AD 的病因尚未明确，但研究表明人口统计学因素、遗传因素、生活方式、疾病和环境等会严重影响患病风险（Armstrong，2019）。人口统计学因素中，年龄是 AD 的最大风险因素，其他因素包括较低的教育水平、较低的认知水平、职业较为简单、种族和较低的社会阶层，以及听力和视力问题。AD 患者的一级亲属中，患病率约为 50%，遗传突变导致了 AD 的主要神经病理学突变，即淀粉样斑块。引起唐氏综合征的三体性 21 号染色体也是一个风险因素。三体性 21 号染色体是一种遗传性状，涉及三个 21 号染色体的自由复制。患有三体性 21 号染色体的人可能会在 40 岁就表现出 AD 症状。生活方式因素是最重要的可调整的 AD 风险因素。导致 AD 风险的生活方式包括酗酒，缺乏运动，缺乏认知活动，摄入过多饱和脂肪、高度加工以及高钠食品。一些健康和疾病因素也会增加 AD 患病风险，包括中风和多发微梗塞、控制不良的高胆固醇血症和 II 型糖尿病、肥胖、心血管病、年轻时头部创伤、癫痫、免疫系统功能障碍、感染、营养不良和不良饮食习惯，以及严重抑郁。环境也是一项不容忽视的 AD 风险因素，包括空气污染、金属暴露和慢性职业环境暴露（如杀虫剂、肥料、除草剂和杀虫剂）等。其中，慢性职业环境暴露与痴呆症风险强烈相关。目前，尽管尚未建立起确切的因果关系，但有足够的证据表明，良好的教育、定期锻炼、健康饮食、控制血胆固醇和血糖水平、健康的体重、增加认知活动、最小限度暴露于空气污染和其他毒素、职业安全、减压以及及时治疗抑郁症等，可能会减少认知衰退的风险（Rakesh et al.，2017；Sujkowski et al.，2022）。

　　目前，实验室的科研发现并不能确凿证明 AD 神经异常，只有尸检才能确定。而常规的血液、尿液和脑脊液检查即使显示出一定的异常，也不能确定。此外，各种脑成像技术也并不能为 AD 提供明确的诊断证据（Arvanitakis et al.，2019）。与 AD 有关的神经病理变化包括大脑萎缩、脑室扩张、神经退化、神经纤维缠结、突触丧失、淀粉样斑块、白质变化、神经炎症以及神经递质的耗尽等，这些变化在颞顶枕叶交界区和颞叶下部尤为明显。相对而言，受影响较小的是额叶、运动和感觉皮层、枕叶、小脑和脑干。AD 患者大脑中发现的异常也可能不同程度地在健康老年人、其他健康的唐氏综合征患者以及其他类型的痴呆症患者中找到（Arvanitakis et al.，2019；Atri，2019；Breijyeh & Karaman，2020；Hane, Lee et al.，2017；Hane, Robinson et al.，2017）。实际上，痴呆症状是 AD 的最终阶段，大脑的病理变化在观察到任何症状之前就已经开始了（Lloret et al.，2019）。

　　现在已经广泛认识到，AD 的显著特点是神经元和突触逐渐丧失，以及两种病理特征性蛋白质聚集，即淀粉样蛋白 - β（Aβ）斑块和由磷酸化的 tau 组成的神经纤维缠结。有证据表明，突触退化是 AD 中认知下降的最相关因素（DeKosky et al.，1990；Terry et al.，1991；Mecca et al.，2022）。神经纤维是神经细胞体、树突和轴突中的丝状结构。在一种名为 tau 的蛋白质中，神经纤维被增厚、扭曲和缠结。tau 蛋白形成了异常环、三角形和团块。大脑皮层的金字塔状神经元、海马体和杏仁核是神经纤维纠缠结最常见的部位。淀粉样神经斑块是大脑皮层和皮层下组织退化的微小区域。这些斑块破坏了突触连接，从而干扰了神经元信息的传递。神经斑块的主要化学成分是髓样蛋白。这些斑块的主要部位是大脑皮层、杏仁核和海马体，不过也可能出现在纹状体、杏仁核、丘脑以及大脑和脑膜的血管中。海马体位于大脑深处，与记忆有关。神经元丧失导致 AD 患者的大脑皮层萎缩。随着脑组织的萎缩，大脑的脑室扩大。萎缩在大脑两个半球中的颞叶和顶叶最常见。突触丧失则与 AD 早期阶段的记忆障碍相关（Breijyeh & Karaman，2020）。在尚无症状的高风险人群中，在出现任何明显的认知下降之前的数年，神经元丧失可能就已经开始了。这种丧失可能从海马体和周围区域开始，然后扩散到其他脑组织。结构异常会伴随神经化学变化。在 AD 患者身上，能够促进神经传递的脑化学物质都严重减少，由此可能导致许多认知缺陷。值得注意的是，20% 至 40% 的健康人和未患有 AD 或其他类型的痴呆症的人体内也存在淀粉样斑块和纠缠的神经纤维，因此，仅凭淀粉样斑块和纠缠的神经纤维的存在并不能证明患有痴呆症（Lloret et al.，2019）。此外，很难在早期阶段区分 AD 与其他类型痴呆，只能诊断为疑似 AD（Hane, Robinson et al.，2017）。虽然目前缺乏有效的治疗方法来减缓或停止突触退化，但是许多临床试验现在正在开发新的突触生物标志物，旨在帮助及早筛查和诊断 AD（Tzioras et al.，2023）。

6.2.3 阶段性症状

在 AD 的早期阶段，患者的行为、运动功能和日常生活技能可能接近正常，也会处理任何细小的问题。然而，一些损害会渐渐明显，尽管个体差异很大。这些损害包括（Arvanitakis et al.，2019；Atri，2019）：（1）有轻微的记忆障碍，无法回忆早先的事甚至最近的事，学习新东西有一定困难；（2）视觉空间技能受损，如无法搭积木、系鞋带、复制三维图纸或多任务处理等；（3）推理和判断能力变差；（4）行为发生变化，回避困难的任务，自我忽视，不在乎社交形象，不愿社交；（5）在新环境中失去定向感；（6）步态受损，可能频繁跌倒；（7）焦虑；（8）冷漠和抑郁，对喜欢的活动失去兴趣，做饭或接电话等起身行动难；（9）有轻微的语言障碍。

随着疾病的进展，早期症状加重，其他症状会随之出现，尽管在频率和严重程度上有个体差异。这些症状（Arvanitakis et al.，2019；Atri，2019；Hane, Robinson et al.，2017）包括：（1）记忆严重丧失，近事和远事回忆都可能严重受损，甚至不记得如何使用电话或炉子等，学习新东西可能极其困难；（2）日常生活技能受损，像穿衣脱衣、进食、行走、洗澡等这些常规技能都可能严重受损；（3）总体智力恶化，如做饭、购物等日常活动的管理能力恶化；（4）烦躁、焦虑和多动，会无目的地步行，仪式化或毫无意义地处理物品；（5）数字计算困难更加严重；（6）定向感严重丧失，甚至在自己家或熟悉的环境中迷失，还可能会在其中漫无目的地走动，最终也可能对时间、地点和人物失去所有定向感；（7）失认症，无法命名物体或人，包括家庭成员；（8）迫害妄想；（9）缺乏洞察力，没有意识到自己的问题；（10）行为异常，如根据妄想行事，毫无根据地指责，产生幻觉，毫无目的地重复动作，失眠、嗜睡，不得当的搞笑、笑声怪异，甚至在公共场所小便；（10）主动性丧失，缺乏动机和情感，抑郁可能更为严重；（11）定期失禁；（12）身体恶化，比如肌肉痉挛、步态不稳定、频繁摔倒、面部表情明显露出困惑感，大多数卧床不起，可能会发作癫痫，并出现尿液和粪便失禁；（13）语言和交流问题。最后，在大多数 AD 病例中，死亡是由于吸入性肺炎、心力衰竭或感染引起的。

6.2.4 语言障碍

AD 患者早期阶段的语言相对完好，后期逐渐恶化。最初，语音发声、声音、句法和韵律方面以及伴随语言的手势不受影响，自发性言语也无影响，但可能会出现其他问题（Arvanitakis et al., 2019；Atri, 2019；Bayles et al., 2020；Payne，2014）。早期和中期阶段的语言问题主要有：（1）轻度命名障碍，尤其是低频词汇；（2）言语替换（verbal paraphasia），绕着弯子说话（circumlocution），如看到罐子不会命名，反而会说成"倒牛奶的"；（3）语言理解障碍，能理解具象的语言，但对幽默、抽象、暗示、谚语、俗语等的理解可能受损；（4）图片描述受损；（5）难以维持话题；（6）朗读和写作早期完好，但后期会恶化。AD 患者的言语比较流利，类似于经皮感觉性失语症患者的言语，但不会表现出布洛卡失语症患者那样的言语。

AD 后期阶段患者的语言问题包括：（1）语音替换错误；（2）迂回用语更明显、更频繁；（3）言语重复、错音，充满术语，言语超流畅但空泛无意义;(4)言语不连贯,思维混乱;(5)会话能力受损,语用能力受损,难以维持会话;(6)理解能力受损,尤其难以理解复杂的口语指令;(7)阅读理解、朗读、写作技能都不同程度地受损;(8)重复听到的话,重复自己的话,重复词末的音节;(9)难以开始交谈;(10)不愿意主动进行社交活动;(11)不注意社交礼仪;(12)缄默不语;(13)部分 AD 患者可能有视觉问题,导致图片命名障碍;(14)意念性失用症(ideomotor apraxia),难以执行指令,但能自主进行操作,难以做出系列动作。

例如,Sakin(2021)详细描述了土耳其语 AD 患者在早、中、后三个时期的言语。

第一,患者有语用障碍。早、中期的 AD 患者在表达谚语的时候,只能绕来绕去地说较长的句子;后期的 AD 患者在听到"我猜你对这样的人已经变得冷了",他回答说:"嗯,我没有,如果我冷了,我会穿上这个。"

第二,患者无法使用长句。当被问及:"你有孩子吗?如果有的话,你能谈谈他们吗?",早期 AD 患者回答说:"是的,我有孩子,当然有。"当被问及当天打算做什么时,中期 AD 患者回答说:"我今天在这里。在这里。"当被问及:"你在花园里做了什么,你的一天过得怎么样?"后期 AD 患者回答说:"今天?很好,很好。"

第三,患者重复话语。当被问及家乡时,早期 AD 患者回答说:"Erzurum,Erzurum,Erzurum,你来自 Erzurum 吗?"当被问及"你吃饭了吗?你饿吗?"时,后期 AD 患者回答说:"吃,我吃了,我吃了,吃,是的。"

第四,患者也容易模仿对方言语。当被问到"感觉像是夏天,不是吗?",早期 AD 患者回答说:"感觉像是夏天,感觉像是夏天。"当被问到"你是五十岁吗?",中期 AD 患者回答说:"五十,五十,你五十,你五十。"当被问到"你在哪里出生?",后期 AD 患者回答说:"出生了,出生了,出生了,出生了。"

第五,患者无法跟随对话的线索。当被问到:"这只猫很可爱,是你的吗?",早期 AD 患者回答说:"是的,这只猫很可爱,我会说英语,是的,我翻译得好。"当被问到:"现在天气怎么样?",中期 AD 患者回答说:"现在我不在那里待着。"当被问到:"房间里有什么?",后期 AD

患者说："它们不是我的，这是酒店，酒店。"

第六，分类困难。当被问及"哪些东西是棕色的？"，早期 AD 患者回答说："一棵树。"在被要求补充其他内容时，患者就说："一棵树，一张桌子。"当被问及"除了医生之外，还有哪些与健康相关的职业？"，中期 AD 患者回答说："有医生，有护士，还有那些穿白衣服的人，在医院里。"当被问及"那么村里还有哪些其他动物？"，后期 AD 患者回答说："有羊，有动物，跑着的，有羊。"

第七，意识到犯错但无法纠正。当被问及"你喜欢听音乐吗？"，早期 AD 患者说："是的，我喜欢。对不起，我不是很喜欢。"当被问及是否结婚时，中期 AD 患者说他没有。然而，当面试者注意到他的记录上写着他已经结婚时，患者回答说："不，不，是的，我结婚了。"当被问及"你有笔记本吗？"，后期 AD 患者说："在这里，我从上面带来了。"在被提醒这不是他的笔记本后，他仍然说："不，不，我刚刚带来了，我从里面买来的，我带来了。"

第八，无法把握对话的主要内容。当患者被要求描述自己的家乡时，早期 AD 患者说："我说，他们从大学毕业。他们没有结婚，也就是他们是单身。"当被问及是否有亲近的朋友时，中期 AD 患者回答说："我从那里来，出发了，但花了很长时间。"当被问及最喜欢的食物是什么时，后期 AD 患者回答说："我今天来了，今天来了，明天我会在这里。"

第九，无法开始对话。面试结束后，早期 AD 患者问："还有其他问题吗？"。后期 AD 患者说："有红花，你知道它们叫什么吗？"。后期 AD 患者则无法展开对话。

第十，无法理解问题。当被问及"你疼吗？"，早期 AD 患者回答说："他们没有给任何东西，看，这里是医院，我们待在这里，但他们没有给。"当被问及是否阅读书籍时，中期 AD 患者回答说："如果我有与之相关的工作，我今天会出色地说英语，但我的工作不同。"当被问及有多少个孩子时，后期 AD 患者回答说："我是在三十七年出生的，我已经超过八十岁了。"

第十一，缺乏敬语。虽然早期 AD 患者在说"我已故的丈夫是一个非常友善的绅士，他是一名退休教师"时使用了尊敬用语，中期 AD 患者使用了"欢迎"和"谢谢"等词语，但在后期 AD 患者中没有发现敬语的使用。

第十二，频繁使用"东西""嗯"。早期 AD 患者说："做了嗯，嗯，也就是说，他批评他没有参战，他说是的，我们饿了，但我们没有失去父亲。"中期 AD 患者说："因为从，嗯，也就是 12 岁起，她经历了很大的，嗯，困难。"后期 AD 患者说："我只在小学嗯，嗯，学过。"

第十三，迂回表达（periphrasis）。当被问及"这种动物住在哪里？"，早期 AD 患者回答说："它们有它们的地方。它们也有一个房子。它们待的地方，有一个不同于家的房子。"当被问及工作是什么时，中期 AD 患者说："我做不同的事情，当他们问我问题时，我回答，当它是错误的时候，我纠正，这种工作你看到了。"当被问及是否了解伊斯坦布尔的其他社区或地区时，后期 AD 患者说："它在伊斯坦布尔。我们姑姑曾经住过的地方。"

第十四，言语替代。有语义替代。当被问到"那么你用什么喝汤？"，早期 AD 患者回答说："用叉子。"当被问及是否有伞时，中期 AD 患者回答说："伞，在夏天使用，伞。"当被问及"（通过指向窗户）这是什么？"，后期 AD 患者回答说："门，我们来打开门，让空气进来。"还有新词替代，当被问及"你在田里用了什么？"，早期 AD 患者回答说："这些是农业化学品。"当被问及在哪个季节我们会穿暖和的衣服时，中期 AD 患者回答说："冬天有更多的 assulu。"（乱语，不能明确试图表达的内容）当被问及我们用什么在笔记本上写字时，后期 AD 患者说："用 yeesin。"（乱语，不能明确试图表达的内容）

第十五，句子中省略词语和谓词。当被问及"你喜欢阅读吗？"，早期 AD 患者回答说："我……嗯……每本书我都能在这里找到。当他们来探望病人时，我甚至……"。中期 AD 患者说："有一个病人，我会……他，我会检查他。"当被问及是否喜欢看电影时，后期 AD 患者回答说："非常喜欢，我看……，电影，我看……"（试图说但就是说不出动词"看"）。

第十六，无法准确回答问题。当被问及"那么花园里有哪些东西？"，早期 AD 患者回答说："好了，这对我来说已经足够了，我不需要其他什么。我不喜欢奢华。"当被问及是否结婚时，中期 AD 患者回答说："我的女儿有两个孩子，一个儿子和一个女儿，他们都去了美国。"当被问及德国的首都是什么时，后期 AD 患者回答说："我不会说德语，我第一次去那里，我独自工作，我回来了，但我没有学会。"

第十七，脱离上下文说话。当被问及"你以前住在哪里？"，早期 AD 患者回答说："实际上我曾经住在安卡拉。我虽然是伊兹密尔人。我儿子在这里是医生。我生病了。在 2015 年我髋骨骨折了。我做过很多手术。手术后，我的孩子们雇了一个看护人照顾我。我在 2003 年失去了我的妻子，已经过去 16 年了。"当被问及"你在这里和谁住在一起，一个人吗？还是和你妻子住？"，中期 AD 患者回答说："我讨厌和我妻子吵架。我们吼对方，然后很快就平静下来。"当被问及"你在村里的田地里会种植什么？"，后期 AD 患者说："黄瓜，番茄，辣椒。我妈妈去世了。我哥哥去世了。我妹妹去世了。这不容易，非常困难。愿上帝不要给任何人这么多的痛苦，也就是说，死亡带来了很多痛苦。它永远不会从你身上消失。这就是孤独的样子。"

第十八，无法提供信息或解释。在参与研究的早期阿尔茨海默病患者中没有观察到这种类型的障碍。当被问及"你为什么认为冬天不再那么寒冷，尤其是在伊斯坦布尔？"，中期 AD 患者回答说："是的，是的，所以天气不再那么寒冷，但也不冷。"当要求描述患者的职业时，后期 AD 患者回答说："一直这样洗，像这样做，亲爱的。"

第十九，使用主语和人称后缀不恰当或出错。在参与研究的早期 AD 患者中没有观察到这种类型的障碍。中期 AD 患者说："Ayna varım, büyük bir aynam."（试图说"我有一面镜子，一面大镜子"，但使用了第一人称单数而不是第三人称单数）。后期 AD 患者说："Allaha şükür. Onuhiçbir şeye sıkılmadı bu zamana kadar."（试图说"谢谢上帝。直到现在我没有遇到任何问题"，但使用了被动语态和错误的主语）。

第二十，无法解释工具和设备的工作原理。在参与研究的早期 AD 患者中没有观察到这种类型的障碍。当被问及"你认为这个时钟是怎么工作的？"，中期 AD 患者回答说："这个显示现在是几点，这里有这些指针。"当被问及"我们如何用这支笔在笔记本上写字？"，后期 AD 患者回答说："这在书本或笔记本上做，一个笔，现在当然有什么。"

总之，Sakin（2021）的这些详细描述，显示了不同阶段的 AD 患者出现的思维障碍和语言困难，他们的回答变得模糊、混乱甚至不相关，反映出他们在语言理解和表达方面的困难。患者的回答可能与他们的实际经历和问题无关，显示了阿尔茨海默病对认知功能的损害。

近些年，汉语 AD 的语言学研究主要关注句子复杂性对患者句子理解的影响。例如，Liu et al.（2019）对 22 名汉语普通话 AD 患者（12 名早期，10 名中期）以及 22 名同龄健康老人施测了句子图片匹配任务以评估他们在不同句法复杂性和工作记忆需求下的句子理解能力。较为复杂的句子是主语关系从句，如"追赶男孩的妈妈拿着雨伞"，工作记忆需求相对多；相对简单些的句子是宾语关系从句，如"男孩追赶的妈妈拿着雨伞"，工作记忆需求相对少。研究结果表明，无论是患者还是健康对照组，句法复杂性确实对句子理解都产生了显著影响。然而，在患者中，这种影响更为显著。此外，当减少工作记忆需求时，句法复杂性的影响仅在中度 AD 患者中显著，而轻度 AD 患者和健康对照组则没有显著性。该研究认为，句子理解缺陷的来源因痴呆的严重程度而异。在轻度 AD 患者中，工作记忆下降似乎是导致理解困难的主要因素。相反，在中度 AD 患者中，工作记忆下降和句法能力受损共同导致了语言障碍。

6.3 路易体痴呆

6.3.1 诊断及神经病理

路易体痴呆（Lewy body dementia，LBD）是次于阿尔茨海默病痴呆和血管性痴呆的第三种常见的痴呆，在所有痴呆症状病例中占 10% 到 25%（Hallowell，2023）。在美国，每年的发病率估计超过 100 万人次，男性受影响的比例多于女性，从诊断到死亡的时间约为 5~8 年，但存在个体差异。LBD 的病程比阿尔茨海默病病程更快，发病年龄在 50 到 80 岁之间。路易体是大脑中新皮层、中脑和边缘系统中神经元内存在 α-突触核蛋白的过度积聚，在受损的神经细胞内形成团块或病理斑点，它们会对大脑中影响心智能力、行为、运动和睡眠的区域的神经元造成损害，破坏正常的脑功能。受损的细胞通常位于脑干顶部的黑质。德裔美国神经学家 Frederic Lewy（晚年被称为 Frederic Henry Lewey）在与 Alois Alzheimer 合作时首次描述了这些小体。

LBD 和帕金森病痴呆具有相同的神经病理变化和类似的症状，不同之处在于认知和运动症状的发作顺序（Milán-Tomás et al.，2021）。在路易体痴呆中，认知障碍首先出现，比运动障碍早约一年；在帕金森痴呆中，运动障碍（如震颤）首先出现，比认知障碍早约一年（Morra & Donovick，2014）。帕金森病通常以其特有的运动症状期为特征，然后在多达 80% 的患者中出现明显的认知下降和痴呆症状。相比之下，路易体痴呆的发病通常以认知障碍为特征，并伴随运动症状的出现（Walker et al.，2017）。

新近的一项汉语 LBD 研究（Gan et al.，2021）从我国九家三甲医院的记忆门诊中选取了 8 405 份病例进行筛查，其中包括 348 例 LBD 患者和 107 例帕金森病痴呆患者。该研究把 LBD 患者和帕金森病痴呆患者全部归为 LBD 患者。研究人员分析了上述病例的人口统计数据、神经心理学评分和颞叶萎缩评分。结果显示，LBD 的平均临床比例为 5.4%，在所有痴呆类型中占 7.3%，平均发病年龄为 68.6 ± 8.4 岁。LBD 患者占所有痴呆病例的 5.6%，而帕金森病占 1.7%。LBD 的男性稍多于女性（男性占 50.9%），帕金森病的男性稍多于女性（男性占 57.9%）。LBD 患者在简易焦虑量表 MMSE、蒙特利尔认知量表 MoCA、临床痴呆量表 CDR 和颞叶萎缩评估量表 MTA 方面表现都比帕金森病患者要差。由于在不同地区存在诊断的差异，LBD 的临床比例在我国很可能被低估。

McKeith et al.（2017）对他们于 2005 年制定的 LBD 诊断标准进行了重大修订。研究指出，LBD 诊断的基本特征是存在痴呆症状，即逐渐加剧的认知下降，其程度足以干扰正常的社交或职业功能；同时存在记忆障碍以及注意力、执行和视觉感知能力的认知缺陷。McKeith 等的标准还包括 LBD 的核心特征，即认知功能反复变化、视觉幻觉反复出现、睡眠障碍和帕金森症状，其他支持性的诊断包括对抗精神病药物的严重敏感性、姿势不稳定性和频繁摔倒。与该病相关的生物标志物包括心肌断层显像异常、多导睡眠图确认的无落差睡眠，以及 MRI 或 CT 扫描成像中颞叶中央结构相对保留。McKeith 等根据其诊断指南，区分了潜在的 LBD 和疑似 LBD 的标准。根据他们的标准，如果满足以下条件之一，则被诊断为疑似 LBD：（1）存在两个或更多 LBD 的核心临床特征，无论是否存在提示性生物标志物；（2）只有一个核心临床特征存在，但伴随着一个或多个提示性生物标志物。然而，如果存在任何其他物理疾病或脑部疾病，包括脑血管病或者类似于帕金森病症状，且在临床表现中占据主导地位，并首次在严重痴呆阶段出现，那么被诊断为 LBD 的可能性会较低。

从神经解剖学角度来看，神经影像学研究揭示 LBD 患者大脑中的基底核和枕叶出现异常或萎缩，后扣带回皮层相对保存，包括海马体在内的颞叶结构通常也较好地保留（Burton et al.，2009；Higuchi et al.，2000；McKeith et al.，2007）。不过，其他研究发现 LBD 患者中海马体存在病理变化，尽管影响的亚区与阿尔茨海默病不同（Coughlin et al.，2020）。

LBD 的主要症状包括思维受损或混乱、后期记忆丧失、视觉和听觉幻觉、偏执思维、快速眼动睡眠障碍、轻度帕金森病特征（如肌肉僵硬和运动迟缓），以及意识暂时改变导致反复跌倒。一天之中，LBD 患者的注意力和警觉性可能会广泛波动。与其他痴呆症不同，LBD 患者的视觉和空间技能可能比记忆受损更严重，尤其是在早期阶段。一些人可能会感到沮丧，而其他人可能会有步态问题，还可能会出现烦躁、不安、不断踱步和握拳头等症状（Hemminghyth et al.，2020）。与 LBD 相关的语言障碍包括虚构、语言流畅性减少、命名困难、难以理解偏长而复杂的句子、叙述能力差以及重复受损。通常情况下，LBD 患者的语言表现与阿尔茨海默病患者相当，尽管前者在语言记忆测试中表现可能更好，但在注意力任务上表现可能较差（Payne，2014）。另外，LBD 患者还可能由于焦虑而反复询问相同的问题。

6.3.2　认知和语言障碍

在早期 LBD 患者中最常见的认知障碍包括注意力和执行功能、视觉感知能力以及情景记忆的障碍（Metzler-Baddeley，2007）。LBD 患者之所以经常出现认知波动，其潜在原因是负责注意力加工的基底核、皮层和丘脑的神经连接受损，从而导致注意过程紊乱（Matar et al.，2020）。由于这些皮层下的神经连接还负责执行功能，尤其是决策、规划、思维灵活性和工作记忆方面，因此，LBD 患者的典型症状就是注意障碍和执行能力障碍（Brønnick et al.，2016；Middleton & Strick，2000）。注意障碍可能影响持续注意和选择性注意技能（Calderon et al.，2001）。执行障碍可能在 LBD 诊断几年之前出现，可能会影响分配注意力、抑制能力和思维灵活性（Collerton et al.，2003；Fields，2017；Génier et al.，2017）。

LBD 患者的视觉感知功能会严重受损，因其负责视觉物体识别的枕叶功能受损导致（Grill-Spector et al.，1998；Mori et al.，2000）。在早期阶段，LBD 患者的基本的视觉感知能力（即分析物体的视觉特征，如方向和光对比度）通常保持完好，而中级能力（如运动、颜色加工）和高级能力（即将视觉信息整合成连贯的整体的物体识别）则受到影响（McKeith et al.，2020；Metzler-Baddeley et al. 2010；Unger et al.，2019；Wood et al.，2013）。另外，特征绑定等更复杂的视觉搜索功能也在早期阶段受到损害（Landy et al.，2015）。新近研究表明，视觉幻觉不仅与 LBD 患者中的视觉感知障碍有关，还与注意和记忆障碍有关（Pezzoli et al.，2019）。此外，嗅觉感知障碍也是 LBD 的临床特征之一（Gilbert et al.，2004），主要表现为难以识别或记忆气味。

许多研究发现 LBD 患者存在情景记忆的障碍，但是比阿尔茨海默病患者的记忆障碍较轻（Hamilton et al.，2004）。有人提出，这些障碍与 LBD 患者中海马体亚区的 tau 病理有特定关系（Burton et al.，2009）。此外，一些研究使用了自由回忆任务，发现 LBD 患者对提示有敏感性，因此认为 LBD 患者中的记忆障碍源于执行功能障碍（Milán-Tomás et al.，2021）。其他比较研究表明，在语言测试中，LBD 患者的情景记忆口语测试的表现通常好于阿尔茨海默病患者，而在使用视觉材料进行的测试中，两组患者的结果没有差异，因为两种患者都有视觉感知障碍（Oda et al.，2009；Shimomura et al.，1998）。此外，在语言任务中，LBD 患者和阿尔茨海默病患者的语义记忆一样严重，而在视觉测试中，LBD 因其视觉认知障碍则表现更差些（Laws et al.，2007；Ralph et al.，2001）。

专门探讨 LBD 患者语言障碍的研究非常少，因为根据 Doubleday et al.（2002）的研究，仅有 5% 的 LBD 患者在疾病早期阶段存在明显的语言障碍。其语言障碍特点主要是自发言语中的语用障碍，如不连贯、固执、臆造等，因视觉感知障碍所致，在图片命名时还有词汇通达困难。由于有执行功能障碍，LBD 患者在口头流利性任务中的表现较差（Metzler-Baddeley，2007）；同样地，对于叙事语篇的理解和产出表现也较差（Ash et al.，2011，2012）。LBD 患者在句子理解任务中可能还会表现出句法障碍，这通常被归因于影响其工作记忆和执行功能的相关障碍（Gross et al.，2012；Grossman et al.，2012）。几乎没有专门针对 LBD 患者的阅读能力的研究，大多只是把阅读任务纳入 LBD 的基线认知评估中，不过也显示出患者有边缘性显著困难（Connor et al.，1998）。关于书写能力的研究也特别少，少数几项研究观察到 LBD 患者的书写障碍比阿尔茨海默病患者更显著（Connor et al.，1998；Hansen et al.，1990）。

6.4 帕金森病痴呆

6.4.1 症状、患病率及神经病理

英国医生 James Parkinson 在 1817 年描述了一种"震颤麻痹"的脑部疾病，当时他并不知道这种麻痹症会导致痴呆。法国医生 Jean-Martin Charcot 后来将这种疾病命名为帕金森病（Parkinson's disease，PD）。65 岁以上的老年人中大约有 2% 的人会患有 PD（Alzheimer's Association，2023），而 PD 患者中有 25% 至 35% 可能会发展为痴呆（Hallowell，2023）。帕金森病的神经病理特征指标是路易小体的存在。帕金森病痴呆（Parkinson's disease dementia，PDD）和路易体痴呆在临床上可能无法区分（Hanagasi et al.，2017）。通常情况下，在 PD 的临床症状已明确建立的情况下出现痴呆症状时，会诊断为 PDD。如果痴呆症状在 PD 症状之前出现，就会诊断为路易体痴呆。约四分之一的路易体痴呆

患者不会出现 PD 患者的运动症状。PDD 患者中也可能出现 AD 的异常症状（Jellinger，2017）。PD 在男性中更常见，50 岁及以上的人群中可能有 1% 患有该病。约有 100 万名美国人患有 PD，并且每年大约有 6 万例新病例（Olanow et al.，2001）。一些研究报告指出，在初次诊断 PD 时，大约有 30%～40% 的患者会有较轻的认知变化，称为轻度认知障碍（mild cognitive impairment）（Yarnall et al.，2014）。那些患有轻度认知障碍的患者在 5 年内患病程度可能会进展为 PDD（Pigott et al.，2015）。在典型的 15—20 年病程中，大多数患有 PD 的个体都将发展为 PDD（Hely et al.，2008）。

目前我国关于 PD 的患病率的数据很少。据 Dorsey et al.（2007）估计，到 2030 年中国的 PD 患者将增加到 494 万名，约占全球 PD 患者的一半。Cui et al.（2020）对 1985—2018 年报道我国 AD 和 PD 患病率的 99 个文献进行元分析，分别涵盖 385 312 名 AD 患者和 227 228 名 PD 患者。经过年龄标准化后，60 岁以上人群中 AD 的总体患病率为 3.2%，PD 的总体患病率为 1.06%。随着患者的年龄每增加 10 年，患病率急剧增加。AD 和 PD 患病率在性别方面存在显著差异，AD 的男性患者少于女性患者，PD 的男性患者多于女性患者。AD 和 PD 患病率在受教育水平方面也存在显著差异，文盲比非文盲的 AD 患病率高，但城乡之间没有显著差异。最新的一项研究（Song et al.，2022）在中国 11 座城市和 10 个农村乡镇的 65 岁以上的居民中展开，对其进行了横断面调查，结果显示，在总计 8 124 名 65 岁以上的居民中发现了 151 例 PD 患者，其中包括 75 名男性和 76 名女性。在研究人群中，PD 的总患病率为 1.86%，标准化患病率为 1.6%。男性的原始患病率（2.12%）高于女性（1.66%），城市地区的标准化患病率（1.98%）高于农村地区（1.48%）。PD 的独立风险因素包括年纪大、暴露于重金属或农药、居住于城市、快速眼动、睡眠障碍和心脏疾病。近两年，我国台湾地区的学者从台湾的健康保险研究数据库中选择了 2001 年至 2005 年间诊断的 PD 患者 760 名，非 PD 对照组 3 034 人，计算了痴呆发生率和无痴呆发生的生存率。结果显示，PD 组整体痴呆发生率为每 1 000 人 17.5 例 / 年，非 PD 组为 5.7 例。PD 组的整体痴呆风险显著高于对照组。年轻的 PD 患者的痴呆发生率低于年长的 PD 患者，但与相同年龄的对照组相比，痴呆风险较高。随访期间，PD 组的无痴呆发生的生存率显著低于非 PD 组（Chang et al.，2021）。

与 PD 相关的神经病理因素通常包括神经核的退化，特别是脑干和黑质。大脑前部区域的脑沟可能会加宽，神经纤维缠结和神经元瘤样斑块可能是大脑皮层区域的特征，可能存在路易小体，特别是在基底节、脑干、脊髓和交感神经节。由于神经元丧失，基底节中的多巴胺水平会明显减少，而多巴胺减少会导致缺乏抑制性潜力，从而引发过度的胆碱能兴奋和 PD 的运动症状。

缓动症是 PD 的主要运动症状，表现为不动或自主运动缓慢。运动可能会突然停滞，尤其是在行走时。患者会从手或脚开始出现 4 赫兹至 6 赫兹或 8 赫兹的震颤，然后可能蔓延到四肢，肢体和躯干肌肉则会变得僵硬（肌张力增加）并有抵抗运动。患者的步态和姿势紊乱，从坐位上站起来可能比较困难。走路步伐小而拖沓，前倾和走路时缺乏摆手动作，快速走路时步态不稳，迈步短促。患者容易频繁摔倒。另外，患者也容易出现吞咽障碍。

轻度至中度 PDD 可能更常见于 60 岁及以上的人，并可能具有以下特征（Hanagasi et al.，2017；Jellinger，2017）：（1）心理症状：冷漠、抑郁、混乱、视幻觉、偏执妄想、注意力障碍、焦虑、失眠和谵妄，也可能会做噩梦、害怕社交，一些人可能会突然入睡；（2）视觉空间知觉受损：可能会影响角度匹配、图形 – 背景辨识、空间位置以及形状和大小的稳定性；（3）执行功能受损：患者可能无法规划行动或执行日常活动（如做饭或修剪花草）；（4）抽象思维和语言交流困难：命名难、词汇生成受损、说话犹豫和停顿、语篇理解难，晚期常见单一音高和单一音量；（5）字迹非常小。

6.4.2　语言障碍

近一半的 PD 患者会有运动性言语障碍，如嗓音嘶哑、音量低、发音不清、语调单调、语速多变、语音强度减弱、用语简短、语音急促、辅音不清晰（Freed，2020），这些被称为轻度低动力性发音障碍（mild hypokinetic dysarthria）。有 研 究（Skodda et al.，2011；Tsuboi et al.，2019）对 68 名 PD 患者的轻度发音障碍进行了声学分析，并与健康同龄人进行了比较。研究从文本中的特定单词中提取了元音 /a/、/i/ 和 /u/ 的第一和第二共振峰的频率值。结果发现，男性和女性 PD 患者的元音发音指数（描述元音发音变化的参数）比健康同龄人显著降低。有研究显示（Benke et al.，2000），PD 患者的言语多有重复现象，主要有两种言语重复：一种是过度流利的；另一种是类似于口吃的非流利性的。每位产生重复性言语现象的患者都同时存在这两种形式，而且患病程度越严重，言语重复现象越频繁。

PD 患者的语言障碍还体现在语法和句法复杂性、叙述性言语的内容信息性、动作词汇问题（动作命名 / 流利性），以及非言语沟通方面（Smith & Caplan，2018）。两项关于 PD 中动作命名和加工的 fMRI 研究发现，PDD 患者似乎通过非运动皮层网络加工动作动词（Abrevaya et al.，2017；Péran et al.，2009）。Andrade et al.（2023）对 92 名英语 PD 患者的图片描述的语音材料进行转录后用 Praat 软件分析，将患者产出的动词分类为动作动词和非动作动词，然后测量了动词前和包含不同类别动词的话语前的静默停顿。研究将 PD 被试分为正常认知 PD 组或轻度认知障碍 PD 组。结果显示，轻度认知障碍 PD 组在话语前和话语内表现出比正常认知 PD 更多的停顿，这些停顿的持续时间与患者的认知评估得分相关，与运动严重程度无关。研究得出结论，认知状态与包含动作动词的话语前的停顿之间有关联。动词相关停顿的评估可能被开发成一个潜力巨大的言语标记工具，用于检测 PD 中的早期认知衰退，并更好地理解 PD 中的语言障碍。

新近的研究显示（Lowit et al.，2022），在句子产出任务中，PDD 患者出现语法和词汇错误的概率较高。PDD 患者对于复杂的句法结构难 以 理 解（Ash et al.，2012；Gross et al.，2012，2013；Grossman et al.，2012，2017），尤其在理解被动句、宾语关系从句等非常规句时，PD 患者的障碍最为显著（Angwin et al.，2005；Lee et al.，2003）。一项最新的 fMRI 研究考察了捷克语 PDD 患者的非常规句加工过程，结果显示，PDD 患者的右侧纹状体和额叶回路受损，导致患者对于句法复杂的句子阅读理解受损（Novakova et al.，2023）。

一些研究还考察了 PD 患者的语用障碍。例如，Montemurro et al.（2019）对 47 名意大利语 PD 患者施测了标准化的语用评估量表，具体包括 6 项任务：（1）半结构式访谈；（2）日常生活场景照片描述；（3）真实的新闻报道语篇理解；（4）成语、谚语和比喻性语言的多项选择理解问题；（5）幽默语言的多项选择理解问题；（6）成语、谚语和比喻性语言的解释。结果显示，与健康同龄组相比，PD 患者在话语产出和场景描述方面的表现较差，且与运动功能障碍的严重程度密切相关，表明患者交流愿望较低。PD 患者在理解文本和幽默方面也表现出障碍，对叙事的推断能力受损。但是，研究没有发现 PD 患者在比喻理解方面与健康同龄组有显著差异，这表明 PD 患者有特定的语用学障碍特点。

6.5　老年语言退化

6.5.1　概述

全球人口的寿命越来越长。根据 2023 年 1 月 12 日发布的《2023 年世界社会报告》，2021 年底全球 65 岁及以上人口为 7.61 亿，占总人口的 9.7%，到 2050 年这一数字将增加到 16 亿。根据世界卫生组织的官网数据，2020 年，60 岁及以上的人口数量超过了 5 岁以下儿童的数量。从 2015 年到 2050 年，世界 60 岁以上人口的比例将从 12% 增加到 22%。到 2030 年，世界上六分之一的人口将年满 60 岁或以上。届时，60 岁及以上人口将从 2020 年的 10 亿增加到 14 亿。到 2050 年，60 岁及以上的人口将翻倍增加，达到 21 亿。80 岁及以上的人口预计在 2020 年至 2050 年间增长两倍，达到 4.26 亿。人口老龄化起初发生在高收入国家，例如，日本已经有 30% 的人口年龄在 60 岁以上。但到 2050 年，全球 60 岁以上人口的三分之二将生活在低收入和中等收入国家。

中国国家卫生健康委员会老龄司司长王海东在 2022 年 9 月 20 日举行的新闻发布会上介绍，2021 年底我国 60 岁及以上老年人口达 2.67 亿，占总人口的 18.9%，65 岁及以上人口超过 2 亿，占总人口的 14.2%；到

2025 年底，60 岁及以上老年人口总量将突破 3 亿，在总人口中的占比将超过 20%，我国将进入中度老龄化阶段；2035 年，60 岁及以上老年人口将突破 4 亿，在总人口中的占比将超过 30%，我国将进入重度老龄化阶段。

在生物水平上，老龄化是指随着时间的推移，人体内由多种分子和细胞损伤带来的日积月累的影响，这种影响导致身体和精神能力逐渐减退，患病风险增加，最终导致死亡。这些变化既不是线性的，也不是一致的，它们只与一个人的年龄有关联。与老龄相关的常见的健康状况包括听力下降、白内障和屈光不正、背部和颈部疼痛以及骨关节炎、慢性阻塞性肺疾病、糖尿病、抑郁症和痴呆症。随着人们年龄增长，更有可能同时经历多种疾病。虽然老年人健康状况的一些变化是基因决定的，但大部分是由于生理和社会环境以及个人特征对人们的老化方式产生了长期影响。需要指出的是，与老化有关的变化不一定是由老化引起的。区分年龄与疾病、残疾对人类功能的影响很有挑战性。许多通常被认为会随着年龄下降的功能失调（如认知、语言和运动能力），实际上是由遗传倾向、营养不良、葡萄糖波动、缺乏运动、社交参与水平低、环境污染、疾病和压力等因素引起的。

大脑结构随着时间的变化有很大的变异性。对认知产生影响的一般模式包括：（1）神经元萎缩，树突分支减少，导致大脑体积减小，从约 30 岁开始，一直持续到生命的后期（Kramer et al.，2006），在大约 70 岁后加速变化（Christensen et al.，2008）；（2）萎缩主要发生在额叶和海马体中（Kramer et al.，2006）；（3）神经递质减少（如乙酰胆碱和多巴胺）（Christensen et al.，2008）；（4）白质纤维减少，特别是在额叶中（Dennis & Cabeza，2008）；（5）脑血流减少（Christensen et al.，2008）；（6）淀粉样蛋白 β 或淀粉样斑块积累（没有伴随阿尔茨海默病的神经原纤维缠结）。出现这种生理变化的成年人中，有的有认知或语言能力的问题，有的则没有。究其原因，可能是人们使用其他脑区来补偿降低的功能的能力有很大的个体差异性。例如，一些老年人在完成复杂认知任务时表现出双侧脑区的更大激活，而在年轻人中，这种任务主要涉及一个脑半球，这种现象被称为老年人脑半球不对称减少（Dennis & Cabeza，2008）。一些研究认为，老年人保持了储备能力，这使得在即使有明显的神经性变化的情况下，老年人在语义加工任务中的表现仍与年轻人一样好（Lacombe et al.，2015）。

的确，大脑的老化会带来很多疾病的挑战，但不可否认的是，随着时间的推移，大脑的变化也会给老年人带来一些积极的影响。例如，老年人的语义、程序和情节记忆会持续存储，集成和反思长期记忆的能力也会保存，这就使得老年人具有丰富的生活经验，这种经验会使老年人更有能力来教学、指导、激励他人。再有，老年人大脑中的灰质和白质逐渐坏死，树突分支和神经递质产生减少，突触分支减少，这可能是大脑在认知和语言方面逐渐专门化的一种方式，以此来获得智慧（Hallowell，2023）。在正常老化过程中，相对来说比较稳定的记忆能力包括语义记忆、程序性记忆（对如何完成特定任务的回忆）和自传记忆（对个人过去重要经历的记忆）；与正常老化相关的记忆衰退包括轻微的工作记忆、情节记忆（个人经历的回忆）、源记忆（记忆获取知识的地点和方式，以及先前事件发生的地点和时间），以及短时记忆（对最近事件的回忆）（Hallowell，2023）。

6.5.2　老年人语言的变化及神经机制

老年人讲话和朗读速度变慢（Torre & Barlow，2009），说话过程中音节之间的停顿变长（Tremblay et al.，2017），不大容易让人听清楚（Kuruvilla-Dugdale et al.，2020），在讲话的时候经常出现指代不明确，使用较多的插入成分（如"嗯、呃"），也比年轻人较多地修正措辞（Schmitter-Edgecombe et al.，2000）。在与人对话中，相较于年轻人，老年人的语音产出往往不流畅，即出现停顿、插话、修订和重复。这些不流畅性的原因，可能是由于找词困难、注意力问题、工作记忆限制等各种因素造成的（Hallowell，2022）。

这些不流利现象表明，老年人语言变化的一个显著特征是词汇提取问题，例如，经常出现"话在嘴边"（Tip of the Tongue，TOT）现象，即明明知道这个词，就在嘴边，却怎么也想不起来如何说（MacKay & James，2004；Segaert et al.，2018；Shafto et al.，2007）；在图片或实物命名任务中反应时间比年轻人慢，正确率低（Bilodeau-Mercure & Tremblay，2016）。词汇提取能力往往在 30 多岁时就已经开始下降，并在数十年内持续恶化，在 70 多岁时加速下降（Spieler & Balota，2000）。老年人的词汇提取问题一般与词汇通达有关，而不是词汇识别困难或词汇知识丧失的问题。当老年人在想物体或人的名字遇到困难时，如果给出两个或多个选择时，就更容易找到正确的名称。实际上，词汇量往往会随着年龄增长而提高，至少在 70 多岁之前会如此（Ben-David et al.，2015；Verhaeghen，2003），不论是单个词还是句子语境中的词汇，都是如此（Thornton & Light，2006）。当老年人难以理解比较复杂的口语句子时，这种困难更多地与语音输入的感知加工和工作记忆衰退有关，而非个别单词的理解（Federmeier et al.，2003）。在词汇提取衰退方面，音韵层次的问题最大（Connor et al.，2004）。

　　相当多的研究着重于老年人的句子听觉理解加工，因为通常情况下，各个年龄段的人在理解长句子时比理解短句子更困难，在理解语法复杂的句子时比理解简单句子更困难。随着年纪增长，理解长且复杂的句子的能力会相应地衰退，也难以产出具有复杂句法结构的关系从句，句法错误增多，如时态使用错误（Kemper & Sumner，2001；Kemper et al.，2004；Rabaglia & Salthouse，2011）。一些研究者认为这主要归因于工作记忆的下降（Byczewska-Konieczny & Kielar-Turska，2017；Caplan et al.，2011；Kemper & Sumner，2001），因为这些复杂的句式结构牵涉到句法移位，而句法移位的运算需要更多的认知资源（Abrams & Farrell，2011；Kemper & Sumner，2001；MacDonald & Christiansen，2002）。一些对老年人汉语句法加工研究也证实，老年人在加工汉语复杂的句子结构时（如"把"字句、"被"字句、关系从句）比年轻人更困难。例如，柳鑫淼与同事们（Liu & Wang，2019；Liu, Wang & Wang，2019；Liu, Wang, Xie et al.，2019）对老年人施测了一系列的复杂汉语句式在线加工实验，均发现他们的复杂句法加工的反应时间显著长于年轻人。研究认为，这主要是由于这些句法结构需要更多的工作记忆，而这些老年人在工作记忆测试中的数据也表明，他们的工作记忆容量显著低于年轻人。

　　虽然在句法产出方面，老年人在讲话时往往比年轻人使用的复杂句法结构要少，不过，句子长度不一定会随着年龄的增加而变短。相反，随着年纪增长，言语产出的稳定性是增加的，尤其是在词汇量和知识储备上持续增加（Verhaeghen，2003）。例如，Tyler et al.（2010）把44名老年人和14名年轻人的语言行为数据、fMRI数据和大脑灰质参数结合在一起分析，发现尽管老年人的灰质有所丧失，但是他们的语言行为表现完好，这种保留与右侧额颞叶区的激活增加有关，而这又与年轻人的左侧额颞叶神经网络的激活有关。研究由此认为，人变老后，句法加工能力保留，是由从主要偏左侧额颞叶系统转入双侧语言功能网络的原因所致。新近的研究也进一步证实，老年人的句法规划能力并没有衰退，只是词汇通达能力受到影响（Hardy et al.，2020）。研究认为，这似乎是因为一个人的词汇量对句子长度的影响要大于他们对复杂语法的使用（Kemper & Sumner，2001）。

在语篇方面，研究表明，老年人往往在讲故事方面表现出更好的理解能力，而在说明性言论（解释想法或过程、叙述事件或定义概念）上表现较差。在话语表达方面，年龄可能会产生积极的影响，听众往往认为老年人的话语比年轻人的话语更清晰、有趣（Glisky，2007；Kemper & Kemtes，2000）。此外，年龄本身似乎并没有显著影响语用能力（即在社会语言使用方面的知识和技能，如保持话题、轮流发言、利用语调强调、消除歧义、言语幽默和回应幽默，以及使用和解释面部表情和手势等）（Hallowell，2023）。当然，如果认知、语言、执行能力以及感官功能出现病理性下降，那么就会对社交互动产生影响，语用能力就会受其影响发生变化。

老年人在嘈杂的环境中进行顺畅的对话比较困难，因而阻碍社会交往效果（Aydelott et al.，2010）。一些研究认为，听力问题只是影响核心机制的一部分因素（Anderson et al.，2013；Dubno et al.，2008；Fostick et al.，2013；Humes & Dubno，2010），原因很可能是老年人大脑中负责言语加工的神经机制衰退所致。这个负责言语加工的神经网络包括主要听觉皮层颞横回、音系加工皮层（如颞叶上部皮层）、运动皮层（如主要运动皮层和前运动皮层）、词汇加工皮层（如颞中回）和执行功能网络（如额叶中部皮层、扣带回、额叶岛盖和前部岛叶）（Adank，2012；Alain et al.，2018；Eckert et al.，2016）。这些神经网络功能的衰退使得老年人在嘈杂环境中识别言语的能力有所下降。

　　一些研究也相应地证实，上述这些神经网络衰退的确会造成言语表现能力衰退（Bilodeau-Mercure et al.，2015；Eckert et al.，2008；Sheppard et al.，2011；Tremblay et al.，2021；Wong et al.，2010）。例如，有研究报道，老年人大脑左侧额上回的皮层厚度和左侧额下回的三角部的体积可以预测他们在句子复述任务中的正确率（Wong et al.，2010），老年人的左侧前部岛叶激活越低，他们音节复述的正确率也越低（Bilodeau-Mercure et al.，2015）。有研究进一步发现，相较于年轻人，老年人在音节识别任务中被激活较多的脑区包括双侧大脑的颞上回、颞中回、额中回、前中央回，以及左侧大脑腹侧的前运动皮层和额下回，这些区域在老年言语加工任务中具有补偿作用（Du & Alain，2016）。新近一项研究（Gertel et al.，2020）分析了 40 名老年人和 40 名年轻人的全脑静息态功能连接成像数据，并与这些被试的 Stroop 认知任务的表现做相关分析。研究结果发现，虽然年轻人比老年人的静息态功能连接要强，但是老年人左脑额下回和右脑执行功能区之间的静息态功能连接更强，表明对老年人而言，右脑的功能连接机制在语言的执行功能方面具有较强的补偿功能。在汉语语音研究方面也不断发现，老年人的元音和声调辨识能力有所衰退（Liu et al.，2021；Wang, Yang & Liu，2017；Wang, Yang, Zhang et al.，2017；Yang et al.，2015），尤其在嘈杂环境中的声调识别能力变差（Wang et al.，2021），讲话声音低的时候辅音辨识能力也变差（Xu et al.，2022）。

6.6　小结

　　本章介绍和讨论了处于生命不同周期的特殊人群的语言障碍。首先介绍了儿童发展性语言障碍，然后介绍了神经退行疾病造成的成人语言障碍，着重介绍了三种常见的神经退行性疾病：阿尔茨海默病、路易体痴呆和帕金森病。由于神经退行性疾病往往受年龄影响，年纪越大，患病的可能性就越大，发病率就越高，因此本章最后还介绍了老年人的语言衰退现象。本章中介绍的这些疾病都是逐渐进行、不断恶化的，对我国的国民健康影响较大、社会负担较为沉重。而且，这些疾病虽然神经病理机制各异，但是语言障碍表现有很多相似之处。值得注意的是，在这些疾病发病之前，老年人就表现出了种种轻微症状且这些疾病在相当程度上都跟年老有关。换言之，随着年纪增长，进入中年甚至在更早阶段，这些神经性疾病就开始初露苗头了。如果能早点了解这些疾病在不同发展阶段的种种语言症状和认知情况，我们就能及早地筛查出疑似患病人群。进一步来说，如果还能细分出这些疾病之间具有区别性的语言障碍差异和认知差距，我们就能更好地制定相应的干预规划。因此，未来的研究需要对这些人群进行共时对比和历时追踪比较，研发相应的语言和认知筛查量表和评估方案。

第 7 章
语言进化与语言的基因研究

人类语言的起源和进化一直以来都是一个引人瞩目且充满争议的话题，在探索语言的进化过程中，神经语言学作为一门跨学科的研究领域，以其独特的视角，为语言进化过程提供了许多有力的证据。与此同时，研究与语言能力相关的基因，不仅有助于深入了解语言在人类大脑中的生物学基础，还可揭示语言起源和进化的遗传基础。因此，本章将结合这两个方面的交叉分析，聚焦神经语言学视角下的语言进化研究和语言的基因研究。

7.1　语言进化研究

在过去的几十年里，语言进化一直是语言学、神经科学和生物学领域的热门研究话题之一。语言进化具有重要学术性，甚至被认为是当代科学研究中最困难的问题之一（Christiansen & Kirby，2003）。理解和使用语言是人类认知能力的核心，是人类与其他生物的显著区别。语言进化探究为揭示人类思维与沟通的深层机制提供了独特而宝贵的视角。历史上，对于语言的起源和演化，学界曾出现过不同的理论观点，如达尔文主义的语言渐变论和以乔姆斯基为代表的语言突现论。然而，令人振奋的是，随着神经科学的发展和进步，近年来通过神经语言学角度进行的语言进化研究极大地扩充了语言进化研究的理论深度和实证基础，涌现出许多值得关注的结论，神经语言学对理解语言进化的重要作用也逐渐成为共识（Boeckx，2017）。

7.1.1 有关语言进化的假说

传统的关于语言进化的争论可以分为以达尔文为代表的语言渐变论和以乔姆斯基为代表的语言突现论两大主要阵营。达尔文主义的语言进化观点强调语言是通过逐步的自然选择过程逐渐演化而来的，与人类的生物进化密切相关。乔姆斯基的语言突现论则认为语言是人类大脑中独特的认知结构的产物，强调语言的起源是突发性的，与人类其他认知能力分离。这两种主要阵营的观点在语言进化研究中长期存在，为理解语言的起源和发展提供了两种不同的视角，不仅反映了学界对于语言起源的不同设想，也反映了对于人类智能和认知演化的不同理解。更为重要的是，这两种截然不同的语言进化观点都将语言与大脑的进化紧密联系在一起，强调语言能力与生物学以及认知机制之间的紧密关联。虽然这两种观点在一定程度上存在争议，但它们的存在共同推动了对语言进化的深入研究。

关于语言的进化，不少学者持有达尔文进化论的观点（Jackendoff，2002；Pinker & Bloom，1990），即语言是在漫长人类进化过程中逐步演化而来的。达尔文认为，语言进化是自然选择的结果（Darwin，1871）。持续不断的语言使用会引起大脑的相关变化，并通过遗传在人类中保留下去，如人类相对于其他动物具有较为独特的大脑结构正是语言使用的结果。达尔文对语言进化的论断基于他对非人灵长类动物和其他脊椎动物的广泛观察，他通过将人与动物比较而将语言进化变成了在生物学领域下同样重要的问题。他试图让自己的语言进化理论与更广泛的物种进化理论相契合，即语言进化的方式与花卉、虫鸟的进化方式具有一致性。达尔文提出了很多关于语言进化的重要理论论断。他提出，人类的语言能力与特定的语言是有区别的，前者是人类成员所共有的。达尔文认为语言"不是真正的本能，因为每种语言都必须被学习。然而，它又不同于所有普通的艺术，因为人类在言语上有一种本能的倾向，就像我们看到的婴儿的咿呀一样"（Darwin，1871：55）。同时，达尔文认为语言能力存在于人类的大脑中，而不是在声道等发声系统里。他敏感地意识到，研究鸟鸣对于了解语言进化有重要作用，因为鸟鸣与人类语言有极大的相似之处。渐进论的语言进化观点主张，虽然人类语言具有一些独特的特点，但它存在于动物交际系统的连续性之中。这一观点强调，语言并非突然涌现，而是在漫长的进化过程中逐渐形成。通过持续的语言使用，人类的大脑结构和功能经历了变化，这些变化通过遗传方式传递并在人类中得以保留。

　　人类是目前现存的唯一具有复杂语言能力的物种。虽然遗传学和解剖学的证据表明类人猿与人类有共同的祖先，但是在语言能力方面，类人猿和人类之间存在巨大的鸿沟。这使得一些语言进化的研究者认为，虽然人类与类人猿在生物学上有很多相似之处，但是人类使用语言的神经基础与类人猿的发声系统截然不同，类人猿并不具备任何语言能力（Burling et al.，1993；Terrace et al.，1979）。因此，有学者认为，语言的演化可能不是通过传统的达尔文进化方式进行的，而是以一种"突变"的方式产生的。语言进化突变论的代表人物是乔姆斯工（Chomsky，2002，2005）和 Berwick（1998）。"突变论"的观点认为，人类的语言不存在一个简单、初级的"原始语言"，语言的产生是瞬间、突然完成的，很可能是由一次基因突变造成的（Berwick & Chomsky，2011）。乔姆斯基否认语言的进化是适应选择的产物，也不承认语言存在从低级到高级的进化过程（刘小涛、何朝安，2010），而认为语言是一种在大脑进化过程中偶然而幸运的产物，动物的发声系统与人类语言之间并不存在连续性。其中一个重要的依据是，在人类的进化过程中，曾有两百多万年的停滞，之后在约 12 万年前出现了认知跃升，而语言的进化过程可以类比认知进化（Bickerton，1998）。Berwick & Chomsky（2016）认为，破解语言进化谜题的最有效方式是从最简方案的角度出发，将所有的句法操作简化为最优的合并（merge）操作。该研究认为，在距离今天很近的某个时间节点，经由基因突变，人类获得了合并操作的能力，从而能够进行递归性的句法操作，拥有了语言的核心句法能力。在这一观点下，人类语言的产生被视为一次重要的突变事件，而不是一个渐进的演化过程。通过这次基因突变，人类获得了能够支持句法递归的大脑结构和语言能力，这是人类语言的重要特征，使得人们能够使用语言符号表达复杂的思想和概念。

　　但是语言的突变论也有颇多的反对者。如 Pinker（2007）指出，人类的说话过程需要调动一系列生理组织，包括发声系统和大脑等，这些复杂因素难以突然产生融合，只有达尔文的语言进化论才能够解释语言的进化过程。但是也有学者认为，这两种语言进化观点之间存在分析角度的差异，即乔姆斯基等人关注的语言是一种抽象的核心运算操作，而支持达尔文的学者则多从交际系统的角度来考虑语言（吴会芹，2009）。乔姆斯基本人也对他的语言进化论做过修改，即将语言区分为广义的语言系统，包括感觉运动和概念意向系统，以及狭义的语言系统，即抽象的运算系统，而狭义的语言系统才是人类特有的（Hauser et al., 2002）。

　　无论是语言的"突变论"还是"渐变论"，都具有一定的合理性，这也使得语言进化的具体过程变得难以推测。然而，神经语言学角度的研究提供了一扇窥探语言起源和演化之谜的窗户。通过考察与语言进化相关的大脑结构与功能，或许能够为验证与解释这两种理论提供新的证据，从而更深入地了解语言进化的奥秘。神经语言学角度的语言进化研究涵盖广泛而深刻的议题，并对传统的语言进化理论形成了有益的补充。通过与其他动物，尤其是非人灵长类动物及鸣禽的对比，研究不仅揭示了人类语言和大脑结构上的特异性，更体现了与其他动物的联系。在神经层面上，通过揭示镜像神经元在模仿和社交等活动中所发挥的关键作用，从新的角度体现了语言进化的可能机制。此外，对人类大脑结构的深入探索，特别是涉及语言处理的布洛卡区等，为理解语言进化提供了生物学基础，对语言进化理论形成了有力补充。综合而言，神经语言学的研究揭示了语言进化从神经机制到大脑结构的多维层次，进一步拓展了对人类独特语言能力的认识。

7.1.2　人类大脑的进化特点

　　人类大脑的进化特点是人类进化历程中的一个重要焦点，对于理解人类语言的发展具有关键意义。随着进化的推移，人类大脑逐渐发展出一系列独有的特征和结构，这些特征和结构在很大程度上为人类语言的产生与演化提供了基础。大脑不会化石化，因此有关大脑进化实际过程的证据通常来自对古人类颅脑的模型建构和人类与其他物种的对比研究。

人类进化过程中的一个重要特点是负责语言等高级功能的脑区得到了极大的发展。Ponce de León et al.（2021）使用几何形态计量学方法识别了不同地区和年代的古人类遗骸颅脑所经历的差异性扩张，以此追踪早期人类在进化中发生的大脑变化。结果显示，非洲和西亚地区的早期智人的大脑额叶与大型类人猿相似，结构较为原始。相比之下，年龄小于 150 万年的非洲地区智人和东南亚地区直立人的大脑则更为接近现代人的大脑，额叶的形态转变可能发生在距今约 170 万至150 万年之间，且这一过程伴随大脑容量的增加。此外，人类大脑的皮层面积和体积也显著更大，人类大脑皮层的表面积约为每半球 1 843 ± 196 平方厘米，而与人类亲缘关系最近的黑猩猩每半球的大脑皮层表面积约为 599 平方厘米（van Essen et al.，2018）。人类大脑新皮层可以占到大脑总体积的约 75%，而在一些动物中新皮层的体积甚至不到 10%（Frahm et al.，1982）。在控制其他脑部结构的情况下，灵长类动物大脑中的新皮层比食虫动物大了约 5 到 10 倍（Barton & Harvey，2000）。此外，人类的颞叶也在大约 20 万到 30 万年前出现了显著的增大（Kochetkova，1973），这表明在这一时间人类的交际能力可能出现了较大的提升，因为颞叶直接参与对同类声音的识别（Rauschecker & Tian，2000）。这些重要脑部结构的扩展为人类发展出高级认知活动和运动功能提供了生理基础，也使得后续语言的产生成为可能。

重要脑区的扩张通常与大脑体积的增大密切相关，而大脑体积的增大被认为是语言产生与进化的先决条件（Decan，1992）。原始人大脑的扩张速度非常快，仅在 150 万年内就扩大了三倍，其他猿类则没有明显的大脑改变（Herculano-Houzel，2016）。和黑猩猩相比，人类的大脑体积大了 250%（McHenry，1994）。在进化过程中，拥有较大体积的大脑往往被视为较为先进的标志。与其他脊椎类动物相比，灵长类动物的大脑体积通常更大（Dunbar，2013）。较大体积的大脑对发展语言以及其他高级认知能力有重要意义。首先，大脑体积较大意味着大脑有更丰富的神经元（Herculano-Houzel et al.，2008），神经元的数量与大脑的计算能力密切相关，更多的神经元意味着大脑能够更有效地处理和存储信息，进行更复杂的认知任务。其次，大脑较大时，各皮层区域可以通过更短程的方式连接起来，这有利于在更短的时间内处理信息

（Ringo et al.，1994），同时有利于神经网络实现在数量、大小等方面的最佳"布局"，方便进行复杂信息的加工（Bassett & Bullmore，2006）。除了重要脑区和整体体积上的优势外，人类大脑同时拥有更高的结构复杂性。除了皮层的整体体积，人类在皮层区域的数量上也表现出了优势（Krubitzer，2009）。小鼠大约有 10 个皮层区域，猕猴大约有 50 多个，而人类的皮层区域可以达到 100 多个。皮层区域数量的增加提高了大脑信息处理的能力。通常单个皮层区域可参与多任务处理，皮层区域较多的时候，大脑神经网络的联结性增加，赋予大脑更强的认知能力。此外，人类大脑的皮层还逐渐出现了明显的皮层不对称性，这使得特定任务可以在大脑半球内得以处理，也使得语言的左半球优势逐渐突显出来（Corballis，2007）。

近年来，在关注大脑结构之外，人类颅脑拓扑结构与语言进化的联系也得到了关注。最早的大脑定位说是"颅相学"（Phrenology）。颅相学的代表人物 Gall 声称，人类的各种能力，如语言能力、数学能力、音乐能力，以及人类的性格特质，如勇敢、崇敬等，都是在大脑的特定部分存在的，而调控这些能力与特质的皮层可以和人类头骨的表面区域形成对应关系（Gall，1809）。因此，头骨可以被划分为各个区域，对应特定的大脑功能。例如，头骨的区域 14 对应了"尊敬"这一特质，而颅相学家认为个体头骨 14 号区域的大小决定了个体拥有这一特质的程度。然而，随着科学方法的发展和对大脑结构的深入研究，颅相学逐渐被认为是一种伪科学。虽然颅相学的理论被现代神经科学否定，但颅相学的兴起推动了人们对大脑和功能关联的思考，同时也促进了对大脑定位和功能分区的探索，再次启发了对人类头骨和大脑功能及语言进化的再思考。现代研究认为，人类的颅脑形状和大小也与语言进化有一定的联系。Boeckx（2017）认为，Gall 的颅相学理论的主要错误源于僵硬的模块化分类，但 Gall 对于大脑形状和人类认知能力等特性的关系具有一定的洞见。Boeckx（2013）提出了"球状假说"（Globularity Hypothesis）。球状假说认为，人类颅脑的球形结构为语言进化的发生形成了生物学基础。研究表明，头骨球状化是现代人类独有的发展形势（Lieberman，2011）。人类和大猩猩的颅脑结构在出生后会产生明显的差异，人类的顶叶和小脑会产生扩张，颅脑形状随之产生球状化

（Neubauer et al., 2010），不仅如此，颅脑的球状化在尼安德特人中也并不存在（Gunz et al., 2012）。因此，颅脑的球状化可能与一些人类更高级的活动有关。Benítez-Burraco & Boeckx（2014）认为，人类的颅脑形状催生了一些与语言产生相关的神经系统改变，而使大脑做好"语言准备"（language-readiness）。例如，颅脑的球状结构使得丘脑可以处于人类大脑的中心，使丘脑可以和如前额叶及顶叶等重要的语言区相互联结（Murdoch, 2010），这样的神经网络可以支持如语言等更为高级的认知活动，且丘脑也是人类语言相关基因的重要表达区（Reimers-Kipping et al., 2011）。

7.1.3　人类和动物的比较研究

在语言进化研究领域，人与动物的比较研究扮演着至关重要的角色。早期的语言进化理论曾以猩猩咽喉结构不利于发出声音为由，认为它们无法发展出语言能力，然而这一观点经过多年的深入研究已被证实是不准确的。如今，语言进化领域的对比研究更多地从神经语言学的角度展开，将焦点集中于人类与其他动物的大脑结构及其功能差异，而核磁共振等影像学工具的使用使无创性研究得以进一步开展，样本数量和多样性都得以增加（Poirier et al., 2021），这使得语言进化研究也在近年来取得了新的突破。

1. 人类与非人灵长类动物

人类与灵长类动物的比较研究是语言进化领域中一个极其重要且引人关注的方向。尽管非人灵长类动物也能实现彼此之间的沟通交流，但与人类不同的是，灵长类动物无法掌握如此大量的符号，并按照一定的规则，生成无限的意义。虽然学界历史上曾有数次在人类成长环境中培养大猩猩说话的尝试，但大猩猩所能掌握的符号能力都较为有限，且没有一只大猩猩的语言能力能够超越两岁半的儿童（Rumbaugh & Washburn, 2008）。不仅如此，这些灵长类动物对按照一定规则对符号进行组合上存在较大的困难，即无法习得人类所拥有的句法能力

（Mitani，1995）。因此，这不得不让人思考：为什么人类能够拥有如此复杂和多样化的语言能力，而非人灵长类动物却无法达到相同的水平？近年来针对灵长类动物和人类的大脑语言神经基础的比较研究已经对此问题给出了一些回应。

首先，人类与非人灵长类动物在多个大脑结构及其功能方面呈现出一定程度的相似性。人类与猩猩、猴子等非人灵长类动物的前部皮层结构极为相近（Amiez et al.，2023），且非人灵长类动物也有类似人类大脑的布洛卡区（Neubert et al.，2014），如恒河猴的 F5 区。值得强调的是，这一区域恰好是镜像神经元的所在，而在灵长类动物的交际中，镜像神经元扮演着不可或缺的角色（Corballis，2009）。此外，人类与恒河猴在种族特异性声音的理解方面也依赖于相似的神经基础（Wilson & Petkov，2011）。这一神经机制所依赖的皮层位于左侧颞上回，被认为是大脑的沃尼克区。人类与非人灵长类动物相似神经基础的存在表明，尽管非人灵长类动物并不拥有语言，但一些与语言相关的关键神经机制在非人灵长类动物中已经有所体现。

此外，人类大脑的左侧化现象也在一定程度上出现于非人灵长类动物的大脑中。例如，人类的颞平面（planum temporale）是最具代表性的左侧化语言脑区，这一脑区属于听觉皮层，也是沃尼克区的构成部分。Geschwind & Levitsky（1968）对大脑的解剖结果显示，在 100 个人类大脑中，有 65% 都表现出左侧颞平面体积更大，这一结论也被后续磁共振成像研究证实（Dubois et al.，2010）。而通过大脑解剖和神经影像工具，多项研究都证实，左侧化现象在非人灵长类动物中同样存在（Gannon et al.，1998；Hopkins et al.，2008）。例如，大猩猩的左侧颞平面表面积和灰质体积都更大（Hopkins & Nir，2010）。除了颞平面外，其他语言脑区的左侧化现象也在非人灵长类动物中得以发现。在不同种类的猴子中也都发现了脑结构的不对称性，如左侧的颞叶通常更为发达（Heilbroner & Holloway，1988）。在非人灵长类动物中，也发现了一些布洛卡区左侧化的迹象（Cantalupo & Hopkins，2001）。这表明在人类与猩猩分化之前，大脑可能已经开始出现了左侧化的趋势。人类与非人灵长类动物之间在某些大脑结构和功能上存在共通之处，尽管人类的语言能力在进化过程中发展出了独特和复杂的特征，但在这一过程中，可能仍保留着一些共同祖先形成的原始功能。这种左侧化现象的出现可能有多种原因，可能是为适应语言的发展（Spocter et al.，2010），也有可能是这些左侧化现象本是针对一些领域通用认知功能的，随着人类的进化和发展，逐渐演化成了更高级的形式，最终发展出了语言功能（Becker & Meguerditchian，2022）。

但是，也有不少研究从更为微观的层面发现了人类与非人灵长类动物的大脑结构区别。大型猿类的布洛卡区通常只包括 BA 44 区，而人类的布洛卡区还包括 BA 45 和 BA 47 区（Holloway et al.，2018）。人类在布洛卡区的皮层小柱（cortical minicolumn）比猩猩更宽（Schenker et al.，2008），而其他基本感觉和动觉皮层小柱没有这一特点（Semendeferi et al.，2011）。皮层小柱是一组神经元呈现在垂直方向上的排列，每个皮层小柱内的神经元在结构和功能上有相似性，不同的皮层小柱分别负责不同的信息处理任务。而人类布洛卡区在皮层小柱上的这一特点为其相互之间的连接提供了更大的空间，同时也增强了信息整合能力（Rilling，2014）。相似的是，颞平面的皮层小柱也比猩猩更宽，且有左偏趋势（Buxhoeveden et al.，2001），这很可能与听觉语言处理的左侧化现象有关。这些微观结构的差异可能在语言进化过程中发挥着重要作用，为人类的语言能力提供了一定的神经基础。

同时，不可否认的是，尽管非人灵长类动物具有一些可能与语言功能相关的关键脑区，但其具体功能依然和人类有较大差别。如研究发现，破坏猴子的同源布洛卡区也不会影响猴子的发声（Jürgens et al.，1982），猴子的发声主要是因外界刺激而产生的无意识表达（Deacon，1997b），从而缺乏如人类一样的自觉控制。同时，豢养大猩猩可以有意识地发出一些声音，且这一过程由其布洛卡区负责（Taglialatela et al.，2008）。这说明，对于非人灵长类动物来说，同源布洛卡区的功能主要集中在模仿和动作控制方面。它们能够模仿其他同类的动作和声音，从而在交际中表达一些基本的信息和需求。然而，这种语言表达相对简单且受限，主要是由外界刺激所驱动的无意识行为，并缺乏如人类一样的自觉控制和创造性。这也同时说明，人类的布洛卡区可能在进化中获得了更加复杂和高级的功能，以适应更多样化的交际需求。除脑区之内的区别外，人类在语言关键脑区的连接方式上也有一些与非人灵长类动物不同的特点。借助神经示踪剂，研究人员发现恒河猴的同源布洛卡区与沃尼克区与人类一样具有连接，但连接较为微弱，且其功能尚不明确（Petrides & Pandya，2009）。而对于人类来说，这两个区域的连接对实现关键语言功能极为重要，其连接的削弱很可能导致语言障碍如传导性失语症的发生。Rilling et al.（2008）使用扩散张量成像来追踪人类进化过程中大脑皮层之间连接的变化。结果发现，人类的弓状束连接将颞叶与额叶的重要区域如三角部和中央额回等连接起来，而黑猩猩的大脑中，并没有发现如此丰富的连接，弓状束主要连接了额叶和大量的视觉区域。

非人灵长类动物有限的符号处理能力也能在大脑结构中找到依据。长期研究表明，人类处理句法的主要脑区是 BA 44 区（Friederici，2011）。最近的语言进化研究尝试通过创造人工句法的方式，来测试不同句法结构在人脑中的加工模式。例如，研究人员发现，人类处理 A^nB^n 类型短语的主要脑区是 BA 44，而处理（AB）^{n} 类型的序列则主要依赖于额叶岛盖（Friederici et al.，2006），这一区域从种系发生学角度来看比 BA 44 更为古老（Amunts & Zilles，2012；Friederici，2004）。与此同时，对比人类与猴子的研究也提供了有趣的发现。猴子可以学习具有临近依赖关系的（AB）^{n} 序列，但对于存在非临近依赖关系的 A^nB^n 序列则无法习得（Fitch & Hauser，2004）。额叶岛盖作为更古老的区域，在语言进化的早期阶段可能已经存在并发挥了一定的功能。随着人类语言的发展和演化，BA 44 区逐渐成为处理更复杂和抽象的句法结构的主要区域，体现语言进化中的功能重组和脑区特化。这些研究结果表明，在人类进化的历程中，句法可能经历了多个阶段的发展和演变，逐渐形成了现代人类独特的句法能力。这种逐步演化的过程涉及大脑结构的变化和功能的优化，使人类能够处理更加复杂和灵活的句法结构，从而实现高级的语言交流和表达能力。

2. 人类与鸣禽

除了对灵长类动物进行比较研究外，鸟鸣也成为语言进化领域中备受关注的重要话题。鸟类以其复杂多样的鸟鸣声而闻名，它们通过鸣叫交流、吸引伴侣、建立领地和警示群体等多种方式使用声音。鸟鸣的复杂性和灵活性使其成为一种值得探究的模式，有助于更好地理解语言起源和演化的过程。

　　人类与鸣禽在使用声音方面存在一定的相似性，这为我们理解语言起源和演化提供了有趣的线索。幼鸟的发声学习过程与幼年人类极为类似。类似于幼年人类学习语言的过程，鸣禽的幼鸟也需要经过一段模仿成鸟发声的阶段，在这段时期里，幼鸟往往要效仿亲鸟或者同类鸟类的鸣叫。不仅如此，鸟类在产出成熟鸣叫前会经历感觉运动阶段。在这一阶段，幼鸟记忆成鸟的鸣叫以使自己的鸣叫与之匹配，但这一阶段幼鸟鸣叫与成鸟鸣叫依然有较大差异，所以被称为"亚歌"（subsong）时期（Catchpole & Slater，1995），类似人类"咿呀学语"（babbling）的阶段（Bolhuis et al.，2010）。在这一阶段，幼鸟着力于使自己的鸣叫更加接近成鸟，并通常在性成熟后产生最终的成熟鸣叫。这表明在声音的习得方面，人类和鸣禽都有着共通的生物学基础。而支持鸣禽与人类相似发声机制的正是二者相似的大脑神经基础。研究发现，鸣禽的大脑同样存在布洛卡区与沃尼克区的分离，类似于人类大脑中负责声音产出和理解的区域（Gobes & Bolhuis，2007）。此外，鸣禽的大脑在处理声音时也表现出明显的左侧化趋势，类似于人类在语言加工中左脑占主导地位的现象（Moorman et al.，2012）。这些相似之处进一步支持了人类语言与鸣禽鸣叫之间的联系。在基因水平上，鸣禽与人类的发声也与FOXP2基因有关（Haesler et al.，2007）。FOXP2基因在人类语言能力中扮演着重要的角色，而在鸣禽中同样起着类似的作用。这一发现进一步加强了人类语言与鸣禽鸣叫之间的生物学关联，提示在语言进化的过程中可能存在一些共同的基因机制。

　　而人类与鸣禽的区别也揭示了许多与语言进化相关的事实。句法是人类语言系统的核心，而处理句法能力的大脑结构也是语言进化领域关注的焦点。在人类与动物的比较研究中，句法能力也备受关注。首先，虽然人类语言和鸟鸣之间存在着一定程度的相似性，但也有显著的差异。人类语言是通过句法进行组织的，其中一个重要特点是不同的语言元素可以在层级结构下进行组合，形成不同的单位，如短语、句子等

（Berwick et al., 2011）。这种层级结构是人类语言表达复杂信息的重要手段。相比之下，虽然鸣禽也能在一定程度上组合其发声单位，但目前尚无确凿的证据表明鸣禽的发声具备形成层级结构的能力（Beckers et al., 2012）。具体来说，鸣禽的叫声并不存在一些关键的句法属性，如依存结构、短语移位等（Berwick & Chomsky, 2016）。这意味着鸣禽的语言表达相对于人类语言而言更为简单和有限。这种差异反映了人类语言在句法能力上的高级特征，其独特的组织结构使人类能够进行复杂而灵活的交流和表达。

不可否认的是，无论是在如猩猩等的灵长类动物中，还是在鸣禽中，都没有发现语言的存在。例如，尚没有其他物种能够处理或者学习类似自然语言中的层级性序列结构（Beckers et al., 2012；Poletiek et al., 2016）。但值得关注的是，一些语言使用的关键机制，如按照一定序列产出声音的能力，却可以在动物身上找到（Berwick et al., 2011）。同时，一些支持语言功能的重要脑区也并非人类独有。通过对比人类与非人灵长类动物及鸣禽，可以得到一些关于语言进化的启示。某些语言的基础要素在动物中可能存在，并可能是语言进化的神经基础。首先，与语言功能相关的脑区在人类和非人灵长类动物之间存在一定程度上的共通性，这表明语言功能可能起源于更为基础的认知和沟通机制，并随着时间的推移逐步演化成为更高级且具有特异性的系统。其次，动物表现出一定程度的声音产生能力和序列性，这表明某些基础能力可能为语言的起源和发展奠定了基础。尽管这些声音的结构复杂性远低于人类语言，但它们可能代表了语言进化的原始阶段，并构成了语言产生的基础要素。这符合语言渐变论的主张，即在动物的交流系统中可以发现一些人类语言的原始痕迹。

7.1.4　镜像神经元与语言进化

镜像神经元是近年来神经认知科学领域的重要话题，已被发现与多种重要的认知活动如心理理论、模仿、交际等紧密相关。近年来，镜像神经元与语言进化之间的关系也备受关注。镜像神经元是从神经语言学角度研究语言进化的重要话题，该理论为我们提供了一种理解语言起源和发展的神经机制，强调了感知、共情和动作在语言进化过程中的关键作用。通过深入研究镜像神经元的功能和影响，能够更好地理解人类语言能力的起源和演化。

　　镜像神经元是一类在大脑中发挥着独特作用的神经元，其活动在个体观察到其他个体执行动作时同样会被激活，仿佛在"镜像"其他人的行为。这种现象首次由意大利神经科学家 Giacomo Rizzolatti 及其团队在 20 世纪 90 年代末观察到（Rizzolatti et al.，1996）。他们发现，对于恒河猴来说，观看抓握动作会同时激活视觉皮层和手部运动皮层中的神经元，即无论是主体执行动作还是观察他人动作，都会激活特定的神经元，且这一电生理现象通常出现于恒河猴大脑的 F5 区。类似的现象在人类大脑中也得到了证实（Iacoboni et al.，2005；Mukamel et al.，2010）。恒河猴大脑中的 F5 区在人类大脑中也有同源结构，即 BA 44 和 BA 45 区，这也使得布洛卡区被认为是构成人类镜像系统的重要脑区（Rizzolatti & Arbib，1998）。fMRI 研究表明，观看发音的过程会同时激活布洛卡区、左缘上回等语言区（Calvert & Campbell，2003）。而 Mukamel et al.（2010）使用单细胞记录的方法，在癫痫患者的前额叶和颞叶皮层中记录了 1 177 个细胞的细胞外活动，同时记录患者在执行和观察手部抓取动作时的表现。研究发现，在运动区、海马、杏仁核等区域及其周围的神经元中，有很大一部分对动作观察和执行都有反应，即这些神经元具有一定的镜像属性。同时，镜像神经元并不孤立发挥功能，而与其他脑区如颞上沟等形成广泛的神经网络并协作（Rizzolatti et al.，2001）。

　　镜像神经元的发现表明，人类大脑在执行和观察动作时可能存在着某种共享的神经机制，这使得许多研究者认为，语言可能起源于手势交流（Arbib，2005；Armstrong & Wilcox，2007；Corballis，2002；Rizzolatti & Sinigaglia，2008）。如镜像系统的存在使得语言使用的重要前提被满足，即信息发出者所要表达的内容能够被接受者所理解（Arbib & Rizzolatti，1996）。通过镜像神经元，恒河猴能识别同类的动作，并能理解和预测后续的行为。而人类使用手势表达具体的思想，其他人也可以通过镜像神经元机制而理解对方的手势，逐渐形成了手势交流系统。

镜像神经元使得早期人类可以识别和模仿同类动作，继而产生了非伴语手势（pantomime），手势在这一阶段形成了一定的规约性，且其表征能力在后续使用中继续增强，形成了原始手语（protosign）（Arbib，2016）。随着人类大脑的继续进化，人类的口头符号表达能力也逐渐增强，语音逐渐进入交流系统并开始抽象和复杂化，最终成为主导的语言形式。

镜像神经元理论为语言起源于手势的观点提供了理论基础和神经科学的证据。镜像系统的发现支持了认知语言学长期以来的语言观，即语言思维是"具身性"（embodied）的（Gibbs，2005）。根据具身认知，语言的产出和理解无法仅仅依赖于大脑中的符号处理，还与身体对外部世界的感知及动作经验等紧密相关。而镜像系统的发现为这一理论提供了神经生物学的基础。具体而言，个人在观察他人执行动作时，产生了类似于自身执行该动作的经验。早期人类可能在镜像神经元的协调下，通过观察和模仿彼此的手势，逐渐建立起一套符号系统，这套符号系统用以传达意图、分享经验，形成了早期的交际体系。这种基于手势的交流伴随着大脑结构和功能的进化逐渐演化为更加复杂的语言系统。其次，镜像系统的存在证实了手势与语言共享神经机制的可能性。人类的手部动作和发声系统联系十分紧密，这中间极有可能存在镜像神经元的作用。首先，嘴部活动同样能够激活镜像神经元。如研究发现，猴子在观察和执行如咂嘴、伸舌头等动作时，F5区的神经元也产生了激活反应（Ferrari et al.，2003）。Corballis（2010）认为，以镜像神经元为理论基础的语言进化观更为支持语言的演化观点，即语言的进化是渐进的过程，而非于瞬间发生。

7.1.5 语言障碍与语言进化

除了直接对大脑和神经元进行研究外，神经语言学角度的语言进化研究也关注语言障碍在揭示语言进化过程中的作用和启示。这些语言障碍可以被视为一扇窥视语言神经基础进化的窗口（Benítez-Burraco & Boeckx，2014），在一定程度上展示语言的演化过程。然而，不可否认的是，尽管这个领域具有很大的研究潜力，对于语言障碍与进化之间的联系研究尚未得到足够的关注，目前仍处于理论探讨的早期阶段。

从语言进化的角度来看，障碍性的语言表征很可能承载着语言的初级形态。研究认为，障碍性的语言呈现出初级阶段语言的残留特征，部分地反映了语言进化过程中相对简单且复杂性较低阶段的特点（Bickerton，1990；Jackendoff，1999）。这种观点可以从失语症患者产生的语言中得到佐证。Code（2011）认为，失语症患者的自动化言语（speech automatisms）在某种程度上提供了理解原始语言（protospeech）和原始句法（protosyntax）的途径。其中，非流利型失语症患者经常会产生一些程式化的语块，包括日常惯用语、问候语、感叹语、咒骂语等。这些语块的特点在于其表达方式相对固定，缺乏创新性。在许多非流利型失语症患者的口头产出中，这些自动化产出的言语占据了很大比例。近来的研究证据表明，这些自动化言语的产生与大脑的右半球密切相关，涉及的脑区主要位于大脑的边缘系统、辅助运动系统以及基底结（Abry et al.，2002；Brunner et al.，1982；van Lancker & Cummings，1999）。这些脑区在进化中属于相对古老的结构。同时，自动化言语的产生在进化中可能早于布洛卡区的形成。布洛卡区的发展伴随着语言、手势和大脑侧化的兴起，然而自动化言语并未呈现明显的大脑侧化现象。这表明自动化言语的发展可能早于布洛卡区所支持的高级句法功能的出现，失语症患者上肢和口腔面部失用的现象在一定程度上也支持了这一观点。

语言障碍的研究结果也为语言进化研究提供了有力的证据。如Ardila（2015）认为，失语症研究的结果与语言的"渐变论"不谋而合。语言进化研究面临着两个重要问题：符号单位（如词汇和手势等）以及句法系统的演化方式（Bickerton，2007），而这两个问题的答案都可以在失语症研究中找到。失语症患者的语言损伤可以归为两大类：词汇／语义系统损伤（沃尼克型失语症）和句法系统损伤（布洛卡失语症），且这些失语症的发生与不同脑区的损伤密切相关（主要集中在颞叶和额叶区域）。这些来自失语症研究的结果与语言进化研究的发现相互契合。

首先，词汇／语义系统和句法系统在语言进化中可能并不是完全同步演化的，句法系统的发展具有一定的特殊性。其次，在语言进化中扮演重要角色的脑区正是颞叶和额叶，这些脑区的扩张和左侧化在语言进化中起到了促进作用。

7.2　语言的基因研究

自 20 世纪 80 年代中期开始，人类遗传学领域在分子研究方法层面经历了巨大的进步，这些进步使得研究人员能够揭示与相关生物学特征相关的基因。通过全基因组扫描，研究人员能够从表现出异常的家庭成员中收集 DNA 样本，并分析不同染色体区域的基因标记。这一进程在研究语言与基因之间的关系方面也具有重要意义。近年来，通过类似的方法，研究人员已开始探索与语言能力、语言障碍以及不同语言特征相关的基因。目前已发现至少 1 241 个灵长类动物特有的基因，其中 280 个是人类特异性基因，约 54% 的基因与大脑功能有关，尤其是调节前额叶部分的高级认知功能（Zhang et al., 2011）。这些发现强化了基因与语言和认知之间的紧密联系，为理解人类语言能力的遗传基础提供了视角与证据。

语言与基因的研究属于生物语言学的范畴，然而近年来从神经语言学的角度对这一领域进行的研究日益增多，这使得对大脑和语言的考察也不再局限于传统的解剖学、行为学等，而逐渐扩展到分子层面。生物语言学和神经语言学的交叉研究为语言和大脑的研究提供了更加全面的视角，在语言障碍、语言进化等方面形成了完整的语言 – 大脑 – 基因证据链，有助于从更为清晰和深入的角度了解神经语言学的传统话题。但因涉及语言的基因数量众多，且新的基因也仍在不断发现中，本书限于篇幅，只能对一些典型的基因从神经语言学和生物语言学的交叉视角出发进行简要介绍，旨在阐释语言的基因研究现状并讨论其对语言研究的启示。

7.2.1　与语言障碍相关的基因

许多基因是通过语言障碍研究发现的，而语言障碍一直是神经语言学的主要研究问题。通过分析这些基因在受影响的个体中的突变，可以识别出在语言处理中可能发挥重要作用的生物学机制，这不仅有助于解释语言障碍的发生机制，有力地补充了语言的神经基础研究，还为理解正常语言功能的神经基础提供了线索。同时，发现致病基因也对早期干预、提高预后效果有帮助。

1. FOXP2 基因

在语言的基因研究中，最典型、研究最为广泛的一直是 FOXP2（Forkhead box p2）基因。FOXP2 的发现使得从分子生物学角度研究语言成为可能，并开启了生物语言学的研究（俞建梁，2011）。这种基因的发现与英国 KE 家族的遗传性语言障碍有关。20 世纪 90 年代初期，有报道称 KE 家族的某些成员在没有任何明显的神经、生理障碍下，表现出了显著的语言障碍。在对 KE 家族进行调查的早期阶段，尽管尚未开展针对家族成员的 DNA 样本分析，研究人员已经开始设想这一家族遗传性语言障碍背后可能存在的"语言基因"。后续研究发现，这一家族中的患者都携带着 FOXP2 基因的突变（Fisher et al.，1998）。这些突变导致了 FOXP2 蛋白结构或功能的异常，进而影响了相关脑区的发育和功能。Lai et al.（2001）随后发现，在这些家庭成员的 7 号染色体上有一个特定区域，在此区域内，所有正常家庭成员都具有正常的 DNA 碱基对序列，而有语言障碍的家庭成员则出现了基因突变，其中一个核苷酸遭到了替换。有研究认为，FOXP2 基因的部分拷贝功能丢失，导致运动和肌肉系统的紊乱，从而导致了语言问题（Haesler，2006），有此类基因异常的患者也常有口面部运动障碍（Shriberg et al.，2006）。

FOXP2 基因通常被认为与特殊语言障碍（specific language impairment）有关。Hurst et al.（1990）指出，在 KE 家族的三代人中，有约一半人表现出了发音困难。后来也发现，这些 KE 家族成员的语言障碍不仅局限于此，还涉及很多理解与产出问题（Vargha-Khadem et al.，1995）。部分 KE 家族成员存在句法能力障碍，即不能正确使用如性、数、时和体等句法特征（Gopnik，1990）。Gopnik（1990）指出，KE 家族受影响的成员无法意识到单词由词根和词缀组成，即对从单词中剥离词缀存在困难，如不能识别 dress、dressing、dressed 等词的异同点。Gopnik 指出，因为受到影响的 KE 家族成员不具备分析词素的能力，无法理解表征句法的屈折模式，如过去时"-ed"或进行时"-ing"，因此会出现对句法特征的使用障碍。由于此类患者的句法障碍比较突出，FOXP2 一开始也被认为是"句法基因"，但之后的研究揭示了更多与 FOXP2 异常有关的语言障碍。如 Watkins et al.（2002）对受影响家庭成员的语言缺陷进行了详细的研究，发现成员存在一定的命名障碍，且其语言障碍除了表现在口语上，在书面语中也有体现，其书面语言的流畅度和单词拼写都表现较差。同时，语言障碍除体现在表达性语言上，还体现在接受性语言方面，如受影响的成员在词汇判断任务中无法正常判断所呈现的单词是否为真词。除此之外，受影响的成员还表现出口腔运动不协调以及非言语能力低下的问题。

FOXP2 基因也被认为可能与儿童自闭症的发病有关。全基因组筛查的结果表明，7 号染色体与自闭症障碍存在一定关联（Ashley-koch et al.，1999），而 FOXP2 基因恰好位于 7 号染色体上。FOX（forkhead box）基因编码转录因子，在细胞分化、增殖和形成等方面具有重要作用（Kaestner et al.，2000），该基因家族的许多成员是胚胎发育的重要调节因子。作为 FOX 基因家族的一员，FOXP2 在胚胎发育过程中被认为具有重要的调节作用。这引发了众多对自闭症与 FOXP2 基因之间的关系的探究。虽然很多研究并未发现 FOXP2 与自闭症存在明确的联系（Gauthier et al.，2003；Newbury et al.，2002），但仍然有一些研究专注于深入研究这两者之间的潜在关联。Gong et al.（2004）进行了一项针对 181 个患有自闭症儿童的中国汉族三代家庭的研究。该研究对 FOXP2 基因的三个单核苷酸多态性（single nucleotide polymorphism，SNP）进行了分析，发现其中一种 SNP 与自闭症之间存在显著的关联。这种关联可能与其他突变相互作用，导致 FOXP2 的结构或表达发生改变，从而促使自闭症的发病。研究团队认为，由于不同人群之间存在遗传差异，因此这些研究结果表明中国汉族人群中 FOXP2 基因异常可能与儿童自闭症的发生密切相关。而 FOXP2 和自闭症的联系性在日语受试中也得到过证实（Li et al., 2005）。

　　FOXP2 在大脑中的神经表达也从分子的角度揭示了语言的神经基础。当前的研究表明，FOXP2 的存在和突变对大脑产生了多方面的影响，这些影响也在一定程度上促进了语言的演化以及语言障碍的发生。研究认为，FOXP2 使人类大脑神经突触的可塑性增强，且神经元之间的联结也更为紧密，大脑的关键语言网络从而有了更好的联系（Dediu, 2015; Hillert, 2014），因而使得人类可以进行一些较为高级的语言功能。但是，FOXP2 突变会导致大脑结构的形态异常，既往研究指出，FOXP2 突变可能导致下额回、尾状核头部、小脑等区域的灰质密度降低，同时增加了沃尼克区、角回和壳核等区域的灰质密度（Belton et al., 2003; Salmond et al., 2000）。同时，FOXP2 突变也会造成大脑功能的异常。Liégeois et al.（2003）使用 fMRI 对 KE 家族成员的大脑激活模式进行了研究，发现这些成员在进行如动词生成等语言任务时，在布洛卡区以及其他与言语相关的皮层或皮层下区域中发现了异常低水平的激活。同时，这些成员的 FOXP2 蛋白质都有显著的下降。研究者认为，这反映出 FOXP2 异常很有可能引发了与计划和执行言语运动有关的神经网络异常，从而造成了一定程度上的语言障碍。

2. CNTNAP2 基因

　　FOXP2 作为转录因子调控 300 到 400 个基因。在这些受到 FOXP2 调控的基因中，许多可能在功能上与语言障碍有关（Spiteri et al., 2007; Vernes et al., 2008）。除 FOXP2 之外，还有一些基因与语言障碍显示出明显的联系，其中之一便是 CNTNAP2（Contactin Associated Protein-like 2）基因。这一基因的表达模式受到 FOXP2 的调控，是 FOXP2 的一个神经靶位。

　　研究显示，CNTNAP2 基因的遗传变异可能会造成儿童特殊语言损伤（Deriziotis & Fisher, 2017）。为了深入探究这一关联，Vernes et al.（2008）进行了一项涵盖 184 个特殊语言障碍患者家庭的研究，着重探究了 CNTNAP2 基因中的 SNP 与语言障碍之间的联系。该研究发现，

CNTNAP2 基因的异常变异会造成多个语言指标的得分降低，其中包括表达性语言、接受性语言和语音短时记忆等。Whitehouse et al.（2011）的研究也为这一关联提供了支持。研究对超过 1 000 名儿童的家长进行了调查，从而深入了解这些儿童的交流行为和语言特点。研究结果发现，携带 CNTNAP2 基因变异的儿童在 2 岁时的语言习得能力相对较低，语言发展较为缓慢。

此外，CNTNAP2 基因的异常和自闭症有明显的关联，也会对自闭症儿童的语言能力产生较为明显的影响。Shiota et al.（2022）的研究发现，携带 CNTNAP2 基因变异的自闭症儿童的接受性语言能力明显低于那些没有该基因变异的儿童。值得注意的是，在正常发育的儿童中，CNTNAP2 基因变异可能也会导致接受性语言能力的降低，但其影响相对不太显著。另一项由 Alarcón et al.（2008）进行的针对人类胎儿大脑的实验发现，CNTNAP2 对大脑额叶与颞叶皮层下组织的发育具有重要影响。这些脑区通常与认知执行功能紧密相关，并支持在交流中共同注意的实现。自闭症儿童通常在共同注意方面存在缺陷，而共同注意的缺失往往会造成交际障碍。此外，CNTNAP2 基因异常还会引起自闭症儿童的抽动秽语综合征（Poot et al., 2010）。此类研究突显了 CNTNAP2 基因与自闭症症状的联系，有利于更好地理解自闭症等神经发育障碍的机制，为早期诊断和干预提供更具针对性的方法。

CNTNAP2 基因可能对多个与语言相关的脑区结构有所影响。Tan et al.（2010）使用结构性磁共振成像和扩散张量成像方法研究了受 CNTNAP2 基因影响的白质和灰质形态的变异。研究结果显示，携带 CNTNAP2 基因变异的个体在小脑、颞叶后回、枕叶和额叶区域的灰质和白质体积方面出现了显著降低，即使在没有明显行为异常的情况下，这些个体的风险等位基因依然会引起大脑形态的显著变化。这些受影响的脑区通常与自闭症有着较为密切的关联。此外，研究还发现，CNTNAP2 编码神经细胞膜蛋白，这些蛋白在与语言相关的脑回路中表达丰富，尤其是在人类大脑皮层中呈现出明显的前向富集表达模式，在前额叶皮质中居多（Abrahams et al., 2007）。不仅如此，CNTNAP2 基因在鸣禽的歌唱控制核中也有特定的表达模式（Panaitof et al., 2010），这表明 CNTNAP2 基因与发声和交流系统可能也有一定的联系。

3. FOXP1 基因

在 FOXP2 的研究基础上，越来越多的研究开始关注其他叉头结合基因的作用，探索其在语言系统和语言障碍中的角色。人类的 FOX 基因可以被分为 19 个亚家族（FOXA 到 FOXS）（Hannenhalli & Kaestner，2009），其中 FOXP 亚家族包含 FOXP1—FOXP4 四个基因。在 FOXP 基因亚家族中，除了最受关注的 FOXP2 基因外，FOXP1 基因被证实与 FOXP2 有非常紧密的关系，在组织发育过程中具有协作关系（Shu et al.，2007）。而近年来的研究也发现，FOXP1 基因异常可能导致一些语言障碍。

研究表明，FOXP1 基因异常可能与语言发育迟缓有关。Horn et al.（2010）对 1 523 名有智力障碍的患者进行了基因检测，结果发现 3 位患者身上出现了 FOXP1 基因缺失。这 3 位患者均有语言发展迟缓的情况，具体表现为词汇量较低，表达和接受性词汇量均不超过 100 个，而且表达性语言受到更大影响。Hamdan et al.（2010）的研究发现，FOXP1 异常可以导致儿童的语言发展缓慢。一位患者直到 3 岁才可以清楚地说出单词，直到 4 岁才具备组合词汇的能力，而另一位患者直到 6 岁时才说出了第一个词，但这些患者都没有口腔协调问题。Lozano et al.（2021）的综述研究指出，在几乎所有针对 FOXP1 异常的研究中都报告有语言障碍，其中语言发展迟缓是典型特征，患儿首次说出单词的平均年龄为 33 个月，约三分之二都表现出了发音问题。

除了语言发展缓慢之外，FOXP1 异常还可能引起一些特定的语言障碍。Braden et al.（2021）对 29 名患有 FOXP1 异常的儿童进行了研究。研究发现，这些患儿存在着言语模糊不清的问题，除了他们的照顾者外，其他人很难听懂他们的言语。此外，患儿可能还存在构音障碍，表现为发音和韵律等方面的困难，并伴有音调低、声音较小等问题。同时，患儿还表现出言语失用，主要表现为对单词的发音困难，如频繁的语音省略、替换和韵律错误等。整体来看，这些患儿的语言水平较低，无论是接受性还是表达性语言能力都无法达到正常水平。研究者认为，尽管 FOXP1 异常可能会引起一些其他的神经发育性问题，但语言障碍在 FOXP1 异常中是核心问题。

FOXP1 在大脑中呈现了特定的表达模式，这构成了其影响语言系统的神经基础。首先，FOXP1 和 FOXP2 在其所表现的脑区上有较大的相似性。一项针对小鼠大脑发育的研究（Ferland et al., 2003）揭示，FOXP1 和 FOXP2 的表达在相同的发育阶段开始，且其表达模式相似，这种表达在小鼠成年后仍持续存在。基底神经节是 FOXP1 和 FOXP2 表达最为显著的区域，而表达最不显著的区域则主要位于脑室。此外，这两种基因在执行高级功能的脑区域也得到表达，例如，FOXP2 在大脑皮层的第 6 层、小脑和丘脑中表达，而 FOXP1 在丘脑和大脑皮层的第 3-5 层以及海马等区域也有表达。其次，FOXP1 还对特定神经结构具有调控作用。Park et al.（2023）的研究指出，FOXP1 与人类的基底放射状胶质细胞（bRGCs）之间存在密切联系。bRGCs 是一类促进神经发展和更新的细胞，对皮层的扩增和进化起着重要作用，FOXP1 在 bRGCs 中呈现较高水平的表达。实验发现，当 FOXP1 的表达受到干扰时，bRGCs 的数量减少，其增殖和分化能力也降低，这表明 FOXP1 在调节正常神经发展和更新过程中扮演着重要的角色，并很可能在人类早期皮层发育中促进了人类特有功能的出现。除此之外，在携带有 FOXP1 基因异常的患者中，约有一半都出现了大脑神经结构异常，主要表现为胼胝体缺陷、额叶萎缩、小脑缺陷和白质异常等（Lozano et al., 2021）。这些研究证实了 FOXP1 在神经系统中的关键作用，表明 FOXP1 的功能和表达模式与语言、高级认知功能以及神经发育密切相关。

7.2.2 其他语言相关基因

在研究人类语言能力的遗传基础时，除了已经提到的 FOXP2 和 FOXP1 等基因外，学界还广泛关注了许多其他与语言相关的基因。这些基因在语言产出、语言障碍恢复等方面扮演着重要的角色。通过这些研究成果，不仅可以更好地理解人类语言起源、进化与语言能力的本质，还有望为语言障碍的康复问题提供有益的线索。

1. ASPM 和 MCPH 基因

近年来，研究人员不仅专注于探究与语言障碍相关的基因，还广泛地探讨了与语言其他方面相关的基因。在这其中，ASPM（Abnormal spindle-like microcephaly-associated protein）和 MCPH（Microcephalin）基因引起了国内外研究界的高度关注。

这两种基因在人类大脑的进化过程中扮演着重要角色（Mekel-Bobrov et al., 2005）。它们常常在大脑的新皮层脑室区域表达，并在神经系统的形成中发挥关键作用（Cox et al., 2006）。同时，这两种基因的功能异常也会导致小头畸形的出现。通过研究 ASPM 基因的突变对大脑所产生的影响，能够洞察到这一基因在语言起源与进化中的作用。首先，研究表明，ASPM 基因和人类大脑的进化有重要联系，ASPM 基因促进了人类大脑体积的增大，为语言的起源提供了神经基础，继而发生了 FOXP2 的适应性进化（Zhang, 2003）。多个研究表明，在人类从普通灵长类动物向智人演化的过程中，MCPH 基因和 ASPM 基因都起到了调节脑容量的作用，并且这两种基因都在不断加速进化（Evans et al., 2004；Jackson, 2002）。其中，MCPH 突变发生于人类进化的早期，而出现 MCPH 基因疾病的患者，头比正常人小得多，其尺寸只与早期人类相当（Tang, 2006）。其次，ASPM 基因突变所造成的大脑体积变化通常出现在重要的语言处理区。例如，一位 ASPM 突变患者的额叶发育不良（Desir et al., 2008）。Passemard et al.（2016）通过神经影像手段发现，ASPM 基因突变不仅导致额叶皮层部分体积减小，还显著影响了大脑听觉皮层中的赫氏脑回（Heschl's gyrus），而正是这一脑区在灵长类动物中扮演着音高处理的重要角色（Bendor & Wang, 2005）。

然而，近来的研究不仅限于对大脑形态与大小的调控，还揭示了 ASPM 和 MCPH 基因与声调的紧密联系。这两种基因的关联发现尤其引人注目，因为声调在世界范围内的语言中占据了相当大的比例，这种关联使得对 ASPM 和 MCPH 基因的研究在解析跨语言差异以及揭示语言进化的生物学基础方面具有重要意义。研究表明，ASPM 和 MCPH 基因可能与声调语言及声调的处理有关。在一项涵盖了 49 类人群、包含 983 个等位基因和 26 个语言特征的大型数据库分析中，Dediu &

Ladd（2007）发现，在控制了地理和历史因素后，ASPM 和 MCPH 基因仍然与声调语言存在显著关联。为了深入探究这种关系，Wong et al.（2012）使用普通话材料测试了未接触过声调语言的美国英语母语者对声调的感知。该研究测试了受试的基因分型，以确定 ASPM 和 MCPH 的等位基因，同时设计了一系列行为和神经认知任务。在声调感知任务中，当受试听到重新合成的汉语元音时，需要在屏幕上的箭头中选择声调的走向（如↗为升调）。部分受试还参与了 fMRI 实验。研究发现 ASPM 基因的载量与声调感知能力存在显著的相关性，不仅如此，在控制了如工作记忆、音素意识等条件下，ASPM 基因与听觉皮层的激活也呈现显著的相关性，即携带 ASPM 基因有利于声调的感知。

类似的结果在不同人群中得到了证实。Wong et al.（2020）后续对超过 400 位粤语方言者进行了研究，要求受试在听到特定的声调后将其匹配至之前听到的声调。其实验结果与之前一致，即 ASPM 基因会影响人对声调的感知，尤其是词汇声调的感知。其主要表现为可以在一定音节内感受到音高，并能在跨 2—3 个音节中保持对这种音高的感知。该基因与音乐能力和工作记忆都没有关系，词汇声调感知功能也没有在其他语言相关基因的研究中报告过。研究还指出，ASPM 的一种等位基因在欧洲人中的基因频率是 59%，而在中国汉族人中是 84%，这种等位基因提高了中国人对声调的感知能力。但值得注意的是，针对不同人群的研究结果有一些差异。Dediu（2021）对包括 129 个人群 175 个样本的数据集重新进行了跨语言统计分析，结果再一次证实了 ASPM 和声调感知的关系，但并未发现 MCPH 基因与声调的关联，研究者认为这可能与不同人群的遗传多样性有关。

2. APOE 和 BDNF 基因

除了会导致语言障碍的基因外，近几年的研究还发现一些基因与语言障碍尤其是失语症的康复程度有关。这其中最为典型的两种基因是 APOE（Apolipoprotein E） 和 BDNF（Brain-derived neurotrophic factor）基因（Harnish et al.，2023）。这些基因在神经系统的功能调节中发挥着重要的作用，不仅与神经细胞的生存和连接有关，还可能在失语症的康复过程中扮演着关键角色。

APOE 是一种存在于大脑中的脂蛋白，其神经表达十分丰富。APOE ε4 是 ApoE 的一种等位基因，大约有 28% 的人是此种基因的携带者（McCarthy et al.，2016）。携带有这种基因的人往往会有一系列的认知问题，如记忆力减退（Gorbach et al.，2020）和命名延迟（De Blasi et al.，2009）等。尤其值得注意的是，APOE ε4 基因的携带者往往表现出海马体积减小，而海马与记忆和学习有重要关系，对失语症的康复而言尤其重要（Meinzer et al.，2010）。近年来的研究也证实 APOE ε4 基因的确对失语症康复有不良影响。如 Cramer et al.（2012）的研究表明，患者携带 APOE ε4 基因时，中风后首个月的康复情况明显较差。另一项研究发现，携带 APOE ε4 基因可能会造成患者的认知损伤，使其在语言学习和记忆能力上明显较差（Wagle et al.，2010），这会给患者对康复方案的接受度带来消极影响。对脑损伤患者的研究也表明，APOE ε4 基因携带者在 6 个月内恢复的可能性比未携带该基因的患者低了约两倍（Teasdale et al.，1997）。解剖学研究发现，在出现认知障碍时，携带 APOE ε4 基因的患者的神经细胞流失情况更为严重，且神经重组受损（Arendt et al.，1997）。

脑源性神经营养因子（Brain-derived neurotrophic factor，BDNF）是大脑中最丰富的神经营养因子，在中枢神经系统中高度表达，并影响神经细胞突触的可塑性（Bramham & Messaoudi，2005）。研究发现，BDNF 的分泌会受到一个个缬氨酸（Val）替换为蛋氨酸（Met）的影响，产生一种常见的单倍型 Val66Met（Egan et al.，2003），而约 20%—30% 的高加索人和高达 70% 的亚洲人会携带该基因（He et al.，2007）。有研究表明，Val66Met 会使患者中风后的恢复情况更差，如造成患者大脑激活程度降低（Kim et al.，2016）。Fridriksson et al.（2018）针对慢性失语症患者开展了研究，在该研究中，74 名患者完成了 15 次语言治疗课程。这些患者中有 37 位携带有典型的 BDNF 基因，其余患者携带有 Val66Met 基因。在治疗结束后 1 周内对患者的命名情况进行测试，发现带有典型 BDNF 基因的患者的恢复情况明显好于携带 Val66Met 基因的患者。研究认为，这可能表明 Val66Met 基因对慢性失语症患者的康复表现影响更大。对健康人的结构性磁共振研究显示，携带有 Val66Met 基因可能引起大脑皮层结构的改变，如前额叶皮层、海马体、尾状核、颞叶等部位体积减小（Ho et al.，2006；Pezawas et al.，2004），而中风后恢复的关键之一在于大脑皮层重组，因此携带该基因可能对康复造成了影响。也有研究的结论持保守态度，如 De Boer et al.（2017）对 53 名中风后有失语症的患者进行了研究，这些患者在参与研究时均处于中风后急性期（中风后 3 个月内），且都在住院参与语言康复治疗。研究对患者进行了 Val66Met 基因分型，继而对他们的康复情况使用语言量表（如波士顿命名测试）进行评定。研究发现，Val66Met 基因的携带者和非携带者之间并没有显著的语言康复差异，故认为 Val66Met 基因对急性期失语症患者的康复效果影响不大。但需要指出的是，患者所接受的康复训练时长和内容都因个人情况而定，这可能造成了结果的差异。

在失语症等语言障碍康复领域，基因研究具有深远的学术和临床意义。通过探索与语言障碍康复相关的基因变异，可以深刻理解康复机制的多样性及其生物学基础，为治疗策略的个体化提供可能。这一研究方向有望通过预测患者康复进程、发现新的治疗目标、引导药物治疗等多个层面为患者的康复带来革命性的变革。

7.2.3　基因与语言进化

语言进化的基因研究旨在深入了解人类语言能力的遗传基础，以及在漫长的进化历程中与语言相关的基因突变。这一领域近年来受到了生物学和语言学领域的广泛关注，为语言起源和进化的研究开启了新的篇章（李慧，2013）。与此同时，这些研究也为神经语言学提供了重要的支持，更好地阐释了语言起源和进化在大脑中的生物基础。

研究关于语言进化的基因不仅有助于揭示关键的时间节点，同时也提供了深入了解语言起源的线索。Gronau et al.（2011）分析了来自 6 个不同种族的人类全基因组序列，这 6 个种族的人群分别是欧洲人、约鲁巴人、中国人（汉族）、韩国人、班图人和非洲桑人。通过分析这些人群的祖先群体大小、分化时间和迁移率等信息，研究发现，南非的桑人大约在 108 万至 157 万年前从其他人类群体分化出来。考虑到桑人拥有语言学习能力，这或许意味着该时间点可能与语言起源有关。此外，桑人的线粒体 DNA 在大约 16 万年前与人类基因库中的线粒体 DNA 分化，然后在约 4 万年前重新融合（Behar et al., 2008），而在这段时间内，这一族群的人类产生了牙槽嵴下降的现象（Moisik & Dediu，2017），这很可能导致了非洲语言中独特的"吸气音"（clicks）等特殊语音现象的出现。这些发现强调了与特定时间段相关的语言变化，为语言进化研究提供了新的证据。

通过比对人类与非人灵长类动物的基因差异，可以从分子生物学层面观察到人类语言起源与进化的基础。首先，利用基因组测序技术，研究人员已经能够对人类脱离黑猩猩以来发生的几乎所有单核苷酸变化和基因的插入与删除进行记录和编码。利用黑猩猩的数据，研究者可以确定人类与黑猩猩共同祖先中存在哪些人类 SNP 的等位基因。研究表明，在 120 000 个经过验证的人类 SNP 中，有 7 个大的基因组区域显示出较低的变化性和大量高频率、非与灵长类动物祖先共有的等位基因（Fay & Wu，2000；Tajima，1989），这些基因很可能是进一步探索语言起源的候选基因。其次，关注特定基因在人类与非人灵长类动物中的复制模式也可以揭示与语言进化相关的信息。举例来说，SRGAP2（SLIT-ROBO Rho-GTPase activating protein 2）基因便与语言相关（Fitch，2017）。这一基因常见于人类的新皮层表达，更特殊的是，相较于其他类人猿，人类的这个基因已经发生了三次复制。其中一个复制的蛋白质已经被截断，并与其他正常蛋白质结合，这使得表达这种基因的神经元具有更长的树突（Charrier，2012）。这进一步增强了人类神经电路的感知能力，也提升了操作时间的优势。同时，这种基因的复制有利于人类形成更长的脊椎，从而促进大脑体积的发展，这些变化都有助于高级认知和语言活动的出现。

此外，基因比对同时揭示了基因与大脑在进化中的协同性。Fisher & Marcus（2006）指出，在人类与非人灵长类动物的进化中，基因的进化优势很大程度上体现于人类的大脑，而基因层面和大脑层面的进化构成了人类语言进化的基础。人类的神经基因表达变化比同一时期的黑猩猩分支更加显著，且在脑部表达基因的氨基酸变化速率方面尤其明显

（Khaitovich et al.，2005）。研究同时指出，相比黑猩猩，人类基因进化速度快，且这些基因的表达多集中于大脑皮层（Càceres et al.，2003；Gu & Gu，2003）。Càceres et al.（2003）的研究发现了 169 个在人类和黑猩猩大脑皮层之间存在表达差异的基因，其中约有 90% 的基因在人类中的表达水平更高。相比之下，在人类和黑猩猩的心脏与肝脏中的基因表达方式极为相近。这表明与非人灵长类动物相比，人类大脑的基因表达水平更高，为更广泛的功能提供了更高水平的神经活动。

除前文提到的针对 ASPM 和 MCPH 基因的进化研究，对 FOXP2 基因的追溯也揭示了与人类语言进化相关的重要线索。现有研究通过比较动物与人类的 FOXP2 基因变化，试图推测语言进化的关键节点。幸运的是，FOXP2 基因在演化过程中变化较少，仅有少数位置出现差异。Enard et al.（2002）指出，人类与小鼠的 FOXP2 同源蛋白仅在三个氨基酸位置上存在差异，而人类与黑猩猩、大猩猩、猕猴等灵长类动物 FOXP2 蛋白的差异为两个氨基酸。这两个氨基酸差异发生在人类谱系分化出现后，即在与黑猩猩的共同祖先分离之后。尽管 FOXP2 蛋白保守性较高，但这两个氨基酸的变化在人类演化过程中至关重要，可能引发了一些大脑功能的发生与改变。研究者指出，这些变化很可能发生在过去 20 万年内，与现代人类的出现、人类人口增长和扩张的时间大致相符。这也与现代人类的语言能力的出现密切相关，表明 FOXP2 基因变化推动了语言出现，并很可能成为人类数量增长的原因。同时，Zhang et al.（2002）的研究发现，人类 FOXP2 基因的演化速度迅猛，远超过黑猩猩等灵长类动物。这种显著的演化加速表明这两个氨基酸替代的功能和适应性至关重要，进一步证明了 FOXP2 基因在语言进化中的关键作用。

但值得注意的是，有观点认为，要解释人类独特的语言能力，相关基因必须是人类特有的。但实际上，人类复杂而高级的语言能力是通过多种神经机制的整体协作而实现的，且这些机制很可能在人类的祖先物种中即已存在（Fisher & Marcus，2006），并非人类独有。以 FOXP2 基因为例，虽然它被认为是典型的与语言能力有关的基因，但实际上在其他物种，如啮齿类动物、鸟类和爬行动物中也存在（Bonkowsky & Chien，2005；Lai et al.，2003；Teramitsu et al.，2004）。这表明，尽管

FOXP2 基因与语言能力紧密相关，但它很可能在其他生物中具有不同的功能。此外，基因并不直接调控人类行为和认知，而是通过复杂的神经网络来发挥作用。因此，将语言能力的形成简化为单一特定基因的作用是不准确的，过于依赖 FOXP2 的变化也无法完全解释语言能力的复杂性。理解人类语言的起源与进化需要更具综合性的视角，这依赖于未来分子生物学、神经科学和语言学研究的共同努力。

7.3　小结

　　本章介绍了语言进化和语言的基因方面的重要话题。神经语言学为深入了解语言进化提供了更多的证据。通过研究大脑结构和功能，可以看出人类大脑在脑区的扩张、整体体积的增大以及结构复杂性的提高等方面存在优势，这为高级认知活动和语言产生提供了生理基础。通过比较人类与其他灵长类动物的大脑特征，可以看出人类大脑相对于其他灵长类动物的独特之处在于多个脑区的相对扩张和复杂化，这一进化趋势为高级认知功能的发展以及语言的起源和进化提供了生理基础。镜像神经元的研究提供了关于语言起源的重要线索，将手势交流系统与口头语言的起源联系起来。此外，通过研究语言障碍，可以了解语言在进化过程中的发展轨迹，揭示了语言可能的初级形态以及与进化相关的脑区。

　　本章的第二部分探讨了与语言能力相关的一系列基因，以及基因在语言起源和进化中的潜在作用。FOXP2 基因被认为是与语言能力紧密相关的基因之一。研究表明，FOXP2 基因的突变与语言障碍相关。这一基因在人类和其他灵长类动物中都存在，但在人类中发生了特定的进化改变，这可能与人类语言能力的独特性有关。CNTNAP2 基因与语言能力的发展密切相关，其突变与儿童特殊语言障碍和自闭症谱系障碍有关。FOXP1 基因在大脑中的表达与语言和认知功能的正常发展密切相关。除了上述基因外，还有一些基因在语言能力和大脑发育中起到作用。ASPM 和 MCPH 基因与大脑发育密切相关，同时影响着人类对声调语言的感知。而 APOE 和 BDNF 基因可能影响个体对语言康复治疗的反应。同时，一些基因在人类演化中发生了重要变化，这可能与人类的语言能力有关。比较基因组学研究也揭示了一些关键时间节点，有助于理解语言起源和进化的时间线。

神经语言学研究为语言进化的理论提供了实证证据，通过对人类大脑结构和功能的深入探究，可以验证不同假说对语言起源和发展的解释性。不仅如此，此类研究为进一步理解语言的神经基础提供了关键证据，进一步揭示了与语言相关的大脑结构，有助于深化对人类语言能力的认识，为神经科学、心理学和语言学等领域的跨学科研究提供了坚实的基础。此外，神经语言学与生物语言学的交叉研究也具有重要的意义。首先，这些研究为更好地理解语言障碍等重要问题提供了强有力的证据。通过深入研究与语言能力相关的基因，可以更好地理解语言障碍的生物学基础，为未来的治疗方法和康复方案研究提供更多的线索。其次，这些研究还有助于进一步清晰地阐释语言、大脑和基因之间的复杂关系。语言处理涉及大脑中多个区域的协同工作，同时受到基因水平的影响。对语言相关基因的探究有助于更好地了解它们在大脑中的功能和相互作用，同时也为解决与语言障碍等相关的问题提供了重要线索。这些研究有助于将神经科学、生物学和语言学领域的知识融合在一起，为未来的研究和治疗方法的发展提供了坚实的基础。

然而，虽然神经语言学研究已经取得了一系列重要的发现，仍有一些争议尚未解决。例如，关于语言进化的时间线、句法起源等问题仍存在较大的分歧。不仅如此，尽管不少神经语言学的研究支持语言的渐变论，但目前的结果尚无法回答经典的"达尔文问题"（Darwin's Problem）（Chomsky，2010），即如果语言的演化是渐进性的，为什么其他动物没有语言，而人类却获得了重要的跃迁，创造性地获得了语言。未来的研究需要从跨学科的角度出发，结合神经科学、语言学、人类学等多个领域的知识，进一步加深对语言进化的理解。同时，对语言进化的研究仍需明确对语言的定义及研究范畴，否则研究就有可能回到动物交际与人类语言的差别等原始问题（吴文，2012）。明确语言的定义有利于准确地界定语言在进化中的变化和发展，这也说明在未来的研究中，需要使用跨学科方法，充分利用不同领域的知识资源，以全面深入地探究语言进化的多维面向。

神经语言学视野下的语言基因研究虽然取得了显著进展，但仍然存在一些不足之处。首先必须承认的是，到目前为止，语言相关的基因可能只有一小部分被探查出来。虽然 FOXP2、CNTNAP2、FOXP1 等一些基因已经引起了广泛的关注，但它们只是复杂语言能力的冰山一角。现有研究对"语言基因"的理解可能仍是不完整的。其次，需要注意到语言的基因研究绝大多数是基于关联性研究的。这意味着虽然可以找到某些基因与语言能力存在相关性，但并不能确定这些基因是否直接导致了语言能力的发展。基因与行为之间的关系通常是极为复杂的，可能受到多种遗传和环境因素的影响，因此需要更多的研究来揭示这些复杂关系的本质。此外，尽管现有研究已经确定了一些与语言相关的基因，但对于这些基因是如何与大脑的结构和功能相互作用的，依然存在许多模糊之处，尚需更多的研究来揭示这些基因在神经水平上的具体影响。

综上所述，尽管神经语言学视野下的语言进化与基因研究已经取得了一些令人振奋的成就，但仍然有许多未知的领域亟待深入探索。这个领域的未来将充满挑战，但也充满了潜力，将有助于揭开人类语言能力的神秘面纱。

第 8 章
神经语言学的应用研究

　　神经语言学的应用研究是除临床神经语言学、实验神经语言学外的另一个研究领域，其特点是跨学科性强，同时具有实践价值。神经语言学的应用研究有两个路径：一个路径是借助神经科学的研究方法和理论，解决语言学研究中存在的问题；另一路径是将语言学理论引入到神经科学的研究中，以解决一些与语言相关的问题。无论是哪一种路径，都是为了解决神经科学与语言学两个学科研究中长期存在的理论和实践问题。本章将从语言教学与学习、语言障碍康复、老龄化与语言、口译四个方面简要阐述近年来神经语言学在应用研究领域所取得的新发展。

8.1　语言教学与学习

　　相比其他学科，语言学习与教学的问题最早得到神经认知科学领域的关注（崔刚，2021）。最初的研究聚焦语言教育和障碍矫正（Kirk，1983），近年来，随着神经认知科学与语言学的交叉研究不断深入，在外语教学与学习领域产生了许多新的发现和理论，主要表现为对外语学习的认知与神经机制愈加清晰，同时也催生了许多新的教学理念与学习方法。

8.1.1　外语学习的认知神经基础

　　了解外语学习策略的一个前提是区分外语学习和母语习得的差异。

母语习得被视为经验期待型，外语学习属于经验依赖型（崔刚，2021）。母语习得与儿童的先天属性密切相关，具有关键期概念，即在特定年龄段内语言习得最容易，而这一能力也会伴随着成长而受到限制（Curtiss，1977）。相反，外语学习更多依赖于后天学习环境，而不受关键期的制约（Newport et al.，2001），人们可以在生命周期的任何阶段学习新语言。此外，儿童在习得母语时，大脑神经网络会经历特定的发展和改变，而成年人学习外语时更多地依赖整体认知系统而非专门的语言习得机制。母语习得与外语学习存在这些本质差异，这也使得在进行外语教学时，需要格外注意在学习时所依赖的认知神经基础。外语学习所依赖的认知机制中最重要的是注意、工作记忆和长期记忆。

1. 注意

在外语教学过程中，以合适的方法吸引学生的注意是首要方面。注意是人类在清醒状态下选择性关注和集中精力的机制。在注意过程中，信号的检测和寻找尤其重要（Sternberg et al.，2012），这使人们能够在各种内外部刺激中选择感兴趣和有价值的信息，从而提高认知效率。注意同时具有一些重要的特性，包括容量、稳定性、分配和转移等。注意的容量是指人们在同一时间内能够清晰地把握对象的数量，这一容量是有限的，通常受认知加工负担的大小影响（Ormrod，2012）。注意的稳定性表示注意在某一对象上保持的时间长短，它可以是狭义的（保持在具体对象上）或广义的（保持在任务或活动上），缺乏稳定性的注意会造成注意分散。注意的另一个重要方面是注意的分配（Kahneman，1973），其过程受活动熟练程度、任务的关联性和活动的具体性质等因素影响。最后，注意的转移是有目的地将注意从一个对象转移到另一个对象，以适应当前任务的需求。这些特性对于理解认知过程和学习非常重要。在学习中，人们需要根据任务的要求分配和转移注意力，以便更高效地处理信息和完成任务（Wright et al.，2008；Ziad & Clark，2002）。

注意的选择与分配是学习过程中的重要心理环节。Broadbent（1958）提出了过滤理论，解释了人们是根据刺激的物理特征，如听觉信息、视觉信息等将感觉信息组织成不同的通道，通过的信息通常是有意义或重要的信息，这部分信息会得到继续处理，而未通过的信息则被过滤掉。然而，这一理论无法解释同时关注多个对象的情况。Treisman（1964）提出的衰减理论（attenuation theory）修正了这一观点，认为注意对信息的选择不是全有或全无，而是根据物理特性使某些信息减弱，而非完全过滤。虽然信息会经过过滤器，但未被注意的信息会衰减，而不是被彻底忽略，这可以解释为什么在某些情况下具有特殊意义的刺激仍然会被加工。目前，对注意分配机制的研究主要从认知资源有限性的角度来探讨，存在两种主要观点：一种认为人只有一个整体的认知资源模块（Kahneman，1973），可以在多个任务之间分配注意力；另一种观点认为人拥有多个注意资源模块（McDowd，2007），分别处理不同类型的刺激。后者似乎更为合理，因为它能更好地解释人们在同时处理不同性质的信号刺激时的现象，例如，同时听音乐、阅读或写作。基于注意的这些特性和其心理机制，Knudsen（2007）提出了一个全面的注意模型。根据这一模型，外部世界的信息要经过注意的过滤机制，使重要的刺激突显，不重要的信息减弱，这是一个自下而上的过程。接下来，神经系统根据信息的不同层级和类型对其进行编码。最终，具有最高强度的刺激表征会进入工作记忆进行更为深入的加工。

Posner 等人的研究（Posner & Rothbart，2007；Posner & Stephen，1971）提出，大脑中的注意系统分为三个子系统，分别为警觉（alerting）、指向（orienting）和执行（executive），这些子系统各自有不同的神经基础。警觉系统负责维持对信息的高度敏感性和注意的持久性，负责这一功能的脑区主要包括丘脑、额叶和顶叶。同时，大脑中的蓝斑分泌的去甲肾上腺素也对维持大脑的警觉状态至关重要。指向系统涉及信息的选择，参与指向过程的脑区包括顶叶上部、颞顶叶联合区和丘脑等。乙酰胆碱是指向过程的关键神经递质，负责神经信号传递和网络调节。最后，执行系统监控注意过程，同时解决注意过程中不同机制之间的冲突。负责该系统的脑包括前扣带回、腹外侧皮层、前额叶皮质和基底神经节。多巴胺是执行过程的主要神经递质，有助于神经元之间的信号传递，与情感和兴奋相关。

2. 工作记忆

除记忆外，工作记忆也与外语的理解、学习与长期记忆有紧密关系（Baddeley，2007）。工作记忆是人类认知过程中的关键部分，包括多个子系统的协同工作，通过中央执行系统的控制和调节，实现信息的处理和维护。这对于各种认知任务和日常生活中的复杂情境都至关重要。近二十年来，工作记忆与语言学习之间的关系备受关注。研究分为两大类：一类基于信息加工理论，认为工作记忆在语言学习中发挥重要作用，尤其对外语学习者影响更大；另一类则使用联结主义、动态系统理论等认知科学理论，深入研究工作记忆在母语和外语习得中的关键角色（崔刚，2021）。这些研究强调了工作记忆在语言信息处理、词汇学习和语法学习中的关键性作用，特别是对于外语学习者来说，语言学习需要更多的认知资源，尤其是在语言知识和处理效率方面与母语水平存在差距时，工作记忆的负担更加显著。

工作记忆是一个复杂的认知过程，包括中央执行系统（central executive system）、语音回路（phonological loop）和视觉空间模板（visual spatial sketchpad）三个主要组成部分（Baddeley & Hitch，1974）。其中，中央执行系统被认为是工作记忆的核心，负责控制性的加工，协调不同子系统的功能，管理注意力并与长期记忆互动。中央执行系统的作用非常重要，它不仅协调各子系统的工作，还负责将信息在这些子系统之间传递。它有助于将注意力集中在相关信息上，同时抑制不相关信息。语音回路处理语言信息，包括语音存储和发音复述，用于保持和处理语言信息。视觉空间模板则负责存储和处理视觉与空间信息，能够形成视觉图像并进行旋转等处理。后来，工作记忆模型经历了进一步的发展（Baddeley，2000），引入了情景缓冲器（episodic buffer）。这一成分负责整合来自语音回路、视觉空间模板和长期记忆的信息，形成对特定情境或片段的整体理解。

工作记忆的信息存储功能具有三个主要特点。首先，工作记忆中的信息持续时间非常短暂，如果不立即进行复述，信息会很快消失。Peterson et al.（1959）进行的经典实验发现，如果要求受试记住无意义的音节，同时干扰他们的复述，经过不到一分钟的时间，受试的记忆准确率就急剧下降。其次，工作记忆的容量有限，只能存储很少的信息。

Miller（1956）的研究表明，工作记忆容量大约为 5–9 个项目，平均为 7 个。这一容量限制可以通过记忆组块化信息的方式来克服，将相关信息组织成更大的单元以提高记忆效率。不过，工作记忆容量受到包括个体差异和信息特性等多种因素的影响。最后，工作记忆中的信息存储通常涉及语音编码。即使对于视觉、空间和触觉信息，人们在有意识地复述过程中也倾向于将其转化为语音编码（Postma & De Haan，1996）。这表明语音编码在工作记忆中具有重要地位，即使对于非语言信息也是如此。

　　工作记忆具有很广泛的神经基础。脑损伤患者的案例提供了工作记忆存在的客观性证据，表明工作记忆与长期记忆可能是两个相对独立的记忆系统（Gazzaniga et al.，2014）。Christophel et al.（2017）指出，工作记忆的神经机制是分布式的，涉及大脑的多个区域，如前额叶、顶叶和颞叶等。其中，左脑的缘上回和前额叶主要参与语言相关的工作记忆过程（Church et al.，2011；Margulies et al.，2013）。同时，前额叶在工作记忆系统中起到非常关键的作用，研究表明，前额叶的不同部分负责不同的功能，例如，背外侧前额叶皮层负责信息的加工（Courtney，2004），而前扣带回皮层处理新信息和解决加工冲突（Carter et al.，1998）。此外，虽然海马体不是工作记忆或长期记忆的存储位置，但海马体很可能参与了情景缓冲器的功能，接收关于当前事件的信息并将其传送到长期记忆的适当位置，这一功能在脑损伤和正常人的大脑成像研究中都得到了支持（Milner et al.，1968；Smith & Squire，2009）。

3. 长期记忆

　　除工作记忆外，长期记忆对于外语学习者来说也极为重要。外语学习者想要熟练使用外语，需要在长期记忆中积累一定的语言知识。长期记忆分为两大类：外显记忆（explicit memory）和内隐记忆（implicit memory）。外显记忆包括情景记忆和语义记忆，前者存储个人经验，后者则包含有关知识的抽象信息。这两者可以相互影响，但某些情况下也可独立存在。内隐记忆是一种非陈述性记忆，它不需要有意识或意图，但会影响人们的行为。内隐记忆包括程序性记忆，是关于如何执行特定任务的记忆，如骑车、写字等。与外显记忆不同，程序性记忆更加固定且不容易遗忘，通常需要通过反复练习来形成自动化。自动化加工和控制加工是两种不同的认知加工方式（Schneider et al.，1977）。自动化加工发生时，人们能够在不消耗大量认知资源的情况下执行任务，而控制加工需要更多的意识和努力。通过反复练习，可以将控制加工逐渐转化为自动化加工，从而提高任务的效率。

就学习而言，记忆的巩固和遗忘都是需要注意的方面。记忆的巩固是将新信息转化为更持久状态的过程，以避免被遗忘（Frankland et al.，2005）。新记忆的巩固需要一定时间，在记忆巩固过程中，记忆内容可能会更新，以适应新的信息。这种循环使得记忆不是静止的，而是不断发展和更新的，从而存在着巩固和再巩固的循环往复（邵志芳，2013）。

遗忘并不是信息从长期记忆中完全消失，而是记忆强度逐渐减弱，导致信息不容易提取（Nelson，1977）。练习和反复使用信息可以增强记忆强度（Anderson，2015），从而延缓遗忘。长期不被激活的信息记忆强度会逐渐减弱，这是一种时间因素导致的遗忘。

长期记忆的形成是一个复杂的过程，涉及神经元之间的突触结构的改变和神经递质的释放。这个过程经历了突触巩固和系统巩固两个主要阶段（Nader et al.，2010；Sekeres et al.，2017）。突触巩固是外部刺激和经验引起的神经元之间突触的改变，被认为是学习和记忆的生理基础（Hebb，1949）。同时，研究逐渐揭示特定脑区在不同类型的记忆中的作用。语义记忆储存在大脑的新皮层中，尤其是前外侧颞叶（Pobric et al.，2007），基底神经节则在程序性记忆中发挥作用（Shohamy et al.，2008），损伤基底神经节可能导致语言障碍，特别是与程序性语言知识有关的障碍，如外国口音综合征（Fabbro，1999），基底神经节同时也与外语学习过程中的程序性知识学习有关（Lee，2004）。此外，小脑和纹状体也属于长期记忆所涉及的重要脑区。

8.1.2 基于认知神经科学的外语教学方法

鉴于外语学习的认知神经基础愈加清晰，越来越多的研究开始将认知神经科学的理论应用于外语教学。认知神经科学有助于更好地理解学习者的大脑如何处理和存储外语信息，为外语教学开辟了新的可能性，有望从根本上提高学生的语言技能和学习效率。

1. PEPA 教学模式

崔刚（2021）提出，结合外语学习的心理与神经基础和相关理论，应该在原有 PPP 教学模式，即呈现（presentation）、训练（practice）和产出（production）的基础上进一步扩展为 PEPA 教学法，即在原有呈现（presentation）和训练（practice）的基础上，增加探究（exploration）和应用（application）环节。这一教学模式在传统语言教学的基础上更强调了与外语学习者基本认知规律的结合。具体而言，PEPA 教学围绕四个环节展开。

首先是呈现，这一环节在整个教学环节中至关重要。呈现阶段的主要目标是引导学生接触与特定语法规则或语言项目相关的材料，形成隐性知识。这一阶段的任务是为学生提供语言输入，可以采用多种形式，包括听力和阅读。具体的形式和数量可以根据要学习的语言项目和学生的需求来确定。在选择语言输入材料时，还有几个关键因素需要考虑。首先，材料须有目的地涵盖教学目标，并能够反映教学的意义和功能。其次，材料应该具有真实性，来自真实的语言交际场景，构成完整的语篇，以便学生更好地体验语言的实际使用。最后，根据 Krashen（1982）的"i+1"理念及 Vygotsky（1962）的最近发展区理论，材料难度的选择要在符合学生水平的同时略有提高。而呈现阶段的成功与否在于是否能够引起学生的注意。因此，教师需要确保选择的语言输入材料具有足够的信息性，引发学生的兴趣和好奇心。

探究阶段旨在发挥学生的认知能力，通过深入思考和讨论，加深对目标语言项目的理解。这有助于将新学习的语言项目与长期记忆中已有的知识融合，明晰语言形式和规则。这一阶段的操作非常灵活，因为学生的关注点取决于要学习的语言项目。不同的项目可能需要不同的关注点和活动。教师应根据语言项目的难易程度和学生的实际情况来确定探究阶段的活动量和时间。这一阶段的关键是确保活动的效率，使学生能够在最短时间内达到预期效果。在探究阶段，教师可以将体现目标项目使用规则的句子单独呈现给学生，结合项目的具体情况，采用不同明示程度的教学方式。这既可以让学生自己发现规则，教师评价学生的发现；也可以直接告知规则并通过语言实例让学生理解。在某些情况下，探究阶段可以与呈现阶段的次序交换，即先让学生学习语言项目，然后进行语言输入，以便学生更好地理解和应用这些项目。

实践阶段旨在通过各种训练活动，强化和巩固已经呈现的语言材料。但与呈现阶段不同，这一阶段教师需要重新选择语言材料，并设计相应的练习活动。实践活动一开始可以采用传统的练习形式，如填空和改写，集中、高效地对所学语言项目进行强化；随后逐渐过渡到更灵活、答案开放的练习形式。同时，该环节的语言材料应从句子开始，让学生先在句子中操练和掌握目标语言项目的使用，继而增加材料长度至包括一个完整的段落或语篇。最后，在开始实践活动之前，教师须确保学生已对目标语言项目有所理解和掌握，以免损害实践的实际效果。

应用阶段的主要目标是让学生能够在实际语境中运用他们学到的目标语言项目。这一阶段主要涉及口语和书面表达，也可以包括翻译、听和读等活动。在应用阶段需要特别注意学生对语言的输出。语言输出有助于学习者注意到语言问题，检验他们的语言假设（Swain，1985），并进行元语言反思。这些过程有助于加深对语言形式、功能和意义之间关系的理解，促进语言知识的内化。因此，在应用阶段的活动设计中，应考虑学生的实际需求，并将训练活动与学生的生活联系起来，以激发学生的兴趣和动力。

2. ANL 教学法

神经语言学教学法（L'approche neurolinguistique，ANL）是由加拿大蒙特利尔魁北克大学荣休教授 Claude Germain 和纽芬兰纪念大学教授 Joan Netten 提出的，在法语教学界极具影响力。Germain（2022）指出，外语教学面临的一个实际问题是学生交际能力欠佳，因此有必要吸收神经科学的相关知识，重新审视二语教学。ANL 的提出基于

Paradis（1994，2009）关于双语的神经语言学理论，主要基于以下五个原则提出具体的教学方法。

第一，根据 Paradis 的理论，ANL 教学法强调需区分外显的陈述性记忆和内隐的程序性记忆，且陈述性记忆无法转化为程序性记忆。第二，人的大脑极其复杂，在记忆语言时同时具有意识性和非意识性机制，如词汇知识涉及陈述性知识和程序性知识（主要指词汇的语法特性）。第三，教学中应重视注意的有限性，因此在开发内隐能力时应专注所传达信息的含义，或者对任务本身有足够的关注。第四，在开发内隐能力时应尽可能激活大脑的边缘系统，边缘系统是交际的出发点，激活边缘系统有助于增强交际意愿。第五，应尽可能地借助交际的作用，增强学习者的吸收数量和质量。

据此，热尔曼（2022）提出，外语教学应该遵循以下五个原则。第一，有必要区分内隐语法和外显语法，前者是指无意识地在真实语境中运用语言完成交流的能力，后者是指有关语法规则和词汇等的陈述性知识。第二，在语言习得中，口语具有首要地位，因为它体现了内隐语法的习得。因此，口语教学应该置于优先位置，并加强口语、阅读和写作教学之间的联系。在教学过程中，教师可以用语句教学的方式，反复使用含有特定句型的句子，最终促成学生的产出。第三，教学过程中应该关注意义，即关注学习者在任务完成时传递的意义，同时应采用任务教学法，通过一系列任务帮助学习者在相似情境下反复运用语言结构，促进内隐语法的习得。第四，教学应该注重真实情境下的交际，以激活学习者的交际意愿，使他们更自然地运用语言。例如，可以让学习者谈论与他们自身经历相关的话题。第五，要重视社会交际的功能。通过社会交际，学习者能够进行大量的语言输出，因此有必要在教学单元设置综合项目和分组阶段任务，以引导学习者在真实交际中传达和实现意义。

可以看出，无论是 PEPA 教学法还是 ANL 教学法，都强调语言隐性知识的习得、语言材料选择的重要性和交际的必要性。这些教学法都体现了语言教学与认知神经科学的结合，旨在提高课堂效率与学习者的学习体验。

8.1.3　基于认知神经科学的外语学习方法

近年来，神经语言学的研究范围极大扩展，表现出明显的生理研究取向（官群，2017）。其在外语学习领域的应用也相应拓展，带来了一些新的方法。本节对两种颇受学界关注的方法进行简要介绍。

1. 经颅直流电刺激与外语学习

经颅直流电刺激（tDCS）是一种非侵入性的大脑刺激方法，通过用凝胶海绵电极施加弱而持续的电流达到刺激大脑皮层的效果。tDCS分为阳极与阴极电极刺激，前者会使大脑皮质兴奋性提高，后者会使兴奋性降低。在实证研究中，通常可以用虚假（sham）刺激的方式设立对照组，即让对照组在短暂的刺激时间后将电流减弱为零，避免激活皮层。tDCS 无创且无痛，其安全性已经得到证实（Nitsche et al.，2003）。研究表明，tDCS 可以通过增强突触而有效提高大脑皮层的兴奋度，并提升学习效果（Kincses et al.，2004；Nitsche et al.，2003）。tDCS 传统上被用于治疗如失语症等语言障碍，而近年的研究已逐渐扩展至健康人，且研究表明 tDCS 能有效提高健康人的语言任务表现。

研究显示，tDCS 对语言学习的多个方面都有促进作用，其中最重要的是词汇学习，在实证研究中最常使用的是图片命名任务。如Perceval et al.（2017）要求受试观看一些画着农具的图片并同时听一些非词，受试需在看图片的时候记住与其对应的词汇，并接受左侧颞顶叶皮层的局部 tDCS。在随后的测试中，尽管与控制组相比，接受 tDCS刺激的受试者在图片命名准确性方面没有显著提高，但在识别阶段却表现出更快的图片和词汇匹配速度。类似的研究如 Fertonani et al.（2010）和 Holland et al.（2011）分别对背外侧前额叶皮层和布洛卡区使用了tDCS，研究结果也都证实 tDCS 可以缩短图片命名的时间，表明学习者的词汇记忆能力更好。Meinzer et al.（2012）的研究表明，在单词学习中反复进行的 tDCS 不仅有助于记忆新词，且其效果在 1 周后仍然存在。

除了词汇学习外，tDCS 对提升词汇提取速度也有效。Vannorsdall

et al.（2012）给予受试两种词汇任务：一种是聚类任务，如要求受试尽可能提取语义相关单词；另一种是切换任务，即受试在提取词汇时需要从一个语义词类转换到另一个（如从"农场里的动物"转换为"动物园里的动物"）。前者被认为是词汇提取自动化程度更高的过程，后者则是一种更为受控的词汇提取过程。结果表明，给予受试背外侧前额叶皮层tDCS 刺激后，受试自动化的词汇提取流利度更高，这表明 tDCS 刺激可以有效地促进词汇的提取速度，从而提升言语产出流利度。研究者认为，如果改变刺激的脑区或者微微加大 tDCS 电压，可能会对受控词汇的提取也产生积极效果。Iyer et al.（2005）的研究要求受试在一定时间内根据所给出的字母说出尽可能多的词汇，结果也得到了相似的结论，即当给予受试左前额叶对应区 tDCS 时，受试的词汇提取流利度有明显的提高。

　　tDCS 在语法及语义学习中也有积极作用。De Vries et al.（2010）编写了一种人工句法，并要求受试对该句法进行学习，在学习的过程中使用 tDCS 对受试大脑 BA 44 区和 BA 45 区所对应的头皮部分进行刺激，而 BA 44 区和 BA 45 区与规则学习，尤其是句法学习和使用能力密切相关。在学习结束后要求受试进行句法判断任务，确定按照该人工句法新造的句子是否符合语法。结果表明，在使用 tDCS 后，受试的表现有明显提高，尤其表现在能够更好地识别违反句法规则的情况。另一项研究表明，使用 tDCS 后，受试在语义干扰任务（如从同类事物中找出不同类的项目）中所需的反应时间更短（Wirth et al.，2011）。

　　tDCS 有刺激注意的功能，这可能是其能够提升语言学习效果的原因之一。研究表明，tDCS 可以提升选择性注意力（Moos et al.，2012），并能提升持续性注意的效果（Nelson et al.，2014）。王建凯等（2020）发现，在背外侧前额叶皮层所对应的区域使用阳极 tDCS 时还能显著提高注意力广度，其效果与刺激前 Alpha 波相关，该脑电波与注意机制极为相关，可以产生预先注意力（Payne et al.，2013）。另有研究认为，tDCS 产生的皮层刺激不仅影响到了刺激部位，还同时影响了颞顶叶皮层功能具有相关性的负责注意的脑区，而这些脑区在词汇习得的早期具有重要功能，因此提高了词汇命名的效率（Keeser et al.，2011）。

　　除了注意外，研究也发现 tDCS 可以刺激记忆相关脑区，提高其兴奋度，从而使得受试在语言任务中的表现更好。Fregni et al.（2005）要求健康受试随机记住 10 个字母，并将 tDCS 施用于实验组受试的背外侧前额叶皮层对应区域，结果发现在接受了 tDCS 后，受试记忆字母的正确率更高，这说明 tDCS 有效地提高了工作记忆的效果。同时，tDCS 还对工作记忆的持续时间有所延长。Ohn et al.（2008）的相似研究显示，tDCS 对工作记忆的影响可以在刺激后保持，与控制组相比，使用了 tDCS 的受试在刺激后 20 到 30 分钟，在字母工作记忆任务上的表现明显较好，且这种记忆效果在 30 分钟后仍然保持。研究同时发现，tDCS 对陈述性记忆也有积极影响，如可以提高提取效率等（Pisoni et al.，2015）。

2. 音乐与外语学习

在外语学习研究中，另一备受关注的话题是音乐在外语学习中的积极作用，近年来国内也涌现一些实证与综述研究（曹若男，2019；裴正薇，2012；孙晓霞，2017）。将音乐融入外语教学的尝试很早就已经开始，如 20 世纪 70 年代流行起来的"暗示法"（Suggestopedia）提倡在课堂中融入背景音乐，以减轻学生的学习焦虑和压力（Dolean，2016）。而基于多模态理论以歌曲方式呈现语言材料的实践在语言课堂中也并不鲜见。近年来，随着外语学习的认知和神经机制愈发明确，音乐在外语学习中的作用也逐渐突显出来。

研究发现，音乐在促进外语学习中语音感知方面的作用极为突出。例如，Delogu et al.（2010）发现，对于意大利语者而言，无论是成人还是儿童，具备一定音乐能力的人都可以在语言任务中更好地识别出汉语的声调，而识别元音和辅音的能力则与无音乐经验的人没有明显差异。这说明音乐能力有助于超音段特征的识别。裴正薇和丁言仁（2013）所开展的针对中国大学生的研究也发现，音乐能力强通常会对学生的英语语音能力产生积极影响，尤其是学生的超音段能力，即音乐经验会提高学生对英语重音、节奏等的接受能力。音乐训练对于语流切分也有助益。François et al.（2013）让两组 8 岁儿童分别接受音乐和绘画训练，在一年和两年后分别对儿童进行测试，结果发现接受了音乐训练的儿童语流切分能力更好，具体表现在能够从无意义的音节连续流中更好地找到刚刚听过的假词。此外，有音乐经验的人在语言音高的辨认上也表现得更为敏感（Marques et al.，2007）。

　　音乐对外语学习的其他方面也有促进作用。如 De Groot（2006）发现，音乐可以促进词汇习得。研究将受试分为音乐组和非音乐组，音乐组需要在学习外语词汇的同时听背景音乐，结果表明音乐组学习的词汇更多。Ferreri et al.（2015）采用了相似的实验，要求受试在有/无背景音乐的情况下进行词汇记忆，结果发现播放背景音乐可以提高受试记忆单词的效果。该研究同时发现，音乐组受试的前额叶激活程度降低，这说明音乐降低了他们在语言任务中的认知负荷，且音乐组受试汇报在听到音乐后，很容易将实验所呈现的单词组合为小故事，这说明音乐增强了他们的语义联想。Pavia et al.（2019）的研究发现，聆听歌曲会增强学习者的附带词汇学习（incidental vocabulary learning）能力，学习者在多次聆听歌曲后，词汇学习效果更佳。Wang et al.（2016）编写了口语学习程序，将言语节奏转换为音乐节奏，并要求中国英语学习者以此练习英语口语。在经过一段时间的练习后，学习者的口语水平有了明显的提高。此外，研究也发现，在有音乐辅助的情况下，学习者的外语阅读能力也会得到提高（Fonseca-Mora et al.，2015）。

　　这些外语学习优势的产生有多种原因。音乐与语言存在着一定程度的相似性。音乐和语言都依赖于一定的声学特征，如频率和音长等，同时，音乐与语言的内部结构存在一定的相似性。如 Lerdahl & Jackendoff（1996）认为，音乐在句法结构上与语言存在相似性，二者都具有深层与浅层结构，且在深层组织规则上极为相似。但更重要的是，音乐与语言具有相似的认知与神经基础。首先，音乐和语言的感知与产出都需要一定的注意、记忆和感知运动能力。其次，音乐和语言的神经基础有很大的重合性，这也是将音乐引入外语学习领域研究的重要前提。虽然传统上认为大脑的左半球是语言半球，而右半球主司音乐等活动，但近年来的研究表明，音乐与语言的处理脑区存在一定程度的重叠。如多个研究表明，音乐会激活一些语言相关脑区，如颞上回、布洛卡区、听觉皮层、运动皮层和丘脑等（Bitan et al.，2010；Brown et al.，2006；Tillmann et al.，2003）。这说明音乐和语言在一定程度上共享了神经机制，具有相同的加工基础。

不仅如此，音乐在外语学习中的积极作用与许多关键的外语学习机制都有关联。首先，音乐训练可以改善许多与外语学习相关的认知功能，如音乐欣赏和练习需要持续的听觉注意力，这使得外语学习者在学习过程中对语音的注意也相应地有所增强（Besson et al.，2011；Kraus & Chandrasekaran，2010）。音乐训练也可以提升工作记忆（Franklin et al.，2008），从而提高外语学习的效果，如研究表明，更长时间的音乐训练往往对言语工作记忆的容量产生积极影响（Brandler & Rammsayer，2003）。其次，音乐训练还有利于促进一系列大脑神经层面的积极改变，从而有利于外语学习。有音乐经验的人往往会出现如听觉、运动区大脑灰质体积的增加（Gaser & Schlaug，2003）。此外，音乐训练还会显著提高大脑的活动强度，如音乐家在听取旋律和音程信息时，听觉皮质和脑干的电生理响应均显著增强（Fujioka et al.，2004）。

8.2　语言障碍康复

语言障碍的康复研究，尤其是失语症的康复研究，一直是神经语言学领域的一个重要应用领域。除神经语言学角度的康复方案研究外，语言学与神经生物学、认知心理学的交叉研究视角也催生了许多经典的康复方案（崔刚，2022b；王小丽等，2019）。

8.2.1　神经生物学视角下的语言功能康复研究

基于神经生物学的失语症康复方案研究一直是最为传统的方法，应用广泛。自 19 世纪末以来，神经生物学研究者一直致力于理解大脑中语言功能的定位问题，并提出了不同的理论观点。其中，大脑功能定位说和关联主义学派认为在语言处理过程中，大脑左半球的特定区域，如布洛卡区和沃尼克区，具有特定和关键的功能。根据这一观点，失语症被分为不同类型，如布洛卡失语症、沃尼克失语症和传导性失语症等。因此，康复方案的开发必须基于对不同类型语言障碍的详细描述。举例来说，经典的 HELPSS（Helm Elicited Language Program for Syntax Stimulation）（Helm-Estabrooks，1981）就是专门针对布洛卡失语症患者的句法缺失而设计的康复方案。该方案的制定基于 Gleason et al.（1975）构建的句法结构难度层级，这一层级是通过观察句法缺失患者的表现而确定的。HELPSS 从中选择了 11 种不同的句型，包括祈使句、WH 疑问句、被动句等作为训练的对象。在康复过程中，治疗师首先向患者展示简单的图片，然后以目标句结束，并提出特定问题，以鼓励患者产生特定的目标句。在接下来的阶段中，患者需要在没有示范的情况下根据逻辑完成故事并产生目标句。完成一个句型的练习后随即启动下一个句型的训练。这一康复方案的有效性在多位句法缺失患者的身上得到了验证，其中一些患者的病程已经接近 8 年（Helm-Estabrooks & Ramsberger，1986）。

另外，大脑功能整体说认为语言是一种不可分割的复杂心理机能，需要全脑的协同参与。整体学派认为失语症患者普遍存在语言理解障碍，因此，这一观点强调了恢复语言理解能力的重要性。例如，"刺激疗法"（the stimulation approach）强调听力理解是语言能力的基础，通过提供丰富的听觉刺激来激发言语产生。刺激疗法主要由 Schuell et al.（1955）提出，该研究指出，经过集中的刺激后，患者在听力理解方面有所提升，随后在阅读、写作、找词和发音方面也有所提升。尽管这种方案的提出距今已有近 70 年，但依然是失语症治疗中最常用的方法之一（Coelho et al.，2008）。在临床上，治疗师通常会根据患者的具体情况，在利用较强的听觉刺激基础上，配合感觉刺激等个性化的方式对患者进行训练，其治疗重点是呈现有意义的、多样化的、与语言损伤相关的刺激。这一方案的疗效已经得到了大量实证研究的证实。如熊雅红等（2019）使用图画或实物配合口头指令，要求患者指出听到的内容，并通过不断提问且逐渐增加难度的方式，要求患者参与复述、构音训练、简单对话等语言任务。参与治疗的失语症患者在听力理解、复述、阅读等多个语言使用方面的表现都有所提高。

此外，大脑功能动态定位学说综合了前述观点，认为大脑皮质具有适应和重组功能的潜力。这一观点鼓励患者寻求大脑功能的重建。其康复的途径是通过引导患者使用新的方法达到语言使用的目标，并促使语言功能迁移到未受损的大脑区域和功能系统。这一观点的代表是苏联神经科学家 Luria。Luria（1970）认为，不能把复杂的心理活动简单地归结为有限的脑区功能，也不能将大脑视为不可区分的整体。相反，大脑皮质有可塑性，可以获取新的功能，并能够被融入不同的功能体系中。在此基础上，Luria 提出了功能重组疗法（the functional reorganization approach）。Luria 将大脑功能障碍分为两种类型：一种是因为功能受到抑制而导致的障碍，这些障碍通常可以自行恢复，无须治疗；另一种是由于脑组织的不可逆性破坏引起的障碍，这些障碍需要专门的治疗（Luria，1963；Luria et al.，1969）。Luria（1970）认为，应该在治疗中倡导患者积极地通过新方式来实现原本受损的语言功能，将利用一个"完整"的系统来促进另一个受损系统的性能称为"系统间重组"（intersystemic reorganization）。功能重组疗法催生了许多具体的言语康复途径，其中一种便是利用手势促进患者的康复。Rosenbek et al.（1989）认为，使用手势来促进口头表达的方法正符合 Luria 的理念，是一种"手势重组"（gestural reorganization）。研究发现，手势与言语结合的训练方式可以更有效地促进对名词和动词的图片命名（Rose et al.，2013）。如 Pashek（1997）要求非流利型失语症患者进行图片命名的同时使用手势对图片进行描述，结果发现，在言语与手势结合的情况下，患者的命名能力有显著提高，且命名准确率高于只使用言语的情况。陈文莉（2014）等的研究也支持手势对患者词汇学习的重要作用，认为手势观察可以激活患者的镜像神经元，而镜像神经元存在于重要的语言区，因此可以促进言语的恢复。Richards et al.（2002）要求非流利型失语症患者在练习命名的时候使用左手（非利手）做出一些无意义的手势，结果被试都在命名准确率上有所提高。研究者认为非流利型失语症患者的左脑额叶通常有损伤，语言产出区域常转向右脑，而左手的手势动作激活了右脑的额叶皮层，促进了语言的产出。

相似地，旋律语调疗法（melodic intonation therapy，MIT）也是一种近年来颇受研究者关注的康复方案，主要针对非流利型失语症患者，对流畅型失语症患者也有一定作用。该疗法最初由 Albert et al.（1973）

提出，倡导将音乐元素如旋律和节奏等纳入治疗，以促进语言康复。治疗师可以先将一些语言项目嵌入韵律相同的歌曲中，或将语言项目的韵律转换为旋律语调模式，然后患者和治疗师一起唱出词汇和短语，以建立语言的旋律感。接下来，逐渐减少旋律的参与，让患者尝试以正常的语调复述句子。最后，患者通过使用已学过的词汇或短语来回答治疗师的问题。在这个过程中，治疗师还可要求患者同时使用左手对应每个音节打拍子（Sparks & Holland，1976）。该疗法的理论依据在于，音乐和语言具有一定的结构相似性，因此音乐训练的效果可以迁移至语言（Fadiga et al.，2009），同时音乐训练可以激活右脑，右脑的部分功能可以代偿语言功能的缺失（Zumbansen et al.，2014）。MIT 疗法也被应用于我国的临床治疗，且收获了积极的疗效，能够显著提高患者的言语复述和命名能力（李舜等，2007；卫冬洁等，2008），且相对传统的语言康复方案，该方法具有一定的趣味性，因此极具潜在应用价值。

8.2.2　认知心理学视角下的语言功能康复研究

　　第二种失语症康复方案研究是基于认知心理学的视角。这一视角下的研究倡导在正常人的认知框架下对失语症患者的语言障碍进行剖析和训练，以正常人的认知加工过程作为参照，更精确地对障碍环节进行识别与治疗。与神经生物学的研究方法不同，认知心理学更关注人的心智而非大脑，更强调在认知心理层面上，基于信息加工模型对语言障碍进行分类和描述，并以此进行康复方案的开发。在这一视角下，可以根据明确的语言加工理论来推断失语症的可能原因，并将观察到的症状与底层认知功能的损伤联系起来，继而提出具体的康复方案。

　　在认知心理学视角下，最常使用的康复方案之一是结构启动法（structural priming）。这一方法基于词汇启动（lexical priming）现象，即当人们感知或产出一个词时，该词的表征会在短时间内变得更容易获取，从而增加该词在短期内被再次激活的可能性。该现象不仅被应用于词汇训练，也被证实在失语症患者复杂句型的产出中有积极作用（Benetello et al.，2012；Man et al.，2019）。该方法认为，句法结构的长期学习是隐性的，即是在没有对语法规则进行显性识别的情况下发生的，因此可以通过针对性增加患者对句法结构的学习经验来提高他们对句子产出的能力。如 Lee & Man（2017）使用了结构启动疗法提高患者的句法复杂性。该研究的治疗首先要求患者模仿治疗师，复述两个含有特定句法结构的句子，继而需要使用该句法结构自主完成图片描述任务。训练结束后，患者的句子产出表现有显著的提高，且患者在产出没有练习过的句子时的表现也有明显改善。在 4 周后的测试中，这些积极的训练效果依然存在。这表明，通过结构启动效应，患者能够在图片描述部分逐渐建立或者恢复隐性的句法结构知识，这使得患者可以在没有启动的情况下也能够逐渐正常地产出句子。

另一种在近年来备受关注的康复方案是语义特征分析法（semantic feature analysis, SFA）。这是一种特别针对失语症患者命名障碍的疗法，而命名障碍一直是失语症患者最常见的语言障碍之一。SFA 最先由 Ylvisaker & Szekeres（1985）提出，这一方法主要基于语义的扩散激活模型（Collins & Loftus，1975）。该模型认为，语义系统的心理表征是以网络形式存在的，拥有相似语义特征的概念在网络中相距更近。当一个概念被激活时，与之相关的概念也会被间接激活。这意味着人们在思考或记忆时，与初始概念相关的其他概念也会变得更容易提取。因此，SFA 依赖于重新学习或应用已学知识促进强相关的语义特征之间的激活，进而推动目标词汇提取。SFA 治疗方案需要使用一个"特征分析表"（如图 8-1 所示）。对于名词而言，通常需要包括物体的组别、涉及的动作、功能、位置等语义特征（Boyle，2010）；对于动词的命名通常需要动作主体、目的、位置等语义特征（Wambaugh & Ferguson，2007）。在治疗期间，治疗师会为患者展示图片，鼓励患者通过回答一系列问题而完成特征分析表，从而逐渐完善目标词汇的语义特征，如在帮助患者提取"兔子"这一词汇时，治疗师会提问如"它是？（动物）""它有？（长耳朵）"等。在治疗师的提示下，患者逐步产出语义特征，直到完全独立提取目标词汇，而在这个过程中治疗师所给予的语义提示也逐渐减少。SFA 认为，反复激活与目标词汇相关的语义特征会强化相关语义概念与词汇的关系，重新提升词汇的激活阈值，利于词汇的检索。

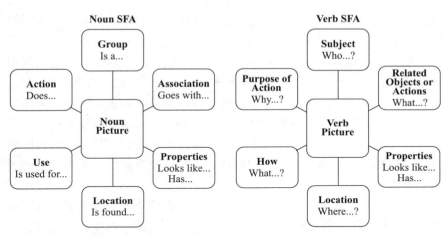

图 8-1　名词和动词的特征分析表（Efstratiadou et al.，2018：1263）

近年来，SFA 也在原基础上不断地改进，如改变语义特征的数量（Hashimoto & Frome，2011）和典型性（Kiran，2007）等，有的康复方案也要求患者产出句子，以提高 SFA 的可泛化性（Gilmore，2020）。此外，SFA 还衍生出了音素成分分析法，如使用相同音素开头的词加强对目标词的激活（Kristensson et al.，2018）。国内康复研究界也有不少针对 SFA 的研究和改进。如孙丽等（2010）利用了与 SFA 相同的理念，在扩散激活模型的基础上提出了"语义导航策略"（semantic navigation strategy，SNS）。该研究在汉语词库中采用了层次聚类算法构建了词汇网络图（包含 122 个词汇），其中语义关系近的词汇相互结合，并以此作为训练顺序（如"奶油—牛奶—香甜—牛肉"），并给具体词汇配上图片，抽象词汇则只用文字。对照组患者所接受的词汇训练顺序为随机排列。在治疗过程中，如患者对词汇命名不正确，则需跟读治疗师提供的文字。结果显示，接受了 SNS 的患者相比对照组在命名任务中的表现显著提高，研究认为这表明 SNS 激活了语义网络，改善了命名能力。

8.2.3　神经语言学视角下的语言功能康复研究

除以上两种视角，基于神经语言学视角的康复方案也在近些年有了极大的发展。这种方案的最显著特点是将语言学的理论引入康复方案的开发，将语言的结构和功能视为康复的核心元素。首先，基于神经语言学的康复方法在合理性上具有独特的优势。它建立在对语言处理的深刻理解之上，而不再将语言障碍简单地视为表面症状。通过深入分析语音、语法、语义等语言层面，治疗师能够更精确地诊断患者的问题，从而制定更符合其需求的康复计划。其次，基于神经语言学的康复方法具有直接性。它通过将语言学理论与实际康复实践紧密结合，使治疗过程更加直接，目标明确。治疗师可以根据患者的具体语言缺陷，采用特定的语言学原则和技巧进行训练。

在传统语言康复研究中，词汇命名和发音训练等一直是康复训练的重点。但形式语言学理论的引入则为句子层面的康复提供了启示。例如，传统的"映射疗法"（the mapping therapy）针对在句子理解方面遇到特殊困难的语法缺失患者（Schwartz et al., 1995）。该疗法认为，患者的句法结构本身并没有受到损伤，问题出在他们难以正确地将句子中的施事、受事等题元角色与句子的论元结构如主语、宾语等正确对应起来。映射疗法的目标在于训练患者理解句子中的逻辑主语与逻辑宾语的关系，以提高他们的句子产出能力。这个康复方案通常分为三个主要模块：第一个模块处理形态句法的产出问题；第二个模块着重解决动词提取和映射规则的难题，以确保患者能够准确理解动作以及动作各要素之间的关系；第三个模块专注于解决题元角色分配方面的问题。这一疗法旨在训练患者更好地理解句子中动词的意义，并在动词的基础上建立与之相关的动词—名词关系，从而带动整个句子的建构。

而另一种建立于形式语言学基础上的康复理论是复杂性治疗理论（complexity account of treatment efficacy，CATE）（Thompson，2007；Thompson & Shapiro，2005）。该理论的提出弥补了传统映射疗法对于提高患者类推能力方面的不足，近年来其临床价值也得到了证实（王洪磊、周珊珊，2019）。CATE 有两个核心要义：首先是要超越句法结构的表面形式，专注于深层结构的内在关系；其次是要关注复杂性，如果患者能够在语言训练中掌握复杂的句法结构，那么他们自然而然地也会掌握简单的句法结构。例如，研究发现，失语症患者在处理动词时存在不同程度的损伤，其中三价动词受损最严重，而一价动词受损最轻（Thompson，2003）。基于这种动词损伤程度的不同，根据 CATE，康复训练应该从三价动词开始，因为这是最复杂的情况，一旦患者能够处理三价动词，他们就更容易处理二价和一价动词。Thompson et al.（2013）的研究结果支持了这一预测。该研究将患者分为两组，实验组接受三价动词的训练，对照组接受一价动词的训练。研究发现，在训练后，实验组患者在一价、二价和三价动词的处理任务中的表现明显改善。尤其值得注意的是，患者在产出未经训练的动词时的表现也有显著提高，但对照组患者没有明显改善。

除形式语言学外，近年来国内也开始出现一些利用其他语言学知识进行失语症康复训练的尝试。如马燕清等（2016）就试图用汉语语言学的理论，尤其是汉字的六书，即象形、指事、会意等特点治疗汉语失语症患者的阅读障碍。因患者大脑的右半球相对正常，研究尝试使用汉语象形字作为训练内容，要求患者识读象形字，通过激发右脑的形象思维促进患者对这些汉字的记忆。同时，研究还使用汉字的会意特点和指事特点帮助患者加强语义理解，并设计了形声字练习帮助患者提取词汇。在此基础上，研究者结合了汉字的字频理论进行教学，即先教高频字词再教低频字词，以帮助患者先提取较易的字词。训练后，患者在视读、字画匹配、听辨认、理解等维度的表现都比训练前有显著提高。

语言学理论也能更好地为制定和筛选康复方案服务。如 Faroqi-Shah（2008）从语言学角度出发，对两种针对失语症患者动词屈折变化障碍的康复方案进行了对比。从神经语言学来看，患者动词屈折变化错误（如 "The boy eat"）的产生主要有两种可能：一种可能是规则动词的屈折变化（如 walk-walked）涉及语音和形态变化，这些规则对于失语症患者而言会有较大的障碍；另一种可能是与语义相关的形态变化（如时和体）更容易受到损伤，而只与句法相关的形态变化（如一致性）通常得到较好的保留，因为患者通常不容易区分不同形态间的语义区别（如 ate 与 will eat）。基于这两种假设，研究者分别使用形态发音疗法（morphophonological treatment）和形态语义疗法（morphosemantic treatment）来进行康复治疗。前者注重动词形态变化上的语音差别，（如 washed-washes）；而后者强调语义和动词形态的匹配关系（如识别 "Yesterday the boy will wash his hands" 这一句子中的错误）。两组具有句法缺失、形态错误等问题的患者分别接受了两种训练。在训练后，尽管两组患者在动词形态的产出上都有提高，但接受了形态语义疗法的患者康复效果更好，表现出在句子语境中时态使用的准确性，并出现对未经训练动词的泛化效应。而接受了形态发音疗法的患者只表现出动词形态种类使用的增加。这样的结果表明，对句法缺失的患者而言，形态语义疗法可能更有效，而形态发音疗法更适用于言语不流利的患者。

8.3　老龄化与语言

随着年龄的增长，老年人往往经历大脑结构和功能上的逐渐变化，伴随着认知功能下降的风险。这给社会和个人都带来了巨大的挑战，因此寻找有效的方法来预警和延缓老年认知能力退化变得至关重要。在国内，老年语言学正处于起步阶段（顾曰国，2019），在这一背景下，将神经语言学与老年语言学的研究结合起来，具有重要的意义。神经语言学的研究方法使研究者能够深入了解老年人大脑在语言处理和认知功能方面的变化，在探索老年人语言能力衰退的同时，神经语言学也有助于揭示大脑的神经补偿机制以及通过语言学习提升老年人认知储备的潜力。

8.3.1　老龄化过程中的大脑改变

了解大脑老龄化过程以及与语言能力衰退之间的关系是神经语言学研究的领域。来自神经科学和语言学的方法和理论使研究者可以深入探索大脑老龄化过程中的变化，并揭示与语言能力衰退相关的脑部机制。通过对大脑老龄化过程中的变化进行观察和分析，可以识别早期迹象并及时采取干预措施，以延缓语言能力的退化，并提供个性化的康复和治疗方案。

针对大脑在老龄化过程中的变化研究已经有较多值得关注的成果。总体来看，在老龄化过程中，脑部机制的退化与大脑皮层的萎缩极为相关。老龄化过程中大脑会出现灰质和白质容量的降低（Haug & Eggers，1991；Resnick et al.，2003）。但脑体积的区域变化并不均匀，某些区域更容易受到正常或病理性衰老的影响，其中大脑体积萎缩最明显的区域为前额叶（West et al.，1996）。研究表明，成年人的前额叶体积变化与年龄的关系最为密切，平均每 10 年下降约 5%（Raz et al.，2004），且前额叶体积的缩小在健康老年人和阿尔茨海默病患者中都有出现（Salat et al.，2001）。而前额叶与语言和认知功能有着密切的关系（Jeon & Friederici，2015），如负责控制与抑制（Bunge et al.，2001）、整合词汇语义信息（Sakai et al.，2003）等，并与工作记忆有密切的关系（Plakke & Romanski，2016），在包括语言处理在内的许多高级认知活动中扮演了重要角色。除前额叶外，海马体区域在老龄化中也出现了明显的体积缩小（Raz et al.，2004），而海马体与信息巩固、记忆维持等功能密不可分。老龄化过程中的前额叶和海马体体积萎缩无疑会对一些关键的语言功能造成影响，这也使得此类脑结构变化成为评估大脑衰老和病理性变化的依据（Hedden & Gabrieli，2004）。

除大脑萎缩外，神经元流失也是老龄化过程中大脑出现 的典型变化。即使在十分轻微的认知障碍中，也会出现神经元流失现象。此外，研究发现，严重痴呆的症状通常和海马体及新皮层的神经元流失有密切关系（Simic et al.，1997），在一些神经退行性疾病中神经元流失也是常会经历的阶段（Hof et al.，1999）。神经元流失在 30 岁左右开始（Kramer et al.，2006），70 岁左右后流失会加速（Christensen et al.，2008）。除神经元流失外，神经细胞突触的流失也是正常老龄化过程中的常见现象。阿尔茨海默病患者大脑中的突触流失更加明显，尤其出现于额叶和顶叶皮质，突触流失的比例可达 45%（Masliah et al.，1991）。此外，在阿尔茨海默病和正常老龄化过程中，大脑还会出现一些病理性的异常。最常见的是神经纤维缠结（neurofibrillary tangles，NFT）和老年斑（senile plaques，SP）（Yaari & Corey-Bloom，2007）。NFT 是在神经元内部发现的异常结构，它们由一种叫做 tau 的蛋白质组成，形成了扭曲的丝状物。在阿尔茨海默病中，NFT 的积聚干扰了神经元的正常功能，导致认知能力下降。SP 是在大脑中发现的另一种病理学变化，它们是由 β - 淀粉样蛋白聚集形成的异常沉积物。SP 的形成与神经元的损伤和炎症反应有关。NFT 和 SP 的分布及密度与痴呆严重程度之间存在显著相关性（Terry et al., 1991）。不仅如此，通过观察认知功能完好的老年人的大脑发现，NFT 和 SP 的形成也是正常脑衰老的常见特征（Bouras et al., 1993）。

8.3.2 语言功能的神经补偿机制

尽管与语言能力相关的脑区会经历某些结构性的变化，且与语言处理相关的基本认知能力也在老龄化过程中经历衰退，但令人惊讶的是，相比认知功能，老年人的语言能力往往保持相对较好，尤其是语言理解能力。这表明大脑可能经历了神经功能重组，以弥补大脑结构损失可能产生的语言能力衰退。神经语言学的研究通过使用神经影像技术和认知任务范式，揭示了大脑在语言能力衰退过程中的神经重组现象。

老龄化过程涉及脑区间协作方式的变化（Chan et al., 2017; Gertel et al., 2020; Hoyau et al., 2018; La et al., 2016）。一种与此相关的发现为"非对称性下降"（hemispheric asymmetry reduction）现象，即对于年轻人而言，大脑非对称性现象更为明显，关键语言活动的大脑左侧化程度较高，老年人则表现出大脑左侧化程度的降低，大脑右半球更多地参与到一些语言活动中来。例如，一些研究表明，在词汇检索任务中，年轻人通常会表现出较为强烈的大脑左半球活动，而老年人在相同的任务中往往出现右侧前额叶的激活（Meinzer et al., 2009; Wierenga et al., 2008）。不仅如此，这种右脑激活现象与任务的难易程度也有一定关系。老年人在一些较为容易的词汇检索任务（如根据首音提取单词）中和年轻人的正确率相当，所激活的脑区也大致相同；但在一些较为复杂的词汇检索任务（如根据语义提取单词）中，正确率较年轻人低，且呈现出更为明显的右脑激活（Meinzer et al., 2012）。这一现象在其他诸如注意资源分配等认知活动（Banich, 1998）中也有观察到。这表明随着老龄化加剧，脑区间的协作方式发生了变化，大脑的功能分布和连接性发生了重要的调整。右半球的参与可能在一定程度上弥补了左半球功能的下降，以保持某些语言和认知能力的表现。

此外，老龄化过程中也可以观察到脑区功能的改变。随着年龄增长，脑区功能的专门化程度下降（Baltes & Lindenberger，1997；Koen & Rugg，2019），被称为"去分化"（dedifferentiation）现象；随之而来的是大脑网络更大面积的激活，即老年人可能在某项特定任务相关的脑区之外，激活额外的脑区。如在 Martin et al.（2023）的研究中，研究者要求老年和青年受试在语义流畅性任务中，为不同的语义类别（如"颜色""昆虫"）提供例子。研究发现，随着年龄增长，即使受试的单词检索能力保持完好，脑神经网络也会出现重组，尤其表现为在语义任务中不同脑网络的耦合增强。在相同的语义任务中，年轻人所激活的脑区更为集中于负责语义的网络，而老年人比年轻人激活了更多的脑区，尤其是额叶和颞叶的脑区，神经网络之间的联系显著增强，呈现出更强的全脑整体激活趋势。这显示了老年人在语言处理上面临更大的认知负担，而这种去分化现象使得老年人可以保持和年轻人相当的语义处理能力，但其代价为效率的降低。

老年人大脑的非对称性下降和去分化现象被认为是与任务难易程度相关的大脑神经补偿现象。"补偿相关神经环路利用假说"（compensation-related utilization of neural circuits hypothesis）（Reuter-Lorenz & Cappell，2008）认为，老年人中出现的大脑过度激活现象都是一种补偿性的机制。如去分化现象揭示了在老龄化过程中，大脑在完成任务时调用了更多的脑区，从而出现了脑区功能重叠和相互补偿的现象。这种神经补偿现象可以被解释为大脑的可塑性和适应性的表现。随着年龄的增长，大脑可能会经历一些结构和功能上的变化，但为了维持认知功能的稳定，它会通过重新组织和调整神经回路来适应这些变化。该现象可以被看作是大脑的一种自我保护机制，通过增加特定脑区的激活程度或调用额外的脑区来弥补受影响脑区功能下降的影响。

8.3.3　双语经验与认知衰退

随着老龄化的不断加剧，老年人的健康和生活质量成为社会关注的焦点，但目前为止还没有较好的药物能够干预大脑衰老。在这一背景下，语言学的研究为老年人语言与认知能力延缓提供了一些启示，并在神经基础上为其作用机制提供了解释。

1. 双语经验与认知衰退的延缓

目前，双语能力作为延缓老年人大脑功能衰退的途径研究备受关注。首先，研究表明双语经验能在一定程度上延缓认知能力的衰退（Bialystok et al.，2007，2021；Grant et al.，2014）。Gold et al.（2013）通过一系列感知任务（判别特定的形状和颜色并在两种任务间切换）实验考察了老年终身双语者的认知控制能力。结果发现，在教育水平、社会经济地位等因素相当的情况下，老年双语者在感知任务之间的切换速度显著快于同年龄段的单语者。这说明终身双语经验可能使得老年人在抑制控制方面有更大的优势。研究者在神经层面也发现了老年双语者和单语者的不同。fMRI 结果显示老年双语者在完成任务时的大脑激活模式与年轻人类似，前额叶的激活程度较低，表现为血氧水平依赖（BOLD）信号降低。而 BOLD 信号降低通常表示任务处理更慢更费力，这再次说明了老年双语者比单语者在认知控制方面具有一定的优势。

双语经验还具有跨模态的优势。Li et al.（2017）以老年双模态双语者作为研究受试，这些受试都是手语老师，均为普通话—中国手语双语者，平均使用手语 28 年。研究对其他社会背景因素相当的双模态双语者、单模态双语者及单语者的大脑灰质体积进行了测算。结果显示，无论是双模态还是单模态双语经验，都能对大脑起到一定的保护作用。具体而言，受试的年龄和大脑灰质厚度出现了明显的交互效应，在双侧前颞叶、左侧海马体、杏仁核和左侧岛叶区域，双模态和单模态双语者的灰质面积上都有所增加，单语者则出现与年龄增加相关的灰质减少。这表明双语经验对大脑神经的保护作用对不同模态具有普适性。该研究认为，这种神经层面的改变很可能与双语者需要学习和切换两种不同的词汇–语义系统相关，这种经验可能促进了大脑的结构性变化。

除了延缓认知能力的衰退外，双语经验对延缓阿尔茨海默病等神经退行性疾病也有一定的作用。研究发现，与其年龄相匹配的单语者相比，终身双语者患上痴呆症的时间晚约 4.5 年（Alladi et al.，2013；Bialystok et al.，2007）。Gollan et al.（2011）研究了阿尔茨海默病发病时间与双语熟练程度之间的关系，通过波士顿命名测试（Boston Naming Test），研究者测算了 44 位西班牙语 – 英语双语者的二语水平，发现二语水平越熟练的患者，其阿尔茨海默病的发病时间越晚。Zheng et al.（2018）分析了 129 名被诊断为阿尔茨海默病的患者数据，这些患者中包括只会粤语、只会普通话和同时掌握普通话和粤语的人。结果发现同时掌握普通话和粤语的人，阿尔茨海默病的发病时间比只会普通话或粤语的人晚了 5.5 年。鉴于双语经验的有效性，也有研究认为或许双语经验对其他神经退行性疾病如帕金森病等的延缓也会有一定的助益（Voits et al.，2020）。

除了终身双语外，老年期间的外语学习也会对认知水平带来一定程度上的改善。Wong et al.（2019）观察了香港地区老年人（60–85 岁）学习外语（英语）后的认知能力变化。153 位老年人被分为三组，分别进行外语学习、玩游戏和音乐鉴赏三种训练，训练时间均不少于 48 小时。训练后的结果显示，外语学习和玩游戏都能够显著地提高老年人的认知水平，其中外语学习因涉及大量的新词训练而对老年人的工作记忆能力有显著改善，而玩游戏在改善注意力方面的作用更大。在另一项研究（Bak et al.，2016）中，研究者要求 33 名受试接受为期 1 周的苏格兰盖尔语课程，其中 13 人年龄在 61–78 岁之间。在课程结束后，相比对照组，语言学习组受试的注意力转换有显著的改善，对老年受试也是如此。不仅如此，在课程结束 9 个月后的再次测试中发现，每周坚持学习盖尔语 5 个小时以上的受试在注意力能力上保持了优势。这些研究强调了外语学习对老年认知功能的潜在益处，并表明即使是短期的外语学习也可以促进老年人的认知能力。这为老年人提供了一种可行的认知训练途径，使他们在日常生活中保持头脑敏锐和认知活力。此外，这些研究还提供了对认知保健和老年期认知干预的新思路，为开发更有针对性的认知训练计划和促进老年健康提供了重要参考。

虽然外语学习对老年认知能力的改善已经开始受到研究者们的关注，但目前尚未形成非常明确的结论。一项由 Grossmann et al.（2023）进行的研究提供了一些有趣的发现。在这项研究中，34 名年龄在 65—80 岁的老年受试参与了每周 5 天、每天 1.5 小时的西班牙语初学者课程，学习时长为 3 周。研究结果显示，虽然学习外语并未显著提高老年人的注意力与执行功能，但对于认知能力较差、已出现认知衰退的老年人而言，学习外语可以增强他们的反应抑制（response inhibition）能力。这项研究提供了一个更加复杂的看待认知训练与外语学习之间关系的视角。外语学习似乎对那些认知能力较差、面临认知衰退风险的老年人更具益处。此外，该研究结果也强调了认知训练的个体化和针对性的重要性，因为不同老年人在认知状态和需求上可能存在差异。

2. 双语经验的作用机制

目前学界对双语经验等能够延缓老龄化过程中的认知衰退的因素已经有诸多探讨，且对这些因素的作用机制也开展了一定的讨论。尽管目前还存在较多争议，但主要被承认的作用机制是"认知储备"（cognitive reserve）理论，其作用方式主要有促进中央执行功能、利于神经补偿和神经储备等方面（程凯文等，2014）。

研究观察到一种现象，即在典型的衰老过程中，大脑结构会发生一些退行性的改变，认知能力也随之衰退，但对一部分老年人来说，尽管他们的大脑也出现了一些变化，但认知能力依然保持较好。为此，Stern（2002）提出了"认知储备"概念，强调在老龄化过程中，人们可以通过补偿机制缓解大脑老化和病理性损伤带来的认知衰退。认知储备的概念有些类似于银行账户：年轻时积累，老年时提取，储备越多，抵抗衰老的能力越强。认知储备的水平受个体的生活和学习经历影响而发生变化。具备高度认知储备的个体可以更好地承受大脑的病理性变化，减少认知衰退的风险（Scarmeas et al.，2006）。对于高储备水平和低储备水平的个体而言，随着神经病理学层面的变化，都会出现一个转折点，在这个转折点后两种人群的认知能力都会迅速衰退。但有所不同的是，对于高储备水平的人群而言，这个转折点的出现会被明显地推迟，而在低储备水平的人群中这一转折点则会较早地出现。在神经层面上，认知储备假设的机制可以分为神经代偿和神经储备（Stern，2009）。神经代偿是指大脑使用额外的神经资源或活动模式来弥补受损区域的功能，以维持认知功能的稳定。神经储备则是指个体拥有更多、更健康的神经元和突触，从而能够更好地抵抗脑部变化对认知功能的影响。而在这种认知储备理论中，双语经验也被认为是可能对认知能力产生积极影响的一个重要因素。

　　认知储备与双语经验的关系很早就引起了研究者的注意，且一直是重要的研究问题。在一项跟踪研究中（Bak et al.，2014），研究者先后在 1947 年和 2008—2010 年对 853 位 1936 年出生的苏格兰儿童进行了观察。结果表明，在 11 岁之后开始学习二语的人，在智力水平相当的情况下，往往表现出更好的认知能力，且较早习得二语的益处更大。在另一项研究中（Kavé et al.，2008），研究人员在 12 年内对双语、三语和多语老年人进行了三次追踪研究。结果显示，老年人会说的语言数量可以预测他们的认知能力得分，且超过其他人口统计学变量（如年龄、性别、教育）的影响。即使是没有接受过正规教育的老年人，也能从多语能力中获益，拥有较好的认知能力。

　　双语经验增加认知储备的一个重要方面是增强中央执行功能。作为人类信息加工的核心认知机制，中央执行功能在注意力控制、认知抑制与切换等方面都发挥着重要作用。双语经验被认为是刺激和发展中央执行功能的重要手段。由于双语者在日常交流中经常需要同时激活两种语言（Wu & Thierry，2010），在使用其中一种语言进行交流时，他们不得不灵活运用中央执行功能来抑制非目标语言的干扰。这种经常性、灵活性的语言切换与控制对双语者的中央执行功能起到了积极的促进作用。而这种假设也得到了来自神经层面的证据支持（Abutalebi & Green，2007；Guo et al.，2011）。语言学习和语言使用覆盖了额叶、颞叶和顶叶的大部分区域，而这些神经网络不仅与老年化过程中受到负面影响的区域有重叠（Resnick et al.，2003），也往往与中央执行功能有密切的关系，这为双语学习的优势提供了依据（Antoniou et al.，2013）。如 Gold et al.（2013）的实验中，老年双语者在切换任务时，左前额叶和前扣带皮层的激活显著弱于老年单语者，而这些区域也同时负责中央执行功能。这说明双语者在日常生活中频繁切换语言可能同时促进了这部分脑区的发展，为双语者在处理多任务和执行控制方面带来优势，使得双语者能够在不同类型任务的切换中表现出更高的灵活性和效率。

　　双语经验还有利于增加个体的神经储备。具体而言，除了在行为层面的观察，研究者在大脑神经层面也发现了双语经验与老龄化之间的关系。如前所述，老龄化过程中常会出现大脑体积的萎缩，尤其是灰质的减少，而对于双语者来说，此种衰老引发的灰质流失相比同龄的单语者较少（Abutalebi et al.，2014），且老年双语者的额叶白质也比同龄的单语者保存较好（Luk et al.，2011）。不仅如此，双语经验还可以使得大脑灰质体积有所增加，尤其是与认知控制相关的区域，如前额叶皮质、尾状核、前扣带皮质等（Abutalebi et al.，2013；Klein et al.，2014；Zou et al.，2012）。研究认为，这些与双语经验有关的大脑结构性改变使得神经储备有所增加（Luk et al.，2011），从而使双语者在老年时更具有抵御认知衰退和痴呆症的能力。虽然目前对于双语经验对神经储备的具体作用机制仍在研究与探讨之中，但其潜在的认知保护效应为未来的研究提供了新的方向，也为促进老年人的认知健康和干预策略提供了新的视角。

双语经验对大脑左侧化程度也有影响。一项元分析研究（Hull & Vaid，2007）显示，大脑功能侧化和外语习得年龄有密切关系。越早习得外语，大脑的左侧化程度越低，如 6 岁之前开始使用两种语言的双语者，在使用每种语言时左右脑都有较高的参与程度。而在另一项研究（Ibrahim，2009）中，研究者要求受试完成词汇判断任务，任务分别在左眼视野和 / 或右眼视野中进行，刺激以单侧和双侧的方式呈现，受试需做出一定反应。结果显示，平衡双语和不平衡双语者除了表现出右眼视野优势外，在双侧条件下的表现都优于单语者，这说明双语者在半球间通信的能力更强。双语者通过灵活的语言切换和半球间通信的优势，使其在大脑语言处理中不再强烈依赖左侧半球，而倾向于在两个半球之间实现更均衡的分工和合作，从而在老年时更好地适应和维持语言功能。

8.4　神经语言学视角下的口译研究

近年来，随着研究方法的进步与研究范式的革新，翻译过程研究逐渐成为翻译领域的热点，翻译学界越来越关注翻译过程中的认知加工机制。但传统的翻译理论，如经典的释义理论（Seleskovitch，1962）虽然在一定程度上也能解释翻译的具体机制，但其多借助译员和翻译过程的外在表现来对内部机制进行推理与描述，而对一些具体的翻译过程无法进行较为准确和细致的建构，因此存在一定的局限性（刘和平，2006）。而来自神经科学的技术手段使打开翻译的大脑"黑箱"成为可能。近年来，越来越多的口译研究采取了神经语言学研究范式（徐海铭、郑雨轩，2021）。与传统的思辨式研究方法不同，神经语言学将口译研究置于大脑信息加工过程研究视阈下（高彬、柴明颎，2015），为口译研究提供了有力的实证基础支持，为解决口译研究领域长期存在争议的问题提供了新的视角。

8.4.1　语言障碍人群的翻译行为研究

神经语言学研究发端于对语言障碍人群的语言研究，神经语言学角度下的口译研究也是如此。大脑有损伤的双语或多语人群常会出现口头翻译上的异常表现，主要有强迫翻译（compulsive translation）、翻译失能（inability to translate）、矛盾翻译（paradoxical translation）、无理解翻译（translation without comprehension）几种类型（García et al.，2020）。

观察脑损伤患者的口译障碍为探究口译的神经基础提供了初步的证据。强迫翻译指的是一种无法抑制地、非自愿地进行翻译的行为或倾向。如 García-Caballero et al.（2007）描述了一位交叉性失语症患者的病例，该患者患有右侧基底结脑梗死，之后在其母语（加利西亚语）和第二语言（西班牙语）中都出现了障碍。患者的两种语言理解能力都受损，且无法主动产出母语句子。在要求重复母语单词和短语时，患者总是不自觉地将其翻译为二语，这表明基底结可能参与了母语的产出和双语的切换等功能。此外，多个案例表明，大脑左右半球的脑损伤都有可能造成强迫翻译，且多集中于颞叶、顶叶等部位（De Vreese et al.，1988；Perecman，1984），这进一步说明了这些部位和语言控制功能之间的密切关系。

不仅如此，脑损伤患者的翻译相关障碍为初步了解翻译的认知机制提供了基础。例如，一些患者出现语言保存相对完整但翻译不能的情况。一位左侧顶枕叶损伤患者在二语的听觉词汇判断、重复、命名等任务中都表现较好，但出现不能将二语翻译为母语的情况（Weekes & Raman，2008）。有些患者在词汇翻译上的表现相比句子翻译更好，如两位左侧基底神经结损伤的患者在母语和二语间进行句子翻译的能力都受到了极大的损伤，甚至完全不能进行句子翻译，但他们的词汇翻译能力得以很大程度地保存（Fabbro & Paradis，1995）。此外，有患者表现出了无理解翻译，即可以正确地将法语词（如代表"门""窗"等的具体词）翻译为对应的英语词，但无法识认和指出房间内的对应物体，有时甚至会指向错误的物体（Paradis et al.，1982）。这些研究结果也提示了翻译在认知加工层面的特殊性，体现了不同层次的翻译过程的认知处理差异。

8.4.2 口译活动的神经基础

大脑如何实现在口译过程中对不同功能和系统进行控制与调用，这是口译研究中持续了50多年的研究话题（Hervais-Adelman & Babcock，2020）。早期的研究多依赖于心理语言学基于口译员的输出（如错误、延迟等）进行的口译模型构建（如 Fabbro & Daró，1995），但神经语言学角度的研究使口译过程的神经基础更为明确，也为更深入探究关键语言区的作用提供了视角。

最早的对口译神经基础的研究主要围绕大脑偏侧化展开。行为实验表明，口译活动涉及大脑两个半球的活动（Fabbro et al. 1990；Fabbro et al.，1991；Proverbio & Adorni，2011）。如 Fabbro et al.（1991）使用双耳分听实验发现，在识别语义错误时，同传译员表现出对一语的右耳优势和二语的左耳优势，而在识别句法错误时则表现出对一语的左耳优势和二语的右耳优势。这说明译员对左右脑功能都有调用，且在不同的语言任务中有特殊的大脑偏侧化优势。不仅如此，相比单语者，同传译员的大脑偏侧化程度明显较低，即左右脑在口译活动中的使用没有表现出明显的不对称性（Proverbio & Adorni，2011）。研究者认为，这可能是因译员长时间练习双耳分别倾听目的语和源语造成的，这样的结论也得到了 ERP 研究的证实（Proverbio et al.，2004）。

利用神经影像技术等研究方法，一些与口译相关的具体脑区逐渐得以明确。研究表明，除关键的语言脑区外，口译也会引起其他功能脑区的激活，其中最典型的是壳核、尾状核、左前额叶和小脑（Hervais-Adelman & Babcock，2020）。如研究显示，相比重复任务，同传任务中译员大脑的壳核往往有很强的激活，负责在译员输出译文的同时抑制源语输出，尾状核则参与了更高水平的语言输出监控，尤其是即时性地参与了对不同语言词汇语义系统的选择与激活（Hervais-Adelman，Moser-Mercer & Golestani，2015）。此外，左前额叶也通常在同传中发挥抑制与解决冲突和选择语言的功能（Ahrens et al.，2010；Elmer，2016）。小脑在新手与经验丰富的同传译员口译互动中都有激活（Rinne et al.，2000），小脑与运动功能有密切的关系，尤其是运动的选择和细化（Houk et al.，2007），且参与语音序列的形成与产出（Kotz & Schwartze，2010）。

另外，借助口译任务，关键语言脑区的功能也得到了更深入的挖掘，其中最受关注的语言区之一是布洛卡区。Lin et al.（2018）利用 fNIRS 对翻译中的两种任务——配译（pairing，如将"茯苓"译为"poria"）和转译（transphrasing，如将"茯苓"译为"a Chinese herbal medicine"）所涉及的脑区进行了研究。研究者认为，配译虽然用时快、输出简单，但其过程需同时激活两种语言中的意义对等词，需译者在产出中同时抑制源语的产出，因此需更强的认知控制。而转译则因为先将源语解码，继而形成新的概念，之后再进行目标语编码，所以在两种语言中选择的努力程度较低。结果显示，转译在左前额叶皮层引起了大范围的激活，而配译引发的激活主要集中于布洛卡区，且配译在布洛卡区引发的激活甚至比转译在该脑区的激活更为强烈，两种口译策略对布洛卡区的激活都强于对照组。借助翻译策略，研究者进一步证实了布洛卡区不仅与语言产出尤其是句法编码有重要关系，更在翻译过程中的认知控制方面起到重要作用。

8.4.3 译员的大脑变化

双语研究领域长期以来存在"双语优势"的争议，即学习和使用双语是否能给语言使用者同时带来非语言认知能力上的提高，并以此引发大脑可塑性的改变。从事口译活动的译员，尤其是同声传译译员，和普通的双语者在语言处理时存在多种区别（Hiltunen et al., 2016）。首先，同声传译的过程并非单纯的双语转换，还涉及掌握专业知识与文献资料、选择合适的语体并在有限时间内满足交际需求等多任务要求（Chernov, 2004）。其次，同声传译的过程往往需要调动更为复杂的认知功能，如极强的执行控制能力、短时记忆能力（Aben et al., 2012）和保持注意输入信息、抑制干扰的能力（Christoffels & de Groot, 2005）。基于此，同传活动可以被认为是一种"极端"的双语活动，而同传译员的大脑结构与功能也由此引发了关注。

研究表明，从事同声传译活动会引发一定的大脑结构改变，最明显的是大脑皮层厚度的改变，通常涉及左侧岛盖部、扣带回、双侧三角部等区域（Becker et al., 2016; Elmer et al., 2011, 2014; Klein et al., 2018）。如 Becker et al.（2016）对比了同传译员与交替传译译员及其他译员的大脑灰质体积，发现同传译员的左侧额极（BA 10）区域灰质体积更厚。研究者认为，这可能是同传译员长时间进行与语言相关的多任务练习的结果，这种练习需要极强的认知控制能力，从而引发了大脑相应的改变。Hervais-Adelman et al.（2017）使用 MRI 对参加了硕士会议翻译课程的同声传译学员进行了皮层厚度的追踪研究，并将他们与控制组的多语受试进行了比较。结果发现，参与了培训的同声传译学员大脑皮层厚度明显增加，增加的皮层出现在如左侧的后上颞沟、颞平面、右侧的上额回和角回等区域，这些区域参与许多认知和语言处理任务，包括注意控制、语音处理和工作记忆等。另一项研究（van de Putte et al., 2018）发现，在经过 9 个月的同声传译训练后，译员在大脑神经网络联结上出现了结构性的改变，神经网络的联结性显著增加，如负责认知控制的前额 – 基底神经节网络联结性增强。以小脑和运动区为主要节点的神经网络也表现出了联结增强，而这一网络与语言控制也极为相关。

同声传译活动还可能引发大脑功能差异。Hervais-Adelman（2015）使用 fMRI 对经历了 15 个月同声传译训练的双语者进行了脑成像研究，对照组只进行了影子跟读训练。结果发现，在训练结束时，同声传译员和对照组在大脑活动上产生了差异。其中译员在进行同声传译时，右侧尾状核的活动减少，而这一区域多与认知控制任务有关。研究者认为，这种变化的产生是因任务自动化程度提高而减少对多语言控制的需求造成的。Elmer et al.（2010）使用 EEG 对同声传译译员和控制组在一项听词辨意任务中的表现进行了研究。结果发现，同声传译译员在听到语义不一致的两个词时出现了相比控制组更放大的 N400 效应，这种效应也揭示了长期的同声传译训练可能会引发对语义处理更强的敏感性。

综上所述，现有研究多支持同声传译训练后引发的神经认知活动差异（García et al., 2020），即同声传译训练不仅能帮助提高语言处理技能，更可为大脑结构及功能带来一些改变，这种"译者优势"也成为"双语优势"的有利证据。

8.4.4　方向性问题

翻译的方向性（directionality）指的是将外语翻译为母语或母语翻译为外语的过程（Beeby-Lonsdale，1998），国内多将其界定为"译入"和"译出"的过程。该问题是翻译研究中最古老的问题之一，但也是至今仍争议不断的问题。针对翻译方向上存在的非对称性（Hatzidaki & Pothos，2008），早期研究聚焦于译员在不同翻译方向的优势与劣势。有学者认为因受外语水平的限制，译员应仅译入母语（Seleskovitch，1999）；也有学者认为因译员对母语的理解优势，只有母语译出至外语才能更准确地传达原文的意思（William，1995）。翻译界逐渐意识到，只有大量的实证研究才有利于真正发现方向性上的规律（Gile，2005）。而近年来，受翻译过程研究的影响，不同翻译任务的认知处理与脑活动模式开始受到广泛关注，尤其是口译方向性的认知过程，神经语言学角度的研究为这一领域提供了大量的实证研究，这使得与方向性相关的神经机制更为明确。

口译方向性的较早证据来源于脑损伤患者。例如，一位双语者在经历了左侧基底结损伤后，尽管对两种语言的理解都较为正常，但在不同方向的翻译能力上表现出了明显差异，即由母语译向二语的正确率高于由二语译向母语的方向，且此种差异同时存在于单词和句子翻译两个层面（Aglioti & Fabbro，1993）。神经电生理工具也为方向性的存在提供了更为直观的证据。Christoffles et al.（2013）使用 ERP 对译员在不同方向上进行单词翻译时的脑活动进行了研究，证实了两种方向的认知差异。在将外语译入母语时，出现了更明显的 N400 效应，这反映译员在将单词译入母语时进行了更强的语义加工。而将母语译出至外语时，则出现了更大的 P2 振幅，这一成分与早期处理需求极为相关，这证明在译出方向上译员通常需要为词汇与选择付出更大的努力。不仅如此，一些研究也同时揭示了不同翻译方向在更细微维度上的差异。利用 EEG 设备，Jost et al.（2018）发现了不同翻译方向语言处理时间维度上的差异。在目标单词呈现后约 200 毫秒的时间内，相比译入方向，译出方向产生了更强的脑激活，这说明两个方向的语言处理差异在极早阶段就已出现。在 589—680 毫秒的时刻，在译出方向的翻译中，大脑后扣带回皮层和丘脑产生了比译入翻译更强的激活。研究者认为，这些区域的更强激活可能反映了在译出翻译时对语言选择和检索的更高需求，以及更强的注意力水平。

借助神经影像工具，神经语言学研究证实了不同的翻译方向激活的脑区和其范围有所不同，向非母语方向的口译往往产生更大范围的脑区激活。相关的最早研究是由 Klein et al.（1995）通过招募英法双语者进行翻译练习并借助 PET 完成的。结果发现，受试在进行两种方向的翻译任务时都产生了左脑的大范围激活，尤其是左额叶和前额叶的下部和背外侧等脑区。尽管受试在两个方向的翻译速度和准确率都极为相近，但相比译入过程，译出过程中有明显的基底核参与，这一结构与双语控制、词汇选择等功能都有密切的关系。Rinne et al.（2000）使用 PET 分别研究了译员在同传和重复（shadowing）任务中的脑活动，发现译入母语时，左侧额叶激活增加；译出至非母语时，左侧额叶和颞叶都有广泛激活。译出至非母语时大脑更广泛的激活模式说明了此种方向的翻译需要更强的认知活动。而一项 fMRI 研究显示（Elmer，2016），相比重复任务，译员在进行由二语译入母语的口译活动时，大脑的三角部（pars triangularis）总是有较强的激活；而在由母语译出至二语时，左前脑岛则有更强的激活。这可能是由于译出方向的口译需要更强的认知活动与语音输出。另一项研究则表明，两种口译方向的主要区别在于在翻译成非母语时，左半球布洛卡区的活动明显增加（Tommola et al.，2000）。布洛卡区是关键语言区，与工作记忆、形态句法处理、语义分析等都有密切关系，布洛卡区活动的增强也表明不同翻译方向上语言处理任务的区别。这些研究结果都表明，两种翻译方向有共同的激活脑区（主要涉及左前脑区和颞叶与顶叶的一些部位），但译出方向的翻译涉及更多脑区的激活，以支持更强的语言加工与认知需求。

近年来针对汉语译员的翻译方向研究也在开展，其结果产生了一些跨语言的证据，证实了翻译方向性差异的普遍性。He et al.（2017）以阅读作为基线任务，使用 fNIRS 对学生译员在英汉、汉英视译中的表现与脑激活模式进行了探究，同样也发现了汉英翻译的不对称性。然而，与来自其他语言的证据不同，在译员将英语翻译为汉语时，与阅读任务相比，布洛卡区或背外侧前额叶皮质的激活程度并没有显著的增强，这可能是由语言间的差异造成的。在加工汉语的表意文字时通常都要涉及上述两个关键脑区，因此翻译任务相对于阅读任务并没有明显的脑激活差异。但与来自其他语言证据相同的是，与将英语转换为汉语相比，将汉语转换为非优势语英语时，布洛卡区的血液动力学响应显著增强。而一项视译研究（Zheng et al.，2020）也发现，当要求普通话母语者将实验材料译为英文时，受试在核心语义中枢和负责注意力分配的神经网络之间的功能连接加强，而在将英文译为普通话时没有出现这种模式，这说明在译出过程中需要更强的语义与注意机制耦合。

神经语言学角度的实证研究不仅从大脑生理基础的角度证实了口译中方向性差异的存在，更进一步解释了不同方向翻译的具体区别，尤其是从大脑神经基础的角度证实了在从母语译出至外语时通常有较大的认知负担，同时会在更大程度上激活一些位于前额叶的皮层下和皮层组织（如布洛卡区）。在翻译方向性存在不对称性这一基本认定的事实基础上，跳出传统方向性争议中关于译出翻译的必要性与质量的争论，而通过实证研究把目光投向不同方向性的影响因素上（汪淼，2017），对口译研究的理论建构和教学应用都有积极意义。

8.4.5　翻译单位问题

翻译研究的另一个核心问题是翻译单位问题。翻译单位指的是译者注意力和认知的文本片段，是译者在翻译中可以整体转换为目的语的部分（Alves & Vale，2009；Carl & Kay，2011）。翻译单位对于理解翻译过程中的认知过程，探究译者的认知努力、翻译策略，及考察翻译过程的影响因素等问题，具有重要意义。国内对翻译过程的探究多使用心理学范式，如击键记录法（王福祥、徐庆利，2023；袁辉、徐剑，2021）、有声思维法（齐熠等，2020）等。但近年来，国外利用神经科学的实验工具与范式对翻译单位尤其是口译单位问题做了不少研究，这些研究也为解决翻译单位问题中长期存在的争议提供了一些新的证据。

翻译单位一直被认为是如词、句等的语言单位，但也有学者认为从语言单位出发划分翻译单位可能没有心理现实性，翻译单位不与源语文本直接对应，而只是一种认知加工单位（Alves & Vale，2017）。来自神经语言学的证据多支持传统观点，即语言单位在一定程度上对应特定的脑区活动，如额纹状体中枢与句子翻译更为相关，而词汇翻译多与颞顶叶活动相关（Klein et al.，1995）。García（2013）通过对比词汇翻译和句子翻译的研究得出，相比句子翻译，词汇翻译通常涉及更为靠后的脑区，如颞叶的活动只在词汇翻译中观察到，而句子和跨句文本翻译多与额基底区有关。Price et al.（1999）的 PET 研究发现，在要求受试默译词汇时，受试的壳核和尾状核的头部出现了更强的活动。而 Lehtonen et al.（2005）采用了相似的实验范式，但实验材料为句子，结果显示出现较强激活的脑区为苍白球。这些证据表明，在翻译中存在不同的翻译单位，且这些翻译单位和语言单位存在一定的对应关系。

影响具体语言单位翻译过程的因素也是翻译领域研究的重要问题，而神经语言学范式下的研究也为该问题提供了一些证据。如在一项脑电实验（Janyan et al.，2009）中，受试被要求口译一些抽象和具体的同源词与非同源词。结果显示，在翻译同源词时，受试的颞叶中部和前额叶都出现了 N400 效应，且词汇的具体性越高，右半球的参与度越大。这说明译员加工具体翻译单位的认知努力并不是均衡的，而是受到具体概念语义特征的影响。另有一项研究（Lehtonen et al., 2005）表明，以句子为单位的翻译会受到复杂度的影响。在实验中，受试需要先在心中默译以视觉方式呈现的句子，紧接着需决定其后的另一个句子是否为该句子的可接受翻译。这些句子有的需要在翻译中改变词序，有的则不需要。结果显示，尽管两种句子的脑区激活模式相似，但如果句中名词前含有双重修饰词，则需要更长的反应时间，这可能是因为这些结构加重了翻译中的工作记忆负担。

8.4.6　神经语言学与口译教学及人才培养

口译人才的培养和教育是确保口译质量和专业发展的关键因素。在口译教学和人才培养的过程中，神经语言学的应用正逐渐成为一个引人注目的领域。在口译教学中，了解神经语言学对于理解和优化学习过程、提高口译质量以及培养优秀的口译人才具有重要意义。神经认知科学的不断发展及其对口译研究的贡献，也使得近年来的口译教学理念、教学策略、人才遴选方式等逐渐发生了变化。口译人才培养将重心逐渐从原先的"口译能力"转至"译员能力"（王斌华，2012），并愈加重视专家译员和新手译员的认知神经基础及口译策略上的差异，以遴选具备学习口译的素质的学员。一些与译员脑神经基础密切相关的认知功能，如短时记忆容量、话语流利程度等，都被建议作为口译人才选拔的重要指标（Darò，1995；Gran，1989）。

神经语言学角度的研究为口译教学的策略提供了优化的方法。来自神经科学的研究表明，大脑右半球在语言处理中同样扮演着重要的角色，且如前所述，口译研究证明同传译员的大脑左侧化程度较轻，大脑右半球参与程度较高，这也给口译教学带来了一定启示。越来越多的研究呼吁在外语教学和口译教学中重视对大脑右半球的开发（宋亚菲、陈慧华，2009；Danesi，2003；Gran & Fabbro，1988），如采用活动左侧肢体的方法加强对右脑的激活，或采用多模态学习材料使得左右脑被充分调动。利用认知神经领域的理论模型如抑制控制、工作记忆等，康志峰（2016，2018）提出了一系列口译增效策略，如扩大双语心理词典，熟练保持目标语激活和源语抑制，练习对源语语音的存储与加工以训练语音回路等。此外，翻译方向性的脑激活模式对翻译教学也有一定的启示。例如，何妍等（2020）的研究结果表明，不同方向的视译激活不同的脑区，相对于英汉视译，汉英视译（即母语译为外语）中译员错误率和认知负荷都更高。因此研究者认为，应着重强化汉英视译的训练，使用简化、归纳等方式减轻学生的认知负担，并强调准确性、流利性等方面的训练，以降低错误率。

将神经语言学的研究成果应用于口译教学和人才培养是一个具有潜力和前景的领域。通过深入研究大脑的神经基础和认知过程，可以更好地理解口译技能的形成和发展机制，并为口译教学提供科学的指导和策略。这些教学方法和策略有助于提高学习者的口译能力，优化口译质量，有利于培养出更加专业和全面发展的口译人才。

8.5 小结

本章主要从外语的教学与学习、语言障碍的康复、老龄化与语言、口译四个方面探讨了神经语言学的应用研究。8.1 节聚焦语言教学与学习领域。神经语言学的发展使得外语学习的认知神经机制更加清晰，通过研究学习者的大脑活动，可以更深入地了解外语学习的过程。这不仅有助于改进语言教育策略，还可以为学习者提供更有效的学习体验。在此基础上也产生了如 PEPA 教学法、音乐辅助学习等新的外语教学与学习方法，这些新进展为提高外语教学与学习的效率带来了新的启示。8.2 节探讨了语言障碍康复领域。从神经生物学、认知心理学和神经语言学视角出发，研究者提出了多样的康复方案，如手势康复方法、语义成分分析法等。这些跨学科领域下的康复方案结合认知神经科学与语言学的优势，为改善患者的语言能力提供了可能，拓展了神经语言学的临床应用。8.3 节关注了老龄化与语言方面的研究。随着人口老龄化的加剧，老年人的语言能力变得尤为重要。神经语言学层面的研究提供了了解老年人语言与认知功能衰退的新途径，也为衰退的预警和延缓提供了理论基础。不仅如此，双语对延缓老年人认知衰退的作用也得到了神经语言学层面的解释。8.4 节关注了神经语言学在口译领域的应用。神经语言学层面的研究为了解口译的认知和神经基础提供了途径，并为解决口译研究中长期存在的理论争议问题提供了证据，同时也为培养口译人才带来了启示。

　　但值得关注的是，神经语言学的应用研究仍处于较为初级的阶段，还存在一定的局限性。首先是缺乏系统性。以外语教学与学习为例，目前该领域在神经语言学视阈下的研究主要停留在探索阶段，尚未形成完整的理论体系。当前的研究主要集中在个别的教学方法和技术上，缺乏一个整体性的框架来指导外语教学和学习。未来的研究可以致力于建立更全面的神经语言学教育框架，以更好地指导语言教育实践，而这样的探索对于口译人才的培养等研究领域也有借鉴作用。其次，神经语言学的应用研究需要更广泛的样本和跨文化研究。目前的研究大多集中在特定人群或文化中，限制了其普适性。未来的研究可以扩大样本规模，进行跨文化比较，以更全面地理解语言相关活动的神经基础。

参考文献

蔡厚德 . 2010. 生物心理学——认知神经科学视角 . 上海：上海教育出版社 .

曹若男 . 2019. 外语能力与音乐介质相关性的国际研究综述 . 外语界，（2）：90–96.

陈海波，蔡晓杰，王新德 . 1994. 右利手右大脑半球病变所致的失写症 . 中华神经精神科杂志，（1）：37–40.

陈玲，吕佩源 . 2006. 学习记忆的突触模型——长时程增强效应的研究进展 . 疑难病杂志，（4）：313–314.

陈文莉，夏扬，杨玺，等 . 2014. 手动作观察训练对脑卒中失语症患者语言功能的影响 . 中国康复医学杂志，（2）：141–144.

程凯文，邓颜蕙，尧德中 . 2014. 双语（或多语）是否有利抵御老年痴呆症？心理科学进展，（11）：1723–1732.

崔刚 . 1994. 布鲁卡氏失语症实例研究——兼谈词汇障碍对大脑词库的启示 . 外语教学与研究，（1）：27–33.

崔刚，1998. 语言学与失语症研究 . 外语教学与研究，（1）：21–27.

崔刚 . 1999a. 布洛卡氏与传导性失语症患者的语音障碍 . 外语教学与研究，（3）：22–27.

崔刚 . 1999b. 布洛卡氏与传导性失语症患者的句法障碍 . 现代外语，（3）：296–307.

崔刚 . 2001. 布洛卡氏与传导性失语症患者的语用障碍 . 张后尘，胡壮麟主编，99 中国外语博士论坛 . 北京：外语教学与研究出版社 .

崔刚 . 2002. 失语症的语言学研究 . 北京：外语教学与研究出版社 .

崔刚 . 2015. 神经语言学 . 北京：清华大学出版社 .

崔刚 . 2021. 外语学习的心理与神经理论 . 南宁：广西教育出版社 .

崔刚 . 2022a. 语言作为人类认知与神经系统的调节机制 . 第七届中国二语习得研究高端论坛主旨发言，上海交通大学 .

崔刚 . 2022b. 失语症患者语言功能康复 . 中国大百科全书（网络版第三版）.

崔刚，王月旻 . 2020. 从认知神经科学的角度看外语学习中的石化现象 . 外语研究，（2）：37–41.

崔刚，张岳 . 2002. 儿童语言障碍的语言学研究 . 外语与外语教学，（11）：9–12.

高彬，柴明颖 . 2015. 同传神经语言学实验范式研究及其对同传教学的启示 . 中国翻译，（6）：48–52.

高素荣 . 1992. 汉语失语检查标准化的研究 . 中国心理卫生杂志，（6）：125–128.

高素荣 . 1993. 失语症 . 北京：北京医科大学、中国协和医科大学联合出版社 .

高素荣 . 1996. 后部失语症患者的书写障碍 . 中风与神经疾病杂志，（2）：72–74, 127.

顾曰国 . 2019. 老年语言学发端 . 语言战略研究，（5）：12–33.

官群 . 2017. 神经语言学研究新趋势：从病理迈向生理——兼论对优化外语教学的启示 . 外语教学理论与实践，（2）：5–15.

郭可教，杨奇志 . 1995. 汉字认知的"复脑效应"的实验研究 . 心理学报，（1）：78–83.

汉语失语症康复治疗专家共识组 . 2019. 汉语失语症康复治疗专家共识 . 中华物理医学与康复杂志，（3）：161–169.

何晓炜，于浩鹏 . 2013. 汉语特殊型语言障碍儿童关系从句理解研究 . 现代外语，（4）：340–346，437.

何妍，李德凤，李丽青 . 2020. 方向性与视译认知加工——基于近红外脑功能成像技术的实证研究 . 外语学刊，（2）：95–101.

胡超群 . 1989. 失读患者阅读过程中汉语词的形、音、义三维关系的探讨 . 心理学报，（1）：43–48.

黄正德 . 2007. 汉语动词的题元结构与其句法表现 . 语言科学，（4）：3–20.

蒋功达，周静，李海舟 . 2014. 布洛卡氏失语的语音障碍分析 . 中国医药导刊，（9）：1189–1190，1196.

君方 . 1962. 神经语言学 . 语言学资料，（8）：21.

康志峰 . 2016. 同声传译增效研究：WM 维度 . 外语研究，（6）：71–74.

康志峰 . 2018. 双语转换代价与口译增效策略 . 外语教学，（3）：84–89.

李鸿智，梁卫宁，罗素莹，等 . 1988. 基底节病变的失写 . 中华神经精神科杂志，（6）：343–345.

李慧 . 2013. 后基因组时代的生物语言学研究 . 外语学刊，（1）：8–15.

李家荣，李运兴 . 1980. 神经语言学研究的最新趋势 . 国外语言学，（4）：44–45.

李舜，丘卫红，万指芳 . 2007. 早期旋律语调言语治疗对 Broca 失语患者的疗效观察 . 中国康复理论与实践，（5）：456–457.

刘和平 . 2006. 法国释意理论：质疑与探讨 . 中国翻译，（4）：20–26.

刘儒德 . 2010. 学习心理学 . 北京：高等教育出版社 .

刘小涛，何朝安 . 2010. 从动物语言到人类语言的进化？哲学动态，（6）：63–69.

卢利亚 . 1987. 神经语言学 . 赵吉生，卫志强译 . 北京：北京大学出版社 .

马燕清，陈卓铭，严嘉健 . 2016. 运用语言学的本体知识治疗失语症阅读障碍分析 . 康复学报，（3）：46–49.

毛子欣 . 1996. 神经语言学的理论和探源 . 解放军外语学院学报，（1）：1–5.

裴正薇 . 2012. 国外关于音乐能力与二语语音习得研究述评 . 当代外语研究，（2）：35–39.

裴正薇，丁言仁 . 2013. 音乐能力影响中国大学生英语语音能力的实证研究 . 外语界，（1）：36–44.

齐熠，李晓莉，都立澜 . 2020. 基于有声思维法的中医文本汉英翻译中翻译单位实证

研究 . 中国中医基础医学杂志，（6）：317–337.

热尔曼 . 2022. 基于神经语言学的外语教学法：理论释疑与实践解惑 . 毛荣坤，裴藏玉，张戈等译 . 北京：外语教学与研究出版社 .

任汝静，殷鹏，王志会，齐金蕾，汤然，王金涛 . 2021. 中国阿尔茨海默病报告2021. 诊断学理论与实践，（4）：317–337.

邵志芳 . 2013. 认知心理学：理论、实验与应用（第二版）. 上海：上海教育出版社 .

沈家煊 . 1989. 神经语言学概说 . 外语教学与研究，（4）：23–28.

沈家煊 . 1992a. 神经语言学：对失语症中语言与脑关系的综观（上）. 国外语言学，（3）：10–12.

沈家煊 . 1992b. 神经语言学：对失语症中语言与脑关系的综观（下）. 国外语言学，（4）：4–13.

宋亚菲，陈慧华 . 2009. 脑科学与口译教学之关联理论的探讨 . 福建论坛（社科教育版），（4）：84–86.

孙丽，江钟立，林枫，等 . 2010. 语义导航策略改善失语症患者命名能力的研究 . 中国康复医学杂志，（5）：415–419.

孙晓霞 . 2017. 神经科学发展背景下的音乐能力与二语习得研究述评 . 外语教学，（6）：64–69.

汪淼 . 2017. 翻译的方向性研究综述 . 东方翻译，（3）：28–32.

王斌华 . 2012. 从口译能力到译员能力：专业口译教学理念的拓展 . 外语与外语教学，（6）：75–78.

王德春 . 1988. 方兴未艾的神经语言学 . 哲学社会科学文摘，（6）：11.

王德春，吴本虎，王德林 . 1997. 神经语言学 . 上海：上海外语教育出版社 .

王福祥，徐庆利 . 2023. 翻译经验和翻译难度对译者加工翻译单位的影响：一项击键记录实验研究 . 语言教育，（1）：75–89.

王海燕 . 2016. 汉语 Broca 失语症患者的功能语类障碍研究 . 北京：清华大学博士学位论文 .

王海燕，于翠红，柳鑫淼 . 2023. 汉语 Broca 失语症功能语类障碍的制图分析：一项个案追踪研究 . 北京第二外国语学院学报，（5）：50–66.

王海燕，钟晓云，翟淑琪 . 2017. 从一例失语症患者的恢复过程看汉语中的时态问题 . 北京第二外国语学院学报，（1）：45–56.

王洪磊，周珊珊 . 2019. 形式语言学在失语症语言康复研究中的应用：复杂性治疗理论述评 . 外语研究，（5）：46–52.

王建凯，吴方芳，狄雅政，等 . 2020. 经颅直流电刺激对注意力广度的影响 . 清华大学学报（自然科学版），（12）：999–1006.

王小丽，崔刚，李玲 . 2019. 失语症康复的发展：理论与实践 . 中国康复医学杂志，（5）：595–601.

王新德 . 1985. 镜像书写 . 中华神经精神科杂志，（2）：108–110.

王新德，蔡晓杰 . 1986. 我国失语症患者的失写症研究 . 中华神经科杂志，（2）：109–111.

王新德，李金 . 1981. 失写症 . 中华神经科杂志，（3）：148–151.

王彦芳 . 2015. 记忆的神经心理学机制 . 徐金梁，王彦芳，闫欣主编 . 神经心理学原理 . 北京：人民军医出版社，49–57.

王月旻，崔刚 . 2022. 工作记忆容量对英语阅读宏观结构建构的影响 . 外语教学与研究，（2）：239–251.

卫冬洁，李胜利 . 2008. 音乐音调治疗法对重度失语症患者的疗效观察 . 中国康复理论与实践，（5）：483–484.

卫志强 . 1987. 神经语言学 . 语文建设，（1）：60–61.

卫志强 . 1994. 人脑与人类自然语言：多方位研究中的神经语言学 . 语言文字应用，（4）：43–49.

魏景汉，匡培梓，张东松，等 . 1995. 全视野汉字词义联想的 ERP 特征与汉字认识的 ERP 甄别 . 心理学报，（4）：413–421.

温植胜 . 2007. 外语学能研究的新视角——工作记忆效应 . 现代外语，（1）：87–95.

温植胜，易保树 . 2015. 工作记忆与二语习得研究的新进展 . 现代外语，（4）：565–574.

吴会芹 . 2009. "语言官能" 假说之争中的高端对决 . 外国语（上海外国语大学学报），（4）：63–70.

吴文 . 2012. 从动物语言到人类语言的进化研究综述 . 浙江外国语学院学报，（4）：1–7.

熊雅红，李彬，黄艳丽 . 2019. Schuell 法语言训练对失语症患者的治疗价值 . 中国听力语言康复科学杂志，（4）：283–286.

徐海铭，郑雨轩 . 2021. 神经语言学视角下的口译实证研究综述 . 外国语（上海外国语大学学报），（5）：115–125.

杨静 . 2016. 双语者语言控制的神经机制 . 当代语言学，（4）：604–616.

杨亦鸣，曹明 . 1997. 汉语皮质下失语患者主动句式与被动句式理解、生成的比较研究 . 中国语文，（4）：282–288.

杨亦鸣，曹明 . 1998. 中文大脑词库形、音、义码关系的神经语言学分析 . 中国语文，（6）：417–424.

杨亦鸣，刘涛 . 2010. 中国神经语言学研究回顾与展望 . 语言文字应用，（2）：12–25.

杨玉芳 . 2015. 心理语言学 . 北京：科学出版社 .

尹文刚 . 1984. 脑功能 "一侧化" 问题的研究 . 心理学报，（4）：49–56.

于浩鹏，何晓炜，王海燕 . 2017. 普通话特殊型语言障碍儿童关系从句产出研究 . 现代外语，（4）：495–506，584.

俞建梁 . 2011. 国外 FOXP2 基因及其语言相关性研究二十年 . 现代外语，（3）：310–316.

袁辉，徐剑．2021．基于键盘记录的翻译单位和语言单位与译者水平关系的研究．外语研究，（2）：76–83，112.

张武田，彭瑞祥．1984．大脑机能一侧化和表意文字符号的认读．心理学报，（8）：275–281.

张玉梅，宋鲁平．2019．失语症新理论新进展．北京：科学技术文献出版社．

赵吉生．1984．神经语言学理论的前景．国外语言学，（2）：31–33，64.

钟晓云．2020．汉语非流利型失语症患者手势中"体"的研究．北京：清华大学博士学位论文．

钟晓云，崔刚．2022．从失语症患者的手势看手势和语言的关系．当代语言学，（1）：107–121.

Aarsland, D., Batzu, L., Halliday, G. M., Geurtsen, G. J., Ballard, C., Ray Chaudhuri, K. & Weintraub, D. 2021. Parkinson disease-associated cognitive impairment. *Nature Reviews Disease Primers*, *7*(1): 47.

Aben, B., Stapert, S. & Blokland, A. 2012. About the distinction between working memory and short-term memory. *Frontiers in Psychology*, *3*: 301.

Aboud, K. S., Nguyen, T. Q., Del Tufo, S. N., Chang, C., Zald, D. H., Key, A. P., Price, G. R., Landman, B. A. & Cutting, L. E. 2023. Rapid interactions of widespread brain networks characterize semantic cognition. *Journal of Neuroscience*, *43*(1): 142–154.

Abrahams, B. S., Tentler, D., Perederiy, J. V., Oldham, M. C., Coppola, G. & Geschwind, D. H. 2007. Genome-wide analyses of human perisylvian cerebral cortical patterning. *Proceedings of the National Academy of Sciences*, *104*(45): 17849–17854.

Abrams, L. & Farrell, M. T. 2011. Language processing in normal aging. In J. Guendouzi, F. Loncke & M. J. Williams (Eds.), *The Handbook of Psycholinguistic and Cognitive Processes: Perspectives in Communication Disorders*. Hove & New York: Psychology Press, 49–74.

Abrevaya, S., Sedeño, L., Fitipaldi, S., Pineda, D., Lopera, F., Buritica, O., Villegas, A., Bustamante, C., Gomez, D., Trujillo, N., Pautassi, R., Ibáñez, A. & García, A. M. 2017. The road less traveled: Alternative pathways for action-verb processing in Parkinson's disease. *Journal of Alzheimer's Disease*, *55*(4): 1429–1435.

Abry, C., Stefanuto, M., Vilain, A. & Laboissière, R. 2002. What can the utterance "tan, tan" of Broca's patient Leborgne tell us about the hypothesis of an emergent "babble-syllable" downloaded by SMA? In J. Durand & B. Laks (Eds.), *Phonetics, Phonology, and Cognition*. Oxford: Oxford University Press, 226–243.

Abutalebi, J., Brambati, S. M., Annoni, J. M., Moro, A., Cappa, S. F. & Perani, D. 2007.

The neural cost of the auditory perception of language switches: An event-related functional magnetic resonance imaging study in bilinguals. *Journal of Neuroscience*, 27: 13762–13769.

Abutalebi, J., Canini, M., Della Rosa, P. A., Green, D. W. & Weekes, B. S. 2015. The neuroprotective effects of bilingualism upon the inferior parietal lobule: A structural neuroimaging study in aging Chinese bilinguals. *Journal of Neurolinguistics*, 33: 3–13.

Abutalebi, J., Canini, M., Della Rosa, P. A., Sheung, L. P., Green, D. W. & Weekes, B. S. 2014. Bilingualism protects anterior temporal lobe integrity in aging. *Neurobiology of Aging*, 35(9): 2126–2133.

Abutalebi, J., Cappa, S. F. & Perani, D. 2005. What can functional neuroimaging tell us about the bilingual brain? In J. F. Kroll & A. M. B. de Groot (Eds.), *Handbook of Bilingualism: Psycholinguistic Approaches*. Oxford: Oxford University Press, 497–515.

Abutalebi, J., Della Rosa, P. A., Ding, G., Weekes, B., Costa, A. & Green, D. W. 2013. Language proficiency modulates the engagement of cognitive control areas in multilinguals. *Cortex*, 49: 905–911.

Abutalebi, J., Della Rosa, P. A., Gonzaga, A. K. C., Keim, R., Costa, A. & Perani, D. 2013. The role of the left putamen in multilingual language production. *Brain and Language*, 125(3): 307–315.

Abutalebi, J. & Green, D. 2007. Bilingual language production: The neurocognition of language representation and control. *Journal of Neurolinguistics*, 20(3): 242–275.

Abutalebi, J. & Green, D. 2008. Control mechanisms in bilingual language production: Neural evidence from language switching studies. *Language and Cognitive Processes*, 23(4): 557–582.

Adank, P. 2012. The neural bases of difficult speech comprehension and speech production: Two Activation Likelihood Estimation (ALE) meta-analyses. *Brain and Language*, 122(1): 42–54.

Adelt, A., Stadie, N., Lassotta, R., Adani, F. & Burchert, F. 2017. Feature dissimilarities in the processing of German relative clauses in aphasia. *Journal of Neurolinguistics*, 44: 17–37.

Adolphs, R., Damasio, H., Tranel, D., Cooper, G. & Damasio, A. 2000. A role for somatosensory cortices in the visual recognition of emotion as revealed by three-dimensional lesion mapping. *Journal of Neuroscience*, 20: 2683–2690.

Aerts, A., Batens, K., Santens, P., Van Mierlo, P., Huysman, E., Hartsuiker, R., Hemelsoet, D., Duyck, W., Raedt, R., Van Roost, D. & De Letter, M. 2015. Aphasia therapy early after stroke: Behavioural and neurophysiological changes in the acute and post-acute phases. *Aphasiology, 29*(7): 845–871.

Aglioti, S. & Fabbro, F. 1993. Paradoxical selective recovery in a bilingual aphasic following subcortical lesions. *NeuroReport, 4*(12): 1359–1362.

Agnew, Z. K., McGettigan, C. & Scott, S. K. 2011. Discriminating between auditory and motor cortical responses to speech and nonspeech mouth sounds. *Journal of Cognitive Neuroscience, 23*(12): 4038–4047.

Ahrens, B., Kalderon, E., Krick, C. M., Reith, W., Gile, D., Hansen, G. & Pokorn, N. 2010. fMRI for exploring simultaneous interpreting. In D. Gile, G. Hansen & N. K. Pokorn (Eds.), *Why Translation Studies Matters*. Amsterdam: John Benjamins, 237–248.

Aitchison, J. 1989. *Words in the Mind: An Introduction to Mental Lexicon*. Oxford: Basil Blackwell.

Alain, C., Du, Y., Bernstein, L. J., Barten, T. & Banai, K. 2018. Listening under difficult conditions: An activation likelihood estimation meta-analysis. *Human Brain Mapping, 39*(7): 2695–2709.

Alain, C., Reinke, K., McDonald, K. L., Chau, W., Tam, F., Pacurar, A. & Graham, S. 2005. Left thalamo-cortical network implicated in successful speech separation and identification. *NeuroImage, 26*: 592–599.

Alarcón, M., Abrahams, B. S., Stone, J. L., Duvall, J. A., Perederiy, J. V., Bomar, J. M., Sebat, J., Wigler, M., Martin, C. L. & Ledbetter, D. H. 2008. Linkage, association, and gene-expression analyses identify CNTNAP2 as an autism-susceptibility gene. *The American Journal of Human Genetics, 82*(1): 150–159.

Albert, M. L., Sparks, R. W. & Helm, N. A. 1973. Melodic intonation therapy for aphasia. *Archives of Neurology, 29*(2): 130–131.

Aleman, A., Formisano, E., Koppenhagen, H., Hagoort, P., de Haan, E. H. & Kahn, R. S. 2005. The functional neuroanatomy of metrical stress evaluation of perceived and imagined spoken words. *Cerebral Cortex, 15*: 221–228.

Alladi, S., Bak, T. H., Duggirala, V., Surampudi, B., Shailaja, M., Shukla, A. K., Chaudhuri, J. R. & Kaul, S. 2013. Bilingualism delays age at onset of dementia, independent of education and immigration status. *Neurology, 81*(22): 1938–1944.

Almor, A., Smith, D. V., Bonilha, L., Fridriksson, J. & Rorden, C. 2007. What is in a name? Spatial brain circuits are used to track discourse references. *NeuroReport, 18*: 1215–1219.

Alt, M., Plante, E. & Creusere, M. 2004. Semantic features in fast-mapping: Performance of preschoolers with specific language impairment versus preschoolers with normal language. *Journal of Speech, Language, and Hearing Research, 47*(2): 407–420.

Alves, F. & Vale, D. C. 2009. Probing the unit of translation in time: Aspects of the design and development of a web application for storing, annotating, and querying translation process data. *Across Languages and Cultures, 10*(2): 251–273.

Alves, F. & Vale, D. C. 2017. On drafting and revision in translation: A corpus linguistics oriented analysis of translation process data. In S. Hansen-Schirra, S. Neumann & O. Čulo. (Eds.), *Annotation, Exploitation and Evaluation of Parallel Corpora*. Berlin: Language Science Press, 89–110.

Alzheimer's Association. 2020. Alzheimer's disease facts and figures. *Alzheimer's & Dementia, 16*(3): 391–456.

Alzheimer's Association. 2023. *Parkinson's Disease Dementia*. Retrieved August 31, 2023, from Alzheimer's Association website.

Amassian, V. E., Cracco, R. Q., Maccabee, P. J., Cracco, J. B., Rudell, A. & Eberle, L. 1989. Suppression of visual perception by magnetic coil stimulation of human occipital cortex. *Electroencephalography and Clinical Neurophysiology, 74*: 458–462.

American Psychiatric Association. 2000. *Diagnostic and Statistical Manual of Mental Disorders: DSM-4*™ (4th ed.). Washington, D.C.: American Psychiatric Publishing.

American Speech-Language-Hearing Association. 2023. *Aphasia*. Retrieved August 31, 2023, from ASHA website.

Amici, S., Brambati, S. M., Wilkins, D. P., Ogar, J., Dronkers, N. L., Miller, B. L. & Gorno-Tempini, M. L. 2007. Anatomical correlates of sentence comprehension and verbal working memory in neurodegenerative disease. *Journal of Neuroscience, 27*(23): 6282–6290.

Amiez, C., Sallet, J., Giacometti, C., Verstraete, C., Gandaux, C., Morel-Latour, V., Meguerditchian, A., Hadj-Bouziane, F., Ben Hamed, S. & Hopkins, W. D. 2023. A revised perspective on the evolution of the lateral frontal cortex in primates. *Science Advances, 9*(20): 1–14.

Aminoff, E. M., Kveraga, K. & Bar, M. 2013. The role of the parahippocampal cortex in cognition. *Trends in Cognitive Sciences, 17*: 379–390.

Amunts, K. & Zilles, K. 2012. Architecture and organizational principles of Broca's region. *Trends in Cognitive Sciences, 16*(8): 418–426.

Anderson, J. R. 1982. Acquisition of cognitive skill. *Psychological Review, 89*(4): 369–406.

Anderson, J. R. 1987. Skill acquisition: Compilation of weak-method problem solutions. *Psychological Review, 94*(2): 192–210.

Anderson, J. R. 2005. *Cognitive Psychology and Its Implications*. London: Worth Publishers.

Anderson, J. R. 2010. *Cognitive Psychology and Its Implications* (7th ed.). New York:

Worth Publishers.

Anderson, J. R. 2015. *Cognitive Psychology and Its Implications* (8th ed.). New York: Worth Publishers.

Anderson, S., White-Schwoch, T., Parbery-Clark, A. & Kraus, N. 2013. A dynamic auditory-cognitive system supports speech-in-noise perception in older adults. *Hearing Research, 300*: 18–32.

Andoh, J., Artiges, E., Pallier, C., Riviere, D., Mangin, J. F., Cachia, A., Plaze, M., Paillère-Martinot, M. L. & Martinot, J. L. 2006. Modulation of language areas with functional MR image-guided magnetic stimulation. *NeuroImage, 29*: 619–627.

Andoh, J., Artiges, E., Pallier, C., Riviere, D., Mangin, J. F., Paillere-Martinot, M. L. & Martinot, J. L. 2008. Priming frequencies of transcranial magnetic stimulation over Wernicke's area modulate word detection. *Cerebral Cortex, 18*: 210–216.

Andrade, E. I. N., Manxhari, C. & Smith, K. M. 2023. Pausing before verb production is associated with mild cognitive impairment in Parkinson's disease. *Frontiers in Human Neuroscience, 17*: 1102024.

Andreu, L., Sanz-Torrent, M., Olmos, J. G. & Macwhinney, B. 2013. The formulation of argument structure in SLI: An eye-movement study. *Clinical Linguistics & Phonetics, 27*(2): 111–133.

Anglade, C., Thiel, A. & Ansaldo, A. I. 2014. The complementary role of the cerebral hemispheres in recovery from aphasia after stroke: A critical review of literature. *Brain Injury, 28*(2): 138–145.

Angwin, A. J., Chenery, H. J., Copland, D. A., Murdoch, B. E. & Silburn, P. A. 2005. Summation of semantic priming and complex sentence comprehension in Parkinson's disease. *Cognitive Brain Research, 25*(1): 78–89.

Anjum, J. & Hallowell, B. 2019. Validity of an eyetracking method for capturing auditory-visual cross-format semantic priming. *Journal of Clinical and Experimental Neuropsychology, 41*(4): 411–431.

Annette, M. B. & de Groot, A. M. B. 2012. Vocabulary learning in bilingual first-language acquisition and late second-language learning. In M. Faust (Ed.), *The Handbook of the Neuropsychology of Language*. Oxford: Blackwell, 472–493.

Antoniou, M., Gunasekera, G. M. & Wong, P. C. 2013. Foreign language training as cognitive therapy for age-related cognitive decline: A hypothesis for future research. *Neuroscience & Biobehavioral Reviews, 37*(10): 2689–2698.

Arbib, M. A. 2005. From monkey-like action recognition to human language: An evolutionary framework for neurolinguistics. *Behavioral and Brain Sciences, 28*(2): 105–124.

Arbib, M. A. 2016. Towards a computational comparative neuroprimatology: Framing the language-ready brain. *Physics of Life Reviews, 16*: 1–54.

Arbib, M. A. & Rizzolatti, G. 1996. Neural expectations: A possible evolutionary path from manual skills to language. *Communication and Cognition, 29*: 393–424.

Ardila, A. 2015. A proposed neurological interpretation of language evolution. *Behavioural Neurology, 2015*: 872487.

Arendt, T., Schindler, C., Brückner, M. K., Eschrich, K., Bigl, V., Zedlick, D. & Marcova, L. 1997. Plastic neuronal remodeling is impaired in patients with Alzheimer's disease carrying apolipoprotein epsilon 4 allele. *Journal of Neuroscience, 17*(2): 516–529.

Arheix-Parras, S., Glize, B., Guehl, D. & Python, G. 2023. Electrophysiological changes in patients with post-stroke aphasia: A systematic review. *Brain Topography, 36*: 135–171.

Aristei, S., Melinger, A. & Abdel Rahman, R. 2011. Electrophysiological chronometry of semantic context effects in language production. *Journal of Cognitive Neuroscience, 23*: 1567–1586.

Armstrong, D. F. & Wilcox, S. 2007. *The Gestural Origin of Language*. Oxford: Oxford University Press.

Armstrong, R. A. 2019. Risk factors for Alzheimer's disease. *Folia Neuropathologica, 57*(2): 87–105.

Aron, A. R., Robbins, T. W. & Poldrack, R. A. 2014. Inhibition and the right inferior frontal cortex: One decade on. *Trends in Cognitive Sciences, 18*: 177–185.

Arosio, F. & Guasti, M. T. 2019. The production of wh-questions in Italian-speaking children with SLI. *Clinical Linguistics & Phonetics, 33*(4): 349–375.

Arsenault, J. S. & Buchsbaum, B. R. 2015. Distributed neural representations of phonological features during speech perception. *Journal of Neuroscience, 35*(2): 634–42.

Arslan, S., Devers, C. & Ferreiro, S. M. 2021. Pronoun processing in post-stroke aphasia: A meta-analytic review of individual data. *Journal of Neurolinguistics, 59*: 101005.

Arvanitakis, Z., Shah, R. C. & Bennett, D. A. 2019. Diagnosis and management of dementia: Review. *JAMA, 322*(16): 1589–1599.

Ash, S., McMillan, C., Gross, R. G., Cook, P., Morgan, B., Boller, A., Dreyfuss, M., Siderowf, A. & Grossman, M. 2011. The organization of narrative discourse in Lewy body spectrum disorder. *Brain and Language, 119*(1): 30–41.

Ash, S., Nevler, N., Phillips, J., Irwin, D. J., McMillan, C. T., Rascovsky, K. &

Grossman, M. 2019. A longitudinal study of speech production in primary progressive aphasia and behavioral variant frontotemporal dementia. *Brain and Language, 194*: 46–57.

Ash, S., Xie, S. X., Gross, R. G., Dreyfuss, M., Boller, A., Camp, E., Morgan, B., O'Shea, J. & Grossman, M. 2012. The organization and anatomy of narrative comprehension and expression in Lewy body spectrum disorders. *Neuropsychology, 26*(3): 368–384.

Ashburner, J. & Friston, K. 2000. Voxel-based morphometry—The methods. *NeuroImage, 11*: 805–821.

Ashley-Koch, A., Wolpert, C. M., Menold, M. M., Zaeem, L., Basu, S., Donnelly, S. L., Ravan, S. A., Powell, C. M., Qumsiyeh, M. B. & Aylsworth, A. 1999. Genetic studies of autistic disorder and chromosome 7. *Genomics, 61*(3): 227–236.

Atri, A. 2019. The Alzheimer's disease clinical spectrum: Diagnosis and management. *Medical Clinics of North America, 103*(2): 263–293.

Aubert-Broche, B., Fonov, V. S., García-Lorenzo, D., Mouiha, A., Guizard, N., Coupé, P., Eskildsen, S. F. & Collins, D. L. 2013. A new method for structural volume analysis of longitudinal brain MRI data and its application in studying the growth trajectories of anatomical brain structures in childhood. *NeuroImage, 82*: 393–402.

Augurzky, P., Franke, M. & Ulrich, R. 2019. Gricean expectations in online sentence comprehension: An ERP study on the processing of scalar inferences. *Cognitive Science, 43*(8): e12776.

Austin, J. L. 1962. *How to Do Things with Words*. Oxford: Clarendon Press.

Auzou, P., Ozsancak, C., Morris, R. J., Jan, M., Eustache, F. & Hannequin, D. 2000. Voice onset time in aphasia, apraxia of speech and dysarthria: A review. *Clinical Linguistics & Phonetics, 14*(2): 131–150.

Awad, M., Warren, J. E., Scott, S. K., Turkheimer, F. E. & Wise, R. J. 2007. A common system for the comprehension and production of narrative speech. *The Journal of Neuroscience, 27*: 11455–11464.

Aydelott, J., Leech, R. & Crinion, J. 2010. Normal adult aging and the contextual influences affecting speech and meaningful sound perception. *Trends in Amplification, 14*(4): 218–232.

Bach, D. R. & Dolan, R. J. 2012. Knowing how much you don't know: A neural organization of uncertainty estimates. *Nature Reviews Neuroscience, 13*: 572–586.

Baddeley, A. D. 1986. *Working Memory*. New York: Oxford University Press.

Baddeley, A. D. 1992. Working memory. *Science, 255*(5044): 556–559.

Baddeley, A. D. 2000. The episodic buffer: A new component of working memory?

Trends in Cognitive Sciences, 4(11): 417–423.

Baddeley, A. D. 2002. Is working memory still working? *European Psychologist*, 7(2): 85–97.

Baddeley, A. D. 2006. Working memory: An overview. In S. J. Pickering (Ed.), *Working Memory and Education*. New York: Academic Press, 1–31.

Baddeley, A. D. 2007. *Working Memory, Thought, and Action*. Oxford: Oxford University Press.

Baddeley, A. D. & Hitch, G. 1974. Working memory. In G. H. Bower (Ed.), *The Psychology of Learning and Motivation*. New York: Academic Press, 47–89.

Baggio, G. 2022. *Neurolinguistics*. Cambridge: MIT Press.

Bailey, C., Venta, A. & Langley, H., 2020. The bilingual [dis]advantage. *Language and Cognition*, 12(2): 225–281.

Bak, T. H., Long, M. R., Vega-Mendoza, M. & Sorace, A. 2016. Novelty, challenge, and practice: The impact of intensive language learning on attentional functions. *PloS One*, 11(4): e0153485.

Bak, T. H., Nissan, J. J., Allerhand, M. M. & Deary, I. J. 2014. Does bilingualism influence cognitive aging? *Annals of Neurology*, 75(6): 959–963.

Baker, J. M., Rorden, C. & Fridriksson, J. 2010. Using transcranial directcurrent stimulation to treat stroke patients with aphasia. *Stroke*, 41: 1229–1236.

Baldo, J. V., Arevalo, A., Wilkins, D. P. & Dronkers, N. 2009. Voxel-based lesion analysis of category-specific naming on the Boston Naming Test. *CRL Technical Report*, 21: 1–2.

Baldo, J. V., Wilson, S. M. & Dronkers, N. F. 2012. Uncovering the neural substrates of language: A voxel-based lesion-symptom mapping approach. In M. Faust (Ed.), *The Handbook of the Neuropsychology of Language*. Malden & Oxford: Blackwell, 582–594.

Baltes, P. B. & Lindenberger, U. 1997. Emergence of a powerful connection between sensory and cognitive functions across the adult life span: A new window to the study of cognitive aging? *Psychology and Aging*, 12(1): 12.

Banich, M. T. 1998. The missing link: The role of interhemispheric interaction in attentional processing. *Brain and Cognition*, 36: 128–157.

Bara, B. G., Enrici, I. & Adenzato, M. 2016. At the core of pragmatics: The neural substrates of communicative intentions. In G. Hickok & S. L. Small (Eds.), *Neurobiology of Language*. Orlando: Academic Press, 675–685.

Barbancho, M. A., Berthier, M. L., Navas-Sánchez, P., Dávila, G., Green-Heredia, C., García-Alberca, J. M., Ruiz-Cruces, R., López-González, M. V., Dawid-Milner,

M. S., Pulvermüller, F. & Lara, J. P. 2015. Bilateral brain reorganization with memantine and constraint-induced aphasia therapy in chronic post-stroke aphasia: An ERP study. *Brain and Language, 145*: 1–10.

Barbieri, E., Mack, J., Chiappetta, B., Europa, E. & Thompson, C. K. 2019. Recovery of offline and online sentence processing in aphasia: Language and domain-general network neuroplasticity. *Cortex, 120*: 394–418.

Bartels-Tobin, L. & Hinckley, J. 2005. Cognition and discourse production in right hemisphere disorder. *Journal of Neurolinguistics, 18*: 461–477.

Barton, B., Venezia, J. H., Saberi, K., Hickok, G. & Brewer, A. A. 2012. Orthogonal acoustic dimensions define auditory field maps in human cortex. *Proceedings of the National Academy of Sciences of the United States of America, 109*(50): 20738–20743.

Barton, R. A. & Harvey, P. H. 2000. Mosaic evolution of brain structure in mammals. *Nature, 405*(6790): 1055–1058.

Barwood, C. H. S., Murdoch, B. E., Whelan, B. M., Lloyd, D., Riek, S., O'Sullivan, J. D., Coulthard, A. & Wong, A. 2011. Modulation of N400 in chronic non-fluent aphasia using low frequency Repetitive Transcranial Magnetic Stimulation (rTMS). *Brain and Language, 116*(3): 125–135.

Barwood, C. H. S., Murdoch, B. E., Whelan, B. M., O'Sullivan, J. D., Wong, A., Lloyd, D., Riek, S. & Coulthard, A. 2012. Longitudinal modulation of N400 in chronic non-fluent aphasia using low frequency rTMS: A randomised placebo controlled trial. *Aphasiology, 26*(1): 103–124.

Bassett, D. S. & Bullmore, E. 2006. Small-world brain networks. *The Neuroscientist, 12*(6): 512–523.

Bassett, D. S. & Mattar, M. G. 2017. A network neuroscience of human learning: Potential to inform quantitative theories of brain and behavior. *Trends in Cognitive Sciences, 21*(4): 250–264.

Bastiaanse, R. & van Zonneveld, R. 2005. Sentence production with verbs of alternating transitivity in agrammatic Broca's aphasia. *Journal of Neurolinguistics, 18*: 57–66.

Bates, E. 2014. *The Emergence of Symbols: Cognition and Communication in Infancy.* New York: Academic Press.

Bates, E., Chen, S., Tzeng, O., Li, P. & Opie, M. 1991. The noun-verb problem in Chinese aphasia. *Brain and Language, 41*(2): 203–233.

Bates, E., Wilson, S. M., Saygin, A. P., Dick, F., Sereno, M. I., Knight, R. T. & Dronkers, N. F. 2003. Voxel-based lesion-symptom mapping. *Nature Neuroscience, 6*(5): 448–450.

Bates, K. 1976. *Language and Context*. London: Academic Press.

Bauer, A. J. & Just, M. A. 2019. Neural representations of concept knowledge. In G. I. de Zubicaray & N. O. Schiller (Eds.), *The Oxford Handbook of Neurolinguistics*. Oxford: Oxford University Press, 519–547.

Bayles, K., McCullough, K. & Tomoeda, C. 2020. *Cognitive-communication Disorders of MCI and Dementia* (3rd ed.). San Diego: Plural Publishing.

Beales, A., Whitworth, A., Cartwright, J., Panegyres, P. K. & Kane, R. T. 2018. Determining stability in connected speech in primary progressive aphasia and Alzheimer's disease. *International Journal of Speech-Language Pathology, 20*(3): 361–370.

Bear, M. F., Connors, B. W. & Paradiso, M. A. 2016. *Neuroscience: Exploring the Brain* (4th ed.). Philadelphia: Wolters Kluwer.

Becker, M., Schubert, T., Strobach, T., Gallinat, J. & Kühn, S. 2016. Simultaneous interpreters vs. professional multilingual controls: Group differences in cognitive control as well as brain structure and function. *NeuroImage, 134*: 250–260.

Becker, Y. & Meguerditchian, A. 2022. Structural brain asymmetries for language: A comparative approach across primates. *Symmetry, 14*(5): 876.

Beckers, G. J., Bolhuis, J. J., Okanoya, K. & Berwick, R. C. 2012. Birdsong neurolinguistics: Songbird context-free grammar claim is premature. *NeuroReport, 23*(3): 139–145.

Beeby-Lonsdale, A. 1998. Direction of translation directionality. In M. Baker (Ed.), *Routledge Encyclopedia of Translation Studies*. London & New York: Routledge, 63–67.

Beeson, P. M., King, R. M., Bonakdarpour, B., Henry, M. L., Cho, H. & Rapcsak, S. Z. 2011. Positive effects of language treatment for the logopenic variant of primary progressive aphasia. *Journal of Molecular Neuroscience, 45*(3): 724–736.

Behar, D. M., Villems, R., Soodyall, H., Blue-Smith, J., Pereira, L., Metspalu, E., Scozzari, R., Makkan, H., Tzur, S. & Comas, D. 2008. The dawn of human matrilineal diversity. *The American Journal of Human Genetics, 82*(5): 1130–1140.

Beilock, S. L. & Carr, T. H. 2003. From novice to expert performance: Memory, attention, and the control of complex sensorimotor skills. In A. M. Williams, N. J. Hodges, M. A. Scott & M. L. J. Court (Eds.), *Skill Acquisition in Sport: Research, Theory, and Practice*. London & New York: Routledge, 309–327.

Beitchman, J. H., Jiang, H., Koyama, E., Johnson, C. J., Escobar, M., Atkinson, L., Brownlie, E. B. & Vida, R. 2008. Models and determinants of vocabulary growth from kindergarten to adulthood. *The Journal of Child Psychology and Psychiatry, 49*(6): 626–634.

Belin, P., Zatorre, R. J. & Ahad, P. 2002. Human temporal-lobe response to vocal sounds. *Cognitive Brain Research, 13*: 17–26.

Belton, E., Salmond, C. H., Watkins, K. E., Vargha-Khadem, F. & Gadian, D. G. 2003. Bilateral brain abnormalities associated with dominantly inherited verbal and orofacial dyspraxia. *Human Brain Mapping, 18*(3): 194–200.

Benavides-Varela, S. & Gervain, J. 2017. Learning word order at birth: A NIRS study. *Developmental Cognitive Neuroscience, 25*: 198–208.

Ben-David, B. M., Erel, H. Goy, H. & Schneider, B. A. 2015. "Older is always better": Age-related differences in vocabulary scores across 16 years. *Psychology and Aging, 30*(4): 856–862.

Bendor, D. & Wang, X. 2005. The neuronal representation of pitch in primate auditory cortex. *Nature, 436*(7054): 1161–1165.

Bendor, D. & Wang, X. 2006. Cortical representations of pitch in monkeys and humans. *Current Opinion in Neurobiology, 16*(4): 391–399.

Bendor, D. & Wang, X. 2007 Differential neural coding of acoustic flutter within primate auditory cortex. *Nature Neuroscience, 10*(6): 763–771.

Benetello, A., Kohen, F., Kalinyak-Fliszar, M. & Martin, N. 2012. Cross-structural priming in sentences with particles and prepositions: A case study. *Procedia-Social and Behavioral Sciences, 61*: 262–263.

Benítez-Burraco, A. & Boeckx, C. 2014. Language disorders and language evolution: Constraints on hypotheses. *Biological Theory, 9*: 269–274.

Benke, T., Hohenstein, C., Poewe, W. & Butterworth, B. 2000. Repetitive speech phenomena in Parkinson's disease. *Journal of Neurology, Neurosurgery, and Psychiatry, 69*(3): 319–324.

Ben-Shachar, M., Hendler, T., Kahn, I., Ben-Bashat, D. & Grodzinsky, Y. 2003. The neural reality of syntactic transformations: Evidence from fMRI. *Psychological Science, 14*: 433–440.

Ben-Shachar, M., Palti, D. & Grodzinsky, Y. 2004. Neural correlates of syntactic movement: Converging evidence from two fMRI experiments. *NeuroImage, 21*(4): 1320–1336.

Benson, R. R., Richardson, M., Whalen, D. H. & Lai, S. 2006. Phonetic processing areas revealed by sinewave speech and acoustically similar non-speech. *NeuroImage, 31*: 342–353.

Benson, R. R., Whalen, D. H., Richardson, M., Swainson, B., Clark, V. P., Lai, S. & Liberman, A. M. 2001. Parametrically dissociating speech and nonspeech perception in the brain using fMRI. *Brain and Language, 78*: 364–396.

Bernolet, S., Hartsuiker, R. J. & Pickering, M. J. 2007. Shared syntactic representations in bilinguals: Evidence for the role of word-order repetition. *Journal of Experimental Psychology: Language, Memory & Cognition, 33*: 931– 949.

Berthier, M. L. 2005. Poststroke aphasia: Epidemiology, pathophysiology and treatment. *Drugs & Aging, 22*(2): 163–182.

Berwick, R. C. 1998. Language evolution and the minimalist program: The origins of syntax. In J. R. Hurford, M. Studdert-Kennedy & C. Knight (Eds.), *Approaches to the Evolution of Language: Social and Cognitive Bases*. Cambridge: Cambridge University Press, 320–340.

Berwick, R. C. & Chomsky, N. 2011. The biolinguistic program: The current state of its development. In A. M. D. Sciullo & C. Boeckx (Eds.), *The Biolinguistic Enterprise: New Perspectives on the Evolution and Nature of the Human Language Faculty*. Oxford: Oxford University Press, 19–41.

Berwick, R. C. & Chomsky, N. 2016. *Why Only Us: Language and Evolution*. Cambridge: MIT Press.

Berwick, R. C., Okanoya, K., Beckers, G. J. & Bolhuis, J. J. 2011. Songs to syntax: The linguistics of birdsong. *Trends in Cognitive Sciences, 15*(3): 113–121.

Besson, M., Chobert, J. & Marie, C. 2011. Transfer of training between music and speech: Common processing, attention, and memory. *Frontiers in Psychology, 2*: 94.

Beyersmann, E., Lakimova, G., Ziegler, J. C. & Colé, P. 2014. Semantic processing during morphological priming: An ERP study. *Brain Research, 1579*: 45–55.

Bhatnagar, S. C., Mandybur, G., Buckingham, H. & Andy, O. 2000. Language representation in the human brain: Evidence from cortical mapping. *Brain and Language, 74*: 238–259.

Bialystok, E. 2009. Bilingualism: The good, the bad, and the indifferent. *Bilingualism: Language and Cognition, 12*: 3–11.

Bialystok, E. 2021. Bilingualism: Pathway to cognitive reserve. *Trends in Cognitive Sciences, 25*(5): 355–364.

Bialystok, E., Craik, F. I. & Freedman, M. 2007. Bilingualism as a protection against the onset of symptoms of dementia. *Neuropsychologia, 45*(2): 459–464.

Bialystok, E., Craik, F. I. & Luk, G. 2012. Bilingualism: Consequences for mind and brain. *Trends in Cognitive Sciences, 16*: 240–250.

Bickerton, D. 1990. *Language and Species*. Chicago: University of Chicago Press.

Bickerton, D. 1998. Catastrophic evolution: The case for a single step from protolanguage to full human language. In J. R. Hurford, M. Studdert-Kennedy & C. Knight (Eds.), *Approaches to the Evolution of Language: Social and Cognitive Bases*.

Cambridge: Cambridge University Press, 341–358.

Bickerton, D. 2007. Language evolution: A brief guide for linguists. *Lingua, 117*(3): 510–526.

Bilodeau-Mercure, M., Lortie, C. L., Sato, M., Guitton, M. J. & Tremblay, P. 2015. The neurobiology of speech perception decline in aging. *Brain Structure & Function, 220*(2): 979–997.

Bilodeau-Mercure, M. & Tremblay, P. 2016. Age differences in sequential speech production: Articulatory and physiological factors. *Journal of the American Geriatrics Society, 64*(11): 177–182.

Binder, J. R. 2016. In defense of abstract conceptual representations. *Psychonomic Bulletin & Review, 23*: 1096–1108.

Binder, J. R. & Desai, R. H. 2011. The neurobiology of semantic memory. *Trends in Cognitive Sciences, 15*(11): 527–536.

Binder, J. R., Desai, R. H., Graves, W. W. & Conant, L. L. 2009. Where is the semantic system? A critical review and meta-analysis of 120 functional neuroimaging studies. *Cerebral Cortex, 19*(12): 2767–2796.

Binder, J. R., Frost, J. A., Hammeke, T. A., Cox, R. W., Rao, S. M. & Prieto, T. 1997. Human brain language areas identified by functional magnetic resonance imaging. *The Journal of Neuroscience, 17*: 353–362.

Binder, J. R., Frost, J. A., Hammeke, T. A., Rao, S. M. & Cox, R. W. 1996. Function of the left planum temporale in auditory and linguistic processing. *Brain, 119*(4): 1239–1247.

Binder, J. R., Liebenthal, E., Possing, E. T., Medler, D. A. & Ward, B. D. 2004. Neural correlates of sensory and decision processes in auditory object identification. *Nature Neuroscience, 7*: 295–301.

Bird, H., Howard, D. & Franklin, S. 2003. Verbs and nouns: The importance of being imageable. *Journal of Neurolinguistics, 16*(2–3): 113–149.

Birdsong, D. 2005. Interpreting age effects in second language acquisition. In J. Kroll & A. de Groot (Eds.), *Handbook of Bilingualism: Psycholinguistic Approaches*. Oxford: Oxford University Press, 109–127.

Bishop, D. V. M. 2006. What causes specific language impairment in children? *Current Directions in Psychological Science, 15*(5): 217–221.

Bishop, D. V. M., North, T. & Donlan, C. 1995. Genetic basis of specific language impairment: Evidence from a twin study. *Developmental Medicine and Child Neurology, 37*(1): 56–71.

Bishop, D. V. M., Snowling, M. J., Thompson, P. A., Greenhalgh, T. & CATALISE consortium 2016. CATALISE: A multinational and multidisciplinary delphi consensus study. Identifying language impairments in children. *PloS One, 11*(7): e0158753.

Bishop, D. V. M., Snowling, M. J., Thompson, P. A., Greenhalgh, T. & CATALISE-2 consortium 2017. Phase 2 of CATALISE: A multinational and multidisciplinary Delphi consensus study of problems with language development: Terminology. *Journal of Child Psychology and Psychiatry, and Allied Disciplines, 58*(10): 1068–1080.

Bitan, T., Lifshitz, A., Breznitz, Z. & Booth, J. R. 2010. Bidirectional connectivity between hemispheres occurs at multiple levels in language processing but depends on sex. *Journal of Neuroscience, 30*(35): 11576–11585.

Blank, I., Balewski, Z., Mahowald, K. & Fedorenko, E. 2016. Syntactic processing is distributed across the language system. *NeuroImage, 127*: 307–323.

Bley-Vroman, R. 1989. What is the logical problem of foreign language learning? In S. Gass & J. Schacter (Eds.), *Linguistic Perspectives on Second Language Acquisition*. Cambridge: Cambridge University Press, 41–68.

Bley-Vroman, R. 1990. The logical problem of foreign language learning. *Linguistic Analysis, 20*: 3–49.

Bley-Vroman, R. 2009. The evolving context of the fundamental difference hypothesis. *Studies in Second Language Acquisition, 31*: 175–198.

Blumstein, S. E. 1994. Impairments of speech production and speech perception in aphasia. *Philosophical Transactions of the Royal Society of London Biological Sciences, 346*(1315): 29–36.

Blumstein, S. E. 2022. *When Words Betray Us: Language, the Brain and Aphasia*. Cham: ASA Press.

Blumstein, S. E., Cooper, W. E., Zurif, E. B. & Caramazza, A. 1977. The perception and production of voice-onset time in aphasia. *Neuropsychologia, 15*: 371–383.

Blumstein, S. E., Myers, E. B. & Rissman, J. 2005. The perception of voice onset time: An fMRI investigation of phonetic category structure. *Journal of Cognitive Neuroscience, 17*(9): 1353–1366.

Blundo, C., Ricci, M. & Miller, L. 2006. Category-specific knowledge deficit for animals in a patient with herpes simples encephalitis. *Cognitive Neuropsychology, 23*: 1248–1268.

Boatman, D. 2004. Cortical bases of speech perception: Evidence from functional lesion studies. *Cognition, 92*(1–2): 47–65.

Boatman, D., Gordon, B., Hart, J., Selnes, O., Miglioretti, D. & Lenz, F. 2000. Transcortical sensory aphasia: Revisited and revised. *Brain, 123*: 1634–1642.

Boeckx, C. 2013. Biolinguistics: Forays into human cognitive biology. *Journal of Anthropological Sciences, 91*: 1–28.

Boeckx, C. 2017. The language-ready head: Evolutionary considerations. *Psychonomic Bulletin & Review, 24*: 194–199.

Boeckx, C. & Benítez-Burraco, A. 2014. The shape of the human language-ready brain. *Frontiers in Psychology, 5*: 282.

Boehler, C. N., Appelbaum, L. G., Krebs, R. M., Hopf, J. M. & Woldorff, M. G. 2010. Pinning down response inhibition in the brain: Conjunction analyses of the Stop-signal task. *NeuroImage, 52*(4): 1621–1632.

Bohbot, V. D., Lerch, J., Thorndycraft, B., Iaria, G. & Zijdenbos, A. P. 2007. Gray matter differences correlate with spontaneous strategies in a human virtual navigation task. *Journal of Neuroscience, 27*(38): 10078–10083.

Bolhuis, J. J., Okanoya, K. & Scharff, C. 2010. Twitter evolution: Converging mechanisms in birdsong and human speech. *Nature Reviews Neuroscience, 11*(11): 747–759.

Bonakdarpour, B., Hurley, R. S., Wang, A. R., Fereira, H. R., Basu, A., Chatrathi, A., Guillaume, K., Rogalski, E. J. & Mesulam, M. M. 2019. Perturbations of language network connectivity in primary progressive aphasia. *Cortex, 121*: 468–480.

Bonakdarpour, B., Rogalski, E. J., Wang, A., Sridhar, J., Mesulam, M. M. & Hurley, R. S. 2017. Functional connectivity is reduced in early-stage primary progressive aphasia when atrophy is not prominent. *Alzheimer Disease and Associated Disorders, 31*(2): 101–106.

Bonanni, L., Thomas, A. & Onofrj, M. 2006. Diagnosis and management of dementia with Lewy bodies: Third report of the DLB Consortium. *Neurology, 66*(9): 1455.

Bonkowsky, J. L. & Chien, C. B. 2005. Molecular cloning and developmental expression of *foxP2* in zebrafish. *Developmental Dynamics, 234*(3): 740–746.

Booth, J. R., Burman, D. D., Meyer, J. R., Gitelman, D. R., Parrish, T. B. & Mesulam, M. M. 2002a. Functional anatomy of intra- and cross-modal lexical tasks. *NeuroImage, 16*: 7–22.

Booth, J. R., Burman, D. D., Meyer, J. R., Gitelman, D. R., Parrish, T. B. & Mesulam, M. M. 2002b. Modality independence of word comprehension. *Human Brain Mapping, 16*(4): 251–261.

Booth, J. R., Burman, D. D., Meyer, J. R., Gitelman, D. R., Parrish, T. B. & Mesulam, M. M. 2003. Relation between brain activation and lexical performance. *Human Brain Mapping, 19*: 155–169.

Bornkessel-Schlesewsky, I., Kretzschmar, F., Tune, S., Wang, L., Genç, S., Philipp, M.,

Roehm, D. & Schlesewsky, M. 2011. Think globally: Cross-linguistic variation in electrophysiological activity during sentence comprehension. *Brain and Language, 117*: 133–152.

Borovsky, A., Saygin, A. P., Bates, E. & Dronkers, N. F. 2007. Lesion correlates of conversational speech production deficits. *Neuropsychologia, 45*(11): 2525–2533.

Botting, N. 2020. Language, literacy and cognitive skills of young adults with developmental language disorder (DLD). *International Journal of Language & Communication Disorders, 55*(2): 255–265.

Botting, N., Toseeb, U., Pickles, A., Durkin, K. & Conti-Ramsden, G. 2016. Depression and anxiety change from adolescence to adulthood in individuals with and without language impairment. *PloS One, 11*(7): e0156678.

Bottini, G., Corcoran, R., Sterzi, R., Paulesu, E., Schenone, P., Scarpa, P., Frackowiak, R. S. & Frith, C. D. 1994. The role of the right hemisphere in the interpretation of figurative aspects of language A positron emission tomography activation study. *Brain, 117*(6): 1241–1253.

Botvinick, M. M., Braver, T. S., Barch, D. M., Carter, C. S. & Cohen, J. D. 2001. Conflict monitoring and cognitive control. *Psychological Review, 108*: 624–652.

Boulenger, V., Hauk, O. & Pulvermueller, F. 2009. Grasping ideas with the motor system: Semantic somatotopy in idiom comprehension. *Cerebral Cortex, 19*: 1905–1914.

Bouras, C., Hof, P. R. & Morrison, J. H. 1993. Neurofibrillary tangle densities in the hippocampal formation in a non-demented population define subgroups of patients with differential early pathologic changes. *Neuroscience Letters, 153*(2): 131–135.

Boux, I., Tomasello, R., Grisoni, L. & Pulvermüller, F. 2021. Brain signatures predict communicative function of speech production in interaction. *Cortex, 135*: 127–145.

Boyle, M. 2010. Semantic feature analysis treatment for aphasic word retrieval impairments: What's in a name? *Topics in Stroke Rehabilitation, 17*(6): 411–422.

Braden, R. O., Amor, D. J., Fisher, S. E., Mei, C., Myers, C. T., Mefford, H., Gill, D., Srivastava, S., Swanson, L. C. & Goel, H. 2021. Severe speech impairment is a distinguishing feature of FOXP1-related disorder. *Developmental Medicine & Child Neurology, 63*(12): 1417–1426.

Bramham, C. R. & Messaoudi, E. 2005. BDNF function in adult synaptic plasticity: The synaptic consolidation hypothesis. *Progress in Neurobiology, 76*(2): 99–125.

Brandler, S. & Rammsayer, T. H. 2003. Differences in mental abilities between musicians and non-musicians. *Psychology of Music, 31*(2): 123–138.

Branzi, F. M., Della Rosa, P. A., Canini, M., Costa, A. & Abutalebi, J. 2016. Language control in bilinguals: Monitoring and response selection. *Cerebral Cortex, 26*: 2367–2380.

Brauer, J., Anwander, A. & Friederici, A. D. 2011. Neuroanatomical prerequisites for language functions in the maturing brain. *Cerebral Cortex, 21*(2): 459–466.

Brauer, J., Anwander, A., Perani, D. & Friederici, A. D. 2013. Dorsal and ventral pathways in language development. *Brain and Language, 127*: 289–295.

Breijyeh, Z. & Karaman, R. 2020. Comprehensive review on Alzheimer's disease: Causes and treatment. *Molecules, 25*(24): 5789.

Breining, B. L. & Sebastian, R. 2020. Neuromodulation in post-stroke aphasia treatment. *Current Physical Medicine and Rehabilitation Reports, 8*(2): 44–56.

Brennan, J. R. 2022. *Language and the Brain: A Slim Guide to Neurolinguistics*. Oxford: Oxford University Press.

Briellmann, R. S., Saling, M. M., Connell, A. B., Waites, A. B., Abbott, D. F. & Jackson, G. D. 2004. A high-field functional MRI study of quadri-lingual subjects. *Brian and Language, 89*: 531–542.

Broadbent, D. E. 1958. *Perception and Communication*. London: Pergamon Press.

Broca, P. 1861. Perte de la parole. *Bulletin de la Sociéte d'Anthropologie de Paris, 2*: 219–237.

Broca, P. 1863. Localisation des fonctions cérébrales: Siège du langage articulé. *Bulletins de la Société Anthropologique de Paris, 3*: 200–204.

Broca, P. 1865. Remarques sur la siège de la faculté du langage articulé. *Bulletin del la Société d'Anthropologie de Paris, 6*: 330–357.

Brønnick, K., Breitve, M. H., Rongve, A. & Aarsland, D. 2016. Neurocognitive deficits distinguishing mild dementia with Lewy bodies from mild Alzheimer's disease are associated with Parkinsonism. *Journal of Alzheimer's Disease, 53*(4): 1277–1285.

Brown, S., Martinez, M. J. & Parsons, L. M. 2006. Music and language side by side in the brain: A PET study of the generation of melodies and sentences. *European Journal of Neuroscience, 23*(10): 2791–2803.

Bruderer, A. G., Danielson, D. K., Kandhadai, P. & Werker, J. F. 2015. Sensorimotor influences on speech perception in infancy. *Proceedings of the National Academy of Sciences, 112*(44): 13531–13536.

Brunner, R. J., Kornhuber, H. H., Seemüller, E., Suger, G. & Wallesch, C. W. 1982. Basal ganglia participation in language pathology. *Brain and Language, 16*(2): 281–299.

Buchsbaum, B. R. & D'Esposito, M. 2009. Repetition suppression and reactivation in auditory verbal short-term recognition memory. *Cerebral Cortex, 19*: 1474–1485.

Buckner, R. L., Andrews-Hanna, J. R. & Schacter, D. L. 2008. The brain's default network: Anatomy, function, and relevance to disease. *Annals of the New York*

Academy of Sciences, 1124: 1–38.

Budd, M. J., Paulmann, S., Barry, C. & Clahsen, H. 2013. Brain potentials during language production in children and adults: An ERP study of the English past tense. *Brain and Language, 127*(3): 345–355.

Bunge, S. A., Ochsner, K. N., Desmond, J. E., Glover, G. H. & Gabrieli, J. D. 2001. Prefrontal regions involved in keeping information in and out of mind. *Brain, 124*(10): 2074–2086.

Bunzeck, N., Wuestenberg, T., Lutz, K., Heinze, H. J. & Jancke, L. 2005. Scanning silence: Mental imagery of complex sounds. *NeuroImage, 26*: 1119–1127.

Burgaleta, M., Sanjuán, A., Ventura-Campos, N., Sebastián-Gallés, N. & Ávila, C. 2016. Bilingualism at the core of the brain: Structural differences between bilinguals and monolinguals revealed by subcortical shape analysis. *NeuroImage, 125*: 437–445.

Burke, D. M. & Shafto, M. A. 2004. Aging and language production. *Current Directions in Psychological Science, 13*(1): 21–24.

Burling, R., Armstrong, D. F., Blount, B. G., Callaghan, C. A., Foster, M. L., King, B. J., Parker, S. T., Sakura, O., Stokoe, W. C. & Wallace, R. 1993. Primate calls, human language, and nonverbal communication [and comments and reply]. *Current Anthropology, 34*(1): 25–53.

Burns, M. S. & Canter, G. J. 1977. Phonemic behaviour of aphasic patients with posterior cerebral lesions. *Brain and Language, 4*(4): 492–507.

Burton, E. J., Barber, R., Mukaetova-Ladinska, E. B., Robson, J., Perry, R. H., Jaros, E., Kalaria, R. N. & O'Brien, J. T. 2009. Medial temporal lobe atrophy on MRI differentiates Alzheimer's disease from dementia with Lewy bodies and vascular cognitive impairment: A prospective study with pathological verification of diagnosis. *Brain, 132*(1): 195–203.

Burton, M. W. 2001. The role of inferior frontal cortex in phonological processing. *Cognitive Science, 25*(5): 695–709.

Burton, M. W. 2009. Understanding the role of the prefrontal cortex in phonological processing. *Clinical Linguistics & Phonetics, 23*(3): 180–195.

Burton, M. W., Locasto, P. C., Krebs-Noble, D. & Gullapalli, R. P. 2005. A systematic investigation of the functional neuroanatomy of auditory and visual phonological processing. *NeuroImage, 26*: 647–661.

Burton, M. W., Small, S. L. & Blumstein, S. E. 2000. The role of segmentation in phonological processing: An fMRI investigation. *Journal of Cognitive Neuroscience, 12*(4): 679–690.

Bussey, T. J. & Saksida, L. M. 2005. Object memory and perception in the medial temporal lobe: An alternative approach. *Current Opinion in Neurobiology, 15*: 730–737.

Buxhoeveden, D. P., Switala, A. E., Litaker, M., Roy, E. & Casanova, M. F. 2001. Lateralization of minicolumns in human planum temporale is absent in nonhuman primate cortex. *Brain Behavior and Evolution, 57*(6): 349–358.

Byczewska-Konieczny, K. & Kielar-Turska, M. 2017. Syntactic abilities in old age and their relation to working memory and cognitive flexibility. *Psychologia Rozwojowa, 22*(2): 45–53.

Cacciari, C. & Papagno, C. 2012. Neuropsychological and neurophysiological correlates of idiom understanding: How many hemispheres are involved? In M. Faust (Ed.), *The Handbook of the Neuropsychology of Language*. Oxford: Blackwell, 368–385.

Cáceres, M., Lachuer, J., Zapala, M. A., Redmond, J. C., Kudo, L., Geschwind, D. H., Lockhart, D. J., Preuss, T. M. & Barlow, C. 2003. Elevated gene expression levels distinguish human from non-human primate brains. *Proceedings of the National Academy of Sciences, 100*(22): 13030–13035.

Cahill, L., Haier, R., Fallon, J., Alkire, M., Tang, C., Keator, D., Wu, J. & McGaugh, J. L. 1996. Amygdala activity at encoding correlated with long-term, free recall of emotional information. *Proceedings of the National Academy of Sciences, 93*: 8016–8021.

Cahill, L. & McGaugh, J. L. 1998. Mechanisms of emotional arousal and lasting declarative memory. *Trends in Neurosciences, 21*(7): 294–299.

Calderon, J., Perry, R. J., Erzinclioglu, S. W., Berrios, G. E., Dening, T. R. & Hodges, J. R. 2001. Perception, attention, and working memory are disproportionately impaired in dementia with Lewy bodies compared with Alzheimer's disease. *Journal of Neurology, Neurosurgery, and Psychiatry, 70*(2): 157–164.

Callan, D., Callan, A., Gamez, M., Sato, M. A. & Kawato, M. 2010. Premotor cortex mediates perceptual performance. *NeuroImage, 51*(2): 844–858.

Calvert, G. A. & Campbell, R. 2003. Reading speech from still and moving faces: The neural substrates of visible speech. *Journal of Cognitive Neuroscience, 15*(1): 57–70.

Cantalupo, C. & Hopkins, W. D. 2001. Asymmetric Broca's area in great apes. *Nature, 414*(6863): 505–505.

Cantiani, C., Choudhury, N. A., Yu, Y. H., Shafer, V. L., Schwartz, R. G. & Benasich, A. A. 2016. From sensory perception to lexical-semantic processing: An ERP study in non-verbal children with autism. *PloS One, 11*(8): e0161637.

Cantiani, C., Ortiz-Mantilla, S., Riva, V., Piazza, C., Bettoni, R., Musacchia, G., Molteni, M., Marino, C. & Benasich, A. A. 2019. Reduced left-lateralized pattern of event-related EEG oscillations in infants at familial risk for language and learning impairment. *NeuroImage: Clinical, 22*: 101778.

Capitani, E., Laiacona, M., Mahon, B. & Caramazza, A. 2003. What are the facts of semantic category-specific deficits? A critical review of the clinical evidence. *Cognitive Neuropsychology, 20*(3/4/5/6): 213–261.

Caplan, D., Alpert, N. & Waters, G. 1998. Effects of syntactic structure and propositional number on patterns of regional cerebral blood flow. *Journal of Cognitive Neuroscience, 10*(4): 541–552.

Caplan, D., DeDe, G., Waters, G., Michaud, J. & Tripodis, Y. 2011. Effects of age, speed of processing, and working memory on comprehension of sentences with relative clauses. *Psychology and Aging, 26*(2): 439–450.

Caplan, R., Dapretto, M. & Mazziotta, J. C. 2000. An fMRI Study of Discourse Coherence. *NeuroImage, 11*(5): s96.

Carl, M. & Kay, M. 2011. Gazing and typing activities during translation: A comparative study of translation units of professional and student translators. *Meta, 56*(4): 952–975.

Carlson, N. R. 2014. *Foundations of Behavioral Neuroscience* (9th ed.). Boston: Pearson.

Caroline, F. R. 2007. Explaining errors in children's questions. *Cognition, 104*(1): 106–134.

Carroll, D. W. 2008. *Psychology of Language* (5th ed.). New York: Wadsworth Publishing.

Carter, B. T., Foster, B., Muncy, N. M. & Luke, S. G. 2019. Linguistic networks associated with lexical, semantic and syntactic predictability in reading: A fixation-related fMRI study. *NeuroImage, 189*: 224–240.

Carter, C. S., Braver, T. S., Barch, D. M., Botvinick M. M., Noll, D. & Cohen, J. D. 1998. Anterior cingulate cortex, error detection, and the online monitoring of performance. *Science, 280*(5364): 747–749.

Casas, A. S. H., Lajnef, T., Pascarella, A., Guiraud-Vinatea, H., Laaksonen, H., Bayle, D., Jerbi, K. & Boulenger, V. 2021. Neural oscillations track natural but not artificial fast speech: Novel insights from speech-brain coupling using MEG. *NeuroImage, 244*: 118577.

Catchpole, C. & Slater, P. 1995. *Bird Song: Biological Themes and Variations*. Cambridge: Cambridge University Press.

Chan, M. Y., Alhazmi, F. H., Park, D. C., Savalia, N. K. & Wig, G. S. 2017. Resting-state network topology differentiates task signals across the adult life span. *Journal of Neuroscience, 37*(10): 2734–2745.

Chan, S.-H. 2019. An elephant needs a head but a horse does not: An ERP study of classifier-noun agreement in Mandarin. *Journal of Neurolinguistics*, 52: 1–16.

Chang, T. Y., Yang, C. P., Chen, Y. H., Lin, C. H. & Chang, M. H. 2021. Age-stratified risk of dementia in Parkinson's disease: A nationwide, population-based, retrospective cohort study in Taiwan. *Frontiers in Neurology*, 12: 748096.

Charrier, C., Joshi, K., Coutinho-Budd, J., Kim, J.-E., Lambert, N., De Marchena, J., Jin, W. L., Vanderhaeghen, P., Ghosh, A. & Sassa, T. 2012. Inhibition of SRGAP2 function by its human-specific paralogs induces neoteny during spine maturation. *Cell*, 149(4): 923–935.

Chee, M. W. L., Hon, N., Lee, H. L. & Soon, C. S. 2001. Relative language proficiency modulates BOLD signal change when bilinguals perform semantic judgments. *NeuroImage*, 13: 1155–1163.

Chee, M. W. L., O'Craven, K. M., Bergida, R., Rosen, B. R. & Savoy, R. L. 1999. Auditory and visual word processing studied with fMRI. *Human Brain Mapping*, 7: 15–28.

Chee, M. W. L., Soon, C. S. & Lee, H. L. 2003. Common and segregated neuronal networks for different languages revealed using functional magnetic resonance adaptation. *Journal of Cognitive Neuroscience*, 15: 85–97.

Chen, W., van de Weijer, J., Qian, Q., Zhu, S. & Wang, M. 2023. Tone and vowel disruptions in Mandarin aphasia and apraxia of speech. *Clinical Linguistics & Phonetics*, 37(8): 742–765.

Chernov, G. V. 2004. *Inference and Anticipation in Simultaneous Interpreting: A Probability-Prediction Model*. Amsterdam: John Benjamins.

Cheyette, S. J. & Plaut, D. C. 2017. Modeling the N400 ERP component as transient semantic over-activation within a neural network model of word comprehension. *Cognition*, 162: 153–166.

Chiappetta, B., Patel, A. D. & Thompson, C. K. 2022. Musical and linguistic syntactic processing in agrammatic aphasia: An ERP study. *Journal of Neurolinguistics*, 62: 101043.

Choi, D., Yeung, H. H. & Werker, J. F. 2023. Sensorimotor foundations of speech perception in infancy. *Trends in Cognitive Sciences*, 27(8): 773–784.

Chomsky, N. 1957. *Syntactic Structures*. The Hague: Mouton.

Chomsky, N. 1965. *Aspects of the Theory of Syntax*. Cambridge: MIT Press.

Chomsky, N. 1980. *Rules and Representations*. New York: Columbia University Press.

Chomsky, N. 1986. *Knowledge of Language: Its Nature, Origin and Use*. New York: Praeger.

Chomsky, N. 1995. *The Minimalist Program*. Cambridge: MIT Press.

Chomsky, N. 2000. Minimalist inquiries: The framework. In R. Martin, D. Michaels & J. Uriagereka (Eds.), *Step by Step*. Cambridge: MIT Press, 89–155.

Chomsky, N. 2002. *On Nature and Language*. Cambridge: Cambridge University Press.

Chomsky, N. A. 2005. Three factors in language design. *Linguistic Inquiry, 36*(1): 1–22.

Chomsky, N. A. 2010. Some simple Evo-Devo theses: How true might they be for language? In R. Larson, V. Déprezand & H. Yamakido (Eds.), *The Evolution of Human Language: Biolinguistic Perspective*. New York: Cambridge University Press, 45–62.

Chomsky, N. 2013. Problems of projection. *Lingua, 130*(1704): 33–49.

Cho-Reyes, S. & Thompson, C. K. 2012. Verb and sentence production and comprehension in aphasia: Northwestern Assessment of Verbs and Sentences (NAVS). *Aphasiology, 26*(10): 1250–1277.

Chow, H. M., Kaup, B., Raabe, M. & Greenlee, M. W. 2008. Evidence of fronto-temporal interactions for strategic inference processes during language comprehension. *NeuroImage, 40*: 940–954.

Christensen, H., Anstey, K. J., Leach, L. S. & Mackinnon, A. J. 2008. Intelligence, education, and the brain reserve hypothesis. In F. I. M. Craik & T. A. Salthouse (Eds.), *The Handbook of Aging and Cognition* (3rd ed.). Hove & New York: Psychology Press, 133–188.

Christiansen, M. H. & Kirby, S. 2003. *Language Evolution*. Oxford: Oxford University Press.

Christoffels, I. K., Ganushchak, L. & Koester, D. 2013. Language conflict in translation: An ERP study of translation production. *Journal of Cognitive Psychology, 25*(5): 646–664.

Christoffels, I. K. & Groot, A. 2005. Simultaneous interpreting: A cognitive perspective. In J. F. Kroll & A. M. B. de Groot (Eds.), *Handbook of Bilingualism*. Oxford: Oxford University Press, 454–479.

Christophe, A., Millotte, S., Bernal, S. & Lidz, J. 2008. Bootstrapping lexical and syntactic acquisition. *Language and Speech, 51*: 61–75.

Christophel, T. B., Klink, P. C., Spitzer, B., Roelfsema, P. R. & Haynes, J. D. 2017. The distributed nature of working memory. *Trends in Cognitive Sciences, 21*(2): 111–124.

Chung, M. K., Dalton, K. M., Shen, L., Evans, A. C. & Davidson, R. J. 2006. *Unified Cortical Surface Morphometry and its Application to Quantifying Amount of Gray Matter*. (Report No. 1122). Department of Statistics, University of Wisconsin-Madison.

Church, J. A., Balota, D. A., Petersen, S. E. & Schlaggar, B. L. 2011. Manipulation of length and lexicality localizes the functional neuroanatomy of phonological processing in adult readers. *Journal of Cognitive Neuroscience, 23*(6): 1475–1493.

Chwilla, D. 2012. How does the brain establish novel meanings in language? Abstract symbol theories versus embodied theories of meaning. In M. Faust (Ed.), *The Handbook of the Neuropsychology of Language*. Oxford: Blackwell, 252–275.

Ciaramidaro, A., Adenzato, M., Enrici, I., Erk, S., Pia, L., Bara, B. G. & Walter, H. 2007. The intentional network: How the brain reads varieties of intentions. *Neuropsychologia, 45*: 3105–3113.

Clarke, S. & Morosan, P. 2012. Architecture, connectivity, and transmitter receptors of human auditory cortex. In D. Poeppel, T. Overath, A. N. Popper & R. R. Fay (Eds.), *The Human Auditory Cortex*. New York: Springer, 11–38.

Code, C. 2011. Nonfluent aphasia and the evolution of proto-language. *Journal of Neurolinguistics, 24*(2): 136–144.

Coelho, C. A., Sinotte, M. P. & Duffy, J. R. 2008. Schuell's stimulation approach to rehabilitation. In R. Chapey (Ed.), *Language Intervention Strategies in Aphasia and Related Neurogenic Communication Disorders*. Philadelphia: Lippincott Williams & Wilkins, 403–449.

Cogan, G. B., Thesen, T., Carlson, C., Doyle, W., Devinsky, O. & Pesaran, B. 2014. Sensory-motor transformations for speech occur bilaterally. *Nature, 507*: 94-98.

Collerton, D., Burn, D., McKeith, I. & O'Brien, J. 2003. Systematic review and meta-analysis show that dementia with Lewy bodies is a visual-perceptual and attentional-executive dementia. *Dementia and Geriatric Cognitive Disorder, 16*(4): 229–237.

Collins, A. M. & Loftus, E. F. 1975. A spreading-activation theory of semantic processing. *Psychological Review, 82*(6): 407–428.

Coltheart, M., Davelaar, E., Jonasson, J. T. & Besner, D. 1977. Access to the internal lexicon. In S. Dornic (Ed.), *Attention and Performance VI*. New York: Academic Press, 535–555.

Connolly, J. F., D'Arcy, R. C., Lynn Newman, R. & Kemps, R. 2000. The application of cognitive event-related brain potentials (ERPs) in language-impaired individuals: Review and case studies. *International Journal of Psychophysiology, 38*(1): 55–70.

Connor, D. J., Salmon, D. P., Sandy, T. J., Galasko, D., Hansen, L. A. & Thal, L. J. 1998. Cognitive profiles of autopsy-confirmed Lewy body variant vs pure Alzheimer disease. *Archives of Neurology, 55*(7): 994–1000.

Connor, L. T., Spiro, A., Obler, L. K. & Albert, M. L. 2004. Change in object naming ability during adulthood. *Journal of Gerontology, 59*(5): 203–209.

Consonni, M., Cafiero, R., Tettamanti, M. D., Iadanza, A., Fabbro, F. & Perani, D.

2013. Neural convergence for language comprehension and grammatical class production in highly proficient bilinguals is independent of age of acquisition. *Cortex, 49*: 1252–1258.

Constable, R. T., Pugh, K. R., Berroya, E., Mencl, W. E., Westerveld, M., Ni, W. & Shankweiler, D. 2004. Sentence complexity and input modality effects in sentence comprehension: An fMRI study. *NeuroImage, 22*(1): 11–21.

Contemori, C. & Belletti, A. 2014. Relatives and passive object relatives in Italian-speaking children and adults: Intervention in production and comprehension. *Applied Psycholinguistics, 35*(6): 1021–1053.

Conti-Ramsden, G., Durkin, K., Toseeb, U., Botting, N. & Pickles, A. 2018. Education and employment outcomes of young adults with a history of developmental language disorder. *International Journal of Language & Communication Disorders, 53*(2): 237–255.

Cooke, A., Grossman, M., DeVita, C., Gonzalez-Atavales, J., Moore, P., Chen, W., Gee, J. & Detre, J. 2006. Large-scale neural network for sentence processing. *Brain and Language, 96*(1): 14–36.

Corballis, M. C. 2002. *From Hand to Mouth: The Origins of Language*. Princeton: Princeton University Press.

Corballis, M. C. 2007. The Evolution of Hemispheric Specializations of the Human Brain. In J. H. Kaas, G. F. striedter, J. L. R. Rubenstein, T. H. Bullock, L. Krubitzer, T. Preuss (Eds), *Evolutionary Neuroscience*. San Diego: Academic Press, 925–940.

Corballis, M. C. 2009. The evolution of language. *Annals of the New York Academy of Sciences, 1156*: 19–43.

Corballis, M. C. 2010. Mirror neurons and the evolution of language. *Brain and Language, 112*(1): 25–35.

Correia, J., Formisano, E., Valente, G., Hausfeld, L., Bernadette, J. & Bonte, M. 2014. Brain-based translation: fMRI decoding of spoken words in bilinguals reveals language independent semantic representations in anterior temporal lobe. *Journal of Neuroscience, 34*: 332–338.

Corrigan, N. M., Yarnykh, V. L., Huber, E., Zhao, T. C. & Kuhl, P. K. 2022. Brain myelination at 7 months of age predicts later language development. *NeuroImage, 263*: 119641.

Costa, A., Strijkers, K., Martin, C. & Thierry, G. 2009. The time course of word retrieval revealed by event related brain potentials during overt speech. *Proceedings of the National Academy of Sciences, 106*: 21442–21446.

Coughlin, D. G., Ittyerah, R., Peterson, C., Phillips, J. S., Miller, S., Rascovsky,

K., Weintraub, D., Siderowf, A. D., Duda, J. E., Hurtig, H. I., Wock, D. A., McMillan. C. T., Yushkevich, P. A., Grossman, M., Lee, E. B., Trojanowski, J. Q. & Irwin, D. J. 2020. Hippocampal subfield pathologic burden in Lewy body diseases vs. Alzheimer's disease. *Neuropathology and Applied Neurobiology, 46*(7): 707–721.

Coulson, S. & Williams, R. F. 2005. Hemispheric differences and joke comprehension. *Neuropsychologia, 43*: 128–141.

Coulson, S. & Wu, Y. C. 2005. Right hemisphere activation of joke-related information: An event-related brain potential study. *Journal of Cognitive Neuroscience, 17*: 494–506.

Courtney, S. M. 2004. Attention and cognitive control as emergent properties of information representation in working memory. *Cognitive, Affective, & Behavioral Neuroscience, 4*: 501–516.

Cox, J., Jackson, A. P., Bond, J. & Woods, C. G. 2006. What primary microcephaly can tell us about brain growth. *Trends in Molecular Medicine, 12*(8): 358–366.

Craik, F. I. M. & Lockhart, R. S. 1972. Levels of processing: A framework for memory research. *Journal of Verbal Learning and Verbal Behavior, 11*(6): 671–684.

Cramer, S., Procaccio, V., Americas, G. & Investigators, G. I. S. 2012. Correlation between genetic polymorphisms and stroke recovery: Analysis of the GAIN Americas and GAIN International Studies. *European Journal of Neurology, 19*(5): 718–724.

Crepaldi, D., Aggujaro, S., Arduino, L. S., Zonca, G., Ghirardi, G., Inzaghi, M. G., Colombo, M., Chierchia, G. & Luzzatti, C. 2006. Noun-verb dissociation in aphasia: The role of imageability and functional locus of the lesion. *Neuropsychologia, 44*(1): 73–89.

Crinion, J. T., Ralph, M. A. L., Warburton, E. A., Howard, D. & Wise, R. J. 2003. Temporal lobe regions engaged during normal speech comprehension. *Brain, 126*: 1193–1201.

Crinion, J. T., Turner, R., Grogan, A., Hanakawa, T., Noppeney, U., Devlin, J. T., Aso, T., Urayama, S., Fukuyama, H., Stockton, K., Usui, K., Green, D. W. & Price, C. J. 2006. Language control in the bilingual brain. *Science, 312*: 1537–1540.

Croot, K., Raiser, T., Taylor-Rubin, C., Ruggero, L., Ackl, N., Wlasich, E., Danek, A., Scharfenberg, A., Foxe, D., Hodges, J. R., Piguet, O., Kochan, N. A. & Nickels, L. 2019. Lexical retrieval treatment in primary progressive aphasia: An investigation of treatment duration in a heterogeneous case series. *Cortex, 115*: 133–158.

Crosson, B., McGregor, K. M., Nocera, J. R., Drucker, J. H., Tran, S. M. & Butler, A. J. 2015. The relevance of aging-related changes in brain function to rehabilitation in aging-related disease. *Frontiers in Human Neuroscience, 9*: 307.

Cuetos, F., Aguado, G., Izura, C. & Ellis, A. W. 2002. Aphasic naming in Spanish: Predictors and errors. *Brain and Language, 82*(3): 344–365.

Cui, G. & Zhong, X. Y. 2018. Adaptation in aphasia: Revisiting language evidence. *Aphasiology, 32*(8): 855–875.

Cui, L., Haikio, T., Zhang, W. X. Zheng, Y. W. & Hyona, J. 2017. Reading monomorphemic and compound words in Chinese. *Mental Lexicon, 12*(1): 1–20.

Cui, L., Hou, N. N., Wu, H. M., Zuo, X., Lian, Y. Z., Zhang, C. N., Wang, Z. F., Zhang, X. & Zhu, J. H. 2020. Prevalence of Alzheimer's disease and Parkinson's disease in China: An updated systematical analysis. *Frontiers in Aging Neuroscience, 12*: 603854.

Cui, L., Yan, G. L., Bai, X. J., Hyona, J., Wang, S. P. & Liversedge, S. P. 2013. Processing of compound-word characters in reading Chinese: An eye-movement-contingent display change study. *Quarterly Journal of Experimental Psychology, 66*(3): 527–547.

Cummings, L. 2019. Describing the cookie theft picture: Sources of breakdown in Alzheimer's dementia. *Pragmatics and Society, 10*(2): 153–176.

Curtiss, S. 1977. *Genie: A Psycholinguistic Study of a Modern-Day "Wild Child"*. New York: Academic Press.

Curzi, S., Molteni, B., Granocchio, A., Airaghi, L. & Scaioli, V. 2019. Auditory ERPs and EEG abnormal findings in children with specific language impairment (SLI). *Clinical Neurophysiology, 130*(1): E7–E8.

D'Ausilio, A., Pulvermüller, F., Salmas, P., Bufalari, I., Begliomini, C. & Fadiga, L. 2009. The motor somatotopy of speech perception. *Current Biology, 19*(5): 381–385.

D'Esposito M., Detre, J., Alsop, D. & Shin, R. 1995. The neural basis of the central executive system of working memory. *Nature, 378*(6554): 279–281.

Da Costa, S., Van, d. Z. W., Miller, L. M., Clarke, S. & Saenz, M., 2013. Tuning in to sound: frequency-selective attentional filter in human primary auditory cortex. *Journal of Neuroscience, 33*(5): 1858–1863.

Damasio, H. 1989. Neuroimaging contributions to the understanding of aphasia. In F. Boller & J. Grafman (Eds.), *Handbook of Neuropsychology*. Amsterdam: Elsevier, 3–46.

Damasio, H. 2008. Neural basis of language disorders. In R. Chapey (Ed.), *Language Intervention Strategies in Adult and Related Neurogenic Communication Disorders* (5th ed.). Philadelphia: Lippincott Williams & Wilkins, 20–41.

Damasio, H. & Frank, R. 1992. Three-dimensional in vivo mapping of brain lesions in humans. *Archives of Neurology, 49*: 137–143.

Danesi, M. 2003. *Second Language Teaching: A View from the Right Side of the Brain*. Berlin: Springer Science & Business Media.

Daniele, A., Giustolisi, L., Silveri, M. C., Colosimo, C. & Gainotti, G. 1994. Evidence for a possible neuroanatomical basis for lexical processing of nouns and verbs. *Neuropsychologia, 32*(11): 1325–1341.

Darò, V. 1995. Attentional, auditory, and memory indexes as prerequisites for simultaneous interpreting. In J. Tommola (Ed.), *Topics in Interpreting Research*. University of Turku, Centre for Translation and Interpreting, 3–10.

Darwin, C. 1871. *The Descent of Man, and Selection in Relation to Sex*. London: John Murray.

Davies, C., Andrés-Roqueta, C. & Norbury, C. F. 2016. Referring expressions and structural language abilities in children with specific language impairment: A pragmatic tolerance account. *Journal of Experimental Child Psychology, 144*: 98–113.

Davis, G. A. 2007. *Aphasiology: Disorders and Clinical Practice* (2nd ed.). London: Pearson.

Davis, M. H. & Gaskell, M. G. 2009. A complementary systems account of word learning: Neural and behavioural evidence. *Philosophical Transactions of the Royal Society B: Biological Sciences, 364*(1536): 3773–3800.

Davis, M. H. & Johnsrude, I. S. 2003. Hierarchical processing in spoken language comprehension. *Journal of Neuroscience, 23*(8): 3423–3431.

De Blasi, S., Montesanto, A., Martino, C., Dato, S., De Rango, F., Bruni, A. C., Mari, V., Feraco, E. & Passarino, G. 2009. APOE polymorphism affects episodic memory among non demented elderly subjects. *Experimental Gerontology, 44*(3): 224–227.

De Bleser, R., Dupont, P., Postler, J., Bormans, G., Speelman, D., Mortelmans, L. & Debrock, M. 2003. The organisation of the bilingual lexicon: A PET study. *Journal of Neurolinguistics, 16*: 439–456.

De Boer, R. G., Spielmann, K., Heijenbrok-Kal, M. H., van der Vliet, R., Ribbers, G. M. & van de Sandt-Koenderman, W. M. E. 2017. The role of the BDNF Val66Met polymorphism in recovery of aphasia after stroke. *Neurorehabilitation and Neural Repair, 31*(9): 851–857.

De Groot, A. M. 2006. Effects of stimulus characteristics and background music on foreign language vocabulary learning and forgetting. *Language Learning, 56*(3): 463–506.

De Lopez, K. J., Olsen, L. S. & Chondrogianni, V. 2014. Annoying Danish relatives: Comprehension and production of relative clauses by Danish children with and without SLI. *Journal of Child Language, 41*(1): 51–83.

De Renzi, E., Faglioni, P. & Previdi, P. 1977. Spatial memory and hemispheric locus of lesion. *Cortex, 13*(4): 424–433.

De Vreese, L. P., Motta, M. & Toschi, A. 1988. Compulsive and paradoxical translation behaviour in a case of presenile dementia of the Alzheimer type. *Journal of Neurolinguistics, 3*(2): 233–259.

De Vries, M. H., Barth, A. C., Maiworm, S., Knecht, S., Zwitserlood, P. & Flöel, A. 2010. Electrical stimulation of Broca's area enhances implicit learning of an artificial grammar. *Journal of Cognitive Neuroscience, 22*(11): 2427–2436.

Deacon, T. W. 1997a. *The Symbolic Species*. Harmondsworth: Penguin Books.

Deacon, T. W. 1997b. What makes the human brain different? *Annual Review of Anthropology, 26*(1): 337–357.

Decan, T. W. 1992. Biological aspects of language. In S. Jones, R. Martin & D. Pilbeam (Eds.), *The Cambridge Encyclopedia of Human Evolution*. Cambridge: Cambridge University Press, 128–133.

Dediu, D. 2015. *An Introduction to Genetics for Language Scientists*. Cambridge: Cambridge University Press.

Dediu, D. 2021. Tone and genes: New cross-linguistic data and methods support the weak negative effect of the "derived" allele of ASPM on tone, but not of Microcephalin. *PloS One, 16*(6): e0253546.

Dediu, D. & Ladd, D. R. 2007. Linguistic tone is related to the population frequency of the adaptive haplogroups of two brain size genes, ASPM and Microcephalin. *Proceedings of the National Academy of Sciences, 104*(26): 10944–10949.

Deevy, P. & Leonard, L. B. 2004. The comprehension of wh-questions in children with specific language impairment. *Journal of Speech, Language, and Hearing Research, 47*(4): 802–815.

Dehaene-Lambertz, G. 1997. Electrophysiological correlates of categorical phoneme perception in adults. *NeuroReport, 8*: 919–924.

Dehaene-Lambertz, G., Pallier, C., Serniclaes, W., Sprenger-Charolles, L., Jobert, A. & Dehaene, S. 2005. Neural correlates of switching from auditory to speech perception. *NeuroImage, 24*: 21–33.

Dehaene-Lambertz, G. & Spelke, E. S. 2015. The infancy of the human brain. *Neuron, 88*: 93–109.

DeKeyser, R. 1998. Beyond focus on form: Cognitive perspectives on learning and practicing second language grammar. In C. Doughty & J. Williams (Eds.), *Focus on Form in Classroom Second Language Acquisition*. Cambridge: Cambridge University

Press, 42-63.

DeKeyser, R. 2000. The robustness of critical period effects in second language acquisition. *Studies in Second Language Acquisition, 22(4)*: 499–533.

DeKosky, S. T. & Scheff, S. W. 1990. Synapse loss in frontal cortex biopsies in Alzheimer's disease: Correlation with cognitive severity. *Annals of Neurology, 27(5)*: 457–464.

Deldar, Z., Gevers-Montoro, C., Khatibi, A. & Ghazi-Saidi, L. 2021. The interaction between language and working memory: A systematic review of fMRI studies in the past two decades. *AIMS Neuroscience, 8(1)*: 1–32.

Dell, G. S., Nozari, N. & Oppenheim, G. M. 2014. Word production: Behavioral and computational considerations. In M. Goldrick, V. S. Ferreira & M. Miozzo (Eds.), *The Oxford Handbook of Language Production*. Oxford: Oxford University Press, 88–104.

Dell'Acqua, R., Sessa, P., Peressotti, F., Mulatti, C., Navarrete, E. & Grainger, J. 2010. ERP evidence for ultra-fast semantic processing in the picture-word interference paradigm. *Frontiers in Psychology, 1*: 177.

Della Rosa, P. A., Videsott, G., Borsa, V. M., Canini, M., Weekes, B. S., Franceschini, R. & Abutalebi, J. 2013. A neural interactive location for multilingual talent. *Cortex, 49(2)*: 605–608.

Delogu, F., Lampis, G. & Belardinelli, M. O. 2010. From melody to lexical tone: Musical ability enhances specific aspects of foreign language perception. *European Journal of Cognitive Psychology, 22(1)*: 46–61.

Demonet, J. F., Chollet, F., Ramsay, S., Cardebat, D., Nespoulous, J. L., Wise, R., Rascol, A. & Frackowiak, R. 1992. The anatomy of phonological and semantic processing in normal subjects. *Brain, 115(6)*: 1753–1768.

Den Ouden, D. B., Galkina, E., Basilakos, A. & Fridriksson, J. 2018. Vowel formant dispersion reflects severity of apraxia of speech. *Aphasiology, 32(8)*: 902–921.

Den Ouden, D. B., Hoogduin, H., Stowe, L. A. & Bastiaanse, R. 2008. Neural correlates of Dutch Verb Second in speech production. *Brain and Language, 104*: 122–131.

Dennis, N. A. & Cabeza, R. 2008. Neuroimaging of healthy cognitive aging. In F. I. M. Craik & T. A. Salthouse (Eds.), *The Handbook of Aging and Cognition* (3rd ed.). Hove & New York: Psychology Press, 1–54.

Deriziotis, P. & Fisher, S. E. 2017. Speech and language: Translating the genome. *Trends in Genetics, 33(9)*: 642–656.

Desai, R. H., Binder, J. R., Conant, L. L. & Seidenberg, M. S. 2010. Activation of sensory-motor areas in sentence comprehension. *Cerebral Cortex, 20(2)*: 468–478.

Desir, J., Cassart, M., David, P., Van Bogaert, P. & Abramowicz, M. 2008. Primary microcephaly with ASPM mutation shows simplified cortical gyration with antero-posterior gradient pre- and post-natally. *American Journal of Medical Genetics Part A, 146*(11): 1439–1443.

Devauchelle, A. D., Oppenheim, C., Rizzi, L., Dehaene, S. & Pallier, C. 2009. Sentence syntax and content in the human temporal lobe: An fMRI adaptation study in auditory and visual modalities. *Journal of Cognitive Neuroscience, 21*: 1000–1012.

Devlin, J. T., Matthews, P. M. & Rushworth, M. F. 2003. Semantic processing in the left inferior prefrontal cortex: A combined functional magnetic resonance imaging and transcranial magnetic stimulation study. *Journal of Cognitive Neuroscience, 15*: 71–84.

Dick, A. S., Goldin-Meadow, S., Hasson, U., Skipper, J. I. & Small, S. L. 2009. Co-speech gestures influence neural activity in brain regions associated with processing semantic information. *Human Brain Mapping, 30*: 3509–3526.

Dick, F., Lee, H. L., Nusbaum, H. & Price, C. J. 2011. Auditory-motor expertise alters "speech selectivity" in professional musicians and actors. *Cerebral Cortex, 21*: 938–948.

Dickey, L., Kagan, A., Lindsay, M. P., Fang, J., Rowland, A. & Black, S. 2010. Incidence and profile of inpatient stroke-induced aphasia in Ontario, Canada. *Archives of Physical Medicine and Rehabilitation, 91*(2): 196–202.

Dietrich, R. 2002. *Psycholinguistik*. Stuttgart: Metzler Verlag.

Dijkstra, T. 2005. Bilingual visual word recognition and lexical access. In J. F. Kroll & A. M. B. de Groot (Eds.), *Handbook of Bilingualism: Psycholinguistic Approaches*. Oxford: Oxford University Press, 179–201.

Dijkstra, T. & van Heuven, W. J. B. 2012. Word recognition in the bilingual brain. In M. Faust (Ed.), *The Handbook of the Neuropsychology of Language*. Oxford: Blackwell, 451–471.

Dimigen, O., Sommer, W., Hohlfeld, A., Jacobs, A. M. & Kliegl, R. 2011. Coregistration of eye movements and EEG in natural reading: Analyses and review. *Journal of Experimental Psychology: General, 140*(4): 552–572.

DiStefano, C., Senturk, D. & Jeste, S. S. 2019. ERP evidence of semantic processing in children with ASD. *Developmental Cognitive Neuroscience, 36*: 100640.

Dogil, G., Ackermann, H., Grodd, W., Haider, H., Kamp, H., Mayer, J., Riecker, A. & Wildgruber, D. 2002. The speaking brain: A tutorial introduction to fMRI experiments in the production of speech, prosody and syntax. *Journal of*

Neurolinguistics, 19: 59–90.

Dolean, D. D. 2016. The effects of teaching songs during foreign language classes on students' foreign language anxiety. *Language Teaching Research, 20*(5): 638–653.

Dörnyei, Z. 2005. *The Psychology of the Language Learner: Individual Differences in Second Language Acquisition*. Mahwah: Lawrence Erlbaum.

Dorsey, E. R., Constantinescu, R., Thompson, J. P., Biglan, K. M., Holloway, R. G., Kieburtz, K., Marshall, F. J., Ravina, B. M., Schifitto, G., Siderowf, A. & Tanner, C. M. 2007. Projected number of people with Parkinson disease in the most populous nations, 2005 through 2030. *Neurology, 68*(5): 384–386.

Doubleday, E. K., Snowden, J. S., Varma, A. R. & Neary, D. 2002. Qualitative performance characteristics differentiate dementia with Lewy bodies and Alzheimer's disease. *Journal of Neurology, Neurosurgery, and Psychiatry, 72*(5): 602–607.

Dove, G. 2009. Beyond perceptual symbols: A call for representational pluralism. *Cognition, 110*: 412–431.

Dräger, B., Breitenstein, C., Helmke, U., Kamping, S. & Knecht, S. 2004. Specific and nonspecific effects of transcranial magnetic stimulation on picture-word verification. *European Journal of Neuroscience, 20*: 1681–1687.

Dronkers, N. F., Plaisant, O., Iba-Zizen, M. & Cabanis, E. 2007. Paul Broca's historic cases: High resolution MR imaging of the brains of Leborgne and Lelong. *Brain, 130*(5): 1432–1441.

Dronkers, N. F., Wilkins, D. P., Van Valin, R. D., Redfern, B. B. & Jaeger, J. J. 2004. Lesion analysis of the brain areas involved in language comprehension: Towards a new functional anatomy of language. *Cognition, 92*(1–2): 145–177.

Du, Y. & Alain, C. 2016. Increased activity in frontal motor cortex compensates impaired speech perception in older adults. *Nature Communications, 7*(1), 12241.

Dubno, J. R., Lee, F. S., Matthews, L. J., Ahlstrom, J. B., Horwitz, A. R. & Mills, J. H. 2008. Longitudinal changes in speech recognition in older persons. *Journal of the Acoustical Society of America, 123*(1): 462–475.

Dubois, J., Benders, M., Lazeyras, F., Borradori-Tolsa, C., Leuchter, R. H. V., Mangin, J. F. & Hüppi, P. S. 2010. Structural asymmetries of perisylvian regions in the preterm newborn. *NeuroImage, 52*(1): 32–42.

Dunbar, R. I. M. 2013. *Primate Social Systems*. Berlin: Springer Science & Business Media.

Dunn, M. & Bates, J. 2005. Developmental change in neutral processing of words by children with autism. *Journal of Autism and Developmental Disorders, 35*: 361–376.

Eadie, P., Conway, L., Hallenstein, B., Mensah, F., McKean, C. & Reilly, S. 2018.

Quality of life in children with developmental language disorder. *International Journal of Language & Communication Disorders, 53*(4): 799–810.

Eckert, M. A., Teubner-Rhodes, S. & Vaden, K. I., Jr. 2016. Is listening in noise worth it? The neurobiology of speech recognition in challenging listening conditions. *Ear and Hearing, 37*(1): 101S–110S.

Eckert, M. A., Walczak, A., Ahlstrom, J., Denslow, S., Horwitz, A. & Dubno, J. 2008. Age-related effects on word recognition: Reliance on cognitive control systems with structural declines in speech-responsive cortex. *Journal of the Association for Research in Otolaryngology, 9*(2): 252–259.

Edelman, G. M. 2004 *Wider Than the Sky: The Phenomenal Gift of Consciousness.* New Haven: Yale University Press.

Edwards, S. 2005. *Fluent Aphasia.* Cambridge: Cambridge University Press.

Efstratiadou, E. A., Papathanasiou, I., Holland, R., Archonti, A. & Hilari, K. 2018. A systematic review of semantic feature analysis therapy studies for aphasia. *Journal of Speech, Language, and Hearing Research, 61*(5): 1261–1278.

Egan, M. F., Kojima, M., Callicott, J. H., Goldberg, T. E., Kolachana, B. S., Bertolino, A., Zaitsev, E., Gold, B., Goldman, D. & Dean, M. 2003. The BDNF val66met polymorphism affects activity-dependent secretion of BDNF and human memory and hippocampal function. *Cell, 112*(2): 257–269.

Egidi, G. & Nusbaum, H. C. 2012 Emotional language processing: How mood affects integration processes during discourse comprehension. *Brain and Language, 122*: 199–210.

Egorova, N., Pulvermüller, F. & Shtyrov, Y. 2014. Neural dynamics of speech act comprehension: An MEG study of naming and requesting. *Brain Topography, 27*(3): 375–392.

Egorova, N., Shtyrov, Y. & Pulvermüller, F. 2013. Early and parallel processing of pragmatic and semantic information in speech acts: Neurophysiological evidence. *Frontiers in Human Neuroscience, 7*: 86.

Egorova, N., Shtyrov, Y. & Pulvermüller, F. 2016. Brain basis of communicative actions in language. *NeuroImage, 125*: 857–867.

El Hachioui, H., Lingsma, H. F., van de Sandt-Koenderman, M. E., Dippel, D. W. J., Koudstaal, P. J. & Visch-Brink, E. G. 2013. Recovery of aphasia after stroke: A 1-year follow-up study. *Journal of Neurology, 260*(1): 166–171.

El Yagoubi, R., Chiarelli, V., Mondini, S., Perrone, G., Danieli, M. & Semenza, C. 2008. Neural correlates of Italian nominal compounds and potential impact of headedness effect: An ERP study. *Cognitive Neuropsychology, 25*(4): 559–581.

Elbro, C., Dalby, M. & Maarbjerg, S. 2011. Language-learning impairments: A 30-year follow-up of language-impaired children with and without psychiatric, neurological and cognitive difficulties. *International Journal of Language & Communication Disorders, 46*(4): 437–448.

Ellis, C., Dismuke, C. & Edwards, K. K. 2010. Longitudinal trends in aphasia in the United States. *NeuroRehabilitation, 27*(4): 327–333.

Ellis, C. & Urban, S. 2016. Age and aphasia: A review of presence, type, recovery and clinical outcomes. *Topics in Stroke Rehabilitation, 23*(6): 430–439.

Elman, J. L. & McClelland, J. L. 1988. Cognitive penetration of the mechanisms of perception: Compensation for coarticulation of lexically restored phonemes. *Journal of Memory and Language, 27*: 143–165.

Elmer, S. 2016. Broca pars triangularis constitutes a "hub" of the language-control network during simultaneous language translation. *Frontiers in Human Neuroscience, 10*: 491.

Elmer, S., Hänggi, J. & Jäncke, L. 2014. Processing demands upon cognitive, linguistic, and articulatory functions promote grey matter plasticity in the adult multilingual brain: Insights from simultaneous interpreters. *Cortex, 54*: 179–189.

Elmer, S., Hänggi, J., Meyer, M. & Jäncke, L. 2011. Differential language expertise related to white matter architecture in regions subserving sensory-motor coupling, articulation, and interhemispheric transfer. *Human Brain Mapping, 32*(12): 2064–2074.

Elmer, S., Meyer, M. & Jancke, L. 2010. Simultaneous interpreters as a model for neuronal adaptation in the domain of language processing. *Brain Research, 1317*: 147–156.

Embick, D., Marantz, A., Miyashita, Y., O'Neil, W. & Sakai, K. 2000. A syntactic specialization for Broca's area. *Proceedings of the National Academy of Sciences, 97*(11): 6150–6154.

Enard, W., Przeworski, M., Fisher, S. E., Lai, C. S., Wiebe, V., Kitano, T., Monaco, A. P. & Pääbo, S. 2002. Molecular evolution of FOXP2, a gene involved in speech and language. *Nature, 418*(6900): 869–872.

Engelter, S. T., Gostynski, M., Papa, S., Frei, M., Born, C., Ajdacic-Gross, V., Gutzwiller, F. & Lyrer, P. A. 2006. Epidemiology of aphasia attributable to first ischemic stroke: Incidence, severity, fluency, etiology, and thrombolysis. *Stroke, 37*(6): 1379–1384.

Enrici, I., Adenzato, M., Cappa, S., Bara, B. G. & Tettamanti, M. 2011. Intention processing in communication: A common brain network for language and gestures. *Journal of Cognitive Neuroscience, 23*: 2415–2431

Epstein, B., Hestvik, A., Shafer, V. L. & Schwartz, R. G. 2013. ERPs reveal atypical processing of subject versus object Wh-questions in children with specific language impairment. *International Journal of Language & Communication Disorders, 48*(4): 351–365.

Europa, E., Gitelman, D. R., Kiran, S. & Thompson, C. K. 2019. Neural connectivity in syntactic movement processing. *Frontiers in Human Neuroscience, 13*: 27.

Evans, P. D., Anderson, J. R., Vallender, E. J., Gilbert, S. L., Malcom, C. M., Dorus, S. & Lahn, B. T. 2004. Adaptive evolution of ASPM, a major determinant of cerebral cortical size in humans. *Human Molecular Genetics, 13*(5): 489–494.

Eyigoz, E., Mathur, S., Santamaria, M., Cecchi, G. & Naylor, M. 2020. Linguistic markers predict onset of Alzheimer's disease. *EClinicalMedicine, 28*: 100583.

Fabbro, F. 1999. *The Neurolinguistics of Bilingualism: An Introduction.* Hove: Psychology Press.

Fabbro, F. & Daró, V. 1995. Delayed Auditory Feedback in Polyglot Simultaneous Interpreters. *Brain and Language, 48*(3): 309–319.

Fabbro, F., Gran, B. & Gran, L. 1991. Hemispheric specialization for semantic and syntactic components of language in simultaneous interpreters. *Brain and Language, 41*(1): 1–42.

Fabbro, F., Gran, L., Basso, G. & Bava, A. 1990. Cerebral lateralization in simultaneous interpretation. *Brain and Language, 39*(1): 69–89.

Fabbro, F. & Paradis, M. 1995. Differential impairments in four multilingual patients with subcortical lesions. *Aspects of Bilingual Aphasia, 3*: 139–176.

Fadiga, L., Craighero, L. & D'Ausilio, A. 2009. Broca's area in language, action, and music. *Annals of the New York Academy of Sciences, 1169*(1): 448–458.

Fadiga, L., Craighero, L., Destro, M. F., Finos, L., Cotillon-Williams, N., Smith, A. T. & Castiello, U. 2006. Language in shadow. *Social Neuroscience, 1*: 77–89.

Faria, A. V., Race, D., Kim, K. & Hillis, A. E. 2018. The eyes reveal uncertainty about object distinctions in semantic variant primary progressive aphasia. *Cortex, 103*: 372–381.

Faroqi-Shah, Y. 2008. A comparison of two theoretically driven treatments for verb inflection deficits in aphasia. *Neuropsychologia, 46*(13): 3088–3100.

Faust, M. 2012 Thinking outside the left box: The role of the right hemisphere in novel metaphor comprehension. In M. Faust (Ed.), *The Handbook of the Neuropsychology of Language.* Oxford: Blackwell, 425–448.

Fay, J. C. & Wu, C. I. 2000. Hitchhiking under positive Darwinian selection. *Genetics,*

155(3): 1405–1413.

Federmeier, K. D., Van Petten, C., Schwartz, T. J. & Kutas, M. 2003. Sounds, words, sentences: Age-related changes across levels of language processing. *Psychology and Aging, 18*(4): 858–872.

Feil, S., Eisenhut, P., Strakeljahn, F., Müller, S., Nauer, C., Bansi, J., Weber, S., Liebs, A., Lefaucheur, J. P., Kesselring, J., Gonzenbach, R. & Mylius, V. 2019. Left shifting of language related activity induced by bihemispheric tDCS in postacute aphasia following stroke. *Frontiers in Neuroscience, 13*: 295.

Feng, S., Wittmeyer, J., Yang, L., Zhu, J., Shao, K. & Yang, Y. 2014. Differences in grammatical processing strategies for active and passive sentences: An fMRI study. *Journal of Neurolinguistics, 33*: 104–117.

Ferland, R. J., Cherry, T. J., Preware, P. O., Morrisey, E. E. & Walsh, C. A. 2003. Characterization of Foxp2 and Foxp1 mRNA and protein in the developing and mature brain. *Journal of Comparative Neurology, 460*(2): 266–279.

Ferrari, P. F., Gallese, V., Rizzolatti, G. & Fogassi, L. 2003. Mirror neurons responding to the observation of ingestive and communicative mouth actions in the monkey ventral premotor cortex. *European Journal of Neuroscience, 17*(8): 1703–1714.

Ferreri, L., Bigand, E., Bard, P. & Bugaiska, A. 2015. The influence of music on prefrontal cortex during episodic encoding and retrieval of verbal information: A multichannel fNIRS study. *Behavioural Neurology, 2015*: 707625.

Ferretti, T. R., McRae, K. & Hatherell, A. 2001. Integrating verbs, situation schemas, and thematic role concepts. *Journal of Memory and Language, 44*(4): 516–547.

Ferstl, E. C. 2010. Neuroimaging of text comprehension: Where are we now? *Italian Journal of Linguistics, 22*: 61–88.

Ferstl, E. C. & von Cramon, D. Y. 2001. The role of coherence and cohesion in text comprehension: An event-related fMRI study. *Cognitive Brain Research, 11*: 325–340.

Ferstl, E. C., Walther, K., Guthke, T. & Cramon, D. 2005. Assessment of story comprehension deficits after brain damage. *Journal of Clinical and Experimental Neuropsychology, 27*: 367–384.

Fertonani, A., Rosini, S., Cotelli, M., Rossini, P. M. & Miniussi, C. 2010. Naming facilitation induced by transcranial direct current stimulation. *Behavioural Brain Research, 208*(2): 311–318.

Féry, Y. A. & Morizot, P. 2000. Kinesthetic and visual image in modeling closed motor skills: The example of the tennis serve. *Perceptual and Motor Skills, 90*(1): 707–722.

Fields, J. A. 2017. Cognitive and neuropsychiatric features in parkinson's and Lewy body dementias. *Archives of Clinical Neuropsychology: The Official Journal of the*

National Academy of Neuropsychologists, 32(7): 786–801.

Fiez, J. A. 2001. Neuroimaging studies of speech an overview of techniques and methodological approaches. *Journal of Communication Disorders*, 34: 445–454.

Fiorentino, R., Naito-Billen, Y., Bost, J. & Fund-Reznicek, E. 2014. Electrophysiological evidence for the morpheme-based combinatoric processing of English compounds. *Cognitive Neuropsychology*, 31(1–2): 123–146.

Fiori, V., Coccia, M., Marinelli, C. V., Vecchi, V., Bonifazi, S., Ceravolo, M. G., Provinciali, L., Tomaiuolo, F. & Marangolo, P. 2011. Transcranial direct current stimulation improves word retrieval in healthy and nonfluent aphasic subjects. *Journal of Cognitive Neuroscience*, 23(9): 2309–2323.

Fisher, S. E. 2019. Human genetics: The evolving story of FOXP2, *Current Biology*, 29(2): R65–R67.

Fisher, S. E. & Marcus, G. F. 2006. The eloquent ape: Genes, brains and the evolution of language. *Nature Reviews Genetics*, 7(1): 9–20.

Fisher, S. E., Vargha-Khadem, F., Watkins, K. E., Monaco, A. P. & Pembrey, M. E. 1998. Localisation of a gene implicated in a severe speech and language disorder. *Nature Genetics*, 18(2): 168–170.

Fishman, I., Yam, A., Bellugi, U., Lincoln, A. & Mills, D. 2011. Contrasting patterns of language-associated brain activity in autism and Williams syndrome. *Social Cognitive and Affective Neuroscience*, 6(5): 630–638.

Fitch, W. T. 2017. Empirical approaches to the study of language evolution. *Psychonomic Bulletin & Review*, 24: 3–33.

Fitch, W. T. & Hauser, M. D. 2004. Computational constraints on syntactic processing in a nonhuman primate. *Science*, 303(5656): 377–380.

Fletcher, P., Leonard, L. B., Stokes, S. F. & Wong, A. M. 2005. The expression of aspect in Cantonese-speaking children with specific language impairment. *Journal of Speech, Language, and Hearing Research*, 48(3): 621–634.

Flinker, A., Korzeniewska, A., Shestyuk, A. Y., Franaszczuk, P. J., Dronkers, N. F., Knight, R. T. & Crone, N. E. 2015. Redefining the role of Broca's area in speech. *Proceedings of the National Academy of Sciences*, 112(9): 2871–2875.

Flowers, H. L., Skoretz, S. A., Silver, F. L., Rochon, E., Fang, J., Flamand-Roze, C. & Martino, R. 2016. Poststroke aphasia frequency, recovery, and outcomes: A systematic review and meta-analysis. *Archives of Physical Medicine and Rehabilitation*, 97(12): 2188–2201.

Fonseca-Mora, M. C., Jara-Jiménez, P. & Gómez-Domínguez, M. 2015. Musical plus phonological input for young foreign language readers. *Frontiers in Psychology*, 6: 286.

Ford, A. A., Triplett, W., Sudhyadhom, A., Gullett, J., McGregor, K., FitzGerald, D. B., Mareci. T., White, K. & Crosson, B. 2013. Broca's area and its striatal and thalamic connections: A diffusion-MRI tractography study. *Frontiers in Neuroanatomy, 7*: 8.

Forster, K. I. 1976. Accessing the mental lexicon. In R. J. Wales & E. Walker (Eds.), *New Approaches to Language Mechanisms*. Amsterdam: North-Holland, 257–287.

Forster, K. I. 1979. Levels of processing and the structure of the language processor. In W. E. Cooper & E. C. T. Walker (Eds.), *Sentence Processing*. Hillsdale: Lawrence Erlbaum, 27–85.

Fostick, L., Ben-Artzi, E. & Babkoff, H. 2013. Aging and speech perception: Beyond hearing threshold and cognitive ability. *Journal of Basic and Clinical Physiology and Pharmacology, 24*(3): 175.

Frahm, H., Stephan, H. & Stephan, M. 1982. Comparison of brain structure volumes in Insectivora and Primates. I. Neocortex. *Journal fur Hirnforschung, 23*(4): 375–389.

Francis, W. S. 2005. Bilingual semantic and conceptual representation. In J. F. Kroll & A. M. B. de Groot (Eds.), *Handbook of Bilingualism: Psycholinguistic Approaches*. Oxford: Oxford University Press, 251–267.

Franck, J., Millotte, S., Posada, A. & Rizzi, L. 2013. Abstract knowledge of word order by 19 months: An eye-tracking study. *Applied Psycholinguistics, 34*: 323–336.

François, C., Chobert, J., Besson, M. & Schön, D. 2013. Music training for the development of speech segmentation. *Cerebral Cortex, 23*(9): 2038–2043.

Frankland, P. W. & Bontempi, B. 2005. The organization of recent and remote memories. *Nature Reviews Neuroscience, 6*(2): 119–130.

Franklin, M. S., Sledge Moore, K., Yip, C. Y., Jonides, J., Rattray, K. & Moher, J. 2008. The effects of musical training on verbal memory. *Psychology of Music, 36*(3): 353–365.

Fraser, K. C., Meltzer, J. A., Graham, N. L., Leonard, C., Hirst, G., Black, S. E. & Rochon, E. 2014. Automated classification of primary progressive aphasia subtypes from narrative speech transcripts. *Cortex, 55*: 43–60.

Freed, D. 2020. *Motor Speech Disorders: Diagnosis and Treatment* (3rd ed.). San Diego: Plural Publishing.

Fregni, F., Boggio, P. S., Nitsche, M., Bermpohl, F., Antal, A., Feredoes, E., Marcolin, M. A., Rigonatti, S. P., Silva, M. T. & Paulus, W. 2005. Anodal transcranial direct current stimulation of prefrontal cortex enhances working memory. *Experimental Brain Research, 166*: 23–30.

French, L. M. & O'Brien, I. 2008. Phonological memory and children's second language grammar learning. *Applied Psycholinguistics, 29*(3): 463–487.

Freud, S. 1891. *Zur Auffassung der Aphasien: Eine kritische Studie*. Leipzig: Deuticke.

Fridriksson, J., Elm, J., Stark, B. C., Basilakos, A., Rorden, C., Sen, S., George, M. S., Gottfried, M. & Bonilha, L. 2018. BDNF genotype and tDCS interaction in aphasia treatment. *Brain Stimulation, 11*(6): 1276–1281.

Fridriksson, J., Fillmore, P., Guo, D. & Rorden, C. 2015. Chronic Broca's aphasia is caused by damage to Broca's and Wernicke's areas. *Cerebral Cortex, 25*(12): 4689–4696.

Fridriksson, J., Richardson, J. D., Baker, J. M. & Rorden, C. 2011. Transcranial direct current stimulation improves naming reaction time in fluent aphasia: A double-blind, sham-controlled study. *Stroke, 42*: 819–821.

Friederici, A. D. 1995. The time course of syntactic activation during language processing: A model based on neuropsychological and neurophysiological data. *Brain and Language, 50*: 259–281.

Friederici, A. D. 2004. Processing local transitions versus long-distance syntactic hierarchies. *Trends in Cognitive Sciences, 8*(6): 245–247.

Friederici, A. D. 2005. Neurophysiological markers of early language acquisition: From syllables to sentences. *Trends in Cognitive Sciences, 9*: 481–488.

Friederici, A. D. 2009. Pathways to language: Fiber tracts in the human brain. *Trends in Cognitive Sciences, 13*(4): 175–181.

Friederici, A. D. 2011. The brain basis of language processing: from structure to function. *Physiological Reviews, 91*(4): 1357–1392.

Friederici, A. D. 2012. Language development and the ontogeny of the dorsal pathway. *Frontiers in Evolutionary Neuroscience, 4*: 3.

Friederici, A. D. 2017. *Language in our Brain: The Origins of a Uniquely Human Capacity*. Cambridge: MIT Press.

Friederici, A. D., Bahlmann, J., Heim, S., Schubotz, R. I., & Anwander, A. 2006. The brain differentiates human and non-human grammars: functional localization and structural connectivity. *Proceedings of the National Academy of Sciences, 103*(7): 2458–2463.

Friederici, A. D., Friedrich, M. & Christophe, A. 2007. Brain responses in 4-month-old infants are already language specific. *Current Biology, 17*: 1208–1211.

Friederici, A. D., Kotz, S. A., Scott, S. K. & Obleser, J. 2010. Disentangling syntax and intelligibility in auditory language comprehension. *Human Brain Mapping, 31*: 448–457.

Friederici, A. D., Pfeifer, E. & Hahne, A. 1993. Event-related brain potentials during natural speech processing: Effects of semantic, morphological and syntactic violations. *Cognitive Brain Research, 1*(3): 183–192.

Friederici, A. D., Rüschemeyer, S. A., Hahne, A. & Fiebach, C. J. 2003. The role of left inferior frontal and superior temporal cortex in sentence comprehension: localizing syntactic and semantic processes. *Cerebral Cortex, 13*(2): 170–177.

Friederici, A. D., Steinhauer, K. & Pfeifer, E. 2002. Brain signatures of artificial language processing: Evidence challenging the critical period hypothesis. *Proceedings of the National Academy of Sciences, 99*(1): 529–534.

Friederici, A. D., von Cramon, D. Y. & Kotz, S. 1999. Language related brain potentials in patients with cortical and subcortical left hemisphere lesions. *Brain, 122*(6): 1033–1047.

Friedmann, N. 2000. Moving verbs in agrammatic production. In R. Bastiaanse & J. Grodzinsky (Eds.), *Grammatical Disorders in Aphasia: A Neurolinguistic Perspective*. London: Whurr, 152–170.

Friedmann, N. 2001. Agrammatism and the psychological reality of the syntactic tree. *Journal of Psycholinguistic Research, 30*(1): 71–90.

Friedmann, N. 2002. Question production in agrammatism: The tree pruning hypothesis. *Brain and Language, 80*(2): 160–187.

Friedmann, N. 2005. Degrees of severity and recovery in agrammatism: Climbing up the syntactic tree. *Aphasiology, 19*(10–11): 1037–1051.

Friedmann, N. & Grodzinsky, Y. 1997. Tense and agreement in agrammatic production: Pruning the syntactic tree. *Brain and Language, 56*: 397–425.

Friedmann, N., Gvion, A., Biran, M. & Novogrodsky, R. 2006. Do people with agrammatic aphasia understand verb movement? *Aphasiology, 20*: 136–153.

Friedmann, N. & Novogrodsky, R. 2003. *Syntactic Movement in Hebrew-speaking Children with G-SLI* [Paper presentation]. The European Group on Child Language Disorders, Wales, UK.

Friedmann, N. & Novogrodsky, R. 2004. The acquisition of relative clause comprehension in Hebrew: A study of SLI and normal development. *Journal of Child Language, 31*(3): 661–681.

Friedmann, N. & Novogrodsky, R. 2007. Is the movement deficit in syntactic SLI related to traces or to thematic role transfer?. *Brain and Language, 101*(1): 50–63.

Friedmann, N. & Shapiro, L. P. 2003. Agrammatic comprehension of simple active sentences with moved constituents: Hebrew OSV and OVS structures. *Journal of Speech Language and Hearing Research, 46*: 288–297.

Friese, U., Rutschmann, R., Raabe, M. & Schmalhofer, F. 2008. Neural indicators of inference processes in text comprehension: An event-related functional magnetic resonance imaging study. *The Journal of Cognitive Neuroscience, 20*: 2110–2124.

Frisch, S., Kotz, S. A., von Cramon, D. Y. & Friederici, A. D. 2003. Why the P600 is not just a P300: The role of the basal ganglia. *Clinical Neurophysiology*, *114*(2): 336–340.

Frizelle, P. & Fletcher, P. 2014. Relative clause constructions in children with specific language impairment. *International Journal of Language & Communication Disorders*, *49*(2): 255–264.

Fromm, D., MacWhinney, B. & Thompson, C. K. 2020. Automation of the Northwestern Narrative Language Analysis System. *Journal of Speech, Language, and Hearing Research*, *63*(6): 1835–1844.

Fuhrmann, D., Knoll, L. J. & Blakemore, S. J. 2015. Adolescence as a sensitive period of brain development. *Trends in Cognitive Sciences*, *19*(10): 558–566.

Fujioka, T., Trainor, L. J., Ross, B., Kakigi, R. & Pantev, C. 2004. Musical training enhances automatic encoding of melodic contour and interval structure. *Journal of Cognitive Neuroscience*, *16*(6): 1010–1021.

Gainotti G. 2015. Contrasting opinions on the role of the right hemisphere in the recovery of language. A critical survey. *Aphasiology*, *29*: 1020–1037.

Galaburda, A. M., LoTurco, J., Ramus, F., Fitch, R. H. & Rosen, D. D. 2006. From genes to behavior in developmental dyslexia. *Nature Neuroscience*, *9*: 1213–1217.

Galbraith, G. C., Amaya, E. M., de Rivera, J. M. D., Donan, N. M., Duong, M. T., Hsu, J. N., Tran, K. & Tsang, L. P. 2004. Brain stem evoked response to forward and reversed speech in humans. *NeuroReport*, *15*(13): 2057–2060.

Gall, F. & Spurzheim, J. 1809. *Recherches sur le Système Nerveux*. Paris: B. Bailliere.

Galluzzi, C., Bureca, I., Guariglia, C. & Romani, C. 2015. Phonological simplifications, apraxia of speech and the interaction between phonological and phonetic processing. *Neuropsychologia*, *71*: 64–83.

Gan, J., Liu, S., Wang, X., Shi, Z., Shen, L., Li, X., Guo, Q., Yuan, J., Zhang, N., You, Y., Lv, Y., Zheng, D., Ji, Y. & China Lewy Body Disease Collaborative Alliance. 2021. Clinical characteristics of Lewy body dementia in Chinese memory clinics. *BMC Neurology*, *21*(1): 144.

Gandour, J. T. 2013. A functional deficit in the sensorimotor interface component as revealed by oral reading in Thai conduction aphasia. *Journal of Neurolinguistics*, *26*(3): 337–347.

Gannon, P. J., Holloway, R. L., Broadfield, D. C. & Braun, A. R. 1998. Asymmetry of chimpanzee planum temporale: humanlike pattern of Wernicke's brain language area homolog. *Science*, *279*(5348): 220–222.

Ganushchak, L. Y., Christoffels, I. K. & Schiller, N. O. 2011. The use of electroencephalography in language production research: A review. *Frontiers in Psychology, 2*: 208.

Gao, Z., van Beugen, B. J. & De Zeeuw, C. I. 2012. Distributed synergistic plasticity and cerebellar learning. *Nature Reviews Neuroscience, 13*: 619–635.

García, A. M. 2013. Brain activity during translation: A review of the neuroimaging evidence as a testing ground for clinically-based hypotheses. *Journal of Neurolinguistics, 26*(3): 370–383.

García, A. M., Muñoz, E. & Kogan, B. 2020. Taxing the bilingual mind: Effects of simultaneous interpreting experience on verbal and executive mechanisms. *Bilingualism: Language and Cognition, 24*(4): 729–739.

García-Caballero, A., García-Lado, I., González-Hermida, J., Area, R., Recimil, M. J., Rabadan, O. J., Lamas, S., Ozaita, G. & Jorge, F. J. 2007. Paradoxical recovery in a bilingual patient with aphasia after right capsuloputaminal infarction. *Journal of Neurology, Neurosurgery & Psychiatry, 78*(1): 89–91.

García-Pentón, L., Fernández, A. P., Iturria-Medina, Y., Gillon-Dowens, M. & Carreiras, M. 2014. Anatomical connectivity changes in the bilingual brain. *NeuroImage, 84*: 495–504.

Gaser, C. & Schlaug, G. 2003. Brain structures differ between musicians and non-musicians. *Journal of Neuroscience, 23*(27): 9240–9245.

Gass, S. & Lee, J. 2011. Working memory capacity, stroop interference, and proficiency in a second language. In M. Schmid & W. Lowie (Eds.), *From Structure to Chaos: Twenty Years of Modeling Bilingualism*. Amsterdam: John Benjamins, 59–84.

Gass, S. & Selinker, L. 2008. *Second Language Acquisition: An Introductory Course*. Mahwah: Laurence Erlbaum.

Gauthier, J., Joober, R., Mottron, L., Laurent, S., Fuchs, M., De Kimpe, V. & Rouleau, G. A. 2003. Mutation screening of FOXP2 in individuals diagnosed with autistic disorder. *American Journal of Medical Genetics Part A, 118*(2): 172–175.

Gazzaniga, M. S., Ivry, R. B. & Mangun, G. R. 2014. *Cognitive Neuroscience: The Biology of Mind* (4th ed.). New York & London: W. W. Norton.

Génier Marchand, D., Montplaisir, J., Postuma, R. B., Rahayel, S. & Gagnon, J. F. 2017. Detecting the cognitive prodrome of dementia with Lewy bodies: A prospective study of REM sleep behavior disorder. *Sleep, 40*(1): zsw014.

Gentner, D. 2006. Why verbs are hard to learn. In K. Hirsh-Pasek & R. Golinkoff (Eds.), *Action Meets Word: How Children Learn Verbs*. Oxford: Oxford University Press, 544–564.

Gertel, V. H., Zhang, H. & Diaz, M. T. 2020. Stronger right hemisphere functional connectivity supports executive aspects of language in older adults. *Brain and Language, 206*: 104771.

Gervain, J. & Geffen, M. N. 2019. Efficient neural coding in auditory and speech perception. *Trends in Neurosciences, 42*(1): 56–65.

Gervain, J., Nespor, M., Mazuka, R., Horiem, R. & Mehler, J. 2008. Bootstrapping word order in prelexical infants: A Japanese-Italian cross-linguistic study. *Cognitive Psychology, 57*(1): 56–74.

Geschwind, N. 1965. Disconnexion syndromes in animals and man. *Brain, 88*: 237–294.

Geschwind, N. 1979. Specializations of the human brain. In W. S. Wang (Ed.), *Human Communication: Language and Its Psychobiological Bases*. San Francisco: Freeman, 110–119.

Geschwind, N. 1981. The significance of lateralization in nonhuman species. *Behavioral and Brain Sciences, 4*(1): 26-27.

Geschwind, N. & Levitsky, W. 1968. Human brain: Left-right asymmetries in temporal speech region. *Science, 161*: 186–187.

Ghitza, O. 2011. Linking speech perception and neurophysiology: Speech decoding guided by cascaded oscillators locked to the input rhythm. *Frontiers in Psychology, 2*(130): 1–13.

Ghitza, O., Giraud, A. L. & Poeppel, D. 2012. Neuronal oscillations and speech perception: Critical-band temporal envelopes are the essence. *Frontiers in Human Neuroscience, 6*(340): 1–4.

Gialanella, B. & Prometti, P. 2009. Rehabilitation length of stay in patients suffering from aphasia after stroke. *Topics in Stroke Rehabilitation, 16*(6): 437–444.

Gibbon, S., Attaheri, A., Ní Choisdealbha, Á., Rocha, S., Brusini, P., Mead, N., Boutris, P., Olawole-Scott, H., Ahmed, H., Flanagan, S., Mandke, K., Keshavarzi, M. & Goswami, U. 2021. Machine learning accurately classifies neural responses to rhythmic speech vs. non-speech from 8-week-old infant EEG. *Brain and Language, 220*: 104968.

Gibbs Jr, R. W. 2005. *Embodiment and Cognitive Science*. Cambridge: Cambridge University Press.

Gilbert, P. E., Barr, P. J. & Murphy, C. 2004. Differences in olfactory and visual memory in patients with pathologically confirmed Alzheimer's disease and the Lewy body variant of Alzheimer's disease. *Journal of the International Neuropsychological Society, 10*(6): 835–842.

Gile, D. 2005. Directionality in conference interpreting: A cognitive view. *Communication and Cognition. Monographies, 38*(1–2): 9–26.

Gilmore, N., Meier, E. L., Johnson, J. P. & Kiran, S. 2020. Typicality-based semantic treatment for anomia results in multiple levels of generalisation. *Neuropsychological Rehabilitation, 30*(5): 802–828.

Giraud, A. L., Kell, C., Thierfelder, C., Sterzer, P., Russ, M. O., Preibisch, C. & Kleinschmidt, A. 2004. Contributions of sensory input, auditory search and verbal comprehension to cortical activity during speech processing. *Cerebral Cortex, 14*: 247–255.

Giraud, A. L., Kleinschmidt, A., Poeppel, D., Lund, T. E., Frackowiak, R. S. J. & Laufs, H. 2007. Endogenous cortical rhythms determine cerebral specialization for speech perception and production. *Neuron, 56*(6): 1127–1134.

Giraud, A. L. & Poeppel, D. 2012a. Cortical oscillations and speech processing: Emerging computational principles and operations. *Nature Neuroscience, 15*(4): 511–517.

Giraud, A. L. & Poeppel, D. 2012b. Speech perception from a neurophysiological perspective. In D. Poeppel, T. Overath, A. N. Popper & R. R. Fay (Eds.), *The Human Auditory Cortex*. New York: Springer, 225–260.

Giraud, A. L. & Ramus, F. 2013. Neurogenetics and auditory processing in developmental dyslexia. *Current Opinion in Neurobiology, 23*: 37–42.

Gisladottir, R. S., Chwilla, D. J. & Levinson, S. C. 2015. Conversation electrified: ERP correlates of speech act recognition in underspecified utterances. *PLoS ONE, 10*(3): e0120068.

Gleason, J. B., Goodglass, H., Green, E., Ackerman, N. & Hyde, M. R. 1975. The retrieval of syntax in Broca's aphasia. *Brain and Language, 2*: 451–471.

Glisky, E. L. 2007. Changes in cognitive function in human aging. In D. R. Riddle (Ed.), *Brain Aging: Models, Methods, and Mechanisms*. Boca Raton: CRC Press, 3–20.

Gobes, S. M. & Bolhuis, J. J. 2007. Birdsong memory: A neural dissociation between song recognition and production. *Current Biology, 17*(9): 789–793.

Godefroy, O., Aarabi, A., Dorchies, F., Barbay, M., Andriuta, D., Diouf, M., Thiebaut de Schotten, M., Kassir, R., Tasseel-Ponche, S., Roussel, M. & GRECogVASC study group. 2023. Functional architecture of executive processes: Evidence from verbal fluency and lesion mapping in stroke patients. *Cortex, 164*: 129–143.

Goel, V. & Dolan, R. J. 2001. The functional anatomy of humor: Segregating cognitive and affective components. *Nature Neuroscience, 4*: 237–238.

Gold, B. T., Kim, C., Johnson, N. F., Kryscio, R. J. & Smith, C. D. 2013. Lifelong bilingualism maintains neural efficiency for cognitive control in aging. *Journal of Neuroscience, 33*(2): 387–396.

Gollan, T. H., Salmon, D. P., Montoya, R. I. & Galasko, D. R. (2011). Degree of bilingualism predicts age of diagnosis of Alzheimer's disease in low-education but not in highly educated Hispanics. *Neuropsychologia, 49*(14): 3826–3830.

Gong, X., Jia, M., Ruan, Y., Shuang, M., Liu, J., Wu, S., Guo, Y., Yang, J., Ling, Y. & Yang, X. 2004. Association between the FOXP2 gene and autistic disorder in Chinese population. *American Journal of Medical Genetics Part B: Neuropsychiatric Genetics, 127*(1): 113–116.

Goodglass, H. 1993. *Understanding Aphasia*. San Diego: Academic Press.

Goodglass, H. & Kaplan, E. 1983. *The Assessment of Aphasia and Related Disorders*. Philadelphia: Lea & Febiger.

Gopnik, M. 1990. Feature-blind grammar and dysphasia. *Nature, 344*(6268): 715–715.

Gorbach, T., Pudas, S., Bartrés-Faz, D., Brandmaier, A. M., Düzel, S., Henson, R. N., Idland, A. V., Lindenberger, U., Macià Bros, D. & Mowinckel, A. M. 2020. Longitudinal association between hippocampus atrophy and episodic-memory decline in non-demented APOE ε4 carriers. *Alzheimer's & Dementia: Diagnosis, Assessment & Disease Monitoring, 12*(1): e12110.

Gordon, J. 1998. The fluency dimension in aphasia. *Aphasiology, 12*: 673–688.

Grahn, J. A., Parkinson, J. A. & Owen, A. M. 2008. The cognitive functions of the caudate nucleus. *Progress in Neurobiology, 86*(3): 141–155.

Gran, L. 1989. Interdisciplinary research on cerebral asymmetries: Significance and prospects for the teaching of interpretation. In L. Gran & J. Dodds (Eds.), *The Theoretical and Practical Aspects of Teaching Conference Interpretation*. Udine: Campanotto Editore, 93–100.

Gran, L. & Fabbro, F. 1988. The role of neuroscience in the teaching of interpretation. *The interpreters' Newsletter, 1*: 23–41.

Gransier, R. & Wouters, J. 2021. Neural auditory processing of parameterized speech envelopes. *Hearing Research, 412*: 108374.

Grant, A., Dennis, N. A. & Li, P. 2014. Cognitive control, cognitive reserve, and memory in the aging bilingual brain. *Frontiers in Psychology, 5*: 1401.

Graves, W. W., Grabowski, T. J., Mehta, S. & Gupta, P. 2008. The left posterior superior temporal gyrus participates specifically in accessing lexical phonology. *Journal of Cognitive Neuroscience, 20*(9): 1698–1710.

Graybiel, A. M. & Grafton, S. T. 2015. The striatum: Where skills and habits meet. *Cold Spring Harbor Perspectives in Biology, 7*: a021691.

Green, D. W. 2003. The neural basis of the lexicon and the grammar in L2 acquisition. In R. van Hout, A. Hulk, F. Kuiken & R. Towell (Eds.), *The Interface between*

Syntax and the Lexicon in Second Language Acquisition. Amsterdam: John Benjamins, 197–218.

Green, D. W. & Abutalebi, J. 2008. Understanding the link between bilingual aphasia and language control. *Journal of Neurolinguistics, 21*: 558–576.

Green, D. W. & Abutalebi, J. 2013. Language control in bilinguals: The adaptive control hypothesis. *Journal of Cognitive Psychology, 25*: 515–530.

Green, D. W. & Kroll, J. F. 2019. The neurolinguistics of bilingualism: Plasticity and control. In G. I. de Zubicaray & N. O. Schiller (Eds.), *The Oxford Handbook of Neurolinguistics*. Oxford: Oxford University Press, 261–294.

Gregory Hickok, G., Costanzo, M., Capasso, R. & Miceli, G. 2011. The role of Broca's area in speech perception: Evidence from aphasia revisited. *Brain & Language, 119*: 214–220.

Grewe, T., Bornkessel, I., Zysset, S., Wiese, R., von Cramon, D. Y. & Schlesewsky, M. 2005. The emergence of the unmarked: A new perspective on the languagespecific function of Broca's area. *Human Brain Mapping, 26*(3): 178–190.

Grill-Spector, K., Kushnir, T., Hendler, T., Edelman, S., Itzchak, Y. & Malach, R. 1998. A sequence of object-processing stages revealed by fMRI in the human occipital lobe. *Human Brain Mapping, 6*(4): 316–328.

Grodzinsky, Y. 1984. The syntactic characterization of agrammatism. *Cognition, 16*: 99–120.

Grodzinsky, Y. 2000. The neurology of syntax: Language use without Broca's area. *Behavioral and Brain Sciences, 23*(1): 1–21.

Grodzinsky, Y. & Amunts, K. 2006. *Broca's Region*. Oxford: Oxford University Press.

Grodzinsky, Y. & Friederici, A. D. 2006. Neuroimaging of syntax and syntactic processing. *Current Opinion in Neurobiology, 16*(2): 240–246.

Grogan, A., Jones, Ō. P., Ali, N., Crinion, J., Orabona, S., Mechias, M. L., Ramsden, S., Green, D. W. & Price, C. J. 2012. Structural correlates for lexical efficiency and number of languages in non-native speakers of English. *Neuropsychologia, 50*(7): 1347–1352.

Gronau, I., Hubisz, M. J., Gulko, B., Danko, C. G. & Siepel, A. 2011. Bayesian inference of ancient human demography from individual genome sequences. *Nature Genetics, 43*(10): 1031–1034.

Grönberg, A., Henriksson, I., Stenman, M. & Lindgren, A. G. 2022. Incidence of aphasia in ischemic stroke. *Neuroepidemiology, 56*(3): 174–182.

Grosjean, F. 1989. Neurolinguists, beware! The bilingual is not two monolinguals in one person. *Brain and Language, 36*: 3–15.

Gross, R. G., Camp, E., McMillan, C. T., Dreyfuss, M., Gunawardena, D., Cook, P. A., Morgan, B., Siderowf, A., Hurtig, H. I., Stern, M. B. & Grossman, M. 2013. Impairment of script comprehension in Lewy body spectrum disorders. *Brain and Language*, 125(3): 330–343.

Gross, R. G., McMillan, C. T., Chandrasekaran, K., Dreyfuss, M., Ash, S., Avants, B., Cook, P., Moore, P., Libon, D. J., Siderowf, A. & Grossman, M. 2012. Sentence processing in Lewy body spectrum disorder: The role of working memory. *Brain and Cognition*, 78(2): 85–93.

Grossberg, S. 1999. Pitch-based streaming in auditory perception. In N. Griffith & P. Todd (Eds.), *Musical Networks: Parallel Distributed Perception and Performance*. Cambridge: MIT Press, 117–140.

Grossberg, S. 2003. Resonant neural dynamics of speech perception. *Journal of Phonetics*, 31: 423–445.

Grossman, M., Gross, R. G., Moore, P., Dreyfuss, M., McMillan, C. T., Cook, P. A., Ash, S. & Siderowf, A. 2012. Difficulty processing temporary syntactic ambiguities in Lewy body spectrum disorder. *Brain and Language*, 120(1): 52–60.

Grossman, M., Irwin, D. J., Jester, C., Halpin, A., Ash, S., Rascovsky, K., Weintraub, D. & McMillan, C. T. 2017. Narrative organization deficit in Lewy body disorders is related to Alzheimer pathology. *Frontiers in Neuroscience*, 11: 53.

Grossmann, J. A., Aschenbrenner, S., Teichmann, B. & Meyer, P. 2023. Foreign language learning can improve response inhibition in individuals with lower baseline cognition: Results from a randomized controlled superiority trial. *Frontiers in Aging Neuroscience*, 15: 1123185.

Gu, J. & Gu, X. 2003. Induced gene expression in human brain after the split from chimpanzee. *Trends in Genetics*, 19(2): 63–65.

Güemes, M., Gattei, C. & Wainselboim, A. 2019. Processing verb-noun compound words in Spanish: Evidence from event-related potentials. *Cognitive Neuropsychology*, 36(5–6): 265–281.

Guenther, F. H. 2016. *Neural Control of Speech*. Cambridge: MIT Press.

Günther, F., Dudschig, C., & Kaup, B. 2016. Latent semantic analysis cosines as a cognitive similarity measure: Evidence from priming studies. *Quarterly Journal of Experimental Psychology*, 69(4): 626–653.

Gunz, P., Neubauer, S., Golovanova, L., Doronichev, V., Maureille, B. & Hublin, J. J. 2012. A uniquely modern human pattern of endocranial development. Insights from a new cranial reconstruction of the Neandertal newborn from Mezmaiskaya. *Journal of Human Evolution*, 62(2): 300–313.

Guo, T., Guo, J. & Peng, D. 2008. Electrophysiological study in brain processing of Chinese quantifiers and nouns. *Journal of Beijing Normal University (Natural Science)*, 44(3): 221–223.

Guo, T., Liu, H., Misra, M. & Kroll, J. F. 2011. Local and global inhibition in bilingual word production: fMRI evidence from Chinese-English bilinguals. *NeuroImage, 56*: 2300–2309.

Haesler, S. 2006. *Studies on the evolution and function of FoxP2, a gene implicated in human speech and language, using songbirds as a model.* Doctoral dissereation, Freie Universität Berlin.

Haesler, S., Rochefort, C., Georgi, B., Licznerski, P., Osten, P. & Scharff, C. 2007. Incomplete and inaccurate vocal imitation after knockdown of FoxP2 in songbird basal ganglia nucleus Area X. *PLoS Biology, 5*(12): e321.

Hafed, Z. M. & Clark, J. J. 2002. Microsaccades as an overt measure of covert attention shifts. *Vision Research, 42*(22): 2533–2545.

Haghighi, M., Mazdeh, M., Ranjbar, N. & Seifrabie, M. A. 2018. Further evidence of the positive influence of repetitive transcranial magnetic stimulation on speech and language in patients with aphasia after stroke: results from a double-blind intervention with sham condition. *Neuropsychobiology, 75*: 185–192.

Hagoort, P. 2005 On Broca, brain and binding: A new framework. *Trends in Cognitive Sciences, 9*(9): 416–423.

Hagoort, P. 2008. The fractionation of spoken language understanding by measuring electrical and magnetic brain signals. *Philosophical Transactions of the Royal Society Biological Sciences, 363*: 1055–1069.

Hagoort, P. 2016. MUC (Memory, Unification, Control): A model on the neurobiology of language beyond single word processing. In G. Hickok & S. L. Small (Eds.), *Neurobiology of Language*. Orlando: Academic Press, 339–347.

Hagoort, P., Baggio, G. & Willems, R. M. 2009 Semantic unification. In M. S. Gazzaniga (Ed.), *The Cognitive Neursoscience*. Cambridge: MIT Press, 819–836.

Hagoort, P., Brown, C. M. & Groothusen, J. 1993. The syntactic positive shift (SPS) as an ERP measure of syntactic processing. *Language and Cognitive Processes, 8*: 439–483.

Hagoort, P., Hald, L. A., Bastiaansen, M. C. M. & Petersson, K. M. 2004. Integration of word meaning and world knowledge in language comprehension. *Science, 304*(5669): 438–441.

Hagoort, P. & van Berkum, J. 2007 Beyond the sentence given. *Philosophical Transactions of the Royal Society B, 362*(1481): 801–811.

Hagoort, P., Wassenaar, M. & Brown, C. 2003. Real-time semantic compensation in patients with agrammatic comprehension: Electrophysiological evidence for multiple-route plasticity. *Proceedings of the National Academy of Sciences of the United States of America, 100*(7): 4340–4345.

Hahne, A. & Friederici, A. D. 2002. Differential task effects on semantic and syntactic processes as revealed by ERPs. *Cognitive Brain Research, 13*(3): 339–356.

Haley, K. L., Bays, G. L. & Ohde, R. N. 2001. Phonetic properties of apraxic-aphasic speech: A modified narrow transcription analysis. *Aphasiology, 15*(12): 1125–1142.

Haley, K. L., Ohde, R. N. & Wertz, R. T. 2000. Single word intelligibility in aphasia and apraxia of speech: A phonetic error analysis. *Aphasiology, 14*(2): 179–202.

Haley, K. L., Ohde, R. N. & Wertz, R. T. 2001. Vowel quality in aphasia and apraxia of speech: Phonetic transcription and formant analyses. *Aphasiology, 15*(12): 1107–1123.

Hallam, G. P., Whitney, C., Hymers, M., Gouws, A. D. & Jefferies, E. 2016. Charting the effects of TMS with fMRI: Modulation of cortical recruitment within the distributed network supporting semantic control. *Neuropsychologia, 93*: 40–52.

Hallowell, B. 2023. *Aphasia and Other Acquired Neurogenic Language Disorders: A Guide for Clinical Excellence* (2nd ed.). San Diego: Plural publishing.

Hamdan, F. F., Daoud, H., Rochefort, D., Piton, A., Gauthier, J., Langlois, M., ... & Michaud, J. L. 2010. De novo mutations in FOXP1 in cases with intellectual disability, autism, and language impairment. *The American Journal of Human Genetics, 87*(5): 671–678.

Hamilton, J. M., Salmon, D. P., Galasko, D., Delis, D. C., Hansen, L. A., Masliah, E., Thomas, R. G. & Thal, L. J. 2004. A comparison of episodic memory deficits in neuropathologically-confirmed Dementia with Lewy bodies and Alzheimer's disease. *Journal of the International Neuropsychological Society, 10*(5): 689–697.

Hammer, A., Goebel, R., Schwarzbach, J., MÜnte, T. F. & Jansma, B. M. 2007. When sex meets syntactic gender on a neural basis during pronoun processing. *Brain Research, 1146*: 185–198.

Hanagasi, H. A., Tufekcioglu, Z. & Emre, M. 2017. Dementia in Parkinson's disease. *Journal of the Neurological Sciences, 374*: 26–31.

Hane, F. T., Lee, B. Y. & Leonenko, Z. 2017. Recent progress in Alzheimer's disease research, part 1: Pathology. *Journal of Alzheimer's Disease, 57*(1): 1–28.

Hane, F. T., Robinson, M., Lee, B. Y., Bai, O., Leonenko, Z. & Albert M. S. 2017. Recent progress in Alzheimer's disease research, part 3: Diagnosis and treatment.

Journal of Alzheimer's Disease, 57(3): 645–665.

Hannenhalli, S. & Kaestner, K. H. 2009. The evolution of Fox genes and their role in development and disease. *Nature Reviews Genetics, 10*(4): 233–240.

Hansen, L., Salmon, D., Galasko, D., Masliah, E., Katzman, R., DeTeresa, R., Thal, L., Pay, M. M., Hofstetter, R. & Klauber, M. 1990. The Lewy body variant of Alzheimer's disease: A clinical and pathologic entity. *Neurology, 40*(1): 1–8.

Hansson, K., Nettelbladt, U. & Leonard, L. B. 2003. Indefinite articles and definite forms in Swedish children with specific language impairment. *First Language, 23*(3): 343–362.

Hara, T., Abo, M., Kakita, K., Mori, Y., Yoshida, M. & Sasaki, N. 2017. The effect of selective transcranial magnetic stimulation with functional near-infrared spectroscopy and intensive speech therapy on individuals with post-stroke aphasia. *European Neurology, 77*(3–4): 186–194.

Hara, T., Abo, M., Kobayashi, K., Watanabe, M., Kakuda, W. & Senoo, A. 2015. Effects of low-frequency repetitive transcranial magnetic stimulation combined with intensive speech therapy on cerebral blood flow in post-stroke aphasia. *Translational Stroke Research, 6*(5): 365–374.

Hardy, S. M., Segaert, K. & Wheeldon, L. 2020. Healthy aging and sentence production: Disrupted lexical access in the context of intact syntactic planning. *Frontiers in Psychology, 11*: 257.

Harley, T. A. 2014. *The Psychology of Language: From Data to Theory* (4th ed.). Hove & New York: Psychology Press.

Harnish, S. M., Diedrichs, V. A. & Bartlett, C. W. 2023. Early considerations of genetics in aphasia rehabilitation: A narrative review. *Aphasiology, 37*(6): 835–853.

Hart, L. 1983. *Human Brain, Human Learning*. New York: Longman.

Hartsuiker, R. J. R., Pickering, M. M. J. & Veltkamp, E. 2004. Is syntax separate or shared between languages? Cross-linguistic syntactic priming in Spanish-English bilinguals. *Psychological Science, 15*: 409–414.

Harvey, D. Y., Podell, J., Turkeltaub, P. E., Faseyitan, O., Coslett, H. B. & Hamilton, R. H. 2017. Functional reorganization of right prefrontal cortex underlies sustained naming improvements in chronic aphasia via repetitive transcranial magnetic stimulation. *Cognitive and Behavioral Neurology, 30*(4): 133–144.

Hasegawa, T., Matsuki, K., Ueno, T., Maeda, Y., Matsue, Y., Konishi, Y. & Sadato, N. 2004. Learned audio-visual cross-modal associations in observed piano playing activate the left planum temporale. An fMRI study. *Brain Research. Cognitive Brain Research, 20*: 510–518.

Hashimoto, N. & Frome, A. 2011. The use of a modified semantic features analysis approach in aphasia. *Journal of Communication Disorders, 44*(4): 459–469.

Hashimoto, R., Homae, F., Nakajima, K., Miyashita, Y. & Sakai, K. L. 2000. Functional differentiation in the human auditory and language areas revealed by a dichotic listening task. *NeuroImage, 12*: 147–158.

Hasson, U., Nusbaum, H. C. & Small, S. L. 2006. Repetition suppression for spoken sentences and the effect of task demands. *Journal of Cognitive Neuroscience, 18*(12): 2013–2029.

Hatzidaki, A. & Pothos, E. M. 2008. Bilingual language representation and cognitive processes in translation. *Applied Psycholinguistics, 29*(1): 125–150.

Haug, H. & Eggers, R. 1991. Morphometry of the human cortex cerebri and corpus striatum during aging. *Neurobiology of Aging, 12*(4): 336–338.

Hauser, M. D., Chomsky, N. & Fitch, W. T. 2002. The faculty of language: What is it, who has it, and how did it evolve? *Science, 298*(5598): 1569–1579.

He, X. M., Zhang, Z. X., Zhang, J. W., Zhou, Y. T., Tang, M. N., Wu, C. B. & Hong, Z. 2007. Lack of association between the BDNF gene Val66Met polymorphism and Alzheimer disease in a Chinese Han population. *Neuropsychobiology, 55*(3–4): 151–155.

He, Y., Wang, M. Y., Li, D. & Yuan, Z. 2017. Optical mapping of brain activation during the English to Chinese and Chinese to English sight translation. *Biomedical Optics Express, 8*(12): 5399–5411.

Head, H. 1926. *Aphasia and Kindred Disorders of Speech*. Cambridge: Macmillan.

Hebb, H. O. 1949. *The Organization of Behavior: A Psychological Theory*. New York: John Wiley & Sons.

Hedden, T. & Gabrieli, J. D. 2004. Insights into the ageing mind: A view from cognitive neuroscience. *Nature Reviews Neuroscience, 5*(2): 87–96.

Heikkinen, P. H., Pulvermüller, F., Mäkelä, J. P., Ilmoniemi, R. J., Lioumis, P., Kujala, T., Manninen, R. L., Ahvenainen, A. & Klippi, A. 2019. Combining rTMS with intensive language-action therapy in chronic aphasia: A randomized controlled trial. *Frontiers in Neuroscience, 12*: 1036.

Heilbroner, P. L. & Holloway, R. L. 1988. Anatomical brain asymmetries in New World and Old World monkeys: Stages of temporal lobe development in primate evolution. *American Journal of Physical Anthropology, 76*(1): 39–48.

Heim, S., Eickhoff, S. B. & Amunts, K. 2009. Different roles of cytoarchitectonic BA 44 and BA 45 in phonological and semantic verbal fluency as revealed by dynamic causal modelling. *NeuroImage, 48*(3): 616–624.

Heim, S., Stummea, J., Bittner, N., Jockwitz, C., Amunts, K. & Caspers, S. 2019. Bilingualism and "brain reserve": A matter of age. *Neurobiology of Aging, 81*: 157–165.

Hellbernd, N. & Sammler, D. 2018. Neural bases of social communicative intentions in speech. *Social Cognitive and Affective Neuroscience, 13*(6): 604–615.

Hellige, J. B. 1987. Interhemispheric interaction: Models, paradigms and recent findings. In D. Ottoson (Ed.), *Duality and Unity of the Brain*. Boston: Springer, 454–465.

Helm-Estabrooks, N. 1981. *Helm Elicited Language Program for Syntax Stimulation*. Austin: Pro-Ed.

Helm-Estabrooks, N. & Ramsberger, G. 1986. Treatment of agrammatism in long-term Broca's aphasia. *British Journal of Disorders of Communication, 21*(1): 39–45.

Hely, M. A., Reid, W. G., Adena, M. A., Halliday, G. M. & Morris, J. G. 2008. The Sydney multicenter study of Parkinson's disease: The inevitability of dementia at 20 years. *Movement Disorders, 23*(6): 837–844.

Hemminghyth, M. S., Chwiszczuk, L. J., Rongoce, A. & Breitve, M. H. 2020. The cognitive profile of mild cognitive impairment due to dementia with Lewy bodies: An updated review. *Frontiers in Aging Neuroscience, 12*: 597579.

Henry, M. L., Hubbard, H. I., Grasso, S. M., Mandelli, M. L., Wilson, S. M., Sathishkumar, M. T., Fridriksson, J., Daigle, W., Boxer, A. L., Miller, B. L. & Gorno-Tempini, M. L. 2018. Retraining speech production and fluency in non-fluent/agrammatic primary progressive aphasia. *Brain, 141*(6): 1799–1814.

Herculano-Houzel, S. 2016. *The Human Advantage: A New Understanding of How Our Brain Became Remarkable*. Cambridge: MIT Press.

Herculano-Houzel, S., Collins, C. E., Wong, P., Kaas, J. H. & Lent, R. 2008. The basic nonuniformity of the cerebral cortex. *Proceedings of the National Academy of Sciences, 105*(34): 12593–12598.

Hernandez, A. E. & Meschyan, G. 2006. Executive function is necessary to enhance lexical processing in a less proficient L2: Evidence from fMRI during picture naming. *Bilingualism: Language and Cognition, 9*: 177–188.

Herrmann, B., Maess, B., Hahne, A., Schröger, E. & Friederici, A.D. 2011 Syntactic and auditory spatial processing in the human temporal cortex: An MEG study. *NeuroImage, 57*(2): 624–633.

Hervais-Adelman, A. & Babcock, L. 2020. The neurobiology of simultaneous interpreting: Where extreme language control and cognitive control intersect. *Bilingualism: Language and Cognition, 23*(4): 740–751.

Hervais-Adelman, A., Moser-Mercer, B. & Golestani, N. 2015. Brain functional plasticity associated with the emergence of expertise in extreme language control. *NeuroImage, 114*: 264–274.

Hervais-Adelman, A., Moser-Mercer, B., Michel, C. M. & Golestani, N. 2015. fMRI of simultaneous interpretation reveals the neural basis of extreme language control. *Cerebral Cortex, 25*(12): 4727–4739.

Hervais-Adelman, A., Moser-Mercer, B., Murray, M. M. & Golestani, N. 2017. Cortical thickness increases after simultaneous interpretation training. *Neuropsychologia, 98*: 212–219.

Heuer, S. & Hallowell, B. 2015. A novel eye-tracking method to assess attention allocation in individuals with and without aphasia using a dual-task paradigm. *Journal of Communication Disorders, 55*: 15–30.

Hickok, G., Buchsbaum, B., Humphries, C. & Muftuler, T. 2003. Auditory-motor interaction revealed by fMRI: Speech, music, and working memory in area Spt. *Journal of Cognitive Neuroscience, 15*: 673–682.

Hickok, G., Costanzo, M., Capasso, R. & Miceli, G. 2011. The role of Broca's area in speech perception: Evidence from aphasia revisited. *Brain and Language, 119*: 214–220.

Hickok, G., Erhard, P., Kassubek, J., Helms-Tillery, A. K., Naeve-Velguth, S., Strupp, J. P., Strick. P. L. & Ugurbil, K. 2000. A functional magnetic resonance imaging study of the role of left posterior superior temporal gyrus in speech production: Implications for the explanation of conduction aphasia. *Neuroscience Letters, 287*(2): 156–160.

Hickok, G., Okada, K. & Serences, J. 2009. Area Spt in the human planum temporale supports sensory-motor interaction for speech processing. *Journal of Neurophysiology, 101*: 2725–2732.

Hickok, G. & Poeppel, D. 2004. Dorsal and ventral streams: A framework for understanding aspects of the functional anatomy of language, *Cognition, 92*(1-2): 67–99.

Hickok, G. & Poeppel, D. 2007. The cortical organization of speech processing, *Nature Reviews Neuroscience, 8*(5): 393–402.

Higashiyama, Y., Hamada, T., Saito, A., Morihara, K., Okamoto, M., Kimura, K., Joki, H., Doi, H., Ueda, N., Takeuchi, H. & Tanaka, F. 2021. Neural mechanisms of foreign accent syndrome: Lesion and network analysis. *NeuroImage: Clinical, 31*: 102760.

Higuchi, M., Tashiro, M., Arai, H., Okamura, N., Hara, S., Higuchi, S., Itoh, M., Shin, R. W., Trojanowski, J. Q. & Sasaki, H. 2000. Glucose hypometabolism and neuropathological correlates in brains of dementia with Lewy bodies. *Experimental Neurology, 162*(2): 247–256.

Hillert, D. 2014. *The Nature of Language: Evolution, Paradigms and Circuits.* New York: Springer.

Hillis, A. E., Beh, Y. Y., Sebastian, R., Breining, B., Tippett, D. C., Wright, A., Saxena, S., Rorden, C., Bonilha, L., Basilakos, A., Yourganov, G. & Fridriksson, J. 2018. Predicting recovery in acute poststroke aphasia. *Annals of Neurology, 83*(3): 612–622.

Hiltunen, S., Pääkkönen, R., Vik, G. V. & Krause, C. M. 2016. On interpreters' working memory and executive control. *International Journal of Bilingualism, 20*(3): 297–314.

Hirschfeld, G., Jansma, B. M., Bölte, J. & Zwitserlood, P. 2008. Interference and facilitation in overt speech production investigated with eventrelated potentials. *NeuroReport, 19*: 1227–1230.

Ho, B. C., Milev, P., O'Leary, D. S., Librant, A., Andreasen, N. C. & Wassink, T. H. 2006. Cognitive and magnetic resonance imaging brain morphometric correlates of brain-derived neurotrophic factor Val66Met gene polymorphism in patients with schizophrenia and healthy volunteers. *Archives of General Psychiatry, 63*(7): 731–740.

Hoeks, J. C., Stowe, L. A. & Doedens, G. 2004. Seeing words in context: The interaction of lexical and sentence level information during reading. *Cognitive Brain Research, 19*(1): 59–73.

Hoenig, K. & Scheef, L. 2005. Mediotemporal contributions to semantic processing: fMRI evidence from ambiguity processing during semantic context verification. *Hippocampus, 15*: 597–609.

Hof, P. R., Wicinski, B., Lin, G. I., Bussiere, T., Giannakopoulos, P., Bouras, C., Perl, D. P. & Morrison, J. H. 1999. Neurofilament proteins identify vulnerable neocortical neurons: Stereologic analysis in normal aging and Alzheimer's disease. *Soc. Neurosci. Abstr, 25*: 593.

Höhle, B., Weissenborn, J., Kiefer, D., Schulz, A. & Schmitz, M. 2004 Functional elements in infants' speech processing: The role of determiners in the syntactic categorization of lexical elements. *Infancy, 5*: 341–353.

Hoid, D., Pan, D. N., Wang, Y. & Li, X. 2020. Implicit emotion regulation deficits in individuals with high schizotypal traits: An ERP study. *Scientific Reports, 10*(1): 3882.

Holland, R., Leff, A. P., Josephs, O., Galea, J. M., Desikan, M., Price, C. J., Rothwell, J. C. & Crinion, J. 2011. Speech facilitation by left inferior frontal cortex stimulation.

Current Biology, 21(16): 1403–1407.

Holle, H., Obleser, J., Rueschemeyer, S. A. & Gunter, T. C. 2010. Integration of iconic gestures and speech in left superior temporal areas boosts speech comprehension under adverse listening conditions. *NeuroImage, 49*: 875–884.

Holloway, R. L., Hurst, S. D., Garvin, H. M., Schoenemann, P. T., Vanti, W. B., Berger, L. R. & Hawks, J. 2018. Endocast morphology of Homo naledi from the Dinaledi chamber, South Africa. *Proceedings of the National Academy of Sciences, 115*(22): 5738–5743.

Homae, F., Hashimoto, R., Nakajima, K., Miyashita, Y. & Sakai, K. L. 2002. From perception to sentence comprehension: the convergence of auditory and visual information of language in the left inferior frontal cortex. *NeuroImage, 16*: 883–900.

Hopkins, W. D. & Nir, T. M. 2010. Planum temporale surface area and grey matter asymmetries in chimpanzees (Pan troglodytes): The effect of handedness and comparison with findings in humans. *Behavioural Brain Research, 208*(2): 436–443.

Hopkins, W. D., Taglialatela, J. P., Meguerditchian, A., Nir, T., Schenker, N. M. & Sherwood, C. C. 2008. Gray matter asymmetries in chimpanzees as revealed by voxel-based morphometry. *NeuroImage, 42*(2): 491–497.

Horn, D., Kapeller, J., Rivera-Brugués, N., Moog, U., Lorenz-Depiereux, B., Eck, S., Hempel, M., Wagenstaller, J., Gawthrope, A. & Monaco, A. P. 2010. Identification of FOXP1 deletions in three unrelated patients with mental retardation and significant speech and language deficits. *Human Mutation, 31*(11): E1851–E1860.

Hosoda, C., Hanakawa, T., Nariai, T., Ohno, K. & Honda, M. 2012. Neural mechanisms of language switch. *Journal of Neurolinguistics, 25*: 44–61.

Hosoda, C., Tanaka, K., Nariai, T., Honda, M. & Hanakawa, T. 2013. Dynamic neural network reorganization associated with second language vocabulary acquisition: A multimodal imaging study. *Journal of Neuroscience, 33*(34): 13663–13672.

Houk, J. C., Bastianen, C., Fansler, D., Fishbach, A., Fraser, D., Reber, P., Roy, S. & Simo, L. 2007. Action selection and refinement in subcortical loops through basal ganglia and cerebellum. *Philosophical Transactions of the Royal Society B: Biological Sciences, 362*(1485): 1573–1583.

Hoyau, E., Roux-Sibilon, A., Boudiaf, N., Pichat, C., Cousin, E., Krainik, A., Jaillard, A., Peyrin, C. & Baciu, M. 2018. Aging modulates fronto-temporal cortical interactions during lexical production. A dynamic causal modeling study. *Brain and Language, 184*: 11–19.

Hsieh, L., Gandour, J., Wong, D. & Hutchins, G. D. 2001. Functional heterogeneity of inferior frontal gyrus is shaped by linguistic experience. *Brain and Language*, *76*(3): 227–252.

Hsu, C. C., Tsai, S. H., Yang, C. L. & Chen, J. Y. 2014. Processing classifier-noun agreement in a long distance: an ERP study on Mandarin Chinese. *Brain and Language*, *137*: 14–28.

Hu, X. Y., Zhang, T., Rajah, G. B., Stone, C., Liu, L. X., He, J. J., Shan, L., Yang, L. Y., Liu, P., Gao, F., Yang, Y. Q., Wu, X. L., Ye, C. Q. & Chen, Y. D. 2018. Effects of different frequencies of repetitive transcranial magnetic stimulation in stroke patients with non-fluent aphasia: A randomized, sham-controlled study. *Neurological Research*, *40*(6): 459–465.

Huang, S. Y. & Schiller, N. 2021. Classifiers in Mandarin Chinese: Behavioral and electrophysiological evidence regarding their representation and processing. *Brain and Language*, *214*: 1–13.

Huang, Y., Edwards, M., Rounis, E., Bhatia, K. & Rothwell, J. 2005. Theta burst stimulation of the human motor cortex. *Neuron*, *45*: 201–206.

Huang, Z., Feng, C. & Qu, Q. 2023. Predicting coarse-grained semantic features in language comprehension: Evidence from ERP representational similarity analysis and Chinese classifier. *Cerebral Cortex*, *33*(13): 8312–8320.

Hubbard, A. L., Wilson, S. M., Callan, D. E. & Dapretto, M. 2009. Giving speech a hand: Gesture modulates activity in auditory cortex during speech perception. *Human Brain Mapping*, *30*: 1028–1037.

Hugdahl, K., Thomsen, T., Ersland, L., Rimol, L. M. & Niemi, J. 2003. The effects of attention on speech perception: an fMRI study. *Brain and Language*, *85*: 37–48.

Hula, W. D. & McNeil, M. R. 2008. Models of attention and dual-task performance as explanatory constructs in aphasia. *Seminars in Speech and Language*, *29*(3): 169–187.

Hull, R. & Vaid, J. 2007. Bilingual language lateralization: A meta-analytic tale of two hemispheres. *Neuropsychologia*, *45*(9): 1987–2008.

Humes, L. E. & Dubno, J. R. 2010. Factors affecting speech understanding in older adults. In S. Gordon-Salant, R. D. Frisina, A. N. Popper & R. R. Fay (Eds.), *The Aging Auditory System*. New York: Springer, 211–257.

Humphreys, G. F., Hoffman, P., Visser, M., Binney, R. J. & Ralph, M. A. L., 2015. Establishing task-and modality-dependent dissociations between the semantic and default mode networks. *Proceedings of the National Academy of Sciences of the United States of America*, *112*(25): 7857–7862.

Humphreys, G. W. & Riddoch, M. J. A. 2003. A case series analysis of "category-specific" deficits of living things: The HIT account. *Cognitive Neuropsychology*,

20(3/4/5/6): 263–306.

Humphries, C., Love, T., Swinney, D. & Hickok, G. 2005. Response of anterior temporal cortex to syntactic and prosodic manipulations during sentence processing. *Human Brain Mapping*, 26: 128–138.

Hurst, J. A., Baraitser, M., Auger, E., Graham, F. & Norell, S. 1990. An extended family with a dominantly inherited speech disorder. *Developmental Medicine & Child Neurology*, 32(4): 352–355.

Husain, F. T., Fromm, S. J., Pursley, R. H., Hosey, L. A., Braun, A. R. & Horwitz, B. 2006. Neural bases of categorization of simple speech and nonspeech sounds. *Human Brain Mapping*, 27: 636–651.

Huth, A. G., de Heer, W. A., Griffiths, T. L., Theunissen, F. E. & Gallant, J. L. 2016. Natural speech reveals the semantic maps that tile human cerebral cortex. *Nature*, 532(7600): 453–458

Hwang, J. H., Wu, C. W., Chou, P. H., Liu, T. C. & Chen, J. H. 2005. Hemispheric difference in activation patterns of human auditory-associated cortex: An FMRI study. *Journal for Oto-rhino-laryngology and Its Related Specialties*, 67(4): 242–246.

Iacoboni, M., Molnar-Szakacs, I., Gallese, V., Buccino, G., Mazziotta, J. C. & Rizzolatti, G. 2005. Grasping the intentions of others with one's own mirror neuron system. *PLoS Biology*, 3(3): e79.

Iaria, G., Petrides, M., Dagher, A., Pike, B. & Bohbot, V. D. 2003. Cognitive strategies dependent on the hippocampus and caudate nucleus in human navigation: Variability and change with practice. *Journal of Neuroscience*, 23(13): 5945–5952.

Ibrahim, R. 2009. How do bilinguals handle interhemispheric integration? Evidence from a cross-language study. *Journal of Integrative Neuroscience*, 8(4): 503–523.

Ide, J. S. & Li, C. S. R. 2011. A cerebellar thalamic cortical circuit for error-related cognitive control. *NeuroImage*, 54(1): 455–464.

Indefrey, P. 2012. Hemodynamic studies of syntactic processing. In M. Faust (Ed.), *The Handbook of the Neuropsychology of Language*. Oxford: Blackwell, 209–228.

Isel, F., Hahne, A., Maess, B. & Friederici, A. D. 2007. Neurodynamics of sentence interpretation: ERP evidence from French. *Biological Psychology*, 74(3): 337–346.

Ivanova, M. V. & Hallowell, B. 2012. Validity of an eye-tracking method to index working memory in people with and without aphasia. *Aphasiology*, 26(3–4): 556–578.

Iyer, M. B., Mattu, U., Grafman, J., Lomarev, M., Sato, S. & Wassermann, E. M. 2005. Safety and cognitive effect of frontal DC brain polarization in healthy individuals. *Neurology*, 64(5): 872–875.

Izumi, S. 2003. Processing difficulty in comprehension and production of relative clauses by learners of English as a second language. *Language Learning, 53*(2): 285-323.

Jackendoff, R. 1999. Possible stages in the evolution of the language capacity. *Trends in Cognitive Sciences, 3*(7): 272–279.

Jackendoff, R. 2002. *Foundations of Language: Brain, Meaning, Grammar, Evolution.* Oxford: Oxford University Press.

Jacks, A., Mathes, K. A. & Marquardt, T. P. 2010. Vowel acoustics in adults with apraxia of speech. *Journal of Speech, Language, and Hearing Research, 53*(1): 61–74.

Jackson, A. P., Eastwood, H., Bell, S. M., Adu, J., Toomes, C., Carr, I. M., Roberts, E., Hampshire, D. J., Crow, Y. J. & Mighell, A. J. 2002. Identification of microcephalin, a protein implicated in determining the size of the human brain. *The American Journal of Human Genetics, 71*(1): 136–142.

Jackson, E., Leitao, S. & Claessen, M. 2016. The relationship between phonological short-term memory, receptive vocabulary, and fast mapping in children with specific language impairment. *Journal of Language & Communication Disorders, 51*(1): 61–73.

Jackson, J. H. 1866. Notes on the physiology and pathology of language. *Medical Times and Gazette, 1*: 659.

Jacob, M. S., Ford, J. M., Roach, B. J., Calhoun, V. D. & Mathalon, D. H. 2019. Aberrant activity in conceptual networks underlies N400 deficits and unusual thoughts in schizophrenia. *NeuroImage Clinical, 24*: 101960.

Jacob, S. N. & Nieder, A. 2014. Complementary roles for primate frontal and parietal cortex in guarding working memory from distractor stimuli. *Neuron, 83*(1): 226–237.

Jakobson, R. 1941. *Kindersprache, Aphasie und Allgemeine Lautgesetze.* Uppsala: Universitets Arsskrift.

Jakobson, R. 1941/1968. *Child Language, Aphasia and Phonological Universals.* The Hague: Mouton.

Janyan, A., Popivanov, I. & Andonova, E. 2009. Concreteness effect and word cognate status: ERPs in single word translation. In K. Alter, M. Horne, M. Lindgren, M. Roll & J. von Koss Torkildsen (Eds.), *Brain Talk: Discourse with and in the Brain.* Lund: Lunds Universitet, 21–30.

Jefferies, E. & Ralph, M. A. L. 2006. Semantic impairment in stroke aphasia versus semantic dementia: A case-series comparison. *Brain, 129*(8): 2132–2147.

Jellinger, K. A. 2017. Dementia with Lewy bodies and Parkinson's disease-dementia: Current concepts and controversies. *Journal of Neural Transmission, 125*(4): 615–650.

Jellinger, K. A. & Attems, J. 2010. Prevalence of dementia disorders in the oldest-old: An autopsy study. *Acta Neuropathologica*, *119*(4): 421–433.

Jenkins, T., Coppola, M. & Coelho, C. 2015, May 26–31. *Gesture Frequency and Discourse Quality in Aphasia* [Paper presentation]. The 45th Annual Clinical Aphasiology Conference, Monterey, California, United States.

Jeon, H. A. & Friederici, A. D. 2015. Degree of automaticity and the prefrontal cortex. *Trends in Cognitive Sciences*, *19*(5): 244–250.

Jia, J., Wei, C., Chen, S., Li, F., Tang, Y., Qin, W., Zhao, L., Jin, H., Xu, H., Wang, F., Zhou, A., Zuo, X., Wu, L., Han, Y., Han, Y., Huang, L., Wang, Q., Li, D., Chu, C., Shi, L., ... Gauthier, S. 2018. The cost of Alzheimer's disease in China and re-estimation of costs worldwide. *Alzheimer's & Dementia*, *14*(4): 483–491.

Jia, L., Du, Y., Chu, L., Zhang, Z., Li, F., Lyu, D., Li, Y., Li, Y., Zhu, M., Jiao, H., Song, Y., Shi, Y., Zhang, H., Gong, M., Wei, C., Tang, Y., Fang, B., Guo, D., Wang, F., Zhou, A., ... COAST Group 2020. Prevalence, risk factors, and management of dementia and mild cognitive impairment in adults aged 60 years or older in China: A cross-sectional study. *The Lancet Public Health*, *5*(12): e661–e671.

Jia, L. X., Qin, X. J., Cui, J. F., Zheng, Q., Yang, T. X., Wang, Y. & Chan, R. C. K. 2021. An ERP study on proactive and reactive response inhibition in individuals with schizotypy. *Scientific Reports*, *11*(1): 8394.

Jiang, X. M., Li, Y. & Zhou, X. L. 2013. Even a rich man can afford that expensive house: ERP responses to construction-based pragmatic constraints during sentence comprehension. *Neuropsychologia*, *51*(10): 1857–1866.

Jobard, G., Vigneau, M., Mazoyer, B. & Tzourio-Mazoyer, N. 2007. Impact of modality and linguistic complexity during reading and listening tasks. *NeuroImage*, *34*: 784–800.

Johnson, J. P., Meier, E. L., Pan, Y. & Kiran, S. 2019. Treatment-related changes in neural activation vary according to treatment response and extent of spared tissue in patients with chronic aphasia. *Cortex*, *121*: 147–168.

Johnson, M. H. 1998. The neural basis of cognitive development. In D. Kuhn & R. S. Siegler (Eds.), *Handbook of Child Psychology: Cognition, Perception and Language* (5th ed.). New York: John Wiley & Sons, 1–49.

Jost, L. B., Radman, N., Buetler, K. A. & Annoni, J. M. 2018. Behavioral and electrophysiological signatures of word translation processes. *Neuropsychologia*, *109*: 245–254.

Jung-Beeman, M. 2005. Bilateral brain processes for comprehending natural language. *Trends in Cognitive Science*, *9*: 512–518.

Jürgens, U., Kirzinger, A. & von Cramon, D. 1982. The effects of deep-reaching lesions in the cortical face area on phonation a combined case report and experimental monkey study. *Cortex, 18*(1): 125–139.

Kaestner, K. H., Knöchel, W. & Martínez, D. E. 2000. Unified nomenclature for the winged helix/forkhead transcription factors. *Genes & Development, 14*(2): 142–146.

Kaganovich, N., Schumaker, J. & Rowland, C. 2016. Atypical audiovisual word processing in school-age children with a history of specific language impairment: An event-related potential study. *Journal of Neurodevelopmental Disorders, 8*(1): 33.

Kahneman, D. 1973. *Attention and Effort*. Englewood Cliffs: Prentice-Hall.

Kalat, J. W. 2013. *Biological Psychology* (11th ed.). Belmont: Wadsworth.

Kalnak, N. & Sahlén, B. 2022. Description and prediction of reading decoding skills in Swedish children with Developmental Language Disorder. *Logopedics, Phoniatrics, Vocology, 47*(2): 84–91.

Kambanaros, M. 2010. Investigating grammatical word class distinctions in bilingual aphasic individuals. In G. Ibanescu & S. Pescariu (Eds.), *Aphasia: Symptoms, Diagnosis and Treatment*. New York: Nova Science Publishers, 1–59.

Kambanaros, M. & van Steenbrugge, W. 2006. Noun and verb processing in Greek-English bilingual individuals with anomic aphasia and the effect of instrumentality and verb-noun name relation. *Brain and Language, 97*(2): 162–177.

Kanjee, R., Watter, S., Sévigny, A. & Humphreys, K. R. 2010. A case of foreign accent syndrome: Acoustic analyses and an empirical test of accent perception. *Journal of Neurolinguistics, 23*(6): 580–598.

Kappenman, E. S. & Luck, S. J. 2012. *The Oxford Handbook of Event-Related Potential Components*. Oxford: Oxford Library of Psychology.

Kapur, S., Craik, F. I. M., Tulving, E., Wilson, A. A., Houle, S. & Brown, G. M. 1994. Neuroanatomical correlates of encoding in episodic memory: Levels of processing effect. *Proceedings of National Academy of Sciences, 91*: 2008–2011.

Karl, K. H. S., Norman, R., Lee, K. M. & Joy, H. 1997. Distinct cortical areas associated with native and second languages. *Nature, 388*(6638): 171–174.

Kasselimis, D. S., Simos, P. G., Peppas, C., Evdokimidis, I. & Potagas, C. 2017. The unbridged gap between clinical diagnosis and contemporary research on aphasia: A short discussion on the validity and clinical utility of taxonomic categories. *Brain and Language, 164*: 63–67.

Kavé, G., Eyal, N., Shorek, A. & Cohen-Mansfield, J. 2008. Multilingualism and cognitive state in the oldest old. *Psychology and Aging, 23*(1): 70.

Kedar, Y., Casasola, M. & Lust, B. 2006. Getting there faster: 18- and 24-month-old infants' use of function words to determine reference. *Child Development, 77*: 325–338.

Keeser, D., Meindl, T., Bor, J., Palm, U., Pogarell, O., Mulert, C., Brunelin, J., Möller, H.-J., Reiser, M. & Padberg, F. 2011. Prefrontal transcranial direct current stimulation changes connectivity of resting-state networks during fMRI. *Journal of Neuroscience, 31*(43): 15284–15293.

Kemmerer, D., Miller, L., Macpherson, M. K., Huber, J. & Tranel, D. 2013. An investigation of semantic similarity judgments about action and non-action verbs in Parkinson's disease: Implications for the Embodied Cognition Framework. *Frontiers in Human Neuroscience, 7*: 146.

Kemmerer, D. & Tranel, D. 2000. Verb retrieval in brain-damaged subjects: 1. Analysis of stimulus, lexical, and conceptual factors. *Brain and Language, 73*(3): 347–392.

Kemper, S., Greiner, L. H., Marquis, J. G., Prenovost, K. & Mitzner, T. L. 2001. Language decline across the life span: Findings from the Nun Study. *Psychology and Aging, 16*(2): 227–239.

Kemper, S. & Kemtes, K. 2000. Aging and message production and comprehension. In D. C. Park & N. Schwartz (Eds.), *Cognitive Aging: A Primer*. Hove & New York: Psychology Press, 197–213.

Kemper, S. & Sumner, A. 2001. The structure of verbal abilities in young and older adults. *Psychology and Aging, 16*(2): 312–322.

Kertesz, A. 2006. *Western Aphasia Battery-Revised*. San Antonio: Pearson Clinical.

Key, A. P., Venker, C. E. & Sandbank, M. P. 2020. Psychophysiological and eye-tracking markers of speech and language processing in neurodevelopmental disorders: New options for difficult-to-test populations. *American Journal on Intellectual and Developmental Disabilities, 125*(6): 465–474.

Khachatryan, E., De Letter, M., Vanhoof, G., Goeleven, A. & Van Hulle, M. M. 2017. Sentence context prevails over word association in aphasia patients with spared comprehension: Evidence from N400 event-related potential. *Frontiers in Human Neuroscience, 10*: 684–699.

Khaitovich, P., Hellmann, I., Enard, W., Nowick, K., Leinweber, M., Franz, H., Weiss, G., Lachmann, M. & Paabo, S. 2005. Parallel patterns of evolution in the genomes and transcriptomes of humans and chimpanzees. *Science, 309*(5742): 1850–1854.

Kidwai, J., Sharma, S., Peper, M. & Brumberg, J. 2023. Investigating NIBS for language rehabilitation in aphasia. *Aphasiology, 37*(8): 1285–1314.

Kiefer, M. & Pulvermüller, F. 2012. Conceptual representations in mind and brain: Theoretical developments, current evidence and future directions. *Cortex, 48*(7): 805–825.

Kim, A. & Osterhout, L. 2005. The independence of combinatory semantic processing: Evidence from event-related potentials. *Journal of Memory and Language*, *52*(2): 205–225.

Kim, B.-R., Kim, H. Y., Chun, Y. I., Yun, Y. M., Kim, H., Choi, D.-H. & Lee, J. 2016. Association between genetic variation in the dopamine system and motor recovery after stroke. *Restorative Neurology and Neuroscience*, *34*(6): 925–934.

Kim, M. & Thompson, C. K. 2000. Patterns of comprehension and production of nouns and verbs in agrammatism: implications for lexical organization. *Brain and Language*, *74*(1): 1–25.

Kim, M. & Thompson, C. K. 2004. Verb deficits in Alzheimer's disease and agrammatism: implications for lexical organization. *Brain and Language*, *88*(1): 1–20.

Kimberg, D. 2009. Voxel-based mapping of lesion-behavior relationships.

Kimberg, D. Y., Coslett, H. B. & Schwartz, M. F. 2007. Power in voxel-based lesion-symptom mapping. *Journal of Cognitive Neuroscience*, *19*: 1067–1080.

Kincses, T. Z., Antal, A., Nitsche, M. A., Bártfai, O. & Paulus, W. 2004. Facilitation of probabilistic classification learning by transcranial direct current stimulation of the prefrontal cortex in the human. *Neuropsychologia*, *42*(1): 113–117.

Kiran, S. 2007. Complexity in the treatment of naming deficits. *American Journal of Speech-Language Pathology*, *16*(1): 18–29.

Kiran, S. & Thompson, C. K. 2003. The role of semantic complexity in treatment of naming deficits: Training semantic categories in fluent aphasia by controlling exemplar typicality. *Journal of Speech, Language, and Hearing Research*, *46*(3): 608–622.

Kiran, S. & Thompson, C. K. 2019. Neuroplasticity of language networks in aphasia: Advances, updates, and future challenges. *Frontiers in Neurology*, *10*: 295.

Kircher, T., Sass, K., Sachs, O. & Krach, S. 2009. Priming words with pictures: Neural correlates of semantic associations in a cross-modal priming task using fMRI. *Human Brain Mapping*, *30*: 4116–4128.

Kircher, T., Straube, B., Leube, D., Weis, S., Sachs, O., Willmes, K., Konrad, K. & Green, A. 2009. Neural interaction of speech and gesture: Differential activations of metaphoric co-verbal gestures. *Neuropsychologia*, *47*: 169–179.

Kirk, U. 1983. *Neuropsychology of Language, Reading and Spelling*. New York: Academic Press.

Kistner, J., Dipper, L. T. & Marshall, J. 2019. The use and function of gestures in word-finding difficulties in aphasia. *Aphasiology*, *33*(11): 1372–1392.

Klein, C., Metz, S. I., Elmer, S. & Jäncke, L. 2018. The interpreter's brain during rest—Hyperconnectivity in the frontal lobe. *PloS One, 13*(8): e0202600.

Klein, D., Milner, B., Zatorre, R. J., Meyer, E. & Evans, A. C. 1995. The neural substrates underlying word generation: A bilingual functional-imaging study. *Proceedings of the National Academy of Sciences, 92*(7): 2899–2903.

Klein, D., Mok, K., Chen, J. K. & Watkins, K. E. 2014. Age of language learning shapes brain structure: A cortical thickness study of bilingual and monolingual individuals. *Brain and Language, 131*: 20-24.

Kluender, R. & Kutas, M. 1993. Bridging the gap: Evidence from ERPs on the processing of unbounded dependencies. *Journal of Cognitive Neuroscience, 5*: 196–214.

Knecht, S., Ellger, T., Breitenstein, C., Ringelstein, E. B. & Henningsen, H. 2003. Changing cortical excitability with low-frequency transcranial magnetic stimulation can induce sustained disruption of tactile perception. *Biological Psychiatry, 53*: 175–179.

Knecht, S., Flöel, A., Dräger, B., Breitenstein, C., Sommer, J., Henningsen, H., Ringelstein, E. B. & Pascual-Leone, A. 2002. Degree of language lateralization determines susceptibility to unilateral brain lesions. *Nature Neuroscience, 5*(7): 695–699.

Knudsen, E. I. 2007. Fundamental components of attention. *Annual Review of Neuroscience, 30*: 57–78.

Kochetkova, V. I. 1973. *Paleonevrologiya [Paleoneurology]*. Moskva: Izdatel'stvo MGU.

Koelsch, S., Schulze, K., Sammler, D., Fritz, T., Müller, K. & Gruber, O. 2009. Functional architecture of verbal and tonal working memory: An FMRI study. *Human Brain Mapping, 30*(3): 859–873.

Koen, J. D. & Rugg, M. D. 2019. Neural dedifferentiation in the aging brain. *Trends in Cognitive Sciences, 23*(7): 547–559.

Koester, D., Gunter, T. C. & Wagner, S. 2007. The morphosyntactic decomposition and semantic composition of German compound words investigated by ERPs. *Brain and Language, 102*(1): 64–79.

Kojima, T. & Kaga, K. 2003. Auditory lexical-semantic processing impairments in aphasic patients reflected in event-related potentials (N400). *Auris, Nasus, Larynx, 30*(4): 369–378.

Kolb, B. & Gibb, R. 2014. Searching for the principles of brain plasticity and behavior. *Cortex, 58*: 251–260.

Kolodkin, A. L. & Tessier-Lavigne, M. 2011. Mechanisms and Molecules of Neuronal Wiring: A Primer. *Cold Spring Harbor Perspectives in Biology, 3*(6): 895–910.

Kong, P. H., Law, S. P. , Wat, K. C. & Lai, C. 2015. Co-verbal gestures among speakers with aphasia: Influence of aphasia severity, linguistic and semantic skills, and hemiplegia on gesture employment in oral discourse. *Journal of Communication Disorders*, 56: 88–102.

Kong, P. H., Law, S. P. & Chak, W. C. 2017. A comparison of coverbal gesture use in oral discourse among speakers with fluent and nonfluent aphasia. *Journal of Speech Language and Hearing Research*, 60(7): 1–16.

Köpke, B., Howells, R. K. R., Cortelazzo, F., Péran, P., de Boissezon, X. & Lubrano, V. 2021. Functional and structural differences in brain networks involved in language processing and control in highly proficient early and late bilinguals. *Journal of Neurolinguistics*, 59: 100988.

Kornilov, S., Magnuson, J., Rakhlin, N., Landi, N. & Grigorenko, E. 2015. Lexical processing deficits in children with developmental language disorder: An event-related potentials study. *Development and Psychopathology*, 27(2): 459–476.

Kotz, S. A., Cappa, S. F., von Cramon, D. Y. & Friederici, A. D. 2002. Modulation of the lexical-semantic network by auditory semantic priming: An event-related functional MRI study. *NeuroImage*, 17: 1761–1772.

Kotz, S. A., D'Ausilio, A., Raettig, T., Begliomini, C., Craighero, L., Fabbri-Destro, M., Zingales, C., Haggard, P. & Fadiga, L. 2010. Lexicality drives audio-motor transformations in Broca's area. *Brain and Language*, 112: 3–11.

Kotz, S. A. & Friederici, A. D. 2003. Electrophysiology of normal and pathological language processing. *Journal of Neurolinguistics*, 16(1): 43–58.

Kotz, S. A., Frisch, S., von Cramon, D. Y. & Friederici, A. D. 2003. Syntactic language processing: ERP lesion data on the role of the basal ganglia. *Journal of the International Neuropsychological Society*, 9(7): 1053–1060.

Kotz, S. A. & Schwartze, M. 2010. Cortical speech processing unplugged: A timely subcortico-cortical framework. *Trends in Cognitive Sciences*, 14(9): 392–399.

Kouider, S., de Gardelle, V., Dehaene, S., Dupoux, E. & Pallier, C. 2010. Cerebral bases of subliminal speech priming. *NeuroImage*, 49: 922–929.

Kovelman, I., Baker, S. A. & Petitto, L. A. 2008. Bilingual and monolingual brains compared: A functional magnetic resonance imaging investigation of syntactic processing and a possible "neural signature" of bilingualism. *Journal of Cognitive Neuroscience*, 20: 153–169.

Kraemer, D. J., Macrae, C. N., Green, A. E. & Kelley, W. M. 2005. Musical imagery: Sound of silence activates auditory cortex. *Nature*, 434: 158.

Kramer, A. F., Fabiani, M. & Colcombe, S. 2006. Contributions of cognitive neuroscience to the understanding of behavior and aging. In J. E. Birren & K. W.

Schaie (Eds.), *Handbook of the Psychology of Aging* (6th ed.). New York: Academic Press, 57–83.

Krashen, S. D. 1982. Principles and practice in second language acquisition. Oxford & New York: Pergamon Press.

Krashen, S. D. 1985. *The Input Hypothesis: Issues and Implications*. London: Longman.

Kraus, N. & Chandrasekaran, B. 2010. Music training for the development of auditory skills. *Nature Reviews Neuroscience, 11*(8): 599–605.

Krause, C. D., Fengler, A., Pino, D., Sehm, B., Friederici, A. D. & Obrig, H. 2023. The role of left temporo-parietal and inferior frontal cortex in comprehending syntactically complex sentences: A brain stimulation study. *Neuropsychologia, 180*: 108465.

Kremin, H. & De Agostini, M. 1995. Impaired and preserved picture naming in two bilingual patients with brain damage. In M. Paradis (Ed.), *Aspects of Bilingual Aphasia*. Elmsford: Elsevier, 101–110.

Kretzschmar, F., Bornkessel-Schlesewsky, I. & Schlesewsky, M. 2009. Parafoveal versus foveal N400s dissociate spreading activation from contextual fit. *NeuroReport, 20*(18): 1613–1618.

Kriegstein, K. V. & Giraud, A. L. 2004. Distinct functional substrates along the right superior temporal sulcus for the processing of voices. *NeuroImage, 22*: 948–955.

Krishnan, S., Asaridou, S., Cler, G. J., Smith, H. J., Willis, H. E., Healy, M. P., Thompson, P. A., Bishop, D. V. M. & Watkins, K. E. 2021. Functional organisation for verb generation in children with developmental language disorder. *NeuroImage, 226*: 117599.

Krishnan, S., Cler, G. J., Smith, H. J., Willis, H. E., Asaridou, S. S., Healy, M. P., Papp, D. & Watkins, K. E. 2022. Quantitative MRI reveals differences in striatal myelin in children with DLD. *eLife, 11*: e74242.

Kristensson, J., Saldert, C., Kristensson, J. & Saldert, C. 2018. Naming of objects and actions after treatment with phonological components analysis in aphasia. *Clinical Archives of Communication Disorders, 3*(2): 137–150.

Krubitzer, L. 2009. In search of a unifying theory of complex brain evolution. *Annals of the New York Academy of Sciences, 1156*(1): 44–67.

Kubanek, J., Brunner, P., Gunduz, A., Poeppel, D. & Schalk, G. 2013. The tracking of speech envelope in the human cortex. *PLoS One, 8*(1): e53398.

Kubota, M., Ferrari, P. & Roberts, T. P. L. 2003. Magnetoencephalography detection of early syntactic processing in humans: Comparison between L1 speakers and L2 learners of English. *Neuroscience Letters, 353*(2): 107–110.

Kudo, N., Nonaka, Y., Mizuno, N., Mizuno, K. & Okanoya, K. 2011. On-line statistical segmentation of a non-speech auditory stream in neonates as demonstrated by event-related brain potentials. *Developmental Science, 14*(5): 1100–1106.

Kuhl, P. K. 2004. Early language acquisition: Cracking the speech code. *Nature Reviews Neuroscience, 5*: 831–843.

Kuhl, P. K. 2010. Brain mechanisms in early language acquisition. *Neuron, 67*: 713–727.

Kuhl, P. K. & Meltzoff, A. N. 1996. Infant vocalizations in response to speech: vocal imitation and developmental change. *Journal of Acoustical Society of America, 100*(4): 2425–2438.

Kuperberg, G. R. 2007. Neural mechanisms of language comprehension: Challenges to syntax. *Brain Research, 1146*: 23–49.

Kuperberg, G. R. 2016. Separate streams or probabilistic inference? What the N400 can tell us about the comprehension of events. *Language, Cognition and Neuroscience, 31*(5): 602–616.

Kuperberg, G. R., Sitnikova, T., Caplan, D. & Holcomb, P. J. 2003. Electrophysiological distinctions in processing conceptual relationships within simple sentences. *Cognitive Brain Research, 17*: 117–129.

Kurowski, K. M., Blumstein, S. E., Palumbo, C. L., Waldstein, R. S. & Burton, M. W. 2007. Nasal consonant production in Broca's and Wernicke's aphasics: Speech deficits and neuroanatomical correlates. *Brain and Language, 100*(3): 272-275.

Kuruvilla-Dugdale, M., Dietrich, M., Mckinley, J. D. & Deroche, C. 2020. An exploratory model of speech intelligibility for healthy aging based on phonatory and articulatory measures. *Journal of Communication Disorders, 87*: 105995.

Kutas, M. & Federmeier, K. D. 2011. Thirty years and counting: Finding meaning in the N400 component of the event-related brain potential (ERP). *Annual Review of Psychology, 62*(1): 621–647.

Kutas, M. & Hillyard, S. A. 1980a. Event-related brain potentials to semantically inappropriate and surprisingly large words. *Biological Psychology, 11*(2): 99–116.

Kutas, M. & Hillyard, S. A. 1980b. Reading senseless sentences: Brain potentials reflect semantic incongruity. *Science, 207*: 203–205.

Kuzmina, E. & Weekes, B. S. 2017. Role of cognitive control in language deficits in different types of aphasia. *Aphasiology, 31*(7): 765–792.

Kwon, N., Sturt, P. & Liu, P. 2017. Predicting semantic features in Chinese: Evidence from ERPs. *Cognition, 166*: 433–446.

La, C., Garcia-Ramos, C., Nair, V. A., Meier, T. B., Farrar-Edwards, D., Birn, R., Meyerand, M. E. & Prabhakaran, V. 2016. Age-related changes in BOLD activation pattern in phonemic fluency paradigm: An investigation of activation, functional connectivity and psychophysiological interactions. *Frontiers in Aging Neuroscience, 8*: 110.

Lacombe, J., Jolicoeur, P., Grimault, S., Pineault, J. & Joubert, S. 2015. Neural changes associated with semantic processing in healthy aging despite intact behavioral performance. *Brain and Language, 149*: 118–127.

Laganaro, M. 2012. Patterns of impairments in AOS and mechanism of interaction between phonological and phonetic encoding. *Journal of Speech and Hearing Research, 55*(5): 1535–1543.

Laganaro, M., Python, G. & Toepel, U. 2013. Dynamics of phonological-phonetic encoding in word production: Evidence from diverging ERPs between stroke patients and controls. *Brain and Language, 126*(2): 123–132.

Lai, C. S., Fisher, S. E., Hurst, J. A., Vargha-Khadem, F. & Monaco, A. P. 2001. A forkhead-domain gene is mutated in a severe speech and language disorder. *Nature, 413*(6855): 519–523.

Lai, C. S., Gerrelli, D., Monaco, A. P., Fisher, S. E. & Copp, A. J. 2003. FOXP2 expression during brain development coincides with adult sites of pathology in a severe speech and language disorder. *Brain, 126*(11): 2455–2462.

Lalor, E. C. & Foxe, J. J. 2010. Neural responses to uninterrupted natural speech can be extracted with precise temporal resolution. *European Journal of Neuroscience, 31*(1): 189–193.

Landy, K. M., Salmon, D. P., Filoteo, J. V., Heindel, W. C., Galasko, D. & Hamilton, J. M. 2015. Visual search in Dementia with Lewy Bodies and Alzheimer's disease. *Cortex, 73*: 228–239.

LaPointe, L. & Johns, D. 1975. Some phonemic characteristics in apraxia of speech. *Journal of Communication Disorders, 8*(3): 259–269.

Lashley, K. S. 1929. *Brain Mechanisms and Intelligence.* Chicago: University of Chicago Press.

Lashley, K. S. 1950. In search of the engram. *Symposia of the Society for Experimental Biology, 4*: 454–482.

Lau, E. F., Phillips, C. & Poeppel, D. 2008. A cortical network for semantics: (De)constructing the N400. *Nature Reviews Neuroscience, 9*(12): 920–933.

Lauro, L. J., Tettamanti, M., Cappa, S. F. & Papagno, C. 2008. Idiom comprehension: A prefrontal task? *Cerebral Cortex, 18*: 162–170.

Lavidor, M. 2012. Mechanism of hemispheric specialization: Insights from transcranial magnetic stimulation (TMS) studies. In Miriam Faust (Ed.), *The Handbook of the*

Neuropsychology of Language. West Sussex: Wiley-Blackwell, 41–58.

Laws, K. R., Crawford, J. R., Gnoato, F. & Sartori, G. 2007. A predominance of category deficits for living things in Alzheimer's disease and Lewy body dementia. *Journal of the International Neuropsychological Society, 13*(3): 401–409.

Le, H. N. D., Mensah, F., Eadie, P., McKean, C., Sciberras, E., Bavin, E. L., Reilly, S. & Gold, L. 2021. Health-related quality of life of children with low language from early childhood to adolescence: Results from an Australian longitudinal population-based study. *Journal of Child Psychology and Psychiatry, and Allied Disciplines, 62*(3): 349–356.

Leaver, A. M. & Rauschecker, J. P. 2010. Cortical representation of natural complex sounds: effects of acoustic features and auditory object category. *The Journal of Neuroscience, 30*: 7604–7612.

Ledwidge, P. S., Jones, C. M., Huston, C. A., Trenkamp, M., Bator, B. & Laeng, J. 2022. Electrophysiology reveals cognitive-linguistic alterations after concussion. *Brain and Language, 233*: 105166.

Lee, C., Grossman, M., Morris, J., Stern, M. B. & Hurtig, H. I. 2003. Attentional resource and processing speed limitations during sentence processing in Parkinson's disease. *Brain and Language, 85*(3): 347–356.

Lee, J. C., Dick, A. S. & Tomblin, J. B. 2020. Altered brain structures in the dorsal and ventral language pathways in individuals with and without developmental language disorder (DLD). *Brain Imaging and Behavior, 14*(6): 2569–2586.

Lee, J. & Man, G. 2017. Language recovery in aphasia following implicit structural priming training: A case study. *Aphasiology, 31*(12): 1441–1458.

Lee, M. & Thompson, C. K. 2004. Agrammatic aphasic production and comprehension of unaccusative verbs in sentence contexts. *Journal of Neurolinguistics, 17*(4): 315–330.

Lee, N. 2004. The neurobiology of procedural memory. In J. H. Schumann, S. E. Crowell, N. E. Jones, N. Lee, S. A. Schuchert & L. A. Wood (Eds.), *The Neurobiology of Learning: Perspectives from Second Language Acquisition*. Mahwah: Lawrence Erlbaum, 43–73.

Lee, Y. C., Chen, V. C., Yang, Y. H., Kuo, T. Y., Hung, T. H., Cheng, Y. F. & Huang, K. Y. 2020. Association between emotional disorders and speech and language impairments: A national population-based study. *Child Psychiatry and Human Development, 51*(3): 355–365.

Leff, A. P., Iverson, P., Schofield, T. M., Kilner, J. M., Crinion, J. T., Friston, K. J. & Price, C. J. 2009. Vowel-specific mismatch responses in the anterior superior temporal gyrus: An fMRI study. *Cortex*, *45*: 517–526.

Lehky, S. R. & Tanaka, K. 2016. Neural representation for object recognition in inferotemporal cortex. *Current Opinion in Neurobiology*, *37*: 23–35.

Lehtonen, M., Laine, M., Niemi, J., Thomson T., Vorobyev, V. A. & Hughdal, K. 2005. Brain correlates of sentence translation in Finnish-Norwegian bilinguals. *NeuroReport*, *16*: 607–610.

Lenneberg, E. H. 1967. *Biological Foundations of Language*. New York: John Wiley & Sons.

Leonard, M. K., Ferjan Ramirez, N., Torres, C., Travis, K. E., Hatrak, M., Mayberry, R. I. & Halgren, E. 2012. Signed words in the congenitally deaf evoke typical late lexicosemantic responses with no early visual responses in left superior temporal cortex. *Journal of Neuroscience*, *32*(28): 9700–9705.

Lerdahl, F. & Jackendoff, R. S. 1996. *A Generative Theory of Tonal Music, Reissue, with a New Preface*. Cambridge: MIT press.

Lesourd, M., Reynaud, E., Navarro, J., Gaujoux, V., Faye-Védrines, A., Alexandre, B., Baumard, J., Federico, G., Lamberton, F., Ibarrola, D., Rossetti, Y. & Osiurak, F. 2023. Involvement of the posterior tool processing network during explicit retrieval of action tool and semantic tool knowledge: An fMRI study. *Cerebral Cortex*, *33*(11): 6526–6542.

Levelt, W. J. M. 1989. *Speaking: From Intention to Articulation*. Cambridge: MIT Press.

Levelt, W. J. M. 1993. Language use in normal speakers and its disorders. In G. Blanken, J. Dittmann, H. Grimm, J. C. Marshall & C. W. Wallesch (Eds.), *Linguistic Disorders and Pathologies: An International Handbook*. Berlin: Walter De Gruyter, 1–15.

Levelt, W. J. M., Roelofs, A. & Meyer, A. S. 1999. A theory of lexical access in speech production. *The Behavioral and Brain Sciences*, *22*: 1–75.

Levy, O., Kenett, Y. N., Oxenberg, O., Castro, N., De Deyne, S., Vitevitch, M. S. & Havlin, S. 2021. Unveiling the nature of interaction between semantics and phonology in lexical access based on multilayer networks. *Scientific Reports*, *11*(1): 14479.

Li, F., Hong, X. & Wang, Y. 2021. The N400 and Post-N400 positivity effect in Mandarin classifier-noun congruence: An ERP study. *Journal of Neurolinguistics*, *57*: 100958.

Li, F., Hong, X., He, Z., Wu, S. & Zhang, C. 2021. Investigating heritage language processing Meaning composition in Chinese classifier-noun phrasal contexts. *Frontiers in Psychology*, *12*: 5898.

Li, F. & Xu, X. 2022. Impairment of semantic composition in schizophrenia: An ERP study with lexical stimuli. *Neuropsychologia, 171*: 108241.

Li, F. & Xu, X. 2023. The effects of lexical representation on the dynamic process of phrase comprehension. *Journal of Neurolinguistics, 68*: 101145.

Li, H., Yamagata, T., Mori, M. & Momoi, M. Y. 2005. Absence of causative mutations and presence of autism-related allele in FOXP2 in Japanese autistic patients. *Brain and development, 27*(3): 207–210.

Li, J. & Ettinger, A. 2023. Heuristic interpretation as rational inference: A computational model of the N400 and P600 in language processing. *Cognition, 233*: 105359.

Li, L., Abutalebi, J., Emmorey, K., Gong, G., Yan, X., Feng, X., Zou, L. & Ding, G. 2017. How bilingualism protects the brain from aging: Insights from bimodal bilinguals. *Human Brain Mapping, 38*(8): 4109–4124.

Li, P., Legault, J. & Litcofsky, K.A. 2014. Neuroplasticity as a function of second language learning: Anatomical changes in the human brain. *Cortex, 58*: 301–324.

Li, R. & Kiran, S. 2023. Noun and verb impairment in single-word naming and discourse production in Mandarin-English bilingual adults with aphasia. *Aphasiology*, 1–29.

Li, X., Jiang, X., Chang, W., Tan, Y. & Zhou, X. 2022. Neural segregation in left inferior frontal gyrus of semantic processes at different levels of syntactic hierarchy. *Neuropsychologia, 171*: 108254.

Li, X, Shu, H., Liu, Y. & Li, P. 2006. Mental representation of verb meaning: Behavioral and electrophysiological evidence. *Journal of Cognitive Neuroscience, 18*(10): 1774-787.

Li, X. & Zhou, X. 2010. Who is ziji? ERP responses to the Chinese reflexive pronoun during sentence comprehension. *Brain Research, 1331*: 96–104.

Liberman, A. M., Cooper, F. S., Shankweiler, D. P. & Studdert-Kennedy, M. 1967. Perception of the speech code. *Psychological Review, 74*: 431–461.

Liberman, A. M. & Mattingly, I. G. 1985. The motor theory of speech perception revised. *Cognition, 21*: 1–36.

Licea-Haquet, G. L., Reyes-Aguilar, A., Alcauter, S. & Giordano, M. 2021. The neural substrate of speech act recognition. *Neuroscience, 471*: 102–114.

Lichtheim, L. 1885. Über Aphasie. *Deutsches Archiv für klinishcer Medizin, 36*: 204–268.

Liebenthala, E. & Möttönen, R. 2018. An interactive model of auditory-motor speech perception. *Brain and Language, 187*: 33–40.

Lieberman, D. A. 2012. *Human Learning and Memory*. Cambridge: Cambridge University Press.

Lieberman, D. E. 2011. *The Evolution of the Human Head*. Cambridge: Harvard University Press.

Lieberman, P. 2000. *Human Language and Our Reptilian Brain*. Cambridge: Harvard University Press.

Liégeois, F., Baldeweg, T., Connelly, A., Gadian, D. G., Mishkin, M. & Vargha-Khadem, F. 2003. Language fMRI abnormalities associated with FOXP2 gene mutation. *Nature Neuroscience, 6*(11): 1230–1237.

Lieven, E. V., Behrens, H., Speares, J. & Tomasello, M. 2003. Early syntactic creativity: A usage-based approach. *Child Language, 30*(2): 333–357.

Lin, X., Lei, V. L. C., Li, D. & Yuan, Z. 2018. Which is more costly in Chinese to English simultaneous interpreting, "pairing" or "transphrasing"? Evidence from an fNIRS neuroimaging study. *Neurophotonics, 5*(2): 025010–025010.

Linck, J. A., Osthus, P., Koeth, J. T. & Bunting, M. F. 2014. Working memory and second language comprehension and production: A meta-analysis. *Psychonomic Bulletin & Review, 21*(4): 861-883.

Linebarger, M. C., Schwartz, M. & Saffran, E. 1983. Sensitivity to grammatical structure in so-called agrammatic aphasia. *Cognition, 13*: 361–392.

Liu, C., Xu, C., Wang, Y., Xu, L., Zhang, H. & Yang, X. 2021. Aging effect on Mandarin Chinese vowel and tone identification in six-talker babble. *American Journal of Audiology, 30*(3): 616–630.

Liu, L., Luo, X. G., Dy, C. L., Ren, Y., Feng, Y., Yu, H. M., Shang, H. & He, Z. Y. 2015. Characteristics of language impairment in Parkinson's disease and its influencing factors. *Translational Neurodegeneration, 4*(1): 2.

Liu, X., Wang, H., Xie, A. & Mao, X. 2019. An experimental paradigm for measuring the effects of ageing on sentence processing. *Journal of Visualized Experiments, 152*: e60417.

Liu, X. & Wang, W. 2019. The effect of distance on sentence processing by older adults. *Frontiers in Psychology, 10*: 2455.

Liu, X., Wang, W. & Wang, H. 2019. Age differences in the effect of animacy on Mandarin sentence processing. *PeerJ, 7*: e6437.

Liu, X., Wang, W. Wang, H., & Sun, Y. 2019. Sentence comprehension in patients with dementia of the Alzheimer's type. *PeerJ, 7*: e8181.

Lloret, A., Esteve, D., lloret M. A., Cervera-Ferri, A., Lopez, B., Nepomuceno, M. & Monllor, P. 2019. When does Alzheimer's disease really start? The role of biomarkers. *International Journal of Molecular Sciences, 20*(22): 5536.

Loebell, H. & Bock, K. 2003. Structural priming across languages. *Linguistics, 41*: 791–824.

Logie, R. H. 1999. State of the art: Working memory. *The Psychologist, 12*: 174–178.

Long, C., Sebastian, R., Faria, A. V. & Hillis, A. E. 2018. Longitudinal imaging of reading and naming recovery after stroke. *Aphasiology, 32*(7): 839–854.

Long, D. L. & Baynes, K. 2002. Discourse representation in the two cerebral hemispheres. *Journal of Cognitive Neuroscience, 14*: 228–242.

Long, D. L., Baynes, K. & Prat, C. S. 2005. The propositional structure of discourse in the two cerebral hemispheres. *Brain and Language, 95*: 383–394.

Long, D. L., Baynes, K. & Prat, C. S. 2007. Sentence and discourse representation in the two cerebral hemispheres. In C. Perfetti & F. Schmalhofer (Eds.), *Higher-level Language Processes in the Brain*. Mahwah: Lawrence Erlbaum, 329–353.

Long, D. L., Johns, C. L., Jonathan, E. & Baynes, K. 2012 The organization of discourse in the brain: Results from the Item-Priming-in-Recognition Paradigm. In M. Faust (Ed.), *The Handbook of the Neuropsychology of Language*. Oxford: Blackwell, 209–228.

Lopez, O. L. & Kuller, L. H. 2019. Epidemiology of aging and associated cognitive disorders: Prevalence and incidence of Alzheimer's disease and other dementia. *Handbook of Clinical Neurology, 167*: 139–148.

Löwel, S. & Singer, W. 1992. Selection of intrinsic horizontal connections in the visual cortex by correlated neuronal activity. *Science, 255*(5041): 209–212.

Lowit, A., Thies, T., Steffen, J., Scheele, F., Roheger, M., Kalbe, E. & Barbe, M. 2022. Task-based profiles of language impairment and their relationship to cognitive dysfunction in Parkinson's disease. *PloS One, 17*(10): e0276218.

Lozano, R., Gbekie, C., Siper, P. M., Srivastava, S., Saland, J. M., Sethuram, S., Tang, L., Drapeau, E., Frank, Y. & Buxbaum, J. D. 2021. FOXP1 syndrome: A review of the literature and practice parameters for medical assessment and monitoring. *Journal of Neurodevelopmental Disorders, 13*(1): 1–18.

Luck, S. J. & Kappenman, E. S. 2011. *The Oxford Handbook of Event-Related Potential Components*. New York: Oxford University Press.

Luk, G., Bialystok, E., Craik, F. I. & Grady, C. L. 2011. Lifelong bilingualism maintains white matter integrity in older adults. *Journal of Neuroscience, 31*(46): 16808–16813.

Luk, G., Green, D. W., Abutalebi, J. & Grady, C. 2012. Cognitive control for language switching in bilinguals: A quantitative meta-analysis on functional neuroimaging studies. *Language and Cognitive Processes, 27*: 1479–1488.

Lukic, S., Borghesani, V., Weis, E., Welch, A., Bogley, R., Neuhaus, J., Deleon, J., Miller, Z. A., Kramer, J. H., Miller, B. L., Dronkers, N. F. & Gorno-Tempini, M.

L. 2021. Dissociating nouns and verbs in temporal and perisylvian networks: Evidence from neurodegenerative diseases. *Cortex, 142*: 47–61.

Luo, H. & Poeppel, D. 2007. Phase patterns of neuronal responses reliably discriminate speech in human auditory cortex. *Neuron, 54*(6): 1001–1010.

Luria, A. R. 1963. *Restoration of Function after Brain Injury*. Cambridge: Macmillan.

Luria, A. R. 1970. *Traumatic Aphasia: Its Syndromes, Psychology and Treatment*. Berlin: Walter De Gruyter.

Luria, A. R. 1976. *Basic Problems in Neurolinguistics*. The Hague: Mouton.

Luria, A. R., Naydin, V., Tsvetkova, L. & Vinarskaya, E. 1969. Restoration of higher cortical function following local brain damage. In P. Vinken & G. Bruyn (Eds.), *Handbook of Clinical Neurology*. Amsterdam & New York: North Holland, 368–433.

Lurito, J., Lowe, M., Sartorius, C. & Mathews, V. 2000. Comparison of fMRI and intraoperative direct cortical stimulation in localization of receptive language areas. *Journal of Computer Assisted Tomography, 24*(1): 99–105.

Luzzatti, C., Aggujaro, S. & Crepaldi, D. 2006. Verb-noun double dissociation in aphasia: Theoretical and neuroanatomical foundations. *Cortex, 42*(6): 875–883.

Luzzatti, C., Raggi, R., Zonca, G., Pistarini, C., Contardi, A. & Pinna, G. D. 2002. Verb-noun double dissociation in aphasic lexical impairments: The role of word frequency and imageability. *Brain and Language, 81*(1–3): 432–444.

Luzzi, S., Pucci, E., Di Bella, P. & Piccirilli, M. 2000. Topographical disorientation consequent to amnesia of spatial location in a patient with right parahippocampal damage. *Cortex, 36(3)*: 427–434.

Luzzi, S., Viticchi, G., Piccirilli, M., Fabi, K., Pesallaccia, M., Bartolini, M., Provinciali, L. & Snowden, J. S. 2008. Foreign accent syndrome as the initial sign of primary progressive aphasia. *Journal of Neurology Neurosurgery, and Psychiatry, 79*(1): 79–81.

Lyons, R. 2021. Impact of language disorders on children's everyday lives from 4 to 13 years: Commentary on Le, Mensah, Eadie, McKean, Schiberras, Bavin, Reilly and Gold 2020. *Journal of Child Psychology and Psychiatry, and Allied Disciplines, 62*(12): 1485–1487.

Maalej, Z. 2001. Robin Setton, Simultaneous Interpretation. A Cognitive-pragmatic Analysis. *Journal of Literary Semantics, 30*(3): 210–214.

Maas, M. B., Lev, M. H., Ay, H., Singhal, A. B., Greer, D. M., Smith, W. S., Harris, G. J., Halpern, E. F., Koroshetz, W. J. & Furie, K. L. 2012. The prognosis for aphasia in stroke. *Journal of Stroke and Cerebrovascular Diseases, 21*(5): 350–357.

MacDonald, M. C. & Christiansen, M. H. 2002. Reassessing working memory: Comment on Just and Carpenter 1992 and Waters and Caplan 1996. *Psychological*

Review, 109(1): 35–74.

MacGregor, L. J., Pulvermüller, F., van Casteren, M. & Shtyrov, Y. 2012. Ultra-rapid access to words in the brain. *Nature Communications, 3*: 711.

MacGregor, L. J. & Shtyrov, Y. 2013. Multiple routes for compound word processing in the brain: Evidence from EEG. *Brain and Language, 126*(2): 217–229.

Mack, J. E., Mesulam, M. M., Rogalski, E. J. & Thompson, C. K. 2019. Verb-argument integration in primary progressive aphasia: Real-time argument access and selection. *Neuropsychologia, 134*: 107192.

Mack, J. E. & Thompson, C. K. 2017. Recovery of online sentence processing in aphasia: Eye movement changes resulting from treatment of Underlying Forms. *Journal of Speech, Language, and Hearing Research, 60*(5): 1299–1315.

MacKay, D. G. & James, L. E. 2004. Sequencing, speech production, and selective effects of aging on phonological and morphological speech errors. *Psychology and Aging, 19*(1): 93–107.

Mackenzie, C. 1982. Aphasic articulatory defect and aphasic phonological defect. *British Journal of Disorders of Communication, 17*(1): 27–46.

Macoir, J. 2022. The Cognitive and Language Profile of Dementia with Lewy Bodies. *American Journal of Alzheimer's Disease & Other Dementias, 37*: 1–7.

Maguire, E. A., Frackowiak, R. S. J. & Frith, C. D. 1997. Recalling routes around London: Activation of the right hippocampus in taxi drivers. *Journal of Neuroscience, 17*(18): 7103–7110.

Maguire, E. A., Gadian, D. G., Johnsrude, I. S., Good, C. D., Ashburner, J., Frackowiak, R. S. & Frith, C. D. 2000. Navigation-related structural change in the hippocampi of taxi drivers. *Proceedings of the National Academy of Sciences, 97*(8): 4398–4403.

Majerus, S., D'Argembeau, A., Martinez Perez, T., Belayachi, S., Van der Linden, M. & Collette, F. 2010. The commonality of neural networks for verbal and visual short-term memory. *Journal of Cognitive Neuroscience, 22*: 2570– 2593.

Makris, N., Kennedy, D. N., McInerney, S., Sorensen, A. G., Wang, R., Caviness Jr, V. S. & Pandya, D. N. 2005. Segmentation of subcomponents within the superior longitudinal fascicle in humans: A quantitative, in vivo, DT-MRI study. *Cerebral Cortex, 15*(6): 854–869.

Makuuchi, M., Bahlmann, J., Anwander, A. & Friederici, A. 2009. Segregating the core computational faculty of human language from working memory. *Proceedings of the National Academy of Sciences, 106*(20): 8362–8367.

Makuuchi, M., Grodzinsky, Y., Amunts, K., Santi, A. & Friederici, A. D. 2013. Processing noncanonical sentences in broca's region: Reflections of movement distance and type. *Cerebral Cortex, 23*(3): 694–702.

Mamiya, P. C., Richards, T. L., Coe, B. P., Eichler, E. E., Kuhl, P. K., Geschwind, D. H. & Paus, T. 2016. Brain white matter structure and COMT gene are linked to second-language learning in adults. *Proceedings of the National Academy of Sciences, 113*(26): 7249–7254.

Man, G., Meehan, S., Martin, N., Branigan, H. & Lee, J. 2019. Effects of verb overlap on structural priming in dialogue: Implications for syntactic learning in aphasia. *Journal of Speech, Language, and Hearing Research, 62*(6): 1933–1950.

Manenti, R., Petesi, M., Brambilla, M., Rosini, S., Miozzo, A., Padovani, A., Miniussi, C. & Cotelli, M. 2015. Efficacy of semantic-phonological treatment combined with tDCS for verb retrieval in a patient with aphasia. *Neurocase, 21*(1): 109–119.

Marangolo, P., Fiori, V., Calpagnano, M. A., Campana, S., Razzano, C., Caltagirone, C. & Marini, A. 2013. tDCS over the left inferior frontal cortex improves speech production in aphasia. *Frontiers in Human Neuroscience, 7*: 539.

Marangolo, P., Fiori, V., Sabatini, U., De Pasquale, G., Razzano, C., Caltagirone, C. & Gili, T. 2016. Bilateral transcranial direct current stimulation language treatment enhances functional connectivity in the left hemisphere: Preliminary data from aphasia. *Journal of Cognitive Neuroscience, 28*(5): 724–738.

Marangolo, P., Marinelli, C. V., Bonifazi, S., Fiori, V., Ceravolo, M. G., Provinciali, L. & Tomaiuolo, F. 2011. Electrical stimulation over the left inferior frontal gyrus (IFG) determines long-term effects in the recovery of speech apraxia in three chronic aphasics. *Behavioural Brain Research, 225*(2): 498–504.

Marcus, G. F., Vijayan, S., Rao, S. B. & Vishton, P. M. 1999. Rule learning by seven-month-old infants. *Science, 283*: 77–80.

Margulies, D. S. & Petrides, M. 2013. Distinct parietal and temporal connectivity profiles of ventrolateral frontal areas involved in language production. *Journal of Neuroscience, 33*(42): 16846–16852.

Marien, P., Engelborghs, S., Fabbro, F. & De Deyn, P. P. 2001. The lateralized linguistic cerebellum: A review and a new hypothesis. *Brain and Language, 79*: 580–600.

Marinkovic, K., Dhond, R. P., Dale, A. M., Glessner, M., Carr, V. & Halgren, E. 2003. Spatiotemporal dynamics of modality-specific and supramodal word processing. *Neuron, 38*(3): 487–97.

Marques, C., Moreno, S., Luís Castro, S. & Besson, M. 2007. Musicians detect pitch violation in a foreign language better than nonmusicians: Behavioral and electrophysiological evidence. *Journal of Cognitive Neuroscience, 19*(9): 1453–1463.

Marshall, J. 2010. Classification of aphasia: Are there benefits for practice?

Aphasiology, *24*(3): 408–412.

Marslen-Wilson, W. 1987. Functional parallelism in spoken word-recognition. *Cognition*, *25*: 71–102.

Marslen-Wilson, W. 1990. Activation, competition, and frequency in lexical access. In G. T. M. Altmann (Ed.), *Cognitive Models of Speech Processing: Psycholinguistic and Computational Perspectives*. Cambridge: MIT Press.

Mårtensson, J., Eriksson, J., Bodammer, N. C., Lindgren, M., Johansson, M., Nyberg, L. & Lövdén, M. 2012. Growth of language-related brain areas after foreign language learning. *NeuroImage*, *63*: 240–244.

Martin, N. 2008. The roles of semantic and phonological processing in short-term memory and learning: Evidence from aphasia. In A. Thorn & M. Page (Eds.), *Interactions between Short-Term and Long-term Memory in the Verbal Domain*. Hove & New York: Psychology Press, 220–243.

Martin, N., Kohen, F., Kalinyak-Fliszar, M., Soveri, A. & Laine, M. 2012. Effects of working memory load on processing of sounds and meanings of words in aphasia. *Aphasiology*, *26*(3–4): 462–493.

Martin, N. & Reilly, J. 2012. Short-term/working memory impairments in aphasia: Data, models, and their application to aphasia rehabilitation. *Aphasiology*, *26*: 253–257.

Martin, S., Williams, K. A., Saur, D. & Hartwigsen, G. 2023. Age-related reorganization of functional network architecture in semantic cognition. *Cerebral Cortex*, *33*(8): 4886–4903.

Martino, J., Brogna, C., Robles, S. G., Vergani, F. & Duffau, H. 2010. Anatomic dissection of the inferior fronto-occipital fasciculus revisited in the lights of brain stimulation data. *Cortex*, *46*(5): 691–699.

Mascali, D., DiNuzzo, M., Serra, L., Mangia, S., Maraviglia, B., Bozzali, M. & Giove, F. 2018. Disruption of Semantic Network in Mild Alzheimer's Disease Revealed by Resting-State fMRI. *Neuroscience*, *371*: 38–48.

Mashal, N., Faust, M., Hendler, T. & Jung-Beeman, M. 2008. Hemispheric differences in processing the literal interpretation of idioms: Converging evidence from behavioral and fMRI studies. *Cortex*, *44*: 848–860.

Mashal, N., Faust, M., Hendler, T. & Jung-Beeman, M. 2009. An fMRI study of processing novel metaphoric sentences. *Laterality*, *14*: 30–54.

Mashal, N., Vishne, T. & Laor, N. 2014. The role of the precuneus in metaphor comprehension: Evidence from an fMRI study in people with schizophrenia and healthy participants. *Frontiers in Human Neuroscience*, *8*: 818.

Masliah, E., Terry, R. D., Alford, M., DeTeresa, R. & Hansen, L. 1991. Cortical and subcortical patterns of synaptophysinlike immunoreactivity in Alzheimer's disease. *The American Journal of Pathology, 138*(1): 235.

Matar, E., Shine, J. M., Halliday, G. M. & Lewis, S. J. G. 2020. Cognitive fluctuations in Lewy body dementia: Towards a pathophysiological framework. *Brain, 143*(1): 31–46.

Matchin, W., Sprouse, J. & Hickok, G. 2014. A structural distance effect for backward anaphora in Broca's area: An fMRI study. *Brain and Language, 138*: 1–11.

Matsumoto, Y., Nishida, S., Hayashi, R., Son, S., Murakami, A., Yoshikawa, N., Ito, H., Oishi, N., Masuda, N., Murai, T., Friston, K., Nishimoto, S. & Takahashi, H. 2023. Disorganization of semantic brain networks in schizophrenia revealed by fMRI. *Schizophrenia Bulletin, 49*(2): 498–506.

May, A. & Gaser, C. 2006. Magnetic resonance-based morphometry: A window into structural plasticity of the brain. *Current Opinion in Neurology, 19*(4): 407–411.

Mazoyer, B. M., Tzourio, N., Frak, V., Syrota, A., Murayama, N., Levrier, O., Salamon, G., Dehaene, S., Cohen, L. & Mehler, J. 1993. The cortical representation of speech. *Journal of Cognitive Neuroscience, 5*: 467–479.

McAllister, T., Bachrach, A., Waters, G., Michaud, J. & Caplan, D. 2009. Production and comprehension of unaccusatives in aphasia. *Aphasiology, 23*(7–8): 989–1004.

McCabe, J. & Hartman, M. 2003 Examining the locus of age effects on complex span tasks. *Psychology and Aging, 18*(3): 562–572.

McCall, R. B. & Plemons, B. W. 2001. The concept of critical periods and their implications for early childhood services. In D. B. Bailey, Jr., J. T. Bruer, F. J. Symons & J. W. Lichtman (Eds.), *Critical Thinking about Critical Periods*. Baltimore: Paul H. Brookes, 267–287.

McCleery, J. P., Ceponiene, R., Burner, K. M., Townsend, J., Kinnear, M. & Schreibman, L. 2010. Neural correlates of verbal and nonverbal semantic integration in children with autism spectrum disorders. *Journal of Child Psychology and Psychiatry, 51*(3): 277–286.

McClelland, J. L. & Elman, J. L. 1986. Interactive processes in speech perception: The TRACE model. In J. L. McClelland, D. E. Rumelhart & the PDP Research Group (Eds.), *Parallel Distributed Processing: Psychological and Biological models*. Cambridge: MIT Press, 58–121.

McDonald, S. 2000. Exploring the cognitive basis of right-hemisphere pragmatic language disorder. *Brain and Language, 75*: 82–107.

McDowd, J. M. 2007. An overview of attention: behavior and brain. *Journal of*

Neurologic Physical Therapy, 31(3): 98–103.

McGettigan, C., Warren, J. E., Eisner, F., Marshall, C. R., Shanmugalingam, P. & Scott, S. K. 2011. Neural correlates of sublexical processing in phonological working memory. *Journal of Cognitive Neuroscience, 23*(4): 961–977.

McGregor, K. K., Oleson, J., Bahnsen, A. & Duff, D. 2013. Children with developmental language impairment have vocabulary deficits characterized by limited breadth and depth. *International Journal of Language & Communication Disorders, 48*(3): 307–319.

McGuire, P. K., Silbersweig, D. A. & Frith, C. D. 1996. Functional neuroanatomy of verbal self-monitoring. *Brain, 119*(3): 907–917.

McGuire, P. K., Silbersweig, D. A., Murray, R. M., David, A. S., Frackowiak, R. S. & Frith, C. D. 1996. Functional anatomy of inner speech and auditory verbal imagery. *Psychological Medicine, 26*: 29–38.

McGurk, H. & MacDonald, J. 1976. Hearing lips and seeing voices. *Nature, 264*: 746–748.

McHenry, H. M. 1994. Tempo and mode in human evolution. *Proceedings of the National Academy of Sciences, 91*(15): 6780–6786.

McKeith, I. G., Boeve, B. F., Dickson, D. W., Halliday, G., Taylor, J. P., Weintraub, D., Aarsland, D., Galvin, J., Attems, J., Ballard, C. G., Bayston, A., Beach, T. G., Blanc, F., Bohnen, N., Bonanni, L., Bras, J., Brundin, P., Burn, D., Chen-Plotkin, A., Duda, J. E., ... Kosaka, K. 2017. Diagnosis and management of dementia with Lewy bodies: Fourth consensus report of the DLB Consortium. *Neurology, 89*(1): 88–100.

McKeith, I. G., Ferman, T. J., Thomas, A. J., Blanc, F., Boeve, B. F., Fujishiro, H., Kantarci, K., Muscio, C., O'Brien, J. T., Postuma, R. B., Aarsland, D., Ballard, C., Bonanni, L., Donaghy, P., Emre, M., Galvin, J. E., Galasko, D., Goldman, J. G., Gomperts, S. N., Honig, L. S., ... prodromal DLB Diagnostic Study Group 2020. Research criteria for the diagnosis of prodromal dementia with Lewy bodies. *Neurology, 94*(17): 743–755.

McKeith, I., O'Brien, J., Walker, Z., Tatsch, K., Booij, J., Darcourt, J., Padovani, A., Giubbini, R., Bonuccelli, U., Volterrani, D., Holmes, C., Kemp, P., Tabet, N., Meyer, I., Reininger, C. & DLB Study Group 2007. Sensitivity and specificity of dopamine transporter imaging with 123I-FP-CIT SPECT in dementia with Lewy bodies: A phase III, multicentre study. *The Lancet Neurology, 6*(4): 305–313.

McLaughlin, B. 1990. "Conscious" versus "unconscious" learning. *TESOL Quarterly, 24*(4): 617–634.

McLaughlin, B., Rossman, T. & McLeod, B. 1983. Second language learning: An information-processing perspective. *Language Learning, 33*(2): 135–158.

McNeil, M. R. & Pratt, S. R. 2001. Defining aphasia: Some theoretical and clinical implications of operating from a formal definition. *Aphasiology, 15*(10–11): 901–911.

McNeil, M. R., Robin, D. A. & Schmidt, R. A. 2009. Apraxia of speech. In M. R. McNeil (Ed.), *Clinical Management of Sensorimotor Speech Disorders* (2nd ed.). New York: Thieme, 249–268.

McWeeny, S. & Norton, E. S. 2020. Understanding event-related potentials (ERPs) in clinical and basic language and communication disorders research: A tutorial. *International Journal of Language & Communication Disorders, 55*(4): 445–457.

Mecca, A. P., O'Dell, R. S., Sharp, E. S., Banks, E. R., Bartlett, H. H., Zhao, W., Lipior, S., Diepenbrock, N. G., Chen, M. K., Naganawa, M., Toyonaga, T., Nabulsi, N. B., Vander Wyk, B. C., Arnsten, A. F. T., Huang, Y., Carson, R. E. & van Dyck, C. H. 2022. Synaptic density and cognitive performance in Alzheimer's disease: A PET imaging study with [11C] UCB-J. *Alzheimer's & Dementia, 18*(12): 2527–2536.

Mechelli, A., Crinion, J. T., Noppeney, U., O'Doherty, J., Ashburner, J., Frackowiak, R. S. & Price, C. J. 2004. Structural plasticity in the bilingual brain: proficiency in a second language and age at acquisition affect grey-matter density. *Nature, 431*(7010): 757.

Meechan, R. J. H., McCann, C. M. & Purdy, S. C. 2021. The electrophysiology of aphasia: A scoping review. *Clinical Neurophysiology, 132*(12): 3025–034.

Meinzer, M., Antonenko, D., Lindenberg, R., Hetzer, S., Ulm, L., Avirame, K., Flaisch, T. & Flöel, A. 2012. Electrical brain stimulation improves cognitive performance by modulating functional connectivity and task-specific activation. *Journal of Neuroscience, 32*(5): 1859–1866.

Meinzer, M., Darkow, R., Lindenberg, R. & Flöel, A. 2016. Electrical stimulation of the motor cortex enhances treatment outcome in post-stroke aphasia. *Brain, 139*(4): 1152–1163.

Meinzer, M., Flaisch, T., Wilser, L., Eulitz, C., Rockstroh, B., Conway, T., Gonzalez-Rothi, L. & Crosson, B. 2009. Neural signatures of semantic and phonemic fluency in young and old adults. *Journal of Cognitive Neuroscience, 21*(10): 2007–2018.

Meinzer, M., Mohammadi, S., Kugel, H., Schiffbauer, H., Flöel, A., Albers, J., Kramer, K., Menke, R., Baumgärtner, A. & Knecht, S. 2010. Integrity of the hippocampus and surrounding white matter is correlated with language training success in aphasia. *NeuroImage, 53*(1): 283–290.

Meinzer, M., Seeds, L., Flaisch, T., Harnish, S., Cohen, M. L., McGregor, K., Conway,

T., Benjamin, M. & Crosson, B. 2012. Impact of changed positive and negative task-related brain activity on word-retrieval in aging. *Neurobiology of Aging, 33*(4): 656–669.

Meister, I. G., Boroojerdi, B., Foltys, H., Sparing, R., Huber, W. & Topper, R. 2003. Motor cortex hand area and speech: Implications for the development of language. *Neuropsychologia, 41*: 401–406.

Mekel-Bobrov, N., Gilbert, S. L., Evans, P. D., Vallender, E. J., Anderson, J. R., Hudson, R. R., Tishkoff, S. A. & Lahn, B. T. 2005. Ongoing adaptive evolution of ASPM, a brain size determinant in Homo sapiens. *Science, 309*(5741): 1720–1722.

Méndez, M., Sans, O., Abril, B. & Valdizan, J.R. 2009. Event-related potentials (N400) in autistic children. *Clinical Neurophysiology, 120*(4): e136.

Merzenich, M. M. 2001. Cortical plasticity contributing to child development. In J. L. McClelland & R. S. Siegler (Eds.), *Mechanisms of Cognitive Development: Behavioral and Neural Perspectives*. Mahwah: Lawrence Erlbaum, 67–95.

Mesgarani, N., Cheung, C. & Johnson, K. 2014 Phonetic feature encoding in human superior temporal gyrus. *Science, 343*: 1006–1010.

Mesulam, M. M. 1982. Slowly progressive aphasia without generalized dementia. *Annals of Neurology, 11*(6): 592–598.

Mesulam, M. M. 2013. Primary progressive aphasia: A dementia of the language network. *Dementia & Neuropsychologia, 7*(1): 2–9.

Mesulam, M. M., Rader, B. M., Sridhar, J., Nelson, M. J., Hyun, J., Rademaker, A., Geula, C., Bigio, E. H., Thompson, C. K., Gefen, T. D., Weintraub, S. & Rogalski, E. J. 2019. Word comprehension in temporal cortex and Wernicke area: A PPA perspective. *Neurology, 92*(3): e224–e233.

Mesulam, M. M., Rogalski, E. J., Wieneke, C., Hurley, R. S., Geula, C., Bigio, E. H., Thompson, C. K. & Weintraub, S. 2014. Primary progressive aphasia and the evolving neurology of the language network. *Nature Reviews, Neurology, 10*(10): 554–569.

Mesulam, M. M., Thompson, C. K., Weintraub, S. & Rogalski, E. J. 2015. The Wernicke conundrum and the anatomy of language comprehension in primary progressive aphasia. *Brain, 138*(8): 2423–2437.

Mesulam, M. M., Wieneke, C., Thompson, C., Rogalski, E. & Weintraub, S. 2012. Quantitative classification of primary progressive aphasia at early and mild impairment stages. *Brain: A Journal of Neurology, 135*(5): 1537–1553.

Metzler-Baddeley, C. 2007. A review of cognitive impairments in dementia with Lewy bodies relative to Alzheimer's disease and Parkinson's disease with dementia.

Cortex, 43(5): 583–600.

Metzler-Baddeley, C., Baddeley, R. J., Lovell, P. G. & Laffan, A. 2010. Jones RW. Visual impairments in dementia with Lewy bodies and posterior cortical atrophy. *Neuropsychology, 24*(1): 35–48.

Metzner, P., von der Malsburg, T., Vasishth, S. & Rösler, F. 2015. Brain responses to world knowledge violations: A comparison of stimulus- and fixation-triggered event-related potentials and neural oscillations. *Journal of Cognitive Neuroscience, 27*(5): 1017–1028.

Meyer, M., Friederici, A. & von Cramon, D. 2000. Neurocognition of auditory sentence comprehension: Event-related fMRI reveals sensitivity to syntactic violations and task demands. *Brain Research Cognitive Brain Research, 9*(1): 19–33.

Meyer, M., Steinhauer, K., Alter, K., Friederici, A. D. & von Cramon, D. Y. 2004. Brain activity varies with modulation of dynamic pitch variance in sentence melody. *Brain and Language, 89*: 277–289.

Meyer, M., Zysset, S., von Cramon, D. Y. & Alter, K. 2005. Distinct fMRI responses to laughter, speech, and sounds along the human peri-sylvian cortex. *Cognitive Brain Research, 24*(2): 291–306.

Miceli, G., Silveri, M. C., Villa, G. & Caramazza, A. 1984. On the basis for the agrammatic's difficulty in producing main verbs. *Cortex, 20*(2): 207–240.

Middlebrooks, J. C. 2008. Auditory cortex phase locking to amplitude-modulated cochlear implant pulse trains. *Journal of Neurophysiology, 100*(1): 76–91.

Middleton, F. A. & Strick, P. L. 2000. Basal ganglia output and cognition: Evidence from anatomical, behavioral, and clinical studies. *Brain and Cognition, 42*(2): 183–200.

Midgley, K. J., Holcomb, P. J., van Heuven, W. J. B. & Grainger, J. 2008. An electrophysiological investigation of cross-language effects of orthographic neighborhood. *Brain Research, 1248*: 123–135.

Miglioretti, D. & Boatman, D. 2003. Modeling variability in cortical representations of human complex sound perception. *Experimental Brain Research, 153*: 382–387.

Milán-Tomás, Á., Fernández-Matarrubia, M. & Rodríguez-Oroz, M. C. 2021. Lewy Body Dementias: A Coin with Two Sides?. *Behavioral Sciences, 11*(7): 94.

Miller, G. A. 1956. The magical number seven, plus or minus two: Some limits on our capacity for processing information. *Psychological Review, 63*(2): 81.

Miller, G. A. 2003. The cognitive revolution: A historical perspective. *Trends in Cognitive Sciences, 7*: 141–144.

Miller, G. A. & McKean, K. O. 1964. A chronometric study of some relations between sentences. *Quarterly Journal of Experimental Psychology, 16*: 297–308.

Milner, B., Corkin, S. & Teuber, H. L. 1968. Further analysis of the hippocampal amnesic syndrome: 14-year follow-up study of HM. *Neuropsychologia*, 6(3): 215–234.

Mirous, H. J. & Beeman, M. 2012. Bilateral processing and affect in creative language comprehension. In M. Faust (Ed.), *The Handbook of the Neuropsychology of Language*. Oxford: Blackwell, 319–341.

Mirz, F., Ovesen, T., Ishizu, K., Johannsen, P., Madsen, S., Gjedde, A. & Pedersen, C. B. 1999. Stimulus-dependent central processing of auditory stimuli: A PET study. *Scandinavian Audiology*, 28(3): 161–169.

Mitani, J. 1995. Review of Savage-Rumbaugh and Lewin's "Kanzi": The ape at the brink of the human mind. *Scientific American*, 272: 43–54.

Moen, I. 2006. Analysis of a case of the foreign accent syndrome in terms of the framework of gestural phonology. *Journal of Neurolinguistics*, 19(5): 41–423.

Moisik, S. R. & Dediu, D. 2017. Anatomical biasing and clicks: Evidence from biomechanical modeling. *Journal of Language Evolution*, 2(1): 37–51.

Mollica, F. & Piantadosi, S. T. 2019. Humans store about 1.5 megabytes of information during language acquisition. *Royal Society Open Science*, 6(3): 181393.

Monahan, P. J. 2018. Phonological knowledge and speech comprehension. *Annual Review of Linguistics*, 4: 21–47.

Monoi, H., Fukusako, Y., Itoh, M. & Sasanuma, S. 1983. Speech sound errors in patients with conduction and Broca's aphasia. *Brain and Language*, 20(2): 175–194.

Montemurro, S., Mondini, S., Signorini, M., Marchetto, A., Bambini, V. & Arcara, G. 2019. Pragmatic language disorder in Parkinson's disease and the potential effect of cognitive reserve. *Frontiers in Psychology*, 10: 1220.

Moorman, S., Gobes, S. M., Kuijpers, M., Kerkhofs, A., Zandbergen, M. A. & Bolhuis, J. J. 2012. Human-like brain hemispheric dominance in birdsong learning. *Proceedings of the National Academy of Sciences*, 109(31): 12782–12787.

Moos, K., Vossel, S., Weidner, R., Sparing, R. & Fink, G. 2012. Enhanced visual selection after 2 mA cathodal tDCS of right intraparietal sulcus in healthy subjects. *Klinische Neurophysiologie*, 43(1): P142.

Moreno, R. 2010. *Educational Psychology*. Hoboken: John Wiley & Sons.

Mori, E., Shimomura, T., Fujimori, M., Hirono, N., Imamura, T., Hashimoto, M., Tanimukai, S., Kazui, H. & Hanihara, T. 2000. Visuoperceptual impairment in dementia with Lewy bodies. *Archives of Neurology*, 57(4): 489–493.

Moro, A., Tettamanti, M., Perani, D., Donati, C., Cappa, S. & Fazio, F. 2001. Syntax and the brain: Disentangling grammar by selective anomalies. *NeuroImage*, 13(1): 110–118.

Morra, L. F. & Donovick, P. J. 2014. Clinical presentation and differential diagnosis of dementia with Lewy bodies: A review. *International Journal of Geriatric Psychiatry*, *29*(6): 569–576.

Morrison, A.B. & Chein, J. M. 2011.Does working memory training work? The promise and challenges of enhancing cognition by training working memory. *Psychonomic Bulletin & Review, 18*: 46–60.

Morton, J. 1969. Interaction of information in word recognition. *Psychological Review*, 76: 165–178.

Mouthon, M., Khateb, A., Lazeyras, F., Pegna, A., Lee-Jahnke, H., Lehr, C. & Annoni, J. 2020. Second-language proficiency modulates the brain language control network in bilingual translators: An event-related fMRI study. *Bilingualism: Language and Cognition, 23*(2): 251–264.

Mueller, J. L., Männel, C. & Friederici, A. D. 2015. Biological preconditions for language development. In J. D. Wright (Ed.), *International Encyclopedia of the Social & Behavioral Sciences* (2nd ed.). Oxford: Elsevier, 650–655.

Mueller, S. T., Seymour, T. L., Kieras, D. E. & Meyer, D. E. 2003. Theoretical implications of articulatory duration, phonological similarity, and phonological complexity in verbal working memory. *Journal of Experimental Psychology Learning, Memory, and Cognition, 29*(6): 1353–1380.

Mukamel, R., Ekstrom, A. D., Kaplan, J., Iacoboni, M. & Fried, I. 2010. Single-neuron responses in humans during execution and observation of actions. *Current Biology, 20*(8): 750–756.

Munhall, K. G., Cui, A. X., O'Donoghue, E., Lamontagne, S. & Lutes, D. 2021 Perceptual control of speech. In J. S. Pardo, L. C. Nygaard, R. E. Remez & D. B. Pisoni (Eds.), *The Handbook of Speech Perception* (2nd ed.). Hoboken: John Wiley & Sons, 97–121.

Münte, T. F., Heinze, H. J., Matzke, M., Wieringa, B. M. & Johannes, S. 1998. Brain potentials and syntactic violations revisited: No evidence for specificity of the syntactic positive shift. *Neuropsychologia, 36*: 217–226.

Murdoch, B. E. 2010. The cerebellum and language: Historical perspective and review. *Cortex, 46*(7): 858–868.

Murray, L. L. 2012. Attention and other cognitive deficits in aphasia: Presence and relation to language and communication measures. *American Journal of Speech Language Pathology, 21*(2): S51–S64.

Murray, L. L. 2018. Sentence processing in aphasia: An examination of material-specific and general cognitive factors. *Journal of Neurolinguistics, 48*: 26–46.

Murray, W. S. & Forster, K. I. 2004. Serial mechanisms in lexical access: The rank hypothesis. *Psychological Review, 111*: 721–756.

Murre, J. M. J., Graham, K. S. & Hodges, J. R. 2001. Semantic dementia: Relevance to connectionist models of long-term memory. *Brain, 124*(4): 647–675.

Musso, M., Hübner, D., Schwarzkopf, S., Bernodusson, M., LeVan, P., Weiller, C. & Tangermann, M. 2022. Aphasia recovery by language training using a brain-computer interface: A proof-of-concept study. *Brain Communications, 4*(1): fcac008.

Musso, M., Moro, A., Glauche, V., Rijntjes, M., Reichenbach, J., Buechel, C. & Weiller, C. 2003. Broca's area and the language instinct. *Nature Neuroscience, 6*: 774–781.

Myers, E. B., Blumstein, S. E. Walsh, E. & Eliassen, J. 2009. Inferior frontal regions underlie the perception of phonetic category invariance. *Psychological Science, 20*(7): 895–903.

Näätänen, R., Lehtoskoskl, A., Lennes, M., Cheour, M., Huotilainen, M., Ilvonen, A., Vainio, M., Alku, P., Ilmoniemi, R., Luuk, A., Allik, J., Sinkkonen, J. & Alho, K. 1997. Language-specific phoneme representations revealed by electric and magnetic brain responses. *Nature, 385*: 432–434.

Näätänen, R., Paavilainen, P., Rinne, T. & Alho, K. 2007. The mismatch negativity (MMN) in basic research of central auditory processing: A review. *Clinical neurophysiology: Official Journal of the International Federation of Clinical Neurophysiology, 118*(12): 2544–2590.

Nader, K. & Einarsson, E. Ö. 2010. Memory reconsolidation: An update. *Annals of the New York Academy of Sciences, 1191*(1): 27–41.

Nakai, T., Matsuo, K., Kato, C., Matsuzawa, M., Okada, T., Glover, G. H., Moriya, T. & Inui, T. 1999. A functional magnetic resonance imaging study of listening comprehension of languages in human at 3 Tesla-comprehension level and activation of the language areas. *Neuroscience Letters, 263*: 33–36.

Nanousi, V., Masterson, J., Druks, J. & Atkinson, M. 2006. Interpretable vs. uninterpretable feature: Evidence from six Greek-speaking agrammatic patients. *Journal of Neurolinguistics, 19*(3): 209–238.

Narain, C., Scott, S. K., Wise, R. J., Rosen, S., Leff, A., Iversen, S. D. & Matthews, P. M. 2003. Defining a left-lateralized response specific to intelligible speech using fMRI. *Cerebral Cortex, 13*: 1362–1368.

Naya, Y. & Suzuki, W. A. 2011. Integrating what and when across the primate medial temporal lobe. *Science, 333*(6043): 773–775.

Naya, Y., Yoshida, M. & Miyashita, Y. 2001. Backward spreading of memory-retrieval signal in the primate temporal cortex. *Science, 291*(5504): 661–664.

Nelson, C. A., III, Thomas, K. M. & de Haan, M. 2006. Neural bases of cognitive development. In D. Kuhn & R. Siegler (Eds.), *Handbook of Child Psychology: Cognition, Perception, and Language* (6th ed.). New York: John Wiley & Sons, 3–57.

Nelson, J. T., McKinley, R. A., Golob, E. J., Warm, J. S. & Parasuraman, R. 2014. Enhancing vigilance in operators with prefrontal cortex transcranial direct current stimulation (tDCS). *NeuroImage, 85*: 909–917.

Nelson, T. O. 1977. Repetition and depth of processing. *Journal of Verbal Learning and Verbal Behavior, 16*(2): 151–171.

Nelson, T. O. & Rothbart, R. 1972. Acoustic savings for items forgotten from long-term memory. *Journal of Experimental Psychology, 93*(2): 357.

Nemser, W. 1971. Approximative systems of foreign language learners. *International Review of Applied Linguistics in Language Teaching, 9*(2): 115–124.

Neubauer, S., Gunz, P. & Hublin, J. J. 2010. Endocranial shape changes during growth in chimpanzees and humans: A morphometric analysis of unique and shared aspects. *Journal of Human Evolution, 59*(5): 555–566.

Neubert, F.-X., Mars, R. B., Thomas, A. G., Sallet, J. & Rushworth, M. F. 2014. Comparison of human ventral frontal cortex areas for cognitive control and language with areas in monkey frontal cortex. *Neuron, 81*(3): 700–713.

Neville, H. J., Nicol, J. L., Barss, A., Forster, K. I. & Garrett, M. F. 1991. Syntactically based sentence processing classes: Evidence from event-related brain potentials. *Journal of Cognitive Neuroscience, 3*(2): 151–165.

Newbury, D. F., Bonora, E., Lamb, J. A., Fisher, S. E., Lai, C. S., Baird, G., Jannoun, L., Slonims, V., Stott, C. M. & Merricks, M. J. 2002. FOXP2 is not a major susceptibility gene for autism or specific language impairment. *The American Journal of Human Genetics, 70*(5): 1318–1327.

Newman, A. J., Davelier, D., David Corina, D., Jezzard, P. & Neville1, H. J. 2002. A critical period for right hemisphere recruitment in American Sign Language processing. *Nature Neuroscience, 5*(1): 76–80.

Newman, A. J., Pancheva, R., Ozawa, K., Neville, H. J. & Ullman, M. T. 2001. An event-related fMRI study of syntactic and semantic violations. *Journal of Psycholinguistic Research, 30*: 339–364.

Newman, S. D. & Twieg, D. 2001. Differences in auditory processing of words and pseudowords: An fMRI study. *Human Brain Mapping, 14*: 39–47.

Newport, E. L., Bavelier, D. & Neville, H. J. 2001. Critical thinking about critical periods: Perspectives on a critical period for language acquisition. In E. Dupoux (Ed.), *Language, Brain and Cognitive Development: Essays in Honor of Jacques Mehler.*

Cambridge: MIT Press, 481–502.

Ni, W., Constable, R. T., Mencl, W. E., Pugh, K. R., Fulbright, R. K., Shaywitz, S. E., Shaywitz, B. A., Gore, J. C. & Shankweiler, D. 2000. An event-related neuroimaging study distinguishing form and content in sentence processing. *Journal of cognitive neuroscience, 12*(1): 120–133.

Nickels, L. & Howard, D. 2004. Dissociating effects of number of phonemes, number of syllables, and syllabic complexity on word production in aphasia: It's the number of phonemes that counts. *Cognitive Neuropsychology, 21*(1): 57–78.

Nieuwland, M. S. 2014. "Who's he?" Event-related brain potentials and unbound pronouns. *Journal of Memory and Language, 76*: 1–28.

Nieuwland, M. S., Otten, M. & van Berkum, J. J. A. 2007. Who are you talking about? Tracking discourse-level referential processing with event-related brain potentials. *Journal of Cognitive Neuroscience, 19*(2): 228–236.

Nieuwland, M. S., Petersson, K. M. & van Berkum, J. J. A. 2007. On sense and reference: Examining the functional neuroanatomy of referential processing. *NeuroImage, 37*: 993–1004.

Nieuwland, M. S. & van Berkum, J. J. 2005. Testing the limits of the semantic illusion phenomenon: ERPs reveal temporary semantic change deafness in discourse comprehension. *Cognitive Brain Research, 24*(3): 691–701.

Nieuwland, M. S. & van Berkum, J. J. A. 2008. The neurocognition of referential ambiguity in language comprehension. *Language & Linguistics Compass, 2*(4): 603–630.

Nitsche, M. A., Liebetanz, D., Antal, A., Lang, N., Tergau, F. & Paulus, W. 2003. Modulation of cortical excitability by weak direct current stimulation—technical, safety and functional aspects. *Supplements to Clinical Neurophysiology, 56*: 255–276.

Nitsche, M. A. & Paulus, W. 2000. Excitability changes induced in the human motor cortex by weak transcranial direct current stimulation. *The Journal of Physiology, 527*(3): 633–639.

Nitsche, M. A., Schauenburg, A., Lang, N., Liebetanz, D., Exner, C., Paulus, W. & Tergau, F. 2003. Facilitation of implicit motor learning by weak transcranial direct current stimulation of the primary motor cortex in the human. *Journal of Cognitive Neuroscience, 15*(4): 619–626.

Nixon, P., Lazarova, J., Hodinott-Hill, I., Gough, P. & Passingham, R. 2004. The inferior frontal gyrus and phonological processing: An investigation using rTMS. *Journal of Cognitive Neuroscience, 16*: 289–300.

Noesselt, T., Shah, N. J. & Jäncke, L. 2003. Top-down and bottom-up modulation of language related area: An fMRI study. *BMC Neuroscience, 4*: 13.

Noppeney, U. & Price, C. J. 2002. A PET study of stimulus- and task-induced semantic processing. *NeuroImage, 15*: 927–935.

Noppeney, U. & Price, C. J. 2004. An fMRI study of syntactic adaptation. *Journal of Cognitive Neuroscience, 16*(4): 702–713.

Norbury, C. F. 2004. Factors supporting idiom comprehension in children with communication disorders. *Journal of Speech, Language, and Hearing Research, 47*(5): 1179–1193.

Norbury, C. F., Gooch, D., Wray, C., Baird, G., Charman, T., Simonoff, E., Vamvakas, G. & Pickles, A. 2016. The impact of nonverbal ability on prevalence and clinical presentation of language disorder: Evidence from a population study. *Journal of Child Psychology and Psychiatry, and Allied Disciplines, 57*(11): 1247–1257.

Norris, D. 1990. A dynamic-net model of human speech recognition. In G. T. M. Altmann (Ed.), *Cognitive Models of Speech Processing*. Cambridge: MIT Press, 87–104.

Norris, D. 1994. Shortlist: A connectionist model of continuous speech recognition. *Cognition, 52*: 189–234.

Nourski, K. V. & Brugge, J. F. 2011. Representation of temporal sound features in the human auditory cortex. *Reviews in the Neurosciences, 22*(2): 187–203.

Novakova, L., Gajdos, M., Markova, J., Martinkovicova, A., Kosutzka, Z., Svantnerova, J., Valkovic, P., Csefalvay, Z. & Rektorova, I. 2023. Language impairment in Parkinson's disease: fMRI study of sentence reading comprehension. *Frontiers in Aging Neuroscience, 15*: 1117473.

Oakhill, J., Berenhaus, M. & Cain, K. 2015. Children's reading comprehension and comprehension difficulties. In A. Pollatsek & R. Treiman (Eds.), *Oxford Handbook of Reading*. New York: Oxford University Press, 344–360.

Oberecker, R., Friedrich, M. & Friederici, A. D. 2005. Neural correlates of syntactic processing in two-year-olds. *Journal of Cognitive Neuroscience, 17*(10): 1667–1678.

Obleser, J., Boecker, H., Drzezga, A., Haslinger, B., Hennenlotter, A., Roettinger, M., Eulitz, C. & Rauschecker, J. 2006. Vowel sound extraction in anterior superior temporal cortex. *Human Brain Mapping, 27*(7): 562–571.

Obleser, J., Elbert, T., Lahiri, A. & Eulitz, C. 2003. Cortical representation of vowels reflects acoustic dissimilarity determined by formant frequencies. *Cognitive Brain Research, 15*(3): 207–213.

Obleser, J. & Kotz, S. A. 2010. Expectancy constraints in degraded speech modulate the language comprehension network. *Cerebral Cortex, 20*: 633–640.

Obleser, J., Lahiri, A. & Eulitz, C. 2004. Magnetic brain response mirrors extraction of phonological features from spoken vowels. *Journal of Neuroscience, 16*(1): 31–39.

Obleser, J., Wise, R. J., Dresner, M. A. & Scott, S. K. 2007. Functional integration across brain regions improves speech perception under adverse listening conditions. *The Journal of Neuroscience, 27*(9): 2283–2289.

Obleser, J., Zimmermann, J., Van Meter, J. & Rauschecker, J. P. 2007. Multiple stages of auditory speech perception reflected in event-related fMRI. *Cerebral Cortex, 17*: 2251–2257.

Oda, H., Yamamoto, Y. & Maeda, K. 2009. Neuropsychological profile of dementia with Lewy bodies. *Psychogeriatrics, 9*(2): 85–90.

Odell, K., McNeil, M. R., Rosenbek, J. C. & Hunter, L. 1991. Perceptual characteristics of vowel and prosody production in apraxic, aphasic, and dysarthric speakers. *Journal of Speech and Hearing Research, 34*(1): 67–80.

OECD. 2007. *Understanding the Brain: The Birth of a Learning Science.* Paris: Organization for Economic Co-operation and Development.

Oganian, Y., Bhaya-Grossman, I., Johnson, K. & Chang, E. F. 2023. Vowel and formant representation in the human auditory speech cortex. *Neuron, 111*: 2105–2118.

Ohn, S. H., Park, C. I., Yoo, W. K., Ko, M. H., Choi, K. P., Kim, G. M., Lee, Y. T. & Kim, Y. H. 2008. Time-dependent effect of transcranial direct current stimulation on the enhancement of working memory. *NeuroReport, 19*(1): 43–47.

Olanow, C. W., Watts, R. L. & Koller, W. 2001. An algorithm (decision tree) for the management of Parkinson's disease. *Neurology, 56*(5): S1–S88.

Oliveri, M., Romero, L. & Papagno, C. 2004. Left but not right temporal involvement in opaque idiom comprehension: A repetitive transcranial magnetic stimulation study. *Journal of Cognitive Neuroscience, 16*: 848–855.

Opitz, B. & Friederici, A. 2007. Neural basis of processing sequential and hierarchical syntactic structures. *Human Brain Mapping, 28*(7): 585–592.

Ormrod, J. E. 1999. *Human Learning.* Upper Saddle River: Pearson.

Ormrod, J. E. 2012. *Human Learning* (6th ed.). Upper Saddle River: Pearson.

Orrego, P. M., McGregor, K. K. & Reyes, S. M. 2023. A first-person account of developmental language disorder. *American Journal of Speech-Language Pathology, 32*(4): 1383–1396.

Ortigue, S., Sinigaglia, C., Rizzolatti, G. & Grafton, S. T. 2010. Understanding actions of others: The electrodynamics of the left and right hemispheres. A high-density EEG neuroimaging study. *PLoS One, 5*(8): e12160.

Østby, Y., Tamnes, C. K., Fjell, A. M. & Walhovd, K. B. 2011. Morphometry and connectivity of the fronto-parietal verbal working memory network in development. *Neuropsychologia, 49*: 3854–3862.

Osterhout, L. & Holcomb, P. J. 1992. Event-related brain potentials elicited by syntactic anomaly. *Journal of Memory and Language, 31*: 785–806.

Otal, B., Olma, M. C., Flöel, A. & Wellwood, I. 2015. Inhibitory non-invasive brain stimulation to homologous language regions as an adjunct to speech and language therapy in post-stroke aphasia: A meta-analysis. *Frontiers in Human Neuroscience, 9*: 236.

Paap, K. R., Johnson, H. A. & Sawi, O. 2015. Bilingual advantages in executive functioning either do not exist or are restricted to very specific and undetermined circumstances, *Cortex, 69*: 265–278.

Pakulak, E. & Neville, H. J. 2010. Proficiency differences in syntactic processing of monolingual native speakers indexed by event-related potentials. *Journal of Cognitive Neuroscience, 22*: 2728–2744.

Pallier, C., Devauchelle, A. D. & Dehaene, S. 2011. Cortical representation of the constituent structure of sentences. *Proceedings of the National Academy of Sciences of the United States of America, 108*(6): 2522–2527.

Panaitof, S. C., Abrahams, B. S., Dong, H., Geschwind, D. H. & White, S. A. 2010. Language-related Cntnap2 gene is differentially expressed in sexually dimorphic song nuclei essential for vocal learning in songbirds. *Journal of Comparative Neurology, 518*(11): 1995–2018.

Pandya, D. N. & Barnes, C. L. 1987. Architecture and connections of the frontal lobe. In E. Perecman (Ed.), *The Frontal Lobes Revisited*. New York: The IRBN Press, 41–72.

Papagno, C. & Romero-Lauro, L. 2010. The neural basis of idiom processing: Neuropsychological, neurophysiological and neuroimaging evidence. *Italian Journal of Linguistics, 22*: 21–40.

Papathanassiou, D., Etard, O., Mellet, E., Zago, L., Mazoyer, B. & Tzourio-Mazoyer, N. 2000. A common language network for comprehension and production: A contribution to the definition of language epicenters with PET. *NeuroImage, 11*(4): 347–357.

Paradis, M. 1994. Neurolinguistic aspects of implicit and explicit memory: Implications for bilingualism. In N. Ellis (Ed.), *Implicit and Explicit Learning of Second Languages*. London: Academic Press, 393–419.

Paradis, M. 2004. *A Neurolinguistic Theory of Bilingualism*. Amsterdam: John Benjamins.

Paradis, M. 2009. *Declarative and Procedural Determinants of Second Languages*. Amsterdam: John Benjamins.

Paradis, M., Goldblum, M. C. & Abidi, R. 1982. Alternate antagonism with paradoxical translation behavior in two bilingual aphasic patients. *Brain and Language*, 15(1): 55–69.

Park, S. H. E., Kulkarni, A. & Konopka, G. 2023. FOXP1 orchestrates neurogenesis in human cortical basal radial glial cells. *PLoS biology*, 21(8): e3001852.

Parker-Jones, O., Green, D. W., Grogan, A., Pliatsikas, C., Filippopolitis, K., Ali, N., Lee, H. L., Ramsden, S., Gazarian, K., Prejawa, S., Seghier, M. L. & Price, C. J. 2012. Where, when and why brain activation differs for bilinguals and monolinguals during picture naming and reading aloud. *Cerebral Cortex*, 22: 892–902.

Pashek, G. V. 1997. A case study of gesturally cued naming in aphasia: Dominant versus nondominant hand training. *Journal of Communication Disorders*, 30(5): 349–366.

Passemard, S., Verloes, A., de Villemeur, T. B., Boespflug-Tanguy, O., Hernandez, K., Laurent, M., Isidor, B., Alberti, C., Pouvreau, N. & Drunat, S. 2016. Abnormal spindle-like microcephaly-associated (ASPM) mutations strongly disrupt neocortical structure but spare the hippocampus and long-term memory. *Cortex*, 74: 158–176.

Patterson, K., Nestor, P. J. & Rogers, T. T. 2007. Where do you know what you know? The representation of semantic knowledge in the human brain. *Nature Reviews Neuroscience*, 8(12): 976–987.

Patterson, K. & Ralph, M. A. L., 2016. The hub-and-spoke hypothesis of semantic memory. In G. Hickok & S. L. Small (Eds.), *Neurobiology of Language*. Orlando: Academic Press, 765–775.

Pavia, N., Webb, S. & Faez, F. 2019. Incidental vocabulary learning through listening to songs. *Studies in Second Language Acquisition*, 41(4): 745–768.

Payne, J. C. 2014. *Adult Neurogenic Language Disorders* (2nd ed.). San Diego: Plural Publishing.

Payne, L., Guillory, S. & Sekuler, R. 2013. Attention-modulated alpha-band oscillations protect against intrusion of irrelevant information. *Journal of Cognitive Neuroscience*, 25(9): 1463–1476.

Pedersen, C. B., Mirz, F., Ovesen, T., Ishizu, K., Johannsen, P., Madsen, S. & Gjedde, A. 2000. Cortical centres underlying auditory temporal processing in humans: A PET study. *Audiology*, 39: 30–37.

Pedersen, P. M., Vinter, K. & Olsen, T. S. 2004. Aphasia after stroke: Type, severity and prognosis. *Cerebrovascular Diseases*, 17(1): 35–43.

Peelle, J. E., Gross, J. & Davis, M. H. 2013. Phase- locked responses to speech in human auditory cortex are enhanced during comprehension. *Cerebral Cortex*, 23(6): 1378–1387.

Peelle, J. E., McMillan, C., Moore, P., Grossman, M., & Wingfield, A. 2004. Dissociable patterns of brain activity during comprehension of rapid and syntactically complex speech: Evidence from fMRI. *Brain and Language, 91*(3), 315–325.

Peelle, J. E., Troiani, V. & Grossman, M. 2009. Interaction between process and content in semantic memory: An fMRI study of noun feature knowledge. *Neuropsychologia, 47*(4): 995–1003.

Péran, P., Cardebat, D., Cherubini, A., Piras, F., Luccichenti, G., Peppe, A., Caltagirone, C., Rascol, O., Démonet, J. F. & Sabatini, U. 2009. Object naming and action-verb generation in Parkinson's disease: An fMRI study. *Cortex, 45*(8): 960–971.

Perani, D. & Abutalebi, J. 2005. The neural basis of first and second language processing. *Current Opinion in Neurobiology, 15*: 202–206.

Perani, D., Abutalebi, J., Paulesu, E., Brambati, S., Scifo, P., Cappa, S. F. & Fazio, F. 2003. The role of age of acquisition and language usage in early, high-proficient bilinguals: A fMRI study during verbal fluency. *Human Brain Mapping, 19*: 170–182.

Perceval, G., Martin, A. K., Copland, D. A., Laine, M. & Meinzer, M. 2017. High-definition tDCS of the temporo-parietal cortex enhances access to newly learned words. *Scientific Reports, 7*(1): 17023.

Perecman, E. 1984. Spontaneous translation and language mixing in a polyglot aphasic. *Brain and Language, 23*(1): 43–63.

Pereyra, J. F. S., Klarman, C. L., Lin, L. J. & Kuhl, P. K. 2005. Sentence processing in 30-month-old children: An event-related potential study. *NeuroReport, 16*(6): 645–648.

Perlmutter, D. 1978. Impersonal passives and the unaccusative hypothesis. *Proceedings of the Fourth Annual Meeting of the Berkeley Linguistic Society (BLS), 4*: 157–190.

Pestalozzi, M. I., Di Pietro, M., Martins Gaytanidis, C., Spierer, L., Schnider, A., Chouiter, L., Colombo, F., Annoni, J. M. & Jost, L. B. 2018. Effects of prefrontal transcranial direct current stimulation on lexical access in chronic poststroke aphasia. *Neurorehabilitation and Neural Repair, 32*(10): 913–923.

Peterson, L. & Peterson, M. J. 1959. Short-term retention of individual verbal items. *Journal of Experimental Psychology, 58*(3), 193.

Petrides, M. & Pandya, D. N. 2009. Distinct parietal and temporal pathways to the homologues of Broca's area in the monkey. *PLoS Biology, 7*(8): e1000170.

Pezawas, L., Verchinski, B. A., Mattay, V. S., Callicott, J. H., Kolachana, B. S., Straub, R. E., Egan, M. F., Meyer-Lindenberg, A. & Weinberger, D. R. 2004. The brain-derived neurotrophic factor val66met polymorphism and variation in human cortical morphology. *Journal of Neuroscience, 24*(45): 10099–10102.

Pezzoli, S., Cagnin, A., Antonini, A. & Venneri, A. 2019. Frontal and subcortical contribution to visual hallucinations in dementia with Lewy bodies and Parkinson's disease. *Postgraduate Medicine, 131*(7): 509–522.

Pfefferbaum, A., Rohlfing, T., Rosenbloom, M. J., Chu, W., Colrain, I. M. & Sullivan, E. V. 2013. Variation in longitudinal trajectories of regional brain volumes of healthy men and women (ages 10 to 85 years) measured with atlas-based parcellation of MRI. *NeuroImage, 65*: 176–193.

Phillips, C. 2001. Levels of representation in the electrophysiology of speech perception. *Cognitive Science, 25*: 711–731.

Phillips, D. P., Hall, S. E. & Boehnke, S. E. 2002. Central auditory onset responses, and temporal asymmetries in auditory perception. *Hearing Research, 167*(1–2): 192–205.

Pickles, J. O. 2012. *An Introduction to the Physiology of Hearing* (4th ed.). Bingley: Emerald.

Pigott, K., Rick, J., Xie, S. X., Hurtig, H., Chen-Plotkin, A., Duda, J. E., Morley, J. F., Chahine, L. M., Dahodwala, N., Akhtar, R. S., Siderowf, A., Trojanowski, J. Q. & Weintraub, D. 2015. Longitudinal study of normal cognition in Parkinson disease. *Neurology, 85*(15): 1276–1282.

Pika, S. 2008. Gestures of ape and pre-linguistic human children: Similar or different? *First Language, 28*: 116–140.

Pillay, S. B., Gross, W. L., Heffernan, J., Book, D. S. & Binder, J. R. 2022. Semantic network activation facilitates oral word reading in chronic aphasia. *Brain and Language, 233*: 105164.

Pinel, J. J. & Barnes, S. J. 2018. *Biopsychology* (10th ed.). Harlow: Pearson.

Pinker, S. 1994. *The Language Instinct: How the Mind Creates Language*. New York: Morrow.

Pinker, S. 2007. *The Language Instinct*. New York: Harper Perennial Modern Classics.

Pinker, S. & Bloom, P. 1990. Natural language and natural selection. *Behavioral and Brain Sciences, 13*(4): 707–727.

Piras, F. & Marangolo, P. 2007. Noun-verb naming in aphasia: A voxel-based lesion-symptom mapping study. *NeuroReport, 18*(14): 1455–1458.

Pisoni, A., Turi, Z., Raithel, A., Ambrus, G. G., Alekseichuk, I., Schacht, A., Paulus, W. & Antal, A. 2015. Separating recognition processes of declarative memory via anodal tDCS: Boosting old item recognition by temporal and new item detection by parietal stimulation. *PloS One, 10*(3): e0123085.

Plakke, B. & Romanski, L. 2016. Neural circuits in auditory and audiovisual memory.

Brain Research, 1640: 278–288.

Pliatsikas, C. 2020. Understanding structural plasticity in the bilingual brain: The Dynamic Restructuring Model. *Bilingualism: Language and Cognition, 23*: 459–471.

Pobric, G., Jefferies, E. & Ralph, M. A. L. 2007. Anterior temporal lobes mediate semantic representation: Mimicking semantic dementia by using rTMS in normal participants. *Proceedings of the National Academy of Sciences, 104*(50): 20137–20141.

Pobric, G., Mashal, N., Faust, M. & Lavidor, M. 2008. The role of the right cerebral hemisphere in processing novel metaphoric expressions: A TMS study. *Journal of Cognitive Neuroscience, 20*: 170–181.

Poeppel, D. 1996. A critical review of PET studies of phonological processing, *Brain and Language, 55*(3): 317–51.

Poeppel, D. 2003. The analysis of speech in different temporal integration windows: Cerebral lateralization as "asymmetric sampling in time". *Speech Communication, 41*(1): 245–255.

Poirier, C., Hamed, S. B., Garcia-Saldivar, P., Kwok, S. C., Meguerditchian, A., Merchant, H., Rogers, J., Wells, S. & Fox, A. S. 2021. Beyond MRI: On the scientific value of combining non-human primate neuroimaging with metadata. *NeuroImage, 228*: 117679.

Poldrack, R. A., Temple, E., Protopapas, A., Nagarajan, S., Tallal, P., Merzenich, M. & Gabrieli, J. D. 2001. Relations between the neural bases of dynamic auditory processing and phonological processing: Evidence from fMRI. *Journal of Cognitive Neuroscience, 13*: 687–697.

Poletiek, F. H., Fitz, H. & Bocanegra, B. R. 2016. What baboons can (not) tell us about natural language grammars. *Cognition, 151*: 108–112.

Ponce de León, M. S., Bienvenu, T., Marom, A., Engel, S., Tafforeau, P., Alatorre Warren, J. L., Lordkipanidze, D., Kurniawan, I., Murti, D. B. & Suriyanto, R. A. 2021. The primitive brain of early Homo. *Science, 372*(6538): 165–171.

Poncelet, M., Majerus, S., Raman, I., Warginaire, S. & Weekes, B. S. 2007. Naming actions and objects in bilingual aphasia: A multiple case study. *Brain and Language, 103*(1–2): 158–159.

Poot, M., Beyer, V., Schwaab, I., Damatova, N., van't Slot, R., Prothero, J., Holder, S. E. & Haaf, T. 2010. Disruption of CNTNAP2 and additional structural genome changes in a boy with speech delay and autism spectrum disorder. *Neurogenetics, 11*: 81–89.

Posner, M. I. & Petersen, S. E. 1990. The attention system of the human brain. *Annual Review of Neuroscience, 13*(1): 25–42.

Posner, M. I. & Rothbart, M. K. 2007. Research on attention networks as a model for the integration of psychological science. *Annual Review of Psychology, 58*: 1–23.

Posner, M. I. & Stephen J. B. 1971. Components of attention. *Psychological Review, 78*(5): 391–408.

Postma, A. & De Haan, E. H. 1996. What was where? Memory for object locations. *The Quarterly Journal of Experimental Psychology Section A, 49*(1): 178–199.

Preisig, B. C., Eggenberger, N., Cazzoli, D., Nyffeler, T., Gutbrod, K., Annoni, J. M., Meichtry, J. R., Nef, T. & Müri, R. M. 2018. Multimodal communication in aphasia: Perception and production of co-speech gestures during face-to-face conversation. *Frontiers in Human Neuroscience, 12*: 200.

Price, C. J. 2010. The anatomy of language: A review of 100 FMRI studies published in 2009. *Annals of the New York Academy of Sciences, 1191*(1): 62–88.

Price, C. J. 2012. A review and synthesis of the first 20 years of pet and fMRI studies of heard speech, spoken language and reading. *NeuroImage, 62*(2): 816–847.

Price, C. J., Green, D. W. & Von Studnitz, R. 1999. A functional imaging study of translation and language switching. *Brain, 122*(12): 2221–2235.

Price, C. J., Moore, C. J., Humphreys, G. W., Frackowiak, R. S. & Friston, K. J. 1996. The neural regions sustaining object recognition and naming. *Proceedings. Biological Sciences, 263*(1376): 1501–1507.

Proverbio, A. M. & Adorni, R. 2011. Hemispheric asymmetry for language processing and lateral preference in simultaneous interpreters. *Psychology, 2*: 12–17.

Proverbio, A. M., Leoni, G. & Zani, A. 2004. Language switching mechanisms in simultaneous interpreters: An ERP study. *Neuropsychologia, 42*(12): 1636–1656.

Pulvermüller, F. 2013. How neurons make meaning: Brain mechanisms for embodied and abstract-symbolic semantics. *Trends in Cognitive Sciences, 17*(9): 458–470.

Pulvermüller, F. & Fadiga, L. 2010. Active perception: Sensorimotor circuits as a cortical basis for language. *Nature Reviews Neuroscience, 11*(5): 351–360.

Pulvermüller, F., Hauk, O., Nikulin, V. V. & Ilmoniemi, R. J. 2005. Functional links between motor and language systems. *European Journal of Neuroscience, 21*(3): 793–797.

Pulvermüller, F., Huss, M., Kherif, F., Moscoso del Prado Martin, F., Hauk, O. & Shtyrov, Y. 2006. Motor cortex maps articulatory features of speech sounds. *Proceedings of the National Academy of Sciences, 103*(20): 7865–7870.

Pulvermüller, F., Moseley, R. L., Egorova, N., Shebani, Z. & Boulenger, V. 2014. Motor cognition-motor semantics: Action perception theory of cognition and communication. *Neuropsychologia, 55*(1): 71–84.

Pulvermüller, F., Shtyrov, Y. & Hauk, O. 2009. Understanding in an instant: Neurophysiological evidence for mechanistic language circuits in the brain. *Brain and Language*, *110*(2): 81–94.

Rabaglia, C. D. & Salthouse, T. A. 2011. Natural and constrained language production as a function of age and cognitive abilities. *Language and Cognitive Processes*, *26*(10): 1505–1531.

Rabovsky, M. 2020. Change in a probabilistic representation of meaning can account for N400 effects on articles: A neural network model. *Neuropsychologia*, *143*: 107466.

Rabovsky, M. & McRae, K. 2014. Simulating the N400 ERP component as semantic network error: Insights from a feature-based connectionist attractor model of word meaning. *Cognition*, *132*(1): 68–89.

Raettig, T. & Kotz, S. A. 2008. Auditory processing of different types of pseudo-words: An event-related fMRI study. *NeuroImage*, *39*: 1420–1428.

Raichle, M. E, MacLeod, A. M., Snyder, A. Z., Powers, W. J., Gusnard, D. A. & Shulman, G. L. 2001. A default mode of brain function. *Proceedings of the National Academy of Sciences*, *98*(2): 676–682.

Raizada, R. D. & Poldrack, R. A. 2007. Selective amplification of stimulus differences during categorical processing of speech. *Neuron*, *56*: 726–740.

Rakesh, G., Azabo, S. T., Alexopoulos, G. S. & Zannas, A. S. 2017. Strategies for dementia prevention: Latest evidence and implications. *Therapeutic Advances in Chronic Disease*, *8*(8–9): 121–136.

Rakhlin, N., Kornilov, S. A., Kornilova, T. V. & Grigorenko, E. L. 2016. Syntactic complexity effects of Russian relative clause sentences in children with and without developmental language disorder. *Language Acquisition*, *23*(4): 333–360.

Ralph, M. A. L. 2014. Neurocognitive insights on conceptual knowledge and its breakdown. *Philosophical Transactions of the Royal Society of London*, *369*(1634): 20120392.

Ralph, M. A. L., Powell, J., Howard, D., Whitworth, A. B., Garrard, P. & Hodges, J. R. 2001. Semantic memory is impaired in both dementia with Lewy bodies and dementia of Alzheimer's type: A comparative neuropsychological study and literature review. *Journal of Neurology, Neurosurgery, and Psychiatry*, *70*(2): 149–156.

Randazzo, M., Nagler, A., Priefer, R., Salerno, E. & Froud, K. 2022. Case report: Neural correlates of orthographic congruency effects in auditory rhyme judgment in two stroke survivors. *Aphasiology*, *36*(4): 1–22.

Rapp, A. M. 2019. Comprehension of metaphors and idioms: An updated meta-analysis of functional magnetic resonance imaging studies. In G. I. de Zubicaray & N. O. Schiller (Eds.), *The Oxford Handbook of Neurolinguistics*. Oxford: Oxford University Press, 711–735.

Rapp, A. M., Leube, D. T., Erb, M., Grodd, W. & Kircher, T. T. 2004. Neural correlates of metaphor processing. *Cognitive Brain Research, 20*: 395–402.

Rapp, A. M., Mutschler, D. E. & Erb, M. 2012. Where in the brain is nonliteral language? A coordinate-based meta- analysis of functional magnetic resonance imaging studies. *NeuroImage, 63*: 600–610.

Rastle, K., Davis, M. H. & New, B. 2004. The broth in my brothers's brothel: Morphoorthographic segmentation in visual word recognition. *Psychonomic Bulletin & Review, 11*: 1090–1098.

Rauschecker, J. P. 1998. Cortical processing of complex sounds. *Current Opinions in Neurobiology, 8*(4): 516–521.

Rauschecker, J. P. & Scott, S. K. 2009. Maps and streams in the auditory cortex: Nonhuman primates illuminate human speech processing. *Nature Neuroscience, 12*: 718–724.

Rauschecker, J. P. & Tian, B. 2000. Mechanisms and streams for processing of "what" and "where" in auditory cortex. *Proceedings of the National Academy of Sciences, 97*(22): 11800–11806.

Ravizza, S. M., Hazeltine, E., Ruiz, S. & Zhu, D. C. 2011. Left TPJ activity in verbal working memory: Implications for storage- and sensory-specific models of short term memory. *NeuroImage, 55*: 1836–1846.

Raz, N., Gunning-Dixon, F., Head, D., Rodrigue, K. M., Williamson, A. & Acker, J. D. 2004. Aging, sexual dimorphism, and hemispheric asymmetry of the cerebral cortex: Replicability of regional differences in volume. *Neurobiology of Aging, 25*(3): 377–396.

Reimers-Kipping, S., Hevers, W., Pääbo, S. & Enard, W. 2011. Humanized Foxp2 specifically affects cortico-basal ganglia circuits. *Neuroscience, 175*: 75–84.

Ren, C., Zhang, G., Xu, X., Hao, J., Fang, H., Chen, P., Li, Z., Ji, Y., Cai, Q. & Gao, F. 2019. The effect of rTMS over the different targets on language recovery in stroke patients with global aphasia: A randomized sham-controlled study. *BioMed Research International, 2019*: 4589056.

Resnick, S. M., Pham, D. L., Kraut, M. A., Zonderman, A. B. & Davatzikos, C. 2003. Longitudinal magnetic resonance imaging studies of older adults: A shrinking brain. *Journal of Neuroscience, 23*(8): 3295–3301.

Reuter-Lorenz, P. A. & Cappell, K. A. 2008. Neurocognitive aging and the compensation hypothesis. *Current Directions in Psychological Science, 17*(3): 177–182.

Ribeiro, T. C., Valasek, C. A., Minati, L. & Boggio, P. S. 2013. Altered semantic integration in autism beyond language: A cross-modal event-related potentials study. *NeuroReport, 24*(8): 414–418.

Rice, M. L., Taylor, C. L., Zubrick, S. R., Hoffman, L. & Earnest, K. K. 2020. Heritability of specific language impairment and nonspecific language impairment at ages 4 and 6 years across phenotypes of speech, language, and nonverbal cognition. *Journal of Speech, Language, and Hearing Research, 63*(3): 793–813.

Richards, K., Singletary, F., Koehler, S., Crosson, B. & Rothi, L. 2002. Treatment of nonfluent aphasia through the pairing of a non-symbolic movement sequence and naming. *Journal of Rehabilitation Research & Development, 39*: 7–16.

Riches, N. G., Tomasello, M. & Conti-Ramsden, G. 2005. Verb learning in children with SLI: Frequency and spacing effects. *Journal of Speech, Language, and Hearing Research, 48*(6): 1397–1411.

Riley, E. A., Barbieri, E., Weintraub, S., Mesulam, M. M. & Thompson, C. K. 2018. Semantic typicality effects in primary progressive aphasia. *American Journal of Alzheimer's Disease & Other Dementias, 33*(5): 292–300.

Rilling, J. K. 2014. Comparative primate neurobiology and the evolution of brain language systems. *Current Opinion in Neurobiology, 28*: 10–14.

Rilling, J. K., Glasser, M. F., Preuss, T. M., Ma, X., Zhao, T., Hu, X. & Behrens, T. E. 2008. The evolution of the arcuate fasciculus revealed with comparative DTI. *Nature Neuroscience, 11*(4): 426–428.

Rimol, L. M., Specht, K. & Hugdahl, K. 2006. Controlling for individual differences in fMRI brain activation to tones, syllables, and words. *NeuroImage, 30*: 554–562.

Ringo, J. L., Doty, R. W., Demeter, S. & Simard, P. Y. 1994. Time is of the essence: A conjecture that hemispheric specialization arises from interhemispheric conduction delay. *Cerebral Cortex, 4*(4): 331–343.

Rinne, J. O., Tommola, J., Laine, M., Krause, B. J., Schmidt, D., Kaasinen, V., Teräs, M., Sipilä, H. & Sunnari, M. 2000. The translating brain: Cerebral activation patterns during simultaneous interpreting. *Neuroscience Letters, 294*(2): 85–88.

Riva, V., Cantiani, C., Mornati, G., Gallo, M., Villa, L., Mani, E., Saviozzi, I., Marino, C. & Molteni, M. 2018. Distinct ERP profiles for auditory processing in infants at-risk for autism and language impairment. *Scientific Reports, 8*(1): 715.

Rizzolatti, G. & Arbib, M. A. 1998. Language within our grasp. *Trends in Neuroscience, 21*(5): 188–94.

Rizzolatti, G., Fadiga, L., Matelli, M., Bettinardi, V., Paulesu, E., Perani, D. & Fazio,

F. 1996. Localization of grasp representations in humans by PET: 1. Observation versus execution. *Experimental Brain Research, 111*: 246–252.

Rizzolatti, G., Fogassi, L. & Gallese, V. 2001. Neurophysiological mechanisms underlying the understanding and imitation of action. *Nature Reviews Neuroscience, 2*(9): 661–670.

Rizzolatti, G. & Sinigaglia, C. 2008. *Mirrors in the Brain: How Our Minds Share Actions and Emotions.* Oxford: Oxford University Press.

Robertson, D. A., Gernsbacher, M. A., Guidotti, S. J., Robertson, R. R., Irwin, W., Mock, B. J. & Campana, M. E. 2000. Functional neuroanatomy of the cognitive process of mapping during discourse comprehension. *Psychological Science, 11*(3): 255–260.

Robins, D. L., Hunyadi, E. & Schultz, R. T. 2009. Superior temporal activation in response to dynamic audio-visual emotional cues. *Brain and Cognition, 69*: 269–278.

Robinson, M., Brenda, L. & Francis, T. 2017. Recent progress in Alzheimer's disease research, part 2: Genetics and epidemiology. *Journal of Alzheimer's Disease, 52*(2): 317–330.

Robson, H., Sage, K. & Ralph, M. A. L. 2012 Wernicke's aphasia reflects a combination of acoustic-phonological and semantic control deficits: A case-series comparison of Wernicke's aphasia, semantic dementia and semantic aphasia. *Neuropsychologia, 50*(2): 266–275.

Rodd, J. M., Davis, M. H. & Johnsrude, I. S. 2005. The neural mechanisms of speech comprehension: fMRI studies of semantic ambiguity. *Cerebral Cortex, 15*(8): 1261–1269.

Röder, B., Stock, O., Neville, H., Bien, S. & Rosler, F. 2002. Brain activation modulated by the comprehension of normal and pseudo-word sentences of different processing demands: A functional magnetic resonance imaging study. *NeuroImage, 15*: 1003–1014.

Rodriguez-Fornells, A., Rotte, M., Heinze, H. J., Nösselt, T. & Münte, T. F. 2002. Brain potential and functional MRI evidence for how to handle two languages with one brain. *Nature, 415*(6875): 1026–1029.

Rodriguez-Fornells, A., Van der Lugt, A., Rotte, M., Britti, B., Heinze, H. J. & Muente, T. F. 2005. Second language interferes with word production in fluent bilinguals: Brain potential and functional imaging evidence. *Journal of Cognitive Neuroscience, 17*: 422–433.

Rogalski, E. J. & Mesulam, M. M. 2009. Clinical trajectories and biological features of primary progressive aphasia (PPA). *Current Alzheimer Research, 6*(4): 331–336.

Rogalsky, C. & Hickok, G. 2009. Selective attention to semantic and syntactic features modulates sentence processing networks in anterior temporal cortex. *Cerebral Cortex, 19*: 786–796.

Rojas Sosa, M. C., Fraire Martínez, M. I., Olvera Gómez, J. L. & Jáuregui-Renaud, K. 2009. Early auditory middle latency evoked potentials correlates with recovery from aphasia after stroke. *Clinical Neurophysiology, 120*(1): 136–139.

Román, G. C., Tatemichi, T. K., Erkinjuntti, T., Cummings, J. L., Masdeu, J. C., Garcia, J. H., Amaducci, L., Orgogozo, J. M., Brun, A. & Hofman, A. 1993. Vascular dementia: Diagnostic criteria for research studies. Report of the NINDS-AIREN International Workshop. *Neurology, 43*(2): 250–260.

Rommers, J. & Federmeier, K. 2018. Electrophysiological methods. In A. M. B. de Groot & P. Hagoort (Eds.), *Research Methods in Psycholinguistics and the Neurobiology of Language: A Practical Guide*. Oxford: John Wiley & Sons, 247–265.

Roozendaal B., Schelling G. & McGaugh J. L 2008. Corticotropin-releasing factor in the basolateral amygdala enhances memory consolidation via an interaction with the beta-adrenoceptor-cAMP pathway: Dependence on glucocorticoid receptor activation. *Journal of Neuroscience, 28*(26): 6642–6651.

Rorden, C., Fridriksson, J. & Karnath, H. O. 2009. An evaluation of traditional and novel tools for lesion behavior mapping. *NeuroImage, 44*(4): 1355–1362.

Rorden, C. & Karnath, H. O. 2004. Using human brain lesions to infer function: A relic from a past era in the fMRI age? *Nature Neuroscience, 5*: 813–819.

Rorden, C., Karnath, H. O. & Bonhila, L. 2007. Improving lesion-symptom mapping. *Journal of Cognitive Neuroscience, 19*: 1081–1088.

Rose, M. L., Raymer, A. M., Lanyon, L. E. & Attard, M. C. 2013. A systematic review of gesture treatments for post-stroke aphasia. *Aphasiology, 27*(9): 1090–1127.

Rose, S. B., Aristei, S., Melinger, A. & Abdel Rahman, R. 2019. The closer they are, the more they interfere: Semantic similarity of word distractors increases competition in language production. *Journal of Experimental Psychology: Learning, Memory, and Cognition, 45*(4): 753–763.

Rosenbek, J. C., LaPointe, L. L. & Wertz, R. T. 1989. *Aphasia: A Clinical Approach*. Boston: College-Hill.

Rossetti, A., Malfitano, C., Malloggi, C., Banco, E., Rota, V. & Tesio, L. 2019. Phonemic fluency improved after inhibitory transcranial magnetic stimulation in a case of chronic aphasia. *International Journal of Rehabilitation Research, 42*(1): 92–95.

Roux, F., Wibral, M., Mohr, H. M., Singer, W. & Uhlhaas, P. J. 2012. Gamma-band activity in human prefrontal cortex codes for the number of relevant items maintained in working memory. *Journal of Neuroscience, 32*(36): 12411–12420.

Rubi-Fessen, I., Hartmann, A., Huber, W., Fimm, B., Rommel, T., Thiel, A. & Heiss, W. D. 2015. Add-on effects of repetitive transcranial magnetic stimulation on subacute aphasia therapy: Enhanced improvement of functional communication and basic linguistic skills. A randomized controlled study. *Archives of Physical Medicine and Rehabilitation, 96*(11): 1935–1944.

Rumbaugh, D. M. & Washburn, D. A. 2008. *Intelligence of Apes and Other Rational Beings*. New Haven & London: Yale University Press.

Rüschemeyer, S. A., Fiebach, C. J., Kempe, V. & Friederici, A. D. 2005. Processing lexical semantic and syntactic information in first and second language: fMRI evidence from German and Russian. *Human Brain Mapping, 25*: 266–286.

Saberi, K. & Perrott, D. R. 1999. Cognitive restoration of reversed speech. *Nature, 398*(6730): 760.

Sahin, N. T., Pinker, S., Cash, S. S., Schomer, D. & Halgren, E. 2009. Sequential processing of lexical, grammatical, and phonological information within Broca's area. *Science, 326*: 445–449.

Sakai, K. L., Homae, F. & Hashimoto, R. 2003. Sentence processing is uniquely human. *Neuroscience Research, 46*(3): 273–279.

Sakai, K. L., Miura, K., Narafu, N. & Muraishi, Y. 2004. Correlated functional changes of the prefrontal cortex in twins induced by classroom education of second language. *Cerebral Cortex, 14*: 1233–1239.

Sakai, K. L., Noguchi, Y., Takeuchi, T. & Watanabe, E. 2002. Selective priming of syntactic processing by event-related transcranial magnetic stimulation of Broca's area. *Neuron, 5*: 1177–1182.

Sakin, B. 2021. Pragmatic language disorder resulting from semantic degradation in patients with Alzheimer's disease. *Clinical and Experimental Health Sciences, 11*(3): 523–528.

Salat, D. H., Kaye, J. A. & Janowsky, J. S. 2001. Selective preservation and degeneration within the prefrontal cortex in aging and Alzheimer disease. *Archives of Neurology, 58*(9): 1403–1408.

Salis, C. 2006. *Comprehension of Wh-questions and declarative sentences in agrammatic aphasia* [Unpublished PhD dissertation]. University of Reading.

Salmond, C., Ashburner, J., Vargha-Khadem, F., Gadian, D. & Friston, K. 2000. Detecting bilateral abnormalities with voxel-based morphometry. *Human Brain Mapping, 11*(3): 223–232.

Sánchez, S. M., Schmidt, H., Gallardo, G., Anwander, A., Brauer, J., Friederici, A. D. & Knösche, T. R. 2023. White matter brain structure predicts language performance and learning success. *Human Brain Mapping, 44*(4): 1445–1455.

Sanoudaki, E. & Thierry, G. 2015. Language non-selective syntactic activation in early bilinguals: The role of verbal fluency. *International Journal of Bilingual Education and Bilingualism, 18*: 548–560.

Santi, A., Friederici, A. D., Makuuchi, M. & Grodzinsky, Y. 2015. An fMRI study dissociating distance measures computed by Broca's area in movement processing: clause boundary vs. identity. *Frontiers in Psychology, 6*: 654.

Santi, A. & Grodzinsky, Y. 2007a. Working memory and syntax interact in Broca's area. *NeuroImage, 37*(1): 8–17.

Santi, A. & Grodzinsky, Y. 2007b. Taxing working memory with syntax: Bi-hemispheric modulations. *Human Brain Mapping, 28*: 1089–1097.

Santi, A. & Grodzinsky, Y. 2010. fMRI adaptation dissociates syntactic complexity dimensions. *NeuroImage, 51*(4): 1285–1293.

Saoud, H., Josse, G., Bertasi, E., Truy, E., Chait, M. & Giraud, A. L. 2012. Brain-speech alignment enhances auditory cortical responses and speech perception. *Journal of Neuroscience, 32*(1): 275–81.

Sara, M., Daniela, C., Sonia, D. T., Savina, R. & Caterina, S. M. 2022. Linguistic characteristics of different types of aphasia: A computer-assisted qualitative analysis using T-LAB. *Journal of Neurolinguistics, 62*: 101056.

Scarmeas, N., Albert, S., Manly, J. J. & Stern, Y. 2006. Education and rates of cognitive decline in incident Alzheimer's disease. *Journal of Neurology, Neurosurgery & Psychiatry, 77*(3): 308–316.

Scharinger, M., Poe, S. & Idsardi, W. J. 2011. A three-dimensional cortical map of vowel space: Evidence from Turkish. *Journal of Cognitive Neuroscience, 23*(12): 3972–3982.

Schenker, N. M., Buxhoeveden, D. P., Blackmon, W. L., Amunts, K., Zilles, K. & Semendeferi, K. 2008. A comparative quantitative analysis of cytoarchitecture and minicolumnar organization in Broca's area in humans and great apes. *Journal of Comparative Neurology, 510*(1): 117–128.

Schmalhofer, F. & Perfetti, C. A. 2007. Neural and behavioral indicators of integration processes across sentence boundaries. In F. Schmalhofer & C. A. Perfetti (Eds.), *Higher Level Language Processes in the Brain: Inference and Comprehension Processes.* Mahwah: Lawrence Erlbaum, 161–188.

Schmidt, R. 1990. The role of consciousness in second language learning. *Applied Linguistics, 11*(2): 129–158.

Schmidt, R. 2001. Attention. In P. Robinson (Ed.), *Cognition and Second Language Instruction*. Mahwah: Lawrence Erlbaum.

Schmithorst, V. J., Wilke, M., Dardzinski, B. J. & Holland, S. K. 2005. Cognitive functions correlate with white matter architecture in a normal pediatric population: a diffusion tensor MRI study. *Human Brain Mapping, 26*(2): 139–147.

Schmitt, B. M., Münte, T. F. & Kutas, M. 2000. Electrophysiological estimates of the time course of semantic and phonological encoding during implicit picture naming. *Psychophysiology, 37*: 473–484.

Schmitter-Edgecombe, M., Vesneski, M. & Jones, D. 2000. Aging and word finding: A comparison of discourse and nondiscourse tests. *Archives of Clinical Neuropsychology, 15*: 479–493.

Schmitza, J., Bartolib, E., Maffongellic, L., Fadigad, L., Sebastian-Gallesa, N. & D'Ausilio, A. 2019. Motor cortex compensates for lack of sensory and motor experience during auditory speech perception. *Neuropsychologia, 128*: 290–296.

Schneider, J. M., Poudel, S., Abel, A. D. & Maguire, M. J. 2023. Age and vocabulary knowledge differentially influence the N400 and theta responses during semantic retrieval. *Developmental Cognitive Neuroscience, 61*: 101251.

Schneider, W. & Shiffrin, R. M. 1977. Controlled and automatic human information processing: I. Detection, search, and attention. *Psychological review, 84*(1): 1.

Schuell, H., Carroll, V. & Street, B. S. 1955. Clinical treatment of aphasia. *Journal of Speech and Hearing Disorders, 20*(1): 43–53.

Schumann, J. H., Crowell, S. E., Jones, N. E., Lee, N. & Schuchert, S. A. 2014. *The Neurobiology of Learning: Perspectives from Second Language Acquisition*. Mahwah: Lawrence Erlbaum.

Schwartz, M. F., Fink, R. B. & Saffran, E. M. 1995. The modular treatment of agrammatism. *Neuropsychological Rehabilitation, 5*(1–2): 93–127.

Scott, S. K., Blank, C. C., Rosen, S. & Wise, R. J. 2000. Identification of a pathway for intelligible speech in the left temporal lobe. *Brain, 123* (12): 2400–2406.

Scott, S. K., Rosen, S., Wickham, L. & Wise, R. J. 2004. A positron emission tomography study of the neural basis of informational and energetic masking effects in speech perception. *The Journal of the Acoustical Society of America, 115*(2): 813–821.

Seckin, M., Mesulam, M. M., Voss, J. L., Huang, W., Rogalski, E. J. & Hurley, R. S. 2016. Am I looking at a cat or a dog? Gaze in the semantic variant of primary progressive aphasia is subject to excessive taxonomic capture. *Journal of Neurolinguistics, 37*: 68–81.

Seeley, W. W., Menon, V., Schatzberg, A. F., Keller, J., Glover, G. H., Kenna, H., Reiss, A. L. & Greicius, M. D. 2007. Dissociable intrinsic connectivity networks for salience processing and executive control. *Journal of Neuroscience, 27*(9): 2349–2356.

Segaert, K., Lucas, S. J. E., Burley, C. V., Segaert, P., Milner, A. E., Ryan, M. & Wheeldon, L. 2018. Higher physical fitness levels are associated with less language decline in healthy ageing. *Scientific Reports, 8*(1): 6715.

Sekeres, M. J., Moscovitch, M. & Winocur, G. 2017. Mechanisms of memory consolidation and transformation. In N. Axmacher & B. Rasch (Eds), *Cognitive Neuroscience of Memory Consolidation*. Cham: Springer, 17–44.

Seleskovitch, D. 1962. L'Interprétation de Conférence. *Babel, 8*(1): 13–18.

Seleskovitch, D. 1999. The teaching of conference interpretation in the course of the last 50 years. *Interpreting, 4*(1): 55–66.

Selinker, L. & Selinker, P. 1972. *An Annotated Bibliography of V.S. Ph.D. Dissertations in Contrastive Linguistics*. Washington, D. C.: Center for Applied Linguistics.

Semendeferi, K., Teffer, K., Buxhoeveden, D. P., Park, M. S., Bludau, S., Amunts, K., Travis, K. & Buckwalter, J. 2011. Spatial organization of neurons in the frontal pole sets humans apart from great apes. *Cerebral Cortex, 21*(7): 1485–1497.

Seress, L. 2001. Morphological changes of the human hippocampal formation from midgestation to early childhood. In C. A. Nelson & M. Luciana (Eds.), *Handbook of Developmental Cognitive Neuroscience*. Cambridge: MIT Press, 45–58.

Shafer, V. L., Kessler, K. L., Schwartz, R. D., Morr, M. L. & Kurtzberg, D. 2005. Electrophysiological indices of brain activity to "the" in discourse. *Brain and Language, 93*: 277–297.

Shafer, V. L., Schwartz, R. G., Morr, M. L., Kessler, K. L. & Kurtzberg, D. 2000. Deviant neurophysiological asymmetry in children with language impairment. *NeuroReport, 11*: 3715–3718.

Shafto, M. A., Burke, D. M., Stamatakis, E. A., Tam, P. P. & Tyler, L. K. 2007. On the tip-of-the-tongue: Neural correlates of increased word-finding failures in normal aging. *Journal of Cognitive Neuroscience, 19*: 2060–2070.

Shafto, M. A. & Tyler, L. K. 2014. Language in the aging brain: The network dynamics of cognitive decline and preservation. *Science, 346*: 583–587.

Shapiro, K. & Caramazza, A. 2003. The representation of grammatical categories in the brain. *Trends in Cognitive Sciences, 7*(5): 201–206.

Sharp, D. J., Awad, M., Warren, J. E., Wise, R. J., Vigliocco, G. & Scott, S. K. 2010.

The neural response to changing semantic and perceptual complexity during language processing. *Human Brain Mapping, 31*: 365–377.

Sheppard, J. P., Wang, J. P. & Wong, P. C. 2011. Large-scale cortical functional organization and speech perception across the lifespan. *PLoS ONE, 6*(1): e16510.

Sheppard, S. M. & Sebastian, R. 2021. Diagnosing and managing post-stroke aphasia. *Expert Review of Neurotherapeutics, 21*(2): 221–234.

Shergill, S. S., Bullmore, E. T., Brammer, M. J., Williams, S. C., Murray, R. M. & McGuire, P. K. 2001. A functional study of auditory verbal imagery. *Psychological Medicine, 31*(2): 241–253.

Shetreet, E. & Friedmann, N. 2014. The processing of different syntactic structures: fMRI investigation of the linguistic distinction between wh-movement and verb movement. *Journal of Neurolinguistics, 27*(1): 1–17.

Shiffrin, R. M. & Schneider, W. 1977. Controlled and automatic human information processing: II. Perceptual learning, automatic attending, and a general theory. *Psychological Review, 84*(2): 127–190.

Shimomura, T., Mori, E., Yamashita, H., Imamura, T., Hirono, N., Hashimoto, M., Tanimukai, S., Kazui, H. & Hanihara, T. 1998. Cognitive loss in dementia with Lewy bodies and Alzheimer disease. *Archives of Neurology, 55*(12): 1547–1552.

Shiota, Y., Hirosawa, T., Yoshimura, Y., Tanaka, S., Hasegawa, C., Iwasaki, S., Sano, M., An, K. m., Yokoyama, S. & Kikuchi, M. 2022. Effect of CNTNAP2 polymorphism on receptive language in children with autism spectrum disorder without language developmental delay. *Neuropsychopharmacology Reports, 42*(3): 352–355.

Shohamy, D., Myers, C., Kalanithi, J. & Gluck, M. 2008. Basal ganglia and dopamine contributions to probabilistic category learning. *Neuroscience & Biobehavioral Reviews, 32*(2): 219–236.

Shomstein, S. 2012. Cognitive functions of the posterior parietal cortex: Top-down and bottom-up attentional control. *Frontiers in Integrative Neuroscience, 6*: 38.

Shriberg, L. D., Ballard, K. J., Tomblin, J. B., Duffy, J. R., Odell, K. H. & Williams, C. A. 2006. Speech, prosody, and voice characteristics of a mother and daughter with a 7; 13 translocation affecting FOXP2. *Journal of Speech, Language, and Hearing Research, 49*: 500–525.

Shu, W., Lu, M. M., Zhang, Y., Tucker, P. W., Zhou, D. & Morrisey, E. E. 2007. Foxp2 and Foxp1 cooperatively regulate lung and esophagus development. *Development, 134*(10): 1991–2000.

Silkes, J. P. & Anjum J. 2021. The role and use of event-related potentials in aphasia: A scoping review. *Brain and Language, 219*: 104966.

Silkes, J. P., Baker, C. & Love, T. 2020. The time course of priming in aphasia: An exploration of learning along a continuum of linguistic processing demands. *Topics in Language Disorders*, 40(1): 54–80.

Silkes, J. P., McNeil, M. R. & Drton, M. 2004. Simulation of aphasic naming performance in non-brain-damaged adults. *Journal of Speech Language and Hearing Research*, 47(3): 610–623.

Silva, F. R. D., Mac-Kay, A. P. M. G., Chao, J. C., Santos, M. D. D. & Gagliadi, R. J. 2018. Transcranial direct current stimulation: a study on naming performance in aphasic individuals. *CoDAS*, 30(5): e20170242.

Silva-Pereyra, J., Rivera-Gaxiola, M. & Kuhl, P. K. 2005. An event-related brain potential study of sentence comprehension in preschoolers: Semantic and morphosyntactic processing. *Cognitive Brain Research*, 23: 247–258.

Silveri, M. C., Leggio, M. G. & Molinari, M. 1994. The cerebellum contributes to linguistic production: A case of agrammatism of speech following right hemicerebellar lesion. *Neurology*, 44: 2047–2050.

Šimić, G., Kostović, I., Winblad, B. & Bogdanović, N. 1997. Volume and number of neurons of the human hippocampal formation in normal aging and Alzheimer's disease. *Journal of Comparative Neurology*, 379(4): 482–494.

Simmons-Mackie, N. 2018. *Aphasia in North America: A White Paper*. Aphasia Access.

Skodda, S., Visser, W. & Schlegel, U. 2011. Vowel articulation in Parkinson's disease. *Journal of Voice*, 25(4): 467–472.

SLI Consortium 2002. A genomewide scan identifies two novel loci involved in specific language impairment. *American Journal of Human Genetics*, 70(2): 384–398.

Slobin, D. 1979 *Psycholinguistics*. Glenview: Scott, Foresman and Company.

Slobin, D. 1985. Crosslinguistic evidence for the language-making capacity. In D. Slobin (Ed.), *The Crosslinguistic Study of Language Acquisition*. Hillsdale: Lawrence Erlbaum, 1159–1249.

Smith, C. N. & Squire, L. R. 2009. Medial temporal lobe activity during retrieval of semantic memory is related to the age of the memory. *Journal of Neuroscience*, 29(4): 930–938.

Smith, K. M. & Caplan, D. N. 2018. Communication impairment in Parkinson's disease: Impact of motor and cognitive symptoms on speech and language. *Brain and Language*, 185: 38–46.

Smith, Y., Surmeier, D. J., Redgrave, P. & Kimura, M. 2011. Thalamic contributions to basal ganglia related behavioral switching and reinforcement. *Journal of Neuroscience*, 31: 16102–16106.

Snijders, T. M., Vosse, T., Kempen, G., Van Berkum, J. J. A., Petersson, K. M. & Hagoort, P. 2009. Retrieval and unification of syntactic structure in sentence comprehension: An fMRI study using word-category ambiguity. *Cerebral Cortex*, *19*: 1493–1503.

Snowden, J. S. 2022. Semantic memory. In G. Koob, R. F. Thompson & M. le Moal (Eds.), *Encyclopedia of Behavioral Neuroscience* (2nd ed.). Oxford: Elsevier, 479–485.

Song, Z., Liu, S., Li, X., Zhang, M., Wang, X., Shi, Z. & Ji, Y. 2022. Prevalence of Parkinson's disease in adults aged 65 years and older in China: A multicenter population-based survey. *Neuroepidemiology*, *56*(1): 50–58.

Spaleka, K. & Oganianb, Y. 2019. The neurocognitive signature of focus alternatives. *Brain and Language*, *194*: 98–108.

Sparing, R., Mottaghy, F. M., Hungs, M., Brügmann, M., Foltys, H., Huber, W. & Töpper, R. 2001. Repetitive transcranial magnetic stimulation effects on language function depend on the stimulation parameters. *Journal of Clinical Neurophysiology*, *18*(4): 326–330.

Sparks, R. W. & Holland, A. L. 1976. Method: Melodic intonation therapy for aphasia. *Journal of Speech and Hearing Disorders*, *41*(3): 287–297.

Specht, K., Osnes, B. & Hugdahl, K. 2009. Detection of differential speech-specific processes in the temporal lobe using fMRI and a dynamic "sound morphing" technique. Hum. *Human Brain Mapping*, *30*: 3436–3444.

Specht, K. & Reul, J. 2003. Functional segregation of the temporal lobes into highly differentiated subsystems for auditory perception: An auditory rapid event-related fMRI-task. *NeuroImage*, *20*: 1944–1954.

Speciale, G., Ellis, N. C. & Bywater, T. 2004. Phonological sequence learning and short-term store capacity determine second language vocabulary acquisition. *Applied Psycholinguistics*, *25*(2): 293–320.

Spieler, D. H. & Balota, D. A. 2000. Factors influencing word naming in younger and older adults. *Psychology and Aging*, *15*(2): 225–231.

Spielmann, K., van de Sandt-Koenderman, W. M. E., Heijenbrok-Kal, M. H. & Ribbers, G. M. 2018. Transcranial direct current stimulation does not improve language outcome in subacute poststroke aphasia. *Stroke*, *49*(4): 1018–1020.

Spiteri, E., Konopka, G., Coppola, G., Bomar, J., Oldham, M., Ou, J., Vernes, S. C., Fisher, S. E., Ren, B. & Geschwind, D. H. 2007. Identification of the transcriptional targets of FOXP2, a gene linked to speech and language, in developing human brain. *The American Journal of Human Genetics*, *81*(6): 1144–1157.

Spocter, M. A., Hopkins, W. D., Garrison, A. R., Bauernfeind, A. L., Stimpson, C. D.,

Hof, P. R. & Sherwood, C. C. 2010. Wernicke's area homologue in chimpanzees (Pan troglodytes) and its relation to the appearance of modern human language. *Proceedings of the Royal Society B: Biological Sciences, 277*(1691): 2165–2174.

Squeglia, L. M., Jacobus, J., Sorg, S. F., Jernigan, T. L. & Tapert, S. F. 2013. Early adolescent cortical thinning is related to better neuropsychological performance. *Journal of International Neuropsychological Science, 19*(9): 962–970.

Stavrakaki, S., Alexiadou, A., Kambanaros, M., Bostantjopolou, S. & Katsarou, Z. 2011. The production and comprehension of verbs with alternating transitivity by patients with non-fluent aphasia. *Aphasiology, 25*(5): 642–668.

Stavrakaki, S., Tasioudi, M. & Guasti, T. 2015. Morphological cues in the comprehension of relative clauses by Greek children with specific language impairment and typical development: A comparative study. *International Journal of Speech-Language Pathology, 17*(6): 617–626.

Stein, B. S. & Bransford, J. D. 1979. Constraints on effective elaboration: Effects of precision and subject generation. *Journal of Verbal Learning and Verbal Behavior, 18*(6): 769–777.

Steinberg, D. & Sciarini, N. V. 2006. *An Introduction to Psycholinguistics*. Harlow: Pearson.

Stephens, G. J., Silbert, L. J. & Hasson, U. 2010. Speaker-listener neural coupling underlies successful communication. *Proceedings of the National Academy of Sciences, 107*(32): 14425–14430.

Stern, Y. 2002. What is cognitive reserve? Theory and research application of the reserve concept. *Journal of the International Neuropsychological Society, 8*(3): 448–460.

Stern, Y. 2009. Cognitive reserve. *Neuropsychologia, 47*(10): 2015–2028.

Sternberg, R. J. & Sternberg, K. 2012. *Cognitive Psychology* (6th ed.). Belmont: Wadsworth.

Strand, F., Forssberg, H., Klingberg, T. & Norrelgen, F. 2008. Phonological working memory with auditory presentation of pseudo-words—An event related fMRI Study. *Brain Research, 1212*: 48–54.

Strijkers, K., Costa, A. & Thierry, G. 2010. Tracking lexical access in speech production: Electrophysiological correlates of word frequency and cognate effects. *Cerebral Cortex, 20*: 913–928.

Stringaris, A. K., Medford, N. C., Giampietro, V., Brammer, M. J. & David, A. S. 2007. Deriving meaning: Distinct neural mechanisms for metaphoric, literal, and non-meaningful sentences. *Brain and Language, 100*: 150–162.

Stromswold, K., Caplan, D., Alpert, N. & Rauch, S. 1996. Localization of syntactic comprehension by positron emission tomography. *Brain and Language, 52*(3): 452–473.

Sujkowski, A., Hong, L., Wesselis, R. J. & Todi, S. V. 2022. The protective role of exercise against age-related neurodegeneration. *Ageing Research Reviews, 74*: 101543.

Sulpizio, S., Maschio, N. D., Fedeli, D. & Abutalebi, J. 2020. Bilingual language processing: A meta-analysis of functional neuroimaging studies. *Neuroscience and Biobehavioral Reviews, 108*: 834–853.

Swain, M. 1985. Communicative competence: Some roles of comprehensible input and comprehensible output in its development. *Input in Second Language Acquisition, 15*: 165–179.

Szycik, G. R., Münte, T. F., Dillo, W., Mohammadi, B., Samii, A., Emrich, H. M. & Dietrich, D. E. 2009. Audiovisual integration of speech is disturbed in schizophrenia: An fMRI study. *Schizophrenia Research, 110*(1–3): 111–118.

Taft, M. 2003. Morphological representation as a correlation between form and meaning. In E. M. H. Assink, & D. Sandra (Eds.), *Reading Complex Words: Cross-language Studies*. London: Kluwer Academic / Plenum Publishers, 113–137.

Taft, M. & Nguyen-Hoan, M. 2010. A sticky stick? The locus of morphological representation in the lexicon. *Language and Cognitive Processes, 25*(2): 277–296.

Taglialatela, J. P., Russell, J. L., Schaeffer, J. A. & Hopkins, W. D. 2008. Communicative signaling activates 'Broca's' homolog in chimpanzees. *Current Biology, 18*(5): 343–348.

Tajima, F. 1989. Statistical method for testing the neutral mutation hypothesis by DNA polymorphism. *Genetics, 123*(3): 585–595.

Talavage T. M, Ledden P. J, Benson, R. R, Rosen, B. R. & Melcher, J. R. 2000. Frequency-dependent responses exhibited by multiple regions in human auditory cortex. *Hearing Research, 150*: 225–244

Talavage, T. M., Martin I. S., Jennifer R. M., Patrick J. L., Bruce R. R. & Anders M. D. 2004. Tonotopic organization in human auditory cortex revealed by progressions of frequency sensitivity. *Journal of Neurophysiology, 91*(3): 1282–1296.

Tamnes, C. K., Østby, Y., Fjell, A. M., Westlye, L. T., Due-Tønnessen, P. & Walhovd, K. B. 2010 Brain maturation in adolescence and young adulthood: Regional age-related changes in cortical thick-ness and white matter volume and microstructure. *Cerebral Cortex, 20*(3): 534–548.

Tamnes, C. K., Walhovd, K. B., Dale, A. M., Østby, Y., Grydeland, H., Richardson, G., Westlye, L. T., Roddey, J. C., Hagler, D. J., Jr, Due-TØnnessen, P., Holland,

D., Fjell, A. M. & Alzheimer's Disease Neuroimaging Initiative. 2013. Brain development and aging: Overlapping and unique patterns of change. *NeuroImage, 68*: 63–74.

Tan, G. C., Doke, T. F., Ashburner, J., Wood, N. W. & Frackowiak, R. S. 2010. Normal variation in fronto-occipital circuitry and cerebellar structure with an autis-associated polymorphism of CNTNAP2. *NeuroImage, 53*(3): 1030–1042.

Tang, B. L. 2006. Molecular genetic determinants of human brain size. *Biochemical and Biophysical Research Communications, 345*(3): 911–916.

Tanner, D. 2015. On the left anterior negativity (LAN) in electrophysiological studies of morphosyntactic agreement. *Cortex, 66*: 149–155.

Tanner, D., Inoue, K. & Osterhout, L. 2014. Brain- based individual differences in online L2 grammatical comprehension. *Bilingualism: Language and Cognition, 17*: 277–293.

Teasdale, G. M., Nicoll, J. A., Murray, G. & Fiddes, M. 1997. Association of apolipoprotein E polymorphism with outcome after head injury. *The Lancet, 350*(9084): 1069–1071.

Teinonen, T., Fellman, V., Näätänen, R., Alku, P. & Huotilainen, M. 2009. Statistical language learning in neonates revealed by event-related brain potentials. *BMC Neuroscience, 10*(1): 21.

Teramitsu, I., Kudo, L. C., London, S. E., Geschwind, D. H. & White, S. A. 2004. Parallel FoxP1 and FoxP2 expression in songbird and human brain predicts functional interaction. *Journal of Neuroscience, 24*(13): 3152–3163.

Terrace, H. S., Petitto, L. A., Sanders, R. J. & Bever, T. G. 1979. Can an ape create a sentence? *Science, 206*(4421): 891–902.

Terry, R. D., Masliah, E., Salmon, D. P., Butters, N., DeTeresa, R., Hill, R., Hansen, L. A. & Katzman, R. 1991. Physical basis of cognitive alterations in Alzheimer's disease: Synapse loss is the major correlate of cognitive impairment. *Annals of Neurology, 30*(4): 572–580.

Tesak, J. & Code, C. 2008. *Milestones in the History of Aphasia*. Hove & New York: Psychology Press.

Tettamanti, M., Alkadhi, H., Moro, A., Perani, D., Kollias, S. & Weniger, D. 2002. Neural correlates for the acquisition of natural language syntax. *NeuroImage, 17*: 700–709.

Tettamanti, M. & Perani, D. 2012. The neurobiology of structure-dependency in natural language grammar. In M. Faust (Ed.), *The Handbook of the Neuropsychology of Language*. Oxford: Blackwell, 229–251.

Tham, W. W., Liow, S. J. R., Rajapakse, J. C., Leong, T. C., Ng, S. E., Lim, W. E. & Ho, L. G. 2005. Phonological processing in Chinese-English bilinguals biscriptals: An fMRI study. *NeuroImage, 28*: 579–587.

The Haplotype Reference Consortium. 2016. A reference panel of 64,976 haplotypes for genotype imputation. *Nature Genetics, 48*(10): 1279–1283.

Thiebaut de Schotten, M., Dell'Acqua, F., Valabregue, R. & Catani, M. 2012. Monkey to human comparative anatomy of the frontal lobe association tracts. *Cortex, 48*: 82–96.

Thiel, A., Haupt, W. F., Habedank, B., Winhuisen, L., Herholz, K., Kessler, J., Markowitsch, H. J. & Heiss, W. D. 2005. Neuroimaging-guided rTMS of the left inferior frontal gyrus interferes with repetition priming. *NeuroImage, 25*: 815–823.

Thiel, A. & Zumbansen, A. 2016. The pathophysiology of post-stroke aphasia: A network approach. *Restorative Neurology and Neuroscience, 34*(4): 507–518.

Thierry, G., Giraud, A. L. & Price, C. 2003. Hemispheric dissociation in access to the human semantic system. *Neuron, 38*: 499–506.

Thierry, G. & Price, C. J. 2006. Dissociating verbal and nonverbal conceptual processing in the human brain. *Journal of Cognitive Neuroscience, 18*(6): 1018–1028.

Thierry, G. & Wu, Y. J. 2007. Brain potentials reveal unconscious translation during foreign-language comprehension. *Proceedings of the National Academy of Sciences, 104*: 12530–12535.

Thompson, C. K. 2003. Unaccusative verb production in agrammatic aphasia: The argument structure complexity hypothesis. *Journal of Neurolinguistics, 16*: 151–167.

Thompson, C. K. 2007. Complexity in language learning and treatment. *American Journal of Speech-Langugae Pathology, 16*(1): 3–5.

Thompson, C. K. 2011. Northwestern assessment of verbs and sentences (NAVS). Evanston: Northwestern University.

Thompson, C. K., Cho, S., Hsu, C.-J., Wieneke, C., Rademaker, A., Weitner, B. B., Mesulam, M. M. & Weintraub, S. 2012. Dissociations between fluency and agrammatism in primary progressive aphasia. *Aphasiology, 26*(1): 20–43.

Thompson, C. K. & Meltzer-Asscher, A. 2014. Neurocognitive mechanisms of verb argument structure processing. In A. Bachrach, I. Roy & L. Stockall (Eds.), *Structuring the Argument*. Amsterdam: John Benjamins, 141–168.

Thompson, C. K., Meltzer-Asscher, A., Cho, S., Lee, J., Wieneke, C., Weintraub, S. & Mesulam, M. M. 2012. Syntactic and morphosyntactic processing in stroke-induced and primary progressive aphasia. *Behavioural Neurology, 26*(1–2): 35–54.

Thompson, C. K., Riley, E. A., den Ouden, D. B., Meltzer-Asscher, A. & Lukic, S.

2013. Training verb argument structure production in agrammatic aphasia: Behavioral and neural recovery patterns. *Cortex, 49*(9): 2358–2376.

Thompson, C. K. & Shapiro, L. P., 2005. Treating agrammatic aphasia within a linguistic framework: Treatment of underlying forms. *Aphasiology, 19*(10–11): 1021–1036.

Thompson, C. K. & Shapiro, L. P. 2007. Complexity in treatment of syntactic deficits. *American Journal of Speech-Language Pathology, 16*(1): 30–42.

Thompson, C. K., Shapiro, L. P., Kiran, S. & Sobecks, J. 2003. The role of syntactic complexity in treatment of sentence deficits in agrammatic aphasia: The complexity account of treatment efficacy (CATE). *Journal of Speech, Language, and Hearing Research: JSLHR, 46*(3): 591–607.

Thompson, C. K. & Weintraub, S. 2012. *Northwestern Naming Battery (NNB)*. Evanston: Northwestern University.

Thompson, R. F. & Steinmetz, J. E. 2009. The role of the cerebellum in classical conditioning of discrete behavioral responses. *Neuroscience, 162*(3): 732–755.

Thompson-Schill, S. L., D'Esposito, M. & Kan, I. P. 1999. Effects of repetition and competition on activity in left prefrontal cortex during word generation. *Neuron, 23*: 513–522.

Thornton, R. & Light, L. 2006. Language comprehension and production in normal aging. In J. E. Birren & K. W. Schaie (Eds.), *Handbook of the Psychology of Aging* (6th ed.). New York: Academic Press, 261–287.

Thye, M., Hoffman, P. & Mirman, D. 2023. The words that little by little revealed everything: Neural response to lexical-semantic content during narrative comprehension. *NeuroImage, 276*: 120204.

Thye, M., Hoffman, P. & Mirman, D. 2024. The neural basis of naturalistic semantic and social cognition. *Nature. Scientific Reports, 14*: 6796.

Tillmann, B., Janata, P. & Bharucha, J. J. 2003. Activation of the inferior frontal cortex in musical priming. *Cognitive Brain Research, 16*(2): 145–161.

Toga, A. W. & Thompson, P. M. 2003. Mapping brain asymmetry. *Nature Reviews Neuroscience, 4*: 37–48.

Tomasello, M. 2003. *Constructing a Language*. Cambridge: Harvard University Press.

Tomasello, R. 2023. Linguistic signs in action: The neuropragmatics of speech acts. *Brain and Language, 236*: 105203.

Tomasello, R., Grisoni, L., Boux, I., Sammler, D. & Pulvermüller, F. 2022. Instantaneous neural processing of communicative functions conveyed by speech prosody. *Cerebral Cortex, 32*(21): 4885–4901.

Tomasello, R., Kim, C., Dreyer, F. R., Grisoni, L. & Pulvermüller, F. 2019. Neurophysiological evidence for rapid processing of verbal and gestural information in understanding communicative actions. *Scientific Reports, 9*(1): 16285.

Tommola, J., Laine, M., Sunnari, M. & Rinne, J. O. 2000. Images of shadowing and interpreting. *Interpreting, 5*(2): 147–167.

Topper, R., Mottaghy, F. M., Brugmann, M., Noth, J. & Huber, W. 1998. Facilitation of picture naming by focal transcranial magnetic stimulation of Wernicke's area. *Experimental Brain Research, 121*: 371–378.

Toro, R., Fox, P. T. & Paus, T. 2008. Functional coactivation map of the human brain. *Cerebral Cortex, 18*(11): 2553-2559.

Torre, P. & Barlow, J. A. 2009. Age-related changes in acoustic characteristics of adult speech. *Journal of Communication Disorders, 42*(5): 324–333.

Tranel, D., Adolphs, R., Damasio, H. & Damasio, A. R. 2001. A neural basis for the retrieval of words for actions. *Cognitive Neuropsychology, 18*(7): 655–674.

Treisman, A. M. 1964. Verbal cues, language and meaning in selective attention. *American Journal of Psychology, 77*(2): 215–216.

Tremblay, P., Brisson, V. & Deschamps, I. 2021. Brain aging and speech perception: Effects of background noise and talker variability. *NeuroImage, 227*: 117675.

Tremblay, P., Sato, M. & Deschamps, I. 2017 Age differences in the motor control of speech: An fMRI study of healthy aging. *Human Brain Mapping, 38*(5): 2751-2771.

Tremblay, S., Nicholls, A. P., Alford, D. & Jones, D. M. 2000. The irrelevant sound effect: Does speech play a special role? *Journal of Experimental Psychology: Learning, Memory, and Cognition, 26*(6): 1750–1754.

Trost, J. E. & Canter, G. J. 1974. Apraxia of speech in patients with Broca's aphasia: A study of phoneme production accuracy and error patterns. *Brain and Language, 1*(1): 63–79.

Tsapkini, K., Jarema, G. & Kehayia, E. 2002. Regularity revisited: Evidence from lexical access of verbs and nouns in Greek. *Brain and Language, 81*(1–3): 103–119.

Tsuboi, T., Watanabe, H., Tanaka, Y., Ohdake, R., Sato, M., Hattori, M. Kawabata, K., Hara, K., Nakatsubo, D., Maesawa, S., Kajita, Y., Katsuno, M. & Sobue, G. 2019. Clinical correlates of repetitive speech disorders in Parkinson's disease. *Journal of the Neurological Sciences, 401*: 67–71.

Tu, L., Wang, J., Abutalebi, J., Jiang, B., Pan, X., Li, M., Gao, W., Yang, Y., Liang, B., Lu, Z. & Huang, R. 2015. Language exposure induced neuroplasticity in the bilingual brain: A follow-up fMRI study. *Cortex, 64*: 8–19.

Tu, W. J., Wang, L.D. & on behalf of the Special Writing Group of China Stroke

Surveillance Report. 2023. China stroke surveillance report 2021. *Military Medical Research*, 10: 33.

Tu, W. J., Zhao, Z., Yin, P., Cao, L., et al. 2023. Estimated burden of stroke in China in 2020. *JAMA Network Open*, 6(3), e231455.

Tulving, E. 2002. Episodic memory: From mind to brain. *Annual Review of Psychology*, *53(1)*: 1–25.

Turkeltaub P. E. 2015. Brain Stimulation and the Role of the Right Hemisphere in Aphasia Recovery. *Current Neurology and Neuroscience Reports*, *15*(11): 72.

Turkeltaub, P. E. & Coslett, H. B. 2010. Localization of sublexical speech perception components. *Brain and Language*, *114*: 1–15.

Turken, U. & Dronkers, N. F. 2011. The neural architecture of the language comprehension network: Converging evidence from lesion and connectivity analyses. *Frontiers in Systems Neuroscience*, 5: 1.

Tyler, L. K., Marslen-Wilson, W. D. & Stamatakis, E. A. 2005. Dissociating neuro-cognitive component processes: Voxel-based correlational methodology. *Neuropsychologia*, *43*: 771–778.

Tyler, L. K., Randall, B. & Stamatakis, E. A. 2008. Cortical differentiation for nouns and verbs depends on grammatical markers. *Journal of Cognitive Neuroscience*, *20*: 1381–1389.

Tyler, L. K., Shafto, M. A., Randall, B., Wright, P., Marslen-Wilson, W. D. & Stamatakis, E. A. 2010. Preserving syntactic processing across the adult life span: The modulation of the frontotemporal language system in the context of age-related atrophy. *Cerebral Cortex*, *20*(2): 352–364.

Tyson, B., Lantrip, A. C. & Roth, R. M. 2014. Cerebellar contributions to implicit learning and executive function. *Cognitive Sciences*, *9*: 179–217.

Tzioras, M., McGeachan, R. I., Durrant, C. S. & Spires-Jones, T. L. 2023. Synaptic degeneration in Alzheimer disease. *Nature Reviews Neurology*, *19*(1): 19–38.

Uchiyama, H. T., Saito, D. N., Tanabe, H. C., Harada, T., Seki, A., Ohno, K., Koeda, T. & Sadato, N. 2012. Distinction between the literal and intended meanings of sentences: A functional magnetic resonance imaging study of metaphor and sarcasm. *Cortex*, *48*: 563–583.

Uddén, J., Hultén, A., Schoffelen, J. M., Lam, N., Harbusch, K., van den Bosch, A., Kempen, G., Petersson, K. M. & Hagoort, P. 2022. Supramodal Sentence Processing in the Human Brain: fMRI Evidence for the Influence of Syntactic Complexity in More Than 200 Participants. *Neurobiology of Language*, *3*(4): 575–598.

Ullman, M. T. 2001a. A neurocognitive perspective on language: The declarative/

procedural model. *Nature Reviews Neuroscience, 2*: 717–726.

Ullman, M. T. 2001b. The neural basis of lexicon and grammar in first and second language: The declarative/procedural model. *Bilingualism: Language and Cognition, 4*(1): 105–122.

Ullman, M. T. 2004. Contributions of memory circuits to language: The declarative/procedural model. *Cognition, 92*: 231–270.

Ullman, M. T. 2015. The declarative/procedural model: A neurobiologically motivated theory of first and second language. In B. VanPatten & J. Williams (Eds.), *Theories in Second Language Acquisition: An Introduction* (2nd ed.). London & New York: Rouledge, 135–158.

Unger, R. H., Flanigan, P. M., Khosravi, M., Leverenz, J. B. & Tousi, B. 2019. Clinical and imaging characteristics associated with color vision impairment in Lewy body disease. *Journal of Alzheimer's Disease, 72*(4): 1233–1240.

Vaden Jr., K. I., Muftuler, L. T. & Hickok, G. 2010. Phonological repetition-suppression in bilateral superior temporal sulci. *NeuroImage, 49*: 1018–1023.

Vaden, K. I., Piquado, T. & Hickok, G. 2011. Sublexical properties of spoken words modulate activity in Broca's area but not superior temporal cortex: Implications for models of speech recognition. *Journal of Cognitive Neuroscience, 23*: 2665–2674.

van Ackeren, M. J., Casasanto, D., Bekkering, H., Hagoort, P. & Rueschemeyer, S. A. 2012. Pragmatics in action: Indirect requests engage theory of mind and the cortical motor network. *Journal of Cognitive Neuroscience, 24*(11): 2237–2247.

van Ackeren, M. J., Smaragdi, A. & Rueschemeyer, S. A. 2016. Neuronal interactions between mentalising and action systems during indirect request processing. *Social Cognitive and Affective Neuroscience, 11*(9): 1402–1410.

van Berkum, J. J. A., Brown, C. M., Hagoort, P. & Zwitserlood, P. 2003. Event-related brain potentials reflect discourse-referential ambiguity in spoken language comprehension. *Psychophysiology, 40*(2): 235–248.

van Berkum, J. J. A., Zwitserlood, P., Bastiaansen, M. C. M., Brown, C. M. & Hagoort, P. 2014, April 18–20. *So who's "he" anyway? Differential ERP and ERSP effects of referential success, ambiguity and failure during spoken language comprehension.* [Paper presentation]. Annual meeting of the Cognitive Neuroscience Society (CNS-2004), San Francisco, California, United States.

van de Putte, E., De Baene, W., García-Pentón, L., Woumans, E., Dijkgraaf, A. & Duyck, W. 2018. Anatomical and functional changes in the brain after simultaneous interpreting training: A longitudinal study. *Cortex, 99*: 243–257.

van Essen, D. C., Donahue, C. J. & Glasser, M. F. 2018. Development and evolution of cerebral and cerebellar cortex. *Brain Behavior and Evolution, 91*(3): 158–169.

van Herten, M., Kolk, H. H. & Chwilla, D. J. 2005. An ERP study of P600 effects elicited by semantic anomalies. *Cognitive Brain Research, 22*(2): 241–255.

van Heuven, W. J. B. & Dijkstra, T. 2010. Language comprehension in the bilingual brain: fMRI and ERP support for psycholinguistic models. *Brain Research Reviews, 64*: 104–122.

van Heuven, W. J. B., Dijkstra, T. & Grainger, J. 1998. Orthographic neighborhood effects in bilingual word recognition. *Journal of Memory and Language, 39*: 458–483.

van Heuven, W. J. B., Schriefers, H., Dijkstra, T. & Hagoort, P. 2008. Language conflict in the bilingual brain. *Cerebral Cortex, 18*: 2706–2716.

van Lancker, D. & Cummings, J. L. 1999. Expletives: Neurolinguistic and neurobehavioral perspectives on swearing. *Brain Research Reviews, 31*(1): 83–104.

van Merriënboer, J. J. G. & Kester, L. 2008. Whole-task models in education. In J. M. Spector, M. D. Merrill, J. van Merriënboer & M. P. Driscoll (Eds.), *Handbook of Research on Educational Communications and Technology* (3rd ed.). New York: Lawrence Erlbaum, 441–456.

van Overwalle, F. & Baetens, K. 2009. Understanding others' actions and goals by mirror and mentalizing systems: A metaanalysis. *NeuroImage, 48*: 564–584.

van Schouwenburg, M. R., den Ouden, H. E. & Cools, R. 2010. The human basal ganglia modulate frontal-posterior connectivity during attention shifting. *The Journal of Neuroscience, 30*(29): 9910–9918.

van Petten, C. & Luka, B. J. 2012. Prediction during language comprehension: Benefits, costs, and ERP components. *International Journal of Psychophysiology, 83*(2): 176–190.

Vandenberghe, R., Price, C., Wise, R., Josephs, O. & Frackowiak, R. S. 1996. Functional anatomy of a common semantic system for words and pictures. *Nature, 383*: 254–256.

Vannorsdall, T. D., Schretlen, D. J., Andrejczuk, M., Ledoux, K., Bosley, L. V., Weaver, J. R., Skolasky, R. L. & Gordon, B. 2012. Altering automatic verbal processes with transcranial direct current stimulation. *Frontiers in Psychiatry, 3*: 73.

VanPatten, B. 1996. *Input Processing and Grammar Instruction: Theory and Research*. Norwood: Ablex.

VanPatten, B. 2004. *Processing Instruction: Theory, Research, and Commentary*. Mahwah: Lawrence Erlbaum.

VanPatten, B. 2012. Input processing. In S. M. Gass & A. Mackey (Eds.), *The Routledge Handbook of Second Language Acquisition*. London & New York: Routledge, 247–281.

VanPatten, B., Smith, M. & Benati, A. 2020. *Key Questions in Second Language Acquisition: An Introduction*. Cambridge: Cambridge University Press.

Vargha-Khadem, F., Watkins, K., Alcock, K., Fletcher, P. & Passingham, R. 1995. Praxic and nonverbal cognitive deficits in a large family with a genetically transmitted speech and language disorder. *Proceedings of the National Academy of Sciences, 92*(3): 930–933.

Varlokosta, S., Valeonti, N., Kakavoulia, M., Lazaridou, M., Economou, A. & Protopapas, A. 2006. The breakdown of functional categories in Greek aphasia: Evidence from agreement, tense, and aspect. *Aphasiology, 20*(8): 723–743.

Vasileiadi, M., Schuler, A. L., Woletz, M., Linhardt, D., Windischberger, C. & Tik, M. 2023. Functional connectivity explains how neuronavigated TMS of posterior temporal subregions differentially affect language processing. *Brain Stimulation, 16*(4): 1062–1071.

Venkatraman, V., Siong, S. C., Chee, M. W. & Ansari, D. 2006. Effect of language switching on arithmetic: A bilingual fMRI study. *Journal of Cognitive Neuroscience, 18*(1): 64–74.

Verhaeghen, P. 2003. Aging and vocabulary scores: A meta-analysis. *Psychology and Aging, 18*(2): 332–339.

Vernes, S. C., Newbury, D. F., Abrahams, B. S., Winchester, L., Nicod, J., Groszer, M., Alarcón, M., Oliver, P. L., Davies, K. E. & Geschwind, D. H. 2008. A functional genetic link between distinct developmental language disorders. *New England Journal of Medicine, 359*(22): 2337–2345.

Vicari, G. & Adenzato, M. 2014. Is recursion language-specific? Evidence of recursive mechanisms in the structure of intentional action. *Consciousness and Cognition, 26*: 169–188.

Vigliocco, G., Vinson, D. P., Druks, J., Barber, H. & Cappa, S. F. 2011. Nouns and verbs in the brain: A review of behavioural, electrophysiological, neuropsychological and imaging studies. *Neuroscience and Biobehavioral Reviews, 35*(3): 407–426.

Villard, S. & Kiran, S. 2016. To what extent does attention underlie language in aphasia? *Aphasiology, 31*(10): 1226–1245.

Visser, M., Jefferies, E. & Ralph, M. A. L. 2010. Semantic processing in the anterior temporal lobes: A meta-analysis of the functional neuroimaging literature. *Journal of Cognitive Neuroscience, 22*: 1083–1094.

Vogelzang, M., Thiel, C. M., Rosemann, S., Rieger, J. W. & Ruigendijk, E. 2020. Neural mechanisms underlying the processing of complex sentences: An fMRI Study. *Neurobiology of Language, 1*(2): 226–248.

Voits, T., Pliatsikas, C., Robson, H. & Rothman, J. 2020. Beyond Alzheimer's disease: Can bilingualism be a more generalized protective factor in neurodegeneration? *Neuropsychologia, 147*: 107593.

Vouloumanos, A., Kiehl, K. A., Werker, J. F. & Liddle, P. F. 2001. Detection of sounds in the auditory stream: Event-related fMRI evidence for differential activation to speech and nonspeech. *Journal of Cognitive Neuroscience, 13*: 994–1005.

Vygotsky, L. 1962. *Thought and Language*. Cambridge: MIT Press.

Wagle, J., Farner, L., Flekkøy, K., Wyller, T. B., Sandvik, L., Eiklid, K. L., Fure, B., Stensrød, B. & Engedal, K. 2010. Cognitive impairment and the role of the ApoE ε4-allele after stroke—A 13 months follow-up study. *International Journal of Geriatric Psychiatry, 25*(8): 833–842.

Walenski, M., Mack, J. E., Mesulam, M. M. & Thompson, C. K. 2021. Thematic integration impairments in primary progressive aphasia: Evidence from eye-tracking. *Frontal in Human Neuroscience, 14*: 587594.

Walker, G. M., Schwartz, M. F., Kimberg, D. Y., Faseyitan, O., Brecher, A., Dell, G. S. & Coslett, H. B. 2011. Support for anterior temporal involvement in semantic error production in aphasia: New evidence from VLSM. *Brain and language, 117*(3): 110–122.

Walker, Z., Possin, K. L., Boeve, B. F. & Aarsland, D. 2017. Lewy body dementias. *Focus, 15*(1): 85–100.

Wallace, M. N., Johnston, P. W. & Palmer, A. R. 2002. Histochemical identification of cortical areas in the auditory region of the human brain. *Experimental Brain Research, 143*: 499–508.

Walter, H., Adenzato, M., Ciaramidaro, A., Enrici, I., Pia, L. & Bara, B. G. 2004. Understanding intentions in social interactions: The role of the anterior parancingulate cortex. *Journal of Cognitive Neuroscience, 16*: 1854–1863.

Wambaugh, J. L. & Ferguson, M. 2007. Application of semantic feature analysis to retrieval of action names in aphasia. *Journal of Rehabilitation Research & Development, 44*(3): 381–394.

Wang, H., Liu, X. & Li, X. 2021. A cartographic approach to sentence production in aphasia: Evidence from Chinese. *International Journal of Chinese Linguistics, 8*(1): 73–101.

Wang, H., Liu, X., Wang, X., Cui, G., Xie, X., Zhong, X., Zhai, S., Dong, L., Sui, S., Xin, H., Ge, L. & Yu, C. 2019. Functional category production and degrees of severity: Findings from Chinese agrammatism. *Aphasiology, 33*(10): 1227–1247.

Wang, H., Mok, P. & Meng, H. 2016. Capitalizing on musical rhythm for prosodic training in computer-aided language learning. *Computer Speech & Language, 37*: 67–81.

Wang, H. & Thompson, C. K. 2016. Assessing Syntactic Deficits in Chinese Broca's aphasia using the *Northwestern Assessment of Verbs and Sentences*-Chinese (NAVS-C). *Aphasiology, 30*(7): 815–840.

Wang, H., Walenski, M., Litcofsky, K., Mack, J. E., Mesulam, M. M. & Thompson, C. K. 2022. Verb production and comprehension in primary progressive aphasia. *Journal of Neurolinguistics, 64*: 1–18.

Wang, M., Chen, Y. Y. & Schiller, N. O. 2019. Lexico-syntactic features are activated but not selected in bare noun production: Electrophysiological evidence from overt picture naming. *Cortex, 116*: 294–307.

Wang, Y., Yang, X., Ding, H., Xu, C. & Liu, C. 2021. Aging effects on categorical perception of Mandarin lexical tones in noise. *Journal of Speech, Language, and Hearing Research, 64*(4): 1376–1389.

Wang, Y., Yang, X. & Liu, C. 2017. Categorical perception of Mandarin Chinese tones 1-2 and tones 1-4: Effects of aging and signal duration. *Journal of Speech, Language, and Hearing Research, 60*(12): 3667–3677.

Wartenburger, I., Heekeren, H. R., Abutalebi, J., Cappa, S. F., Villringer, A. & Perani. D. 2003 Early setting of grammatical processing in the bilingual brain. *Neuron, 37*: 159–170.

Wartenburger, I., Heekeren, H. R., Burchert, F., Heinemann, S., De Bleser, R. & Villringer, A. 2004. Neural correlates of syntactic transformations. *Human Brain Mapping, 22*: 72–81.

Watkins, K. E., Dronkers, N. F. & Vargha-Khadem, F. 2002. Behavioural analysis of an inherited speech and language disorder: Comparison with acquired aphasia. *Brain, 125*(3): 452–464.

Waxman, S. R. & Markow, D. B. 1995. Words as invitations to form categories: Evidence from 12-to-13-month-old infants. *Cognitive Psychology, 29*(3): 257–302

Weber, C., Hahne, A., Friedrich, M. & Friederici, A. D. 2004. Discrimination of word stress in early infant perception: Electrophysiological evidence. *Cognitive Brain Research, 18*: 149–161.

Weber-Fox, C. & Neville, H. 1996. Maturational constraints on functional specializations for language processing: ERP and behavioral evidence in bilingual speakers. *Journal of Cognitive Neuroscience, 8*: 231-256.

Weekes, B. S. & Raman, I. 2008. Bilingual deep dysphasia. *Cognitive Neuropsychology, 25*(3): 411–436.

Wei, X., Adamson, H., Schwendemann, M., Goucha, T., Friederici, A. D. & Anwander, A. 2023. Native language differences in the structural connectome of the human brain. *NeuroImage, 270*: 119955.

Wei, Y., Niu, Y. Taft. M. & Carreiras, M. 2023. Morphological decomposition in Chinese compound word recognition: Electrophysiological evidence. *Brain and Language, 241*: 105267.

Weintraub, S., Mesulam, M. M., Wieneke, C., Rademaker, A., Rogalski, E. J. & Thompson, C. K. 2009. The northwestern anagram test: measuring sentence production in primary progressive aphasia. *American Journal of Alzheimer's Disease and Other Dementias, 24*(5): 408–416.

Wenzlaff, M. & Clahsen, H. 2004. Tense and agreement in German agrammatism. *Brain and Language, 89*(1): 57–68.

Wenzlaff, M. & Clahsen, H. 2005. Finiteness and verb second in German agrammatism. *Brain and Language, 92*(1): 33–44.

Wernicke, C. 1874. *Der Aphasische Symptomencomplex*. Breslau: Cohn and Weigert.

West, R. L. 1996. An application of prefrontal cortex function theory to cognitive aging. *Psychological Bulletin, 120*(2): 272.

Westbury, C. & Bub, D. 1997. Primary progressive aphasia: A review of 112 cases. *Brain and Language, 60*(3): 381–406.

Westlye, L. T., Grydeland, H., Walhovd, K. B. & Fjell, A. M. 2011. Associations between regional cortical thickness and attentional networks as measured by the attention network test. *Cerebral Cortex, 21*(2): 345–356.

Whitehouse, A. J., Bishop, D. V., Ang, Q., Pennell, C. E. & Fisher, S. E. 2011. CNTNAP2 variants affect early language development in the general population. *Genes, Brain and Behavior, 10*(4): 451–456.

Whitney, C., Jefferies, E. & Kircher, T. 2011. Heterogeneity of the left temporal lobe in semantic representation and control: Priming multiple versus single meanings of ambiguous words. *Cerebral Cortex, 21*: 831–844.

Whitworth, A., Claessen, M., Leitão, S. & Webster, J. 2015. Beyond narrative: Is there an implicit structure to the way in which adults organise their discourse?. *Clinical Linguistics and Phonetics, 29*(6): 455–481.

Wierenga, C. E., Benjamin, M., Gopinath, K., Perlstein, W. M., Leonard, C. M., Rothi, L. J. G., Conway, T., Cato, M. A., Briggs, R. & Crosson, B. 2008. Age-related changes in word retrieval: Role of bilateral frontal and subcortical networks. *Neurobiology of Aging, 29*(3): 436–451.

Willems, R. M., Ozyürek, A. & Hagoort, P. 2009. Differential roles for left inferior frontal and superior temporal cortex in multimodal integration of action and language. *NeuroImage, 47*(4): 1992–2004.

Williams, J. N. 2012. Working memory and SLA. In S. M. Gass & A. Mackey (Eds.), *The Routledge Handbook of Second Language Acquisition*. London & New York: Routledge, 427–441.

Williams, J. N. & Lovatt, P. 2003. Phonological memory and rule learning. *Language Learning, 53*(1): 67–121.

Williams, J. & O'Donovan, M. C. 2006. The genetics of developmental dyslexia. *European Journal of Human Genetics, 14*: 681–689.

Williams, S. 1995. Research and bilingualism and its relevance for interpreting. *HERMES—Journal of Language and Communication in Business, 8*(15): 143–154.

Willingham, D. B. & Goedert-Eschmann, K. 1999. The relation between implicit and explicit learning: Evidence for parallel development. *Psychological Science, 10*(6): 531–534.

Wilson, B. & Petkov, C. I. 2011. Communication and the primate brain: Insights from neuroimaging studies in humans, chimpanzees and macaques. *Human Biology, 83*(2): 175.

Wilson, K. R., O'Rourke, H., Wozniak, L. A., Kostopoulos, E., Marchand, Y. & Newman, A. J. 2012. Changes in N400 topography following intensive speech language therapy for individuals with aphasia. *Brain and Language, 123*(2): 94–103.

Wilson, S. M., Brandt, T. H., Henry, M. L., Babiak, M., Ogar, J. M., Salli, C., Wilson, L., Peralta, K., Miller, B. L. & Gorno-Tempini, M. L. 2014. Inflectional morphology in primary progressive aphasia: An elicited production study. *Brain and Language, 136*: 58–68.

Wilson, S. M., DeMarco, A. T., Henry, M. L., Gesierich, B., Babiak, M., Miller, B. L. & Gorno-Tempini, M. L. 2016. Variable disruption of a syntactic processing network in primary progressive aphasia. *Brain: A Journal of Neurology, 139*(11): 2994–3006.

Wilson, S. M., Galantucci, S., Tartaglia, M. C. & Gorno-Tempini, M. L. 2012. The neural basis of syntactic deficits in primary progressive aphasia. *Brain and Language, 122*(3): 190–198.

Wilson, S. M. & Iacoboni, M. 2006. Neural responses to non-native phonemes varying in producibility: Evidence for the sensorimotor nature of speech perception. *NeuroImage, 33*: 316–325.

Wilson, S. M. & Saygin, A. P. 2004. Grammaticality judgment in aphasia: Deficits are not specific to syntactic structures, aphasic syndromes or lesion sites. *Journal of Cognitive Neuroscience, 16*: 238–252.

Wilson, S. M., Saygin, A. P., Sereno, M. I. & Iacoboni, M. 2004. Listening to speech activates motor areas involved in speech production. *Nature Neuroscience, 7*: 701–702.

Winkler, I., Horváth, J., Weisz, J. & Trejo, L. J. 2009. Deviance detection in congruent audiovisual speech: evidence for implicit integrated audiovisual memory representations. *Biological Psychology, 82*(3): 281–292.

Wirth, M., Rahman, R. A., Kuenecke, J., Koenig, T., Horn, H., Sommer, W. & Dierks, T. 2011. Effects of transcranial direct current stimulation (tDCS) on behaviour and electrophysiology of language production. *Neuropsychologia, 49*(14): 3989–3998.

Wise, R. J., Scott, S. K., Blank, S. C., Mummery, C. J., Murphy, K. & Warburton, E. A. 2001. Separate neural subsystems within "Wernicke's area". *Brain, 124*: 83–95.

Wolmetz, M., Poeppel, D. & Rapp, B. 2011. What does the right hemisphere know about phoneme categories? *Journal of Cognitive Neuroscience, 23*: 552–569.

Wong, A. M., Leonard, L. B., Fletcher, P. & Stokes, S. F. 2004. Questions without movement: A study of Cantonese-speaking children with and without specific language impairment. *Journal of Speech, Language, and Hearing Research, 47*(6): 1440–1453.

Wong, P. C., Chandrasekaran, B. & Zheng, J. 2012. The derived allele of ASPM is associated with lexical tone perception. *PloS One, 7*(4): e34243.

Wong, P. C., Ettlinger, M., Sheppard, J. P., Gunasekera, G. M. & Dhar, S. 2010. Neuroanatomical characteristics and speech perception in noise in older adults. *Ear and Hearing, 31*(4): 471–479.

Wong, P. C., Kang, X., Wong, K. H., So, H.-C., Choy, K. W. & Geng, X. 2020. ASPM-lexical tone association in speakers of a tone language: Direct evidence for the genetic-biasing hypothesis of language evolution. *Science Advances, 6*(22): eaba5090.

Wong, P. C., Ou, J., Pang, C. W., Zhang, L., Tse, C. S., Lam, L. C. & Antoniou, M. 2019. Language training leads to global cognitive improvement in older adults: A preliminary study. *Journal of Speech, Language, and Hearing Research, 62*(7): 2411–2424.

Wood, J. S., Firbank, M. J., Mosimann, U. P., Watson, R., Barber, R., Blamire, A. M. & O'Brien, J. T. 2013. Testing visual perception in dementia with Lewy bodies and Alzheimer disease. *The American Journal of Geriatric Psychiatry, 21*(6): 501–508.

World Health Organization. 2017. *Global action plan on the public health response to dementia 2017–2025*. Retrieved May 30, 2017. from the WHO website.

World Health Organization. 2022. *Ageing and health*. Retrieved October 1. 2022, from the WHO website.

Wright, H. H. & Shisler, R. J. 2005. Working memory in aphasia: Theory, measures, and clinical implications. *American Journal of Speech-Language Pathology, 14*(2): 107–118.

Wright, R. D. & Ward, L. M. 2008. *Orienting of Attention*. Oxford: Oxford University Press.

Wu, D., Wang, J. & Yuan, Y. 2015. Effects of transcranial direct current stimulation on naming and cortical excitability in stroke patients with aphasia. *Neuroscience Letters, 589*: 115–120.

Wu, D. H., Waller, S. & Chatterjee, A. 2007. The functional neuroanatomy of thematic role and locative relational knowledge. *Journal of Cognitive Neuroscience, 19*: 1542–1555.

Wu, J. J., Yang, J., Chen, M., Li, S. H., Zhang, Z. Q., Kang, C. Y., Ding, G. S. & Guo, T. M. 2019. Brain network reconfiguration for language and domain-general cognitive control in bilinguals. *NeuroImage, 199*: 454–465.

Wu, X., Lu, J., Chen, K., Long, Z., Wang, X., Shu, H., Li, K., Liu, Y. & Yao, L. 2009. Multiple neural networks supporting a semantic task: An fMRI study using independent component analysis. *NeuroImage, 45*(4): 1347–1358.

Wu, Y. 2000. *The neurobiology of language acquisition*. Master's thesis, UCLA.

Wu, Y. J. & Thierry, G. 2010. Chinese-English bilinguals reading English hear Chinese. *Journal of Neuroscience, 30*(22): 7646–7651.

Wu, Y. J. & Thierry, G. 2017. Brain potentials predict language selection before speech onset in bilinguals. *Brain and Language, 171*: 23–30.

Xu, J., Kemeny, S., Park, G., Frattali, C. & Braun, A. 2005. Language in context: Emergent features of word, sentence, and narrative comprehension. *NeuroImage, 25*: 1002–1015.

Xu, M., Shao, J., Ding, H. & Wang, L. 2022. The effect of aging on identification of Mandarin consonants in normal and whisper registers. *Frontiers in Psychology, 13*: 962242.

Xu, Y., Gandour, J., Talavage, T., Wong, D., Dzemidzic, M., Tong, Y., Li, X. & Lowe, M. 2006. Activation of the left planum temporale in pitch processing is shaped by language experience. *Human Brain Mapping, 27*(2): 173–183.

Yaari, R. & Corey-Bloom, J. 2007. Alzheimer's disease. *Seminars in Neurology, 27*(1): 32–41.

Yang. C., Crainb, S., Berwickc, R. C., Chomsky, N. & Bolhuise, J. J. 2017. The growth of language: Universal Grammar, experience, and principles of computation. *Neuroscience and Biobehavioral Reviews, 81*: 103–119.

Yang, J. 2014. The role of the right hemisphere in metaphor comprehension: A meta-analysis of functional magnetic resonance imaging studies. *Human Brain Mapping*, 35: 107–122.

Yang, J., Li, P., Fang, X., Shu, H., Liu, Y. & Chen, L. 2016. Hemispheric involvement in the processing of Chinese idioms: An fMRI study. *Neuropsychologia*, 87: 12–24.

Yang, X., Wang, Y., Xu, L., Zhang, H., Xu, C. & Liu, C. 2015. Aging effect on Mandarin Chinese vowel and tone identification. *The Journal of the Acoustical Society of America*, 138(4): EL411–EL416.

Yao, J., Liu, X., Liu, Q., Wang, J., Ye, N., Lu, X., Zhao, Y., Chen, H., Han, Z., Yu, M., Wang, Y., Liu, G. & Zhang, Y. 2020. Characteristics of non-linguistic cognitive impairment in post-stroke aphasia patients. *Frontiers in Neurology*, 11: 1038.

Yarkoni, T., Speer, N. & Zacks, J. 2008. Neural substrates of narrative comprehension and memory. *NeuroImage*, 41: 1408–1425.

Yarnall, A. J., Breen, D. P., Duncan, G. W., Khoo, T. K., Coleman, S. Y., Firbank, M. J., ... & ICICLE-PD Study Group. 2014. Characterizing mild cognitive impairment in incident Parkinson disease: the ICICLE-PD study. *Neurology*, 82(4): 308–316.

Ye, H., Zhu, X., Wang, K., Song, L., Yang, X., Li, F. & Fan, Q. 2021. Study of differences between patients with schizophrenia and healthy people in semantic processing. *PsyCh Journal*, 10(5): 698–706.

Ye, Z. & Zhou, X. 2009. Conflict control during sentence comprehension: fMRI evidence. *NeuroImage*, 48: 280–290.

Ye, Z., Habets, B., Jansma, B. M., & Münte, T. F. 2011. Neural basis of linearization in speech production. *Journal of Cognitive Neuroscience*, 23: 3694–3702.

Yeung, H. H. & Werker, J. F. 2013. Lip movements affect infants' audiovisual speech perception. *Psychological Science*, 24(5): 603–612.

Yi, H. G., Leonard, M. K. & Chang, E. F. 2019. The encoding of speech sounds in the superior temporal gyrus. *Neuron*, 102(6): 1096–1110.

Ylvisaker, M. & Szekeres, S. 1985. *Cognitive-language intervention with brain-injured adolescents and adults* [Paper presentation]. Annual Convention of the Illinois Speech-Language-Hearing Association, Chicago, Illinois, United States.

Yoon, T. H., Han, S. J., Yoon, T. S., Kim, J. S. & Yi, T. I. 2015. Therapeutic effect of repetitive magnetic stimulation combined with speech and language therapy in post-stroke non-fluent aphasia. *NeuroRehabilitation*, 36(1): 107–114.

Yu, H., Wang, H. & He, X. 2023. The comprehension of relative clauses in Mandarin children with suspected specific language impairment. *Journal of Child Language*, 50(1): 1–26.

Yu, L., Zeng, J., Wang, S. & Zhang, Y. 2021. Phonetic encoding contributes to the processing of linguistic prosody at the word level: Cross-linguistic evidence from event-related potentials. *Journal of Speech, Language, and Hearing Research, 64*(12): 4791–4801.

Zaccarella, E. & Friederici, A. D. 2015. Merge in the human brain: A sub-region based functional investigation in the left pars opercularis. *Frontiers in Psychology, 6*: 1818.

Zaccarella, E., Meyer, L., Makuuchi, M. & Friederici, A. D. 2017. Building by syntax: The neural basis of minimal linguistic structures. *Cerebral Cortex, 27*(1): 411–421.

Zacks, J. M. & Ferstl, E. C. 2016. Discourse comprehension. In G. Hickok & S. L. Small (Eds.), *Neurobiology of Language*. Orlando: Academic Press, 661–673.

Zaehle, T., Geiser, E., Alter, K., Jancke, L. & Meyer, M. 2008. Segmental processing in the human auditory dorsal stream. *Brain Research, 1220*: 179–190.

Zatorre, R. J. & Belin, P. 2001. Spectral and temporal processing in human auditory cortex. *Cerebral Cortex, 11*: 946–953.

Zatorre, R. J., Fields, R. D. & Johansen-Berg, H. 2012. Plasticity in gray and white: Neuroimaging changes in brain structure during learning. *Nature Neuroscience, 15*(4): 528–536.

Zatorre, R. J. & Halpern, A. R. 2005. Mental concerts: Musical imagery and auditory cortex. *Neuron, 47*: 9–12.

Zekveld, A. A., Heslenfeld, D. J., Festen, J. M. & Schoonhoven, R. 2006. Top-down and bottom-up processes in speech comprehension. *NeuroImage, 32*: 1826–1836.

Zevin, J. D., Yang, J., Skipper, J. I. & McCandliss, B. D. 2010. Domain general change detection accounts for "dishabituation" effects in temporal-parietal regions in functional magnetic resonance imaging studies of speech perception. *The Journal of Neuroscience, 30*: 1110–1117.

Zhang, F., Tian, Y., Wei, L., Yu, F., Chen, H. & Wang, K. 2011. More vulnerable processing of shengmu than yunmu in a Chinese Broca's aphasic. *Journal of Neurolinguistics, 24*(3): 374–382.

Zhang, H., Chen, Y., Hu, R., Yang, L., Wang, M., Zhang, J., Lu, H., Wu, Y. & Du, X. 2017. rTMS treatments combined with speech training for a conduction aphasia patient: A case report with MRI study. *Medicine, 96*(32): e7399.

Zhang, J. 2003. Evolution of the human ASPM gene, a major determinant of brain size. *Genetics, 165*(4): 2063–2070.

Zhang, J., Webb, D. M. & Podlaha, O. 2002. Accelerated protein evolution and origins of human-specific features: Foxp2 as an example. *Genetics, 162*(4): 1825–1835.

Zhang, S., Li, J. Yang, Y. & Hale, J. 2021. Decoding the silence: Neural bases of zero pronoun resolution in Chinese. *Brain and Language, 224*: 105050.

Zhang, S., Zhang, D., Wu, J., Zhao, L. & Guo, T. 2021. Who is "oneself" in Chinese? ERP responses to the Chinese simple reflexive ziji in discourse comprehension. *Journal of Neurolinguistics, 58*: 100961.

Zhang, Y., Kuhl, P. K., Imada, T., Iverson, P., Pruitt, J., Stevens, E. B., Kawakatsu, M., Tohkura, Y. & Nemoto, I. 2009. Neural signatures of phonetic learning in adulthood: a magnetoencephalography study. *NeuroImage, 46*: 226–240.

Zhang, Y., Kuhl, P. K., Imada, T., Kotani, M. & Tohkura, Y. 2005. Effects of language experience: Neural commitment to language-specific auditory patterns. *NeuroImage, 26*: 703–720.

Zhang, Y., Zhao, D., Wu, J., Lin, L. & Ji, J. 2023. The emotional facial recognition performance of Chinese patients with schizophrenia: An event-related potentials study. *Indian Journal of Psychiatry, 65*(3): 327–333.

Zhang, Y. E., Landback, P., Vibranovski, M. D. & Long, M. 2011. Accelerated recruitment of new brain development genes into the human genome. *PLoS Biology, 9*(10): e1001179.

Zhao, J., Ngo, N., McKendrick, R. & Turk- Browne, N. B. 2011. Mutual interference between statistical summary perception and statistical learning. *Psychological Science, 22*(9): 1212–1219.

Zheng, B., Báez, S., Su, L., Xiang, X., Weis, S., Ibáñez, A. & García, A. M. 2020. Semantic and attentional networks in bilingual processing: fMRI connectivity signatures of translation directionality. *Brain and Cognition, 143*: 105584.

Zheng, Y., Wu, Q., Su, F., Fang, Y., Zeng, J. & Pei, Z. 2018. The protective effect of Cantonese/Mandarin bilingualism on the onset of Alzheimer disease. *Dementia and Geriatric Cognitive Disorders, 45*(3–4): 210–219.

Zhuang, J., Randall, B., Stamatakis, E. A., Marslen-Wilson, W. D. & Tyler, L. K. 2011. The interaction of lexical semantics and cohort competition in spoken word recognition: An fMRI study. *Journal of Cognitive Neuroscience, 23*(12): 3778–3790.

Ziad M. H. & Clark, J. J. 2002. Microsaccades as an overt measure of covert attention shifts. *Vision Research, 42*(22): 2533–2545.

Zimmerer, V. C., Varley, R. A., Deamer, F. & Hinzen, W. 2019. Factive and counterfactive interpretation of embedded clauses in aphasia and its relationship with lexical, syntactic and general cognitive capacities. *Journal of Neurolinguistics, 49*: 29–44.

Zora, H., Heldner, M. & Schwarz, I. C. 2016. Perceptual correlates of Turkish word stress and their contribution to automatic lexical access: Evidence from Early

ERP Components. *Frontiers in Neuroscience, 10*: 7.

Zora, H., Riad, T. & Ylinen, S. 2019. Prosodically controlled derivations in the mental lexicon. *Journal of Neurolinguistics, 52*: 100856.

Zora, H., Schwarz, I. C. & Heldner, M. 2015. Neural correlates of lexical stress: Mismatch negativity reflects fundamental frequency and intensity. *NeuroReport, 26*: 791–796.

Zou, L, Packard, J. L., Xia, Z, Liu, Y. & Shu, H. 2019. Morphological and whole-word semantic processing are distinct: Event related potentials evidence from spoken word recognition in Chinese. *Frontiers of Human Neuroscience, 13*: 133.

Zou, L., Ding, G., Abutalebi, J., Shu, H. & Peng, D. 2012. Structural plasticity of the left caudate in bimodal bilinguals. *Cortex, 48*(9): 1197–1206.

Zumbansen, A., Peretz, I. & Hébert, S. 2014. Melodic intonation therapy: Back to basics for future research. *Frontiers in Neurology, 5*: 7.

Zwart, F. S, Vissers, C. T. W. M, Kessels, R. P. C. & Maes, J. H. R. 2018. Implicit learning seems to come naturally for children with autism, but not for children with specific language impairment: Evidence from behavioral and ERP data. *Autism Research, 11*(7): 1050–1061.